每天的生活，都是靈魂的精心創造

You create your own reality.

You create your own reality.

每 天 的 生 活 ， 都 是 靈 魂 的 精 心 創 造

賽斯書 2

靈魂永生

Seth Speaks：The Eternal Validity of the Soul

作者── Jane Roberts
譯者── 王季慶
總編輯── 李佳穎
責任編輯── 管心
校對── 涂美穗
美術設計── 唐壽南
發行人── 許添盛
出版發行── 賽斯文化事業有限公司
地址── 新北市新店區中央七街26號4樓
電話── 22196629
傳真── 22193778
郵撥── 50044421
版權部── 陳秋萍
數位出版部── 李志峯
行銷業務部── 李家瑩
網路行銷部── 高心怡
法律顧問── 北辰著作權事務所
印刷── 鴻柏印刷事業股份有限公司
總經銷── 吳氏圖書股份有限公司
地址── 新北市中和區中正路788-1號5樓
電話── 32340036　傳真── 32340037
2010年4月1日　初版一刷
2020年4月1日　初版二十三刷

售價新台幣600元（缺頁或破損的書，請寄回更換）

ISBN 978-986-6436-10-9

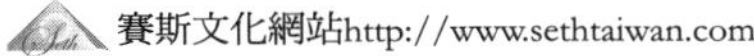
賽斯文化網站http://www.sethtaiwan.com

Seth Speaks

The Eternal Validity of the Soul

賽斯書

靈魂永生

Jane Roberts 著

王季慶 譯

關於賽斯文化

我是個腳踏實地的理想主義者。賽斯文化，是為了推廣賽斯心法及身心靈健康理念而成立的文化事業，希望透過理性與感性層面，召喚出人類心靈的「愛、智慧、內在感官及創造力」，讓每位接觸我們的讀者，具體感受「每天的生活，都是靈魂的精心創造」（You create your own reality）。我們計畫出版符合新時代賽斯精神之書籍、有聲書、影音商品及生活用品，並提攜新進的身心靈作家，致力於賽斯思想及身心靈健康觀念的推廣，期待與大家攜手共創身心靈健康新文明。

發行人 許添盛醫師

靈魂永生

目錄

Seth Speaks
The Eternal Validity of the Soul

第一部

第二部

〈賽斯書〉

策劃緣起

許添盛

欣見賽斯文化將出版賽斯書全集。

二〇〇九年七月，賽斯早期課的學生瑞克（Rick Stack）來台舉辦靈魂出體工作坊，與我在花蓮賽斯村有一場東西方的交流對話。那時，許多賽斯家族朋友們見我在講座上莫名流下激動的淚水，老實說，我自己也頗感意外。不過各位想想，在台灣、大陸、香港、馬來西亞、美加的華人地區默默努力推廣賽斯思想一二十年的我，和在美國、歐洲推廣賽斯思想不遺餘力的瑞克，有朝「相逢」在台灣花蓮賽斯村，你說，這場面能不令我感慨萬千嗎？

其後邀請瑞克夫婦到我新店山上的家小聚，我才又靈光乍現，脫口而出：「一切都是我！」那年，初遇賽斯，心弦震動，彷彿風雲全為之變色，隨後找上中文賽斯書的譯者王季慶，死纏爛打的自願擔任她的翻譯助理，將一本又一本的賽斯書譯成中文，也找上當年的方智出版社合作。由於出版社擔心書的銷路，所以最早的版權費還是王季慶自掏腰包呢！終於促成中文賽斯書的出版。

王季慶是隱士型的人，不想出鋒頭，更不願找麻煩，但因為我對賽斯書的熱愛，於是在她內湖家中成立台灣最早的一個賽斯讀書會，隨後伴同陳建志南下台中、高雄成立賽斯讀書會分支。

因著我的堅持，雖然不願意，王季慶依然支持我由讀書會走向成立「中華新時代協會」。剛開始就只有讀賽斯書，後來才有人陸續帶進奧修、克氏、光的課程、靈氣等，而我始終如一，獨鍾賽斯。當年的我尚年輕資淺，於是王季慶擔任理事長在先，二屆之後才由我接任，開始大力推廣賽斯思想，以及經我整理賽斯書精髓並融合醫學專業（家醫科與精神科）的身心靈健康觀念。

這樣說來王季慶應該不會反對——我是一切的「元兇」，所有華人地區賽斯書的出現及推廣，我即是那背後最強大的推動力。當然，王季慶是我早期最大的愛護者及支持者。在我生命中最孤單、最無助、最關鍵的十五年練功期，她的呵護陪伴我成長茁壯。

我告訴瑞克這段往事，他似乎有所領會，自二〇〇七年起，「花蓮賽斯村」、「賽斯文化」、「賽斯身心靈診所」、「新時代賽斯教育基金會」、「賽斯花園」，陸續在我的熱情推動下成立，這些年來隨我打天下的工作同仁們，也都功不可沒。

其時，我並不知道美國賽斯書版權主要是由瑞克夫婦處理的——於是這麼一來，想當然爾，瑞克夫婦當然信任由我們賽斯文化兼具專業與熱誠的編輯團隊來出版，加上新時代賽斯教育基金會同步大力推廣賽斯思想，真是再完美不過了。

這就是賽斯文化出版全系列賽斯書的源由。事後看起來理所當然，當時卻也是創造實相的成功典範，正如我常說的：「結果先確定，方法自然來，輕鬆不費力，信任加感恩，但要有耐心！」

〈推薦人的話〉

全世界的書，不及這一本的重量

許添盛

《靈魂永生》是賽斯親自寫的第一本賽斯書。

那時應該是大一吧！剛進台北醫學院醫學系就讀的第一個暑假，我終於能定下心來，好好的讀一讀這本書。

基本上，賽斯書一天只能讀一兩頁，看個兩三行就開始頭昏昏、腦鈍鈍。輕則閉目養神，任由一字一句在腦海當中奔馳、串連，時而快，時而慢，有時如電光火石般閃現理解的洞見，有時則如石沉大海般百思不得其解；重則眼皮沉重，彷彿剛吞下大象的巨蛇，必須找塊陽光下的溫暖大石沉沉睡去，靜待食物消化，再起身喝個茶，繼續回到書桌前和書中的每句話「奮鬥」。

剛開始讀了這一句，念了那一段，心中疑惑不下十數個，「這是怎麼一回事？那又該如何解釋？」一直到耐心看到下一段或下一頁，才赫然發現，答案就在眼前，不禁豁然開朗！整個暑假大約三個月，每天花上八到十二小時，終於匆匆看完這本《靈魂永生》，不過理解度大約不到三成！有些篇章甚至到二十年後的今天，仍有待加強了解。

至今仍深深回味那段讀書歲月。生命中最簡單的喜悅、靈魂中最深刻的撼動，每每令我掩卷嘆息：「全世界圖書館所有藏書的智慧加起來，也不及這一本書的重量！」

有些人曾淺嘗過賽斯書，也許因為翻譯的語法、字句的奧義，也許因為一看就頭暈腦脹、昏昏欲睡，以致半途而廢。此時，誠摯的建議讀者可先看看我寫的書，及聽聽我的演講有聲書（包含身心靈健康主題的演講與賽斯書的深入講解）。因為，我畢生所做的這一切，只想引領大家進入賽斯無盡的愛、智慧與慈悲當中；藉由進入賽斯書的理解層面，最終將直接觸及你內心的神性與佛性能量。

誠如賽斯所說，當你正努力地閱讀賽斯書中的一字一句並尋求理解時，你意識的彈性已逐漸擴展了。我深深相信，賽斯書蘊藏著最高的智慧、最究竟的真理，更是解脫一切肉體及心靈苦痛的法門。

祝各位「靈魂永生」的旅途愉快。

〈**推薦人簡介**〉許添盛，曾任台北市立仁愛醫院家庭醫學科專科醫師、台北市立療養院成人精神科醫師、台北縣立醫院身心科主任，現任賽斯身心靈診院長、賽斯文化發行人、新時代賽斯教育基金會董事長。許醫師鑽研新時代思想十數年，尤偏愛賽斯；同時從事身心靈整體健康研究，對於癌症的治療及預防復發有獨到心得。成立「身心靈整體健康成長團體」、「美麗人生癌症病患成長團體」及「賽斯學院」，並定期受邀至全國各縣市、香港及美國等地演講。著有《絕處逢生》、《我不只是我》、《許醫師諮商現場》、《不正常也是一種正常》等十餘種書及有聲書。

〈譯序〉

向「內」探索心靈及宇宙

王季慶

「賽斯書」中最早由我譯成中文的兩本：《靈界的訊息》與《靈魂永生》，轉眼間已面市二十餘年！此次由台灣賽斯文化取得全部的繁體中文版權，將陸續以我精心修潤過的嶄新面貌出現，更值得賽斯書愛好者珍藏！

《靈魂永生》成書的過程和內容大要，著者都已在自序中有了相當詳明的介紹，因此，我只想談談個人的感觸。

雖然距我第一次接觸《靈魂永生》已超過三十年，其間我又重讀了許多遍，但每讀一次，內心的衝擊和喜悅仍不曾稍減，反而越咀嚼越有味，永不厭倦！這是一個外在知識內化為自身血肉的過程，是一個跟隨賽斯無比智慧的語言向「內」探索心靈及宇宙的旅程。

這些年來，經由我們默默的耕耘，「賽斯書」中所舖陳、宣揚的理念漸漸在本土生了根。雖然，基於其觀念之新穎大膽，探討範圍遍及心理、科學、哲學及宗教等等，對種種論題不肯表面膚淺地滑過，而是節節深入，文字結構又相當緊密，並且試圖說「不可說」之事，所以絕對是

「重量級」而非今日流行之「輕、薄、短、小」的讀物，由此注定了它「小眾讀物」的命運。但愛好者反應之熱烈卻也是與「賽斯書」的重量成正比的！

自一九八九年來，我們幾位好友曾共同努力闖出了一系列「新時代思潮」的書，其中論題各異，深淺不一，以種種方便引導讀者入門。不過，賽斯從未以「新時代」導師自居，然而，「新時代」的許多理念及大師，都是分別在闡釋或發展賽斯資料的某個部分。所以他堪稱大師中的大師。

近年來市面上出現越來越多有關形上學、玄學、科學、社會學、醫學和心理學各方面的新看法，往往也都是受過新時代理念很大的影響。甚至組織性宗教也不知不覺地擷取了其中一些精華與用語；社會上也漸習慣曾被視為異類的觀念。尤其傳播界和娛樂界也常有動人的創作，表達了新時代的理念。

不少與新時代理念共鳴的讀者會有個疑慮：舉世濤濤，怎麼可能由這個物欲橫流、人心惶惶的「末日」，跳到人人清明的大同世界？生物學界發現的「第一百隻猴子」的現象——當接受某種理念或學會某種技術的人達到了一個「臨界值」時，整個人類便會在很短的時間同時領悟，「量子跳躍」過本似無法跨越的鴻溝——帶給我們對這可能性的希望和信心。願所有憂心人類前途的人以此共勉之！

〈自序〉揭露宇宙奧祕的創造性冒險

珍・羅伯茲

這本書是個叫「賽斯」（Seth）的人物所寫的，他自稱是一個「能量人格元素」（energy personality essence），已不再貫注於肉身的形式裡。他每週兩次透過我來說話已有七年之久。

然而，我的通靈（psychic）能力的開啟實在是始於一九六三年九月的一個晚上，當我正在寫詩時，突然間我的意識離開了身體，而一些驚人且新奇的概念如彈雨般轟擊我的心智（mind）。在回到我的身體之後，我發現我的手已自動寫出了一篇東西，解釋了其中許多的觀念，這篇東西甚至還有個標題——**「物質宇宙即意念建構」**（The Physical Universe as Idea Construction）。

因為那次經驗，我開始鑽研通靈活動（psychic activity），並且計畫就這個題目寫本書。為此，在一九六三年尾，我的先生羅（Rob）和我用一個靈應盤（Ouija board，譯註：類似我們的碟仙）來試驗。在最初幾次之後，指針拼出了自稱來自「賽斯」的訊息。

羅或我都沒有任何通靈方面的背景，而當我開始在心裡「預知」靈應盤的回答時，我以為那一定是來自我的潛意識。然而，過不了多久，我覺得非把答案大聲說出來不可，而在一個月之內

我就在出神狀態（trance state）中替賽斯說話了。

這些訊息似乎是由「意念建構」結束處開始的，後來賽斯說我的意識擴展（expansion of consciousness）經驗代表了他首次與我接觸的嘗試。從那以後，賽斯陸續傳送來的文稿，到現在已累積六千多頁打字紙了，我們叫它「賽斯資料」，它談到像物質的性質、時間、實相（reality）、神的觀念、可能的宇宙、健康與轉世等問題。從一開始，這資料顯明的優秀性即引起了我們的興趣，也就是為此之故我們才繼續下去。

隨著我在這方面的第一本書出版之後，便接到陌生人求助於賽斯的信。我們為那些最需要幫助的人舉行「賽斯課」（Seth session）。其中很多人因住在美國其他各地而不克出席，但賽斯的勸告卻幫助了他們，而他藉信件所給的有關個人背景的資料也都正確無誤。

對賽斯課，羅一直是逐字逐句用他自創的速記方法作筆記，過後在一週內他將之打字下來，把它們加進我們「賽斯資料」的收藏裡。羅的精采註記突顯了賽斯課發生於其中活生生的架構，他的支持和鼓勵是無價的。

依我們自己想來，我們已與「宇宙」約會了六百多次——雖則羅自己絕不會那樣形容它。這些約會就發生在我們燈火通明的大客廳裡，但更深入地說，它們是發生在人類人格無垠無涯的領域之內。

我並無意暗示我們已獲得了任何對真理的基本觀念，也無意給人一個印象：我們在屏息以待

「未遭扭曲的世代祕密」傾瀉而出。我只確知每個人都能通達直覺的知識，而得以略見他的內心世界之一斑。「宇宙」就這一點對我們每個人說話。對我們而言，「賽斯課」就是發生這種溝通的一個架構。

在一九七〇年出版的「賽斯資料」——《靈界的訊息》裡，我解釋了這些事，並以賽斯課的摘錄表明了在各種不同題目上賽斯的看法。我也描寫了當我們試著了解我們的經驗，並將之置入正常生活脈絡內的時候，我們與心理學家以及超心理學家接觸的經過。也描寫了我們為證實賽斯真的具備千里眼（clairvoyant）能力所做的測驗。對我們來說，他勝利地過了關。

從日漸增多的賽斯資料中選擇一些有關任一題目的摘錄是極為困難的。因此之故，《靈界的訊息》那本書必然留下了許多未答覆的問題和未探索的題目。然而，在它完成了兩週之後，賽斯口述了目前這本書的大綱，在這文稿裡他將可自由地以他的方式將想法寫成書。

以下是在一九七〇年一月十九日第五一〇節所給的大綱的一個副本。如你們將看到的，賽斯叫我魯柏（Ruburt），而叫羅為約瑟（Joseph）。這些名字代表我們整個的人格，以別於處於目前肉身裡的我們。

* * *

我現在正忙著準備給你們另一些資料，因此你們必須再忍耐一會兒。好比說，我願告訴你們我自己這本書的一些內容，它將會涉及許多問題。此書將描寫關於它寫成的方式，以及我自己的意念能由魯柏說出來，甚或能以語言轉譯，這其間的必要過程。

我不具肉身，但我卻將寫一本書。第一章將解釋我如何及為何寫這本書。

（到現在珍的步調明顯地慢了下來，她的雙眼常常閉著。她停頓了許多次，有幾次停了很久。〔羅的附記〕）

下一章將描寫你可稱之為我目前的環境是什麼；我目前的「特性」，以及我的同事們。這是指我接觸的其他那些「人」。

再下一章將描寫我的工作，以及它帶我進入的那些實相的次元（dimensions），因為正如我旅遊到你們的實相，我也到其他的實相，以完成我應完成的目的。

再下一章將談談對你們來說的「我的過去」，以及我曾「當過」哪些人和認識哪些人。同時我要明白指出並無過去、現在或未來，並且解釋，雖則我可能用「過去的生活」這種說法，這其中並無矛盾。這可能要花上兩章。

再下一章將談到我們相遇的故事——你（對我說）、魯柏和我，自然是以我的觀點來說，以及早在你們知道任何通靈現象或我的存在之前，我接觸魯柏內在知覺的方式。

再下一章將談談人在死亡那一刻的經驗，以及在這基本探險上的許多變化。我會以我自己的幾次死亡作例子。

再下一章將談到死後的存在及其多種變化。這兩章都將談到與死亡有關的轉世，並將強調最後一次投生**結束時**的死亡。

下一章將談到各人格之間愛與親屬關係的感情實相——說到在連續的轉世間這些感情的演變情形，因為有些遺落在路邊而有些維持了下去。

下一章將談到對我和其他像我的「人」來說，你們的物質實相看起來如何。這一章將包含些頗為迷人的要點，因為你們不僅造成了你們所知的物質實相，而且也以你們目前的思想、欲望和情感，在其他的實相裡形成其他十分確實有據（valid）的環境。

下一章將談到「夢」永遠可作為進入這些其他實相的門戶，以及作為一個開放地區，經由這開放地區，「內我」瞥見它的經驗的許多面，並與其實相的其他層面溝通。

下一章將更深入地談談這題目，重述做為教師和嚮導我進入別人夢境的各種方法。

下一章將談到任何意識——不論它是否具形體——按照它的程度所用的基本溝通之法。話題將轉而談論，如你們所了解的人類所用的基本溝通之法，而指出這些內在的溝通是獨立存在於肉體感官之外的，而肉體感官只不過是內在知覺的延伸而已。

我會告訴讀者他如何及為何看到他所看到的，或聽到他所聽到的。我希望透過這整本書讓讀者明白他自己是獨立於他的肉體形象之外的，而我希望由我自己來給他一些得以證實我的理論的方法。

下一章將談到在我所有的存在中，我與那些我在資料中談到過的「金字塔完形」（pyramid gestalts）有過些什麼經驗，以及關於我與你們稱為「賽斯二」（Seth Two）及遠較我進化的「多次元意識」間的關係。

我給讀者的訊息將是：「基本上來說，你們不比我更是個具肉身的人。在告訴你們關於我的實相時，我也告訴了你們你們的實相。」

有一章將探討世界上的宗教，及在它們內的曲解和真理；「三位」基督；及關於一個失落的宗教的一些資料，它屬於一個你們毫無所知的民族。在你們的地球存在「之前」，這些人住在占據和你們現在的地球同一空間的一個行星上。他們由於自己的錯誤毀滅了它，而當你們的行星準備好了時，他們便再轉生於地球上。他們的記憶成為你們現在所知的宗教誕生的基礎。

有一章會談到可能的神祇和可能的系統。

有一章專門回答問題。

在最後一章裡，我會叫讀者閉上眼睛，而對我存在的實相及他自己的內在實相有所知覺。我會教你們一些方法。在此章裡，我會邀請讀者用他的「內在感官」以他自己的方式來看我。

雖然為了保護資料的完整一貫性，我的通訊始終將透過魯柏作獨家報導，我還是要邀請讀者知覺到有我這麼一個「人」的存在，因而他能明瞭由其他實相來的通訊是可能的，並且他自己也能接受非屬肉體的知覺。

那麼這就是本書的大綱，但它只大略勾勒出我的意向而已。我沒有給一個更完滿的大綱，因為我不要魯柏對我有所預期。我將透澈地討論這種通訊所涉及的困難，指明所謂的超常通訊（paranormal communication）是由各種不同的實相層面而來，並且那些通訊說明了它們存在於其中的實相。因此我會描寫我的及其他我所知的實相。

這並不是說我所不知的其他次元是不存在的。在我們的課裡我將會口述此書。這是我們的書的標題（面帶微笑）：《賽斯如是說：靈魂永生》（*Seth Speaks: The Eternal Validity of the Soul*）。

我用「靈魂」這個名詞，因為它對大多數讀者而言立即有其意義。我建議你為自己準備些好的筆。

* * *

正因為我熟知寫一本書所費的力氣，所以當賽斯說要寫本他自己的書時，我頗為戒慎，雖然我明知他做得到，但心中仍不免犯嘀咕：「不錯，『賽斯資料』是真的很重要，但賽斯知道怎麼樣寫書嗎？他知道所需的組織，或如何針對公眾說話嗎？」

羅一直叫我別為此擔心。朋友和學生們似覺驚異，在所有人之中偏偏我倒有疑問。但我想，在所有人中，除了我誰還「該」有疑問？賽斯已說出了寫書的意圖，但他能完成它嗎？

賽斯在下一課——一九七〇年一月二十一日的第五一一節——開始口述，這本書在一九七一年八月十一日第五九一節大功告成。不過，其間的課並非全都涉及寫書的工作，有些是專為私人的事，有些是給需要幫助的某些人，有些是回答與書無關的哲學問題。我也有過幾次「小休假」。縱使有這種中斷，賽斯總是立刻精確地接上他口述中止的地方。

在他寫「他的書」的期間，我每天花四小時寫我自己的書，指導我每週一次的ESP班，並發現我自己被《靈界的訊息》出版後的讀者來信所淹沒。我同時還開辦一週一次的創作班。

出於好奇我看了賽斯書的頭幾章，後來就不再碰了。偶爾羅告訴我一些他認為我的學生可能會特別感興趣的片段。除此之外我對這書不予注意，放心滿意讓賽斯去弄。一般而言，我不把他的工作放在心上，甚至幾個月都不看他的草稿。

閱讀這完成了的書是個愉快的經驗。整體而言它對我是全新的，雖然每個字都是由我的嘴說出來的，而我曾奉獻許多個夜晚在出神狀態來製作它。這點對我來說格外的奇怪，因為我自己是個作家，慣於組織我自己的資料，追蹤它，並且像個母雞般地呵護它。

由於我自己的寫作經驗，我也熟知把無意識的資料轉譯為有意識實相的過程。這在我寫詩時格外明顯。不論賽斯的書還涉及了別的什麼，顯然某種無意識的活動是在「高速檔」運轉。那麼，很自然地，我發現自己在比較我有意識的創作經驗與賽斯書所涉及的出神狀態的過程，我想要發現我為什麼感到賽斯的書是「他的」，而我的書是「我的」。如果兩者皆由同一個無意識而來，那麼為什麼在我的感覺裡有主觀上的不同？

從一開始這些「不同」就很明顯。當在寫一首詩，我沉浸在靈感裡時，那時我很「來電」、很興奮，充滿了一種急迫感與發現感。但是，正在這些發生之前，一個構想似乎無中生有地來了。它是「現成的」，就這麼突然出現了，而由它湧出了連綿不絕的新創意。

那時我是警醒的，卻又開放而富感受性，懸在「寧靜的專注」與「被動」之間的一種奇異的心靈彈性裡。在那一剎那，那特定的詩或意念對我而言是全世界獨一無二的事。這種極度個人性的投入，與促使這意念「出生」所涉及的工作和遊戲，全都使這首詩成為「我的」。

這種經驗從小即為我所熟知，它是我存在的要素。沒有它，或當我沒在那種情境裡工作時，我就變得無精打采而且憂傷。在我寫這序言時，我現在便有點那種同樣的發揮個人創造性的感覺。它是「我的」。

我與賽斯的書就沒有這種關聯，對它所涉及的創作過程也毫無知覺。我像在定期課裡那樣進入出神狀態，而賽斯透過我，經過我的口，口述此書。這創造工作與我相距這麼遠，因此在這方面來說我不能稱這作品為我自己的。反之，一部完整的——精采的——賽斯作品交給了我，為此我自然是極端地感激。

可是，我發現只有我自己的寫作才會給我，我所需的那種特別創造性的滿足感——有意識地投入於無意識資料，「追捕的興奮」。並不因為賽斯在做他的事，我就可以免除做我的。如果我不繼續自己的工作我會覺得被剝奪了什麼。

當然，任何人都可以說，在賽斯書裡那神秘的過程與我的正常意識離得那麼遠，以致最後的成品只「看起來」是來自另一個人。我只能說明我自己的感覺，並且強調，賽斯的書，以及賽斯資料的六千頁底稿，並沒影響到我自己創造性表達的需要或責任。如果兩者都來自那同樣的無意識，卻似並未減緩我工作的效率。

縱使如此，我知道賽斯書的製成還是少不了我。他需要我用字遣詞的能力；我想，甚至我的性向氣質。顯然我的寫作鍛鍊有助於轉譯他的資料，有助於給予它形式，不管這是多麼無意識地做到的。我猜想，某些人格上的特徵也是很重要的——例如我能敏捷的轉換我意識的焦點。

在第四章裡賽斯也如此暗示，當他說：「現在，當我寫這本書的時候，它的資料到某個程度是經由這位在出神狀態的女性之內在感官來指揮的，這是非常有組織的內在精確性（inner precision）與訓練的結果。當她全神貫注於物質環境時便不能自我這兒收到資料——它便無法被翻譯或詮釋。」

不過，如果只把賽斯書當作是「無意識」產品的一個例子，則它很明白地指出，組織性、辨識力和推理力等品質顯然不只為「有意識的心智」所獨有，並且它也展示了「內我」的能力和活動的範圍。我不相信靠我自己我能得到與賽斯書並駕齊驅的作品。我最多能做到的是，也許在某些詩作或論述裡偶爾達到某種高水準，但它們卻缺乏賽斯在此自動提供的整體統一性、連貫性和組織。

除此之外，在課中我的某些經驗，似乎對我沒能有意識地涉入創作過程有所彌補。例如，我常參與了賽斯的大能量和幽默，享受一種情感上的富足感，並且在一個非常奇特的層面與賽斯接觸。我清楚地感覺到他的心情和活力，雖然它們不是對我而發，而是對他當時說話的對象。當它們流過我時我感覺得到。

如羅的註所顯示的，在替賽斯說話時我也常糗別種的經驗。舉例來說，有時我看見內在的意象（visions）。這些可能把賽斯正在說的話以畫面表明出來，因此我在以兩種方式接收資料；或者它們也可能與稿子完全無關。在課中我也有過幾次「出體」（out-of-body）的經驗，那時我看見實際上發生在幾千哩外的事。

賽斯用這本書來展示以下這些事實——人類人格是多次元的，我們同時存在於許多實相裡，靈魂或內我不是與我們分開的東西，而正是我們存在於其中的那個媒介。他強調「真理」並不是由追隨一位老師又一位老師，一個教會到另一個教會，一種訓練到另一種訓練而找到的，而是由內看自己來找到的。那麼對意識的深入知識，「宇宙的奧祕」，都不應該是不讓人們知道的密傳真理（esoteric truths）。這種資料對人而言就如空氣一樣自然，對那些向內源頭誠實地尋求的人也是同樣可以企及的。照我的看法，賽斯寫了一本在它那類書中的經典之作。在小心地以一個「人物」稱他之後，我覺得必須補充說賽斯是個機敏的哲學家和心理學家，對人類人格的種種所知甚深，對人類意識的勝利與困境也瞭如指掌。

當然，令我個人深感好奇的是，這本書透過我而寫出，但我的「意識心」（conscious mind——譯註，亦即有意識的心智）並沒有時時在關懷地核對、組織與批評，如它在我自己的作品中所做的那樣。那時，雖然我的創造和直觀能力被予以相當大的自由，意識心仍確然是居控制地位的。可是這本書卻又不是「由它自己」寫出來的，像某些詩彷彿是自己產生的那樣。一個作家有時會說某一本書是「自己寫成的」，我了解那是什麼意思。然而，在這個例子裡，這本書來自一個特定的源頭，不只是從「天外」而來，並且它浸染著作者而非我的個人風格。

這整個「創造性的冒險」也許是先有「賽斯」這個人物之被創始，而後由他來寫書。賽斯也許是個和他的書一樣的被造物。如果這樣，這是個多次元藝術的絕佳例子，在「無意識」的如此豐富的一個層面造成，以致那「藝術家」對她自己的作品也無所知覺，而與任何外人一樣地深感好奇。

這是個有趣的假設。事實上，賽斯在他的書中也提及了多次元的藝術。但賽斯還不只是寫書而已，他是個發展完全的人格，具有多方面的興趣：寫作、教書、幫助別人。他的幽默感十分具個人色彩而不像我的。他很精明，他的態度是入世而非空靈的。在與人面對面的接觸中，他知道如何簡明地解釋複雜的理論。也許更重要的是，他能把這些概念與日常生活連接起來。

賽斯也時常出現在我學生的夢裡，給予他們有效的指導——教他們運用他們才能的方法或是達成某種目的的方法。幾乎我所有的學生也都常有「上課的夢」，在其中賽斯對他們全體說話，就像在正常的課裡一樣。有好多次當這種「夢中課」正在發生的時候，我醒了過來，而我心中仍聽見賽斯的話在縈繞。

當然，學生夢見賽斯並不稀奇，也不是說他們只該夢見我。但賽斯確乎已在他們眼中建立了獨立的地位，甚至在夢境也變成了教導的工具。換言之，除了製作連續不斷的賽斯資料和此書外，賽斯也已進入了許多人的心和意識裡。

不論他的地位如何，一個人在七年內能做到這些，已是很大的成就，何況賽斯是一個沒有肉身的人物，那就真的是令人驚愕了。把所有這些活動都歸於一個無意識的虛構之物似乎太過分了。（在等量的時間裡，我出版了兩本書，寫完了另一本，並且開始了第四本。我提這個以示賽斯並未吸取任何我自己的創造力。）

羅和我並不視賽斯為一個靈（spirit）；我們不喜歡這個名詞所暗含的寓意。事實上我們反對的是對幽靈的傳統觀念，那是延伸自對人類人格的十分局限的概念，只是多少未變地被投射到來世。你可以說賽斯是一個被戲劇化了的「無意識」或一個獨立人格。我個人看不出這兩者有什麼矛盾。賽斯也許是個戲劇化人物，演出一個非常真實的角色——以我們能了解的唯一方式解釋他更廣大的實相。這是我目前的看法。

首先，對我來說「無意識」（unconsciousness）這名詞並不妥，它僅只暗示一個本來開放的心靈系統（open psychic system），具有統一各種意識交互連結的深根；一個我們全在其中互相連接的網狀組織。我們的個人性由它升起，同時也助其形成。這源頭包含過去、現在與未來的資料；只有自我（ego）在經驗我們所知的時間。我也相信這開放系統包含了我們之外的他種意識。

由於我自身的經驗，尤其是「出體」狀態的經驗，使我深信意識是不必依賴物質的。目前有肉身這副模樣確乎是「我的」主要存在模式，但我不以此而推斷所有的意識必須如此取向。在我看來，只有最盲目的自我主義才敢拿它自己的看法來界定實相，或把它自己的限制和經驗投射到其餘的存在界上。

我接受如賽斯在此書中所描述的多次元人格的概念，因為我及我學生的經驗似乎證實了它。我也認為在那意識的開放系統和無限泉源裡，有一個獨立的賽斯以與我們相當不同的角度運作。

以何種角度?老實說，我不知道。有一次當我試著為自己、也為ESP班的學生澄清我的概念時，寫下了一個簡短而直觀性的聲明，我認為最接近我的看法。羅曾告訴我有關「說法者」（Speakers）的事，賽斯在此書中對他們如此稱呼，他們是歷代以來不斷對人們說法的人，提醒人內在的知識，以使它永不會真的被遺忘。這個意念喚起我的靈感，使我寫下這一篇小品。它指出我認為賽斯及其他像他的「人」也許存在於其中的那個架構。

「我們以我們所不了解的方式合成。我們是由元素、化學物質及原子所組成，但我們卻開口說話並自取名字。圍繞著我們的內在，我們組織了外在物質，凝結成肌肉與骨骼。我們的本體或人格由我們所不知的泉源湧起。

「也許現在的我們曾一直在那兒等待著，隱藏在創造的可能性中，四散而茫昧的——在十三世紀掃過歐洲的雨與風中——在起伏的山巒間——在湧過另一個時地的天空的雲朵裡。身為塵沙，我們也許曾吹過希臘的門廊。也許我們曾無數次地明滅於有意識與無意識之間，被我們還不太了解的對創造與完美的欲望與渴望所觸及。

「因而現在可能有其他的『人』（如賽斯），也沒有形象，但卻有知——他們曾是我們現在的樣子，但還要更多——他們記著我們已遺忘了的。也許經由意識的加速他們發現了其他的存在形式，或其他我們也為其一部分的實相次元（dimensions of reality）。

「因此我們給那些無名者名字，就如我們本也是無名的。我們傾聽，但通常我們試圖把他們的訊息擠入我們能懂的觀念裡，給它們穿上陳腐的樣版形象。但他們卻就在我們周遭，在風裡在樹梢；有形的和無形的，在許多方面也許比我們還活潑——那些說法者。

「透過這些聲音、這些直覺、這些閃現的靈光與訊息，宇宙向我們說話，向我們每個人說話。對你們說，也對我說。學著聆聽你們自己的訊息，不要扭曲你們所聽見的，或把它譯成陳腔濫調。

「在班上（一般而言，並且在生活中）我認為我們的確在這種訊息起反應，有時以幾近孩童似的智慧把它們演出來，形成原創、個人的戲劇——由我們內在喚起無可名狀的意義之戲劇。

「這也許是『神明們』（gods）沉浸其中的那種戲劇，創造自它生成，而向各方面蔓延。我們內心也許在對神明們響應——那內心的了解之火花，超越了我們自己三次元的知識。

「賽斯也許在引導我們脫出通常的限制，進入本來就屬於我們的另一個領域——不論我們在肉體之內或之外它都是基本的。他也許是集合在一起的我們的聲音，說道：『當你們是有意識的身體時，要記得以前和未來，當你們沒有身體，作為無羈的能量，沒有名字卻只有不需舌頭的聲音，具有不需肉體的創造性時，你們是怎麼樣的。我們即你們自己，裡外翻了個面而已。』」

然而不管我對賽斯或實相本質的看法如何，這稿本必須獨立成書。它具有賽斯這「人」的印記，正如任一本書都自有其作者不可磨滅的烙印，絲毫不爽。在這本書內的觀念值得一聽，不論其來源，而又正因其來源。

當我們的課剛開始時，我想過用我自己的名義出版這本書，好讓人因為它的價值而接受它，又不會讓人對它的來源起疑。然而，這似乎是不公平的，因為賽斯資料產生的方式不但是它傳遞的訊息的一部分，而且也強化了訊息本身。

我們把賽斯的口述如我們所收到的那樣印出來，按照次序，既無增潤也無減損。他顯然明白口說和寫作用字的不同。他在ＥＳＰ班上的課比較不正式，有相當的相互交流。這本書卻更像我們自己的私人課，此書大體是在課裡傳遞的。可以更明確的看出，強調的是內容，更著重文字而非口語性的陳述。

賽斯的語句結構也沒被改變，除了在偶爾的例子（例如少數幾次我將一長句變成兩個句子）。賽斯也指明了很多標點符號。在這種時候，我們只依照他的指示加上破折號、分號與括號，而把他指示的話語本身略去，以免讓讀者分心。賽斯也指示我們在某些字句下劃線。

賽斯的句子往往很長，特別是就口語演說而言，但他卻從不弄亂或與造句法或意義脫節。不論何時，只要在這方面似乎有困難，我們查核原先的課，就會發現是在謄寫過程某一處出了錯所致。（我特別注意到這點，因為我試過用錄音機口述信件，但顯然很少成功。在頭幾句之後，我很難記得我說過了什麼，或我是如何地表達的。）

校對主要是修正羅的筆記，當他把它們弄得更像樣一點。在有些情形，不屬此書的資料也包括了進去，若它們似與正文有關，對本書的表達方法有間接的說明，或對賽斯本身有所洞見。如羅的註記所示，賽斯在書完成後立即口述「附錄」。好笑的是，我並不曉得賽斯已經開始了「附錄」，倒花了好幾天在猜測到底該是誰來管這檔子事──而如果是賽斯管，他何時會開始。

這兒再說一件有趣的事：為我自己的書我要寫三遍草稿，有時到末了仍不盡滿意。此書口述出來卻就是它最後的定稿。賽斯也遠比我更忠於他訂的大綱。不過，他也偶爾離題，正如每個作者應有的權利。

從這兒開始，由賽斯自己發言了。

第一部

第1章

The Eternal Validity of the Soul

我沒有肉身，但我卻在寫這本書

第五一一節 一九七〇年一月二十一日 星期三 晚上九點十分

（在開始這些筆記之前，我提一下珍在出神狀態替賽斯代言的時候，她本身有某些明確的改變。

（通常珍出入出神狀態的速度驚人。她在課中一直睜著雙眼，只有幾次閉上但時間相當短，——有時瞇成一條縫，或者說半睜半閉，有時完全睜開而且眼珠顏色比平時幽深很多。她多半坐在她的甘迺迪搖椅裡上課，但偶爾也會站起來走動。在出神狀態中，她吸煙，也喝一點葡萄酒、啤酒或咖啡。有時她的出神狀態非常深，她說她需要幾分鐘才會「眞正回過神來」。在賽斯課後，不管多晚，她幾乎每次都會跟我一起吃宵夜。

（她在出神狀態說話的調子、音量與快慢，幾乎就像聊天那樣，但是一定都有以下這些特質。通常比她「自己的」聲音來得低沉有力一些。偶爾她的「賽斯之聲」的確非常響亮，而且有力得多，還帶著明確的男性泛音，而且背後有明顯、巨大的能量。不過我們大多數的課是相當安靜的。

（賽斯說話帶有一種難以確定的口音。有人說那是俄國、愛爾蘭、德國、荷蘭、義大利，甚至法國的腔調。有一回賽斯幽默地說，他說話的方式事實上是累世「四海爲家的背景」所致。珍和我認爲口音純屬個人，聽的人基於各自的種族和感情背景，而有各種不同的反應。

（珍在出神的時候幾乎一定會顯現的效果還有兩種。一是她的舉止比較生硬，二是她臉部肌肉重組而顯出一種繃緊的樣子，我相信那是一股能量或意識注入造成的結果。有時候這種效果十分突出，賽斯一在場，我很容易就感覺得到。

（我想珍在課中之所以有這些改變，一方面是因爲她以獨創的方式，接收我們稱爲賽斯的一個存有〔entity〕、一個原素〔essence〕的一部分；另一方面也是因爲她在選定男性擔當這一個部分時，對於它應該是什麼樣子所抱持的想法。她轉變成賽斯的方式很有原創性，在旁邊看和參與其中都有趣極了。不論程度如何，賽斯在場總是風格獨具又和藹可親。我是在傾聽另一個「人」，並與之交談。

（在這一節開始之前，珍說她感覺相當緊張；她認爲賽斯今晚會開始他自己的書。她在這些課覺得緊張，相當不尋常。我一再叫她放心，叫她忘了這整件事，讓這本書按它自己的方式出來就成了。）

好，約瑟，我向你道晚安。

（「賽斯晚安。」）

我們的朋友魯柏的確覺得怯場，這多少是可以了解的，因此我容忍他。不管怎樣，我們開始第一章吧。（微笑。）魯柏喜歡的話可以寫篇序啊。（停頓。）

好，你們聽說過抓鬼人（ghost hunter），那我可說是名副其實的捉刀鬼（ghost writer），雖然我不贊同「鬼」這個名詞。你們通常確實是看不見我的形體，我也不喜歡「幽靈」（spirit）這個字；不過，如果你們對那個字的定義含有「一個沒有肉體的人格（personality）」這個概念在裡面，那我就不得不同意這樣的描述適合我。

我在對一群看不見的聽眾講話。但是，我知道我的讀者是存在的，因此，我要求他們每個人，現在呢，也認可我的存在。

我寫這本書多虧一位女性的支持，我變得十分喜歡她。對別人來說，我用「魯柏」和「他」來稱呼她似乎有點怪，但是，我其實在別的時間與地點，早就認識有別的名字的她。她曾經做過男人也做過女人，「魯柏」這個名字可以代表那個曾經活過這些個別人生的整個本體（entire identity）。

不過，名字並不重要。我的名字是賽斯。名字只是稱謂、象徵而已；但是，既然你們一定要用，我也就從善如流。我和魯柏合作寫這本書，他替我說話。在這一世，魯柏的名字是珍，她的先生羅伯・柏茲寫下珍說的話，我叫他約瑟。

我的讀者可能以為他們自己是有形的生物，被肉身束縛，囚禁於骨、肉和皮膚裡。如果你們相信你們的存在要靠這種肉體形象，那你們就會覺得自己有滅絕之虞，因為肉體無法長存，不論在年輕時有多美，沒有一個身體到了老年還能保有同樣的精力和魅力。如果你認為自己等同於青春、美麗、聰明或成就，那種明知道這些屬性一定會消失卻又難以釋懷的感覺就會一直在。

我寫這本書就是為了向你們保證事情並非如此。基本上，你們的存在並不會因為有肉身就比我來得真實，我穿過又丟棄過的肉身太多了，我連說都懶得說。不存在的人不能寫書。我不需要依賴肉體形象，你們也一樣。

意識創造形相，而不是反過來。並非所有的人格都有形體。只因為你們太忙著關注日常事物，而沒有發覺，有一部分的你知道它自己的力量遠比平常的自己表現出來的力量大多了。

你們每個人都曾有過其他的生命，雖然意識上你們對此毫不知情，但內在卻很明白。我希望這本書會讓我的每一位讀者釋放他們內在那個極為直覺的自己，並且把對你最有用的任何一個洞見帶到意識的最前端。

按你們的時間來說，我是在一九七〇年的一月底開始這本書。魯柏是個纖細、黑髮、敏捷的女子，她坐在搖椅裡替我說這些話。

（九點三十五分停了很久。）我的意識焦點相當清楚地對準魯柏的身體。今晚很冷。這是我們頭一次在出神狀態寫一本完整的書，魯柏在課前有點緊張。這件事並不只是讓這女人替我講話這麼簡單，其中還有很多必要的操縱和心理的調適。在我們——也就是魯柏和我——之間，我們已經建立了一座我所謂的「心理橋梁」（psychological bridge）。

我透過魯柏說話跟講電話是不一樣的。事實上，我們雙方都有一種心理的延伸，一種特性的投射，我就是利用這種延伸和投射來溝通。以後我會解釋這種心理架構是如何創造與維護的，因為它就像一條路，一定要保持乾淨而沒有殘礫。讀這本書的時候，如果你問自己你是誰，比起問我是誰要好得多，因為你若不了解人格的本質以及意識的特性，你就不能了解我是什麼。

如果你堅信你的意識被鎖在你頭顱內的某處而無力逃逸，如果你覺得你的意識只侷限在你的身體內，那麼你就是太小看自己了，還會以為我只是個幻覺。我不比你更是個幻覺，這句話中自有深意。

我可以老實跟你們每個讀者說（微笑）：我比你老，至少以你們認為的年齡來說。

因此，如果一個作者能靠年齡來取得權威資格的話，那我應當得一個獎章。我是一個不再聚焦於物質界的「以能量為體性的人格」（energy personality essence），正因如此，我能知覺你們許多人似已忘懷的一些真理。

我希望提醒你們這些真理。我不是對你自以為是「你自己」的那個部分講話，而毋寧是對你所不知的、你在某程度加以否認、並且在某程度遺忘了的那個部分講話。〔即使〕當「你」在讀這本書時，也是你的那個部分在讀它。

我對那些信神與不信神的人講話，對那些相信科學會找到有關實相性質的所有答案，或不相信的人講話。我希望給你們線索，使你們能夠前所未有地親自研究實相的性質。

有幾樣事我要讓你們了解。你們並沒有被困在時間裡，像一隻封在瓶裡的蒼蠅，翅膀因而無用武之地。你們不能靠肉體的感官來給你實相的真實畫面。五官是可愛的大騙子，說了一個這麼天花亂墜的故事，騙得你們對它確信無疑。你們有時在做夢時比在醒時更聰明、更有創造力，並且知識也豐富得多。

現在這些說法在你們看來可能極為可疑，但當我們講完這本書以後，我希望你們會明白它們只是對事實的直陳而已。

我將告訴你們的，世代以來都有人講過，而當它被遺忘了就會再說一遍。我希望澄清多年來被曲解的許多觀點。而對其他的觀點我會給予我原創性的詮釋，因為知識並非存在於真空，所有的資料必然被持有者和傳遞者詮釋而沾染上他們的特性。因此我僅就我所知，根據我在許多層面和次元的經驗來描述實相。

這並不是說其他的實相就不存在。在你們的地球形成之前我就有意識了。在寫這本書時——及在大多數我與魯柏溝通時——我從自己過去的人格銀行裡提用了那些好像適當的特性。有許多像我這樣的「人」格，不把焦點集中在物質或時間上。我們的存在在你們看來很陌生，因為你們不了解人格的真正潛能，而被你們自己有限的觀念催眠了。

（停一下，然後幽默地說：）你們可以休息一會兒。

（「謝謝你。」）

（十點十八分。珍相當從容地脫離出神狀態，雖然那是個很深的出神狀態。她很驚訝時間已過了這麼久。她也對賽斯趁她在深度出神時開始了這本書鬆了一口氣。「哦，他很聰明，」她笑道，「有人挺詐的喲！」

（賽斯在十點三十四分繼續。）

我主要是個老師，但我本身並非文學家。我主要是個帶信息來的人，我的信息是：你們創造了你們認識的世界。天賦予你們的也許是最可敬畏的禮物：將你們的思想向外投射成為具體物質的能力。

這禮物附帶了責任，但你們多半喜歡對生活中的成功自我慶賀，而將失敗歸罪於上帝、命運或社會。同樣地，人類有一種傾向，喜歡把自己的罪過投射在一個「老天爺」的形象上，看來祂對這麼多抱怨一定厭煩透了。

事實是，你們每一個人創造自己的物質實相；而集體地，你們創造了你們俗世經驗裡的光榮與恐怖。你們會拒絕接受這責任，直到你了悟你們即創造者！你們也不能把世上的不幸怪罪於魔鬼，你們已經成熟到能明白，魔鬼是你們自己心靈的投射，但你們還沒聰明到學會如何建設性地利用你們的創造力。

我大多數的讀者都知道「肌肉失去彈性」這事，做為一個種族，你們其實是「自我失去彈性」，受制於一種精神的僵化死板中，自身那直覺的部分不是被否認便是被扭曲到不可辨認。

（十點四十五分停頓。）時間漸漸晚了，我的兩位朋友明天都得早起。魯柏正在寫兩本他自己的書，必須睡夠。在我結束這一節前，我請你們想像我們的布景，因為魯柏曾告訴我，一個作者必須小心地布置場景（幽默地）。

每週一和週三我透過魯柏講話，在這同一間大客廳裡，燈總是開著。今晚我很欣賞由魯柏的眼看到的外面一角冬日景色。

物質實相總令我心神爽快，而經由魯柏的合作，當我寫這本書的時候，我明白我欣賞它的獨特魅力是有道理的。這裡還應該提到另一個角色：貓咪威立，一個正在睡覺的可愛怪物。

（威立正在我們老式的電視機上睡覺——事實上是在打鼾。牠的位置剛好在珍的搖椅後方。）

動物意識的本質本身就是個非常有趣的題目，我們以後會談到。這貓知覺到我的在場，好幾次曾有相當顯著的反應。在這本書裡頭我希望讓你們看到，所有意識單位之間不斷發生的交互作用，以及跨躍族類障礙的溝通；在這類討論中，有幾次我們會拿威立當現成的例子。

你可以休息一會兒或結束此節，隨你便。

（「好，那我想，我們就此結束吧。」）

給你們兩位我最衷心的祝福。

（「這節很有趣。」）

（停頓。微笑：）我希望你們喜歡。

（「賽斯晚安。」）

（十一點。珍很快地回過神來。整節她的速度都很好。她說她很高興賽斯已開始他的書了。

她說：「好久以來，每當我認為賽斯想要開始寫書時，我都不敢讓他去做。」

（珍在想要不要在賽斯寫作時閱讀此書。如果說她等到原稿完成之後才看到，聽起來是很了不起啦。但我們判定她看不看都沒關係，所以當我打好字後她就會看這資料。）

第五一二節　一九七〇年一月二十七日　星期二晚上九點〇二分

（週一晚的定期課延到今晚。

（珍的速度相當慢，中間有許多次停頓很久。她的聲音平常，眼睛常是睜開的。）

晚安。

（「賽斯晚安。」）

好，我們回到新的稿子。

既然我們提到動物，讓我說牠們的確擁有一種意識，然而那意識卻沒給牠們如你們那麼多的自由。但是同時，在應用它的時候，動物卻也沒被常阻礙人類意識發揮實際潛能的某些特性所拖累。

意識是感知多重次元實相的途徑。你們所知的意識是極為專門化的。肉體感官讓你感知三次元的世界，但就由於它的這種本質，它同時也抑制了你對其他同樣確切合法的次元的感知。你多半與你日常「物質取向的自己」認同。你不會想到與你身體的一部分認同，而忽略所有其他的部分，（微笑：）然而當你想像「自我的我」（egotistical self）就是你的整個身分時，你卻是在做同樣的事。

我在告訴你，你並非宇宙的一袋骨與肉，由某些化學物與地水火風等元素的混合物組合在一起。我在告訴你，你的意識並非由化學成分的交互作用意外地形成之某種熾熱產物。

你並非物質的一個被棄的旁支，你的意識也不會消失如一縷輕煙。相反的，在一個極深的無意識層面，你以絕大的辨識力、奇蹟般的清晰，以及對組成身體的每一個細胞密切的無意識知識，造成了你所知的肉身。這並不是象徵性的說法，而是確實如此。

現在，由於你以為的「意識心」沒有覺察到這些活動，所以你不認同你內在的這個部分。你寧可和你在看電視、在做飯、或在工作的那部分認同——你認為它知道自己在做什麼的那個部分。但你自身這看似無意識的部分，其實知道的多得多，全靠它的流暢運作，你整個肉體才得以存在。

這部分是有意識、有知覺而且警醒的。如此全神貫注於物質實相的你，卻不去傾聽它的聲音，也不了解你那「偏重於物質的自身」就是從這偉大的心理力量躍出的。

我稱這看似無意識的部分為「內在自我」（inner ego），因為它指揮內在的活動。它把非經由肉體感官而是其他內在管道得來的資料串連起來。它是「實相的內在感知者」，而它的存在超越了三次元之外。它攜帶著你們每個前世的記憶。它探入真正無止境的主觀次元，所有客觀的實相都是從這些主觀次元源源流出的。（停了很久。）

所有必要的資料都經由這些內在通道給你，即使在你一舉手或一眨眼或讀這一句話之前，不可置信的內在活動已發生了。你本體的這個部分本自具足千里眼與心電感應的能力，因而在災難發生前你已得到警告，不論你是否有意識地接受這信息。在一個字都還沒說之前，所有的溝通都早已發生了。

（安靜地：）我可以時常停頓一下，好讓你休息。

（「我沒問題。」）

「外在自我」（outer ego）與內在自我一同運作，其一讓你能在你所知的世界裡操縱自如，另一帶給你那些微妙的內在知覺，沒有它們肉體生活即不可能維持。

但是你還有一個部分，你更深的本體，它形成「內在自我」與「外在自我」，它決定你生存在此時此地。「這」就是你本體的核心，你從中躍出的「心靈種子」，你為其一部分的「多次元人格」。

至於你們那些想知道我將心理學家所謂的潛意識放在哪裡的人，你可以想像它是在外在自我與內在自我之間的一個所謂會合之地。不過你必須了解，自己（self）並沒有真實的分界，因此我們說到各個不同的部分只是為闡明基本的概念而已。

既然我們是在對那些確實認同「正常有意識的自己」的人說話，我在這第一章裡便提出這些事情，因為我在書中後來會用到這些名詞，也因為我要盡早地聲明「多次元人格」這個事實。「人格」並不是「意識」在「此時此地」的一種屬性，你若不能弄清這個觀念，便不能了解你自己，也不能接受我獨立的存在。雖然在本書我可能會說到有關於物質實相的一些事，可能會令你大為吃驚，但要記住我是站在全然不同的立場來看它的。

(珍在替賽斯講話時常常停頓，她的眼睛也常常閉著。) 你現在是全神貫注在物質實相上，也許在奇怪如果它外面有東西又會是什麼呢？我則是在外面，頃刻間回到我熟知並且喜愛的人間，可是我並非你所謂的一個居民。雖然我有一個心靈的「護照」，仍然有些我必須克服的難題，如翻譯的問題、進入的不便等。

我聽說，許多人在紐約住了多年，連帝國大廈也沒參觀過，但很多外國人對它倒很熟悉。因此雖然你住在地球上，我仍然可能指出一些被你忽略，但在你們自己的實相系統之中非常奇怪且神奇的心靈與心理結構。

老實說，我希望做到的還不止於此，我希望能帶你遊歷你所能去的各個層面的實相，引導你遊歷你自己心理結構的各個次元——打開你自己意識的整個領域，那些你還沒怎麼知覺到的領域。因此，我希望不止於解釋「人」的多次元面貌，還要使每位讀者對自己更大的本體略見一斑。

（安靜地：）你可以休息。

（十點七分。珍很快很容易回過神來。她說她不知自己的速度是快是慢，也不知過了多少時間。她說她的印象是，賽斯傳來的資料非常濃縮，直接瞄準了讀者，並且他努力使意念盡量清楚簡明地傳達過來。

（珍現在才告訴我，她在課開始前就已經很累了。她在十點二十九分以同樣的方式繼續。）

你所知的自己只是你整體的一個片段。可是這些個片段的自己卻不是像線上的珠子那樣串在一起的。反倒更像洋蔥層層的皮、或橘子的瓣，但全都連在一個生命力上，雖然源自同一來源卻向外生長到不同的實相中去。

我不是將「人」比為橘子或洋蔥，但我要強調，就像這些東西由內向外生長，整個的「我」的每一片段體也是一樣。你只觀察物體的外貌，你的肉體感官允許你感知外在的樣子然後對它起反應，但你的肉體感官到某個程度也迫使你用這種方式來感知實相，而在物質與形式內的內在生命力就不那麼明顯了。

例如，我能告訴你，即使在一支釘子裡也有意識，但很少讀者會認真看待這句話，馬上停下來，向他們能找到的最近一塊木頭中的釘子道早安或午安。

無論如何，在釘子內的原子與分子確實擁有它們自己的一種意識。組成這書頁的原子與分子在它們自己的層面內也有知覺。沒有一樣存在的東西——不管是石頭、礦物、植物、動物或空氣

——不是充滿了它自己的那種意識的。因此你們都站在一個恆常的盎然生機之中，站在一個有知覺的能量完形之中，而你們自己的肉體也是由有意識的細胞所組成，它們自己的內在帶著對自己身分的體認，甘願合作以形成一個有形的結構，那就是你的肉體。

當然，我是說沒有所謂死的東西。沒有東西不是由意識組成，而且不論程度如何，每一種意識都歡喜地享有感覺與創造。除非你了解這種事，否則你就無法理解你是什麼。

為了方便起見，你把那些跳過你肉體最細微部分之間的多方面內在溝通關在外面，但即使當你是有肉體的生物時，你在某個程度仍是其他意識的一部分。「自己」是無限的，它的潛能也是無限的。（停頓：）然而，因為你自己的無知，你可能會採取人為的限制。例如，你能單單認同你的外在自我，而與本是你一部分的那些能力切斷連結。你能否認事實，卻無法改變它。拿駝鳥作個比喻，雖然許多人把他們的頭埋在三次元存在的沙中，假裝沒有更多的次元，人格卻的確是多次元的。

（幽默地：）在這本書中我希望把一些頭從沙裡拉出來。（停頓良久。）你們可以休息或結束這一節，隨你高興。

（「我們休息一下。」十點五十九到十一點十分。）

現在：我們很快就會結束第一章，只剩一點點了。（好玩地：）那不是書的正文。

我不是要低估外在自我，只是你們太高估它了。它真正的本質也沒被體認。

關於這一點我們以後還有話說，但就目前而言，只要你能了解你的身分感與延續感並不依賴自我就夠了。

且說有時我會用到「偽裝」（camouflage）這名詞，指的是外在自我所涉的物質世界，因為物質外形是實相所採取的一種偽裝。這偽裝是真的，但它的內在還有一個大得多的實相——一個賦予偽裝其形式的「生命力」（vitality）。然後你的肉體感官讓你去感知這偽裝，因為感官以極為特定的方式與之配合、調頻。但要想感覺到在那偽裝形式內的真相，則需要另一類的注意力及更精微的操縱，這不是肉體感官所能勝任的。

自我是個善妒的神，它只顧自己的利益。除了那些它在其中覺得自在並能了解的次元以外，自我不想承認任何次元的真實性。自我本來應做個助手，卻被縱容成一位暴君。即使如此，它仍比一般所假定的要有彈性得多，而且亟欲學習。它並非生來就像它看起來的那麼頑固，它的好奇心可以發揮很大的價值。

如果你對實相的本質有一個狹隘的觀念，那麼你的自我會盡其所能，把你關在你接受的實相當中閉鎖的小角落裡。反過來說，如果你憑藉直覺和創造的本能被給予自由，那麼它們會把對更廣大次元的知識溝通給你人格最朝向肉體的這一部分。

（十一點三十五分。課被我們兩隻貓之一的隆尼打斷了，牠要出去過夜。賽斯一直進行得很好。珍很快地回神。在我放貓出去後她等了一會兒，然後在賽斯能回來前她決定今夜到此為止。

第一章好像還沒完。）

第五一三節　一九七〇年二月五日　星期四　晚上九點十分

（通常這節該在昨天舉行，但珍為了想變化一下，試試星期四，在課前她說：「當我想到賽斯自己在寫這本書時，我仍然感到怯場。」當課開始時，賽斯真的立即繼續著「他的」書。）

晚安。

（「賽斯晚安。」）

現在，我們繼續。

這本書本身就可以證實「自我」並沒全盤的占有「人格」，因為無疑的它確是由另一個「人格」製作，而非那名為珍・羅伯茲的作家的人格。既然珍・羅伯茲所擁有的能力人人俱有，那麼我們至少得承認，人類擁有的屬性比平時我們歸之於它的要多得多。我希望來解釋這些能力是什麼，並且指出每一個人都能用來釋放出這些潛能的一些方法。

「人格」是不斷改變知覺的一個完形。它就是本體中能感知的那個部分。我不把我的感知勉強加諸我借之講話的這位女士身上，她的意識在我們的通訊中也沒被抹掉。她的意識反倒有所擴展，並且她把能量投射向三度空間之外。

這種將注意力自物質系統抽離，可能使她的意識看起來像是被消滅了，其實，它反而更增強了。現在我從自己的世界對這位女士集中注意力，但她說的字句——這些在書頁上的字句——原本並非語言性的。

首先，你們所知的語言是一種緩慢的玩藝兒：一個個字母串成一個字，一個個字再造成一句，這是線型思想模式的結果。如你們所知的語言，部分而言，並且就文法而言，是你們物質世界時間順序的最終產品。你們在同一時間只能集中注意力於這麼多的事情，而你們的語言結構不足以表達錯綜複雜的、同時發生的經驗。

我知道一種不同的經驗，非線型的、能夠對無限的同時性事件聚焦並且反應。魯柏無法表達它們，因此如果想要說出來的話，它們必須平攤成線型的表達方式。這種感知無限的同時性事件，並對之反應的能力，是每個「全我」或「存有」（entity）的基本特徵。因此之故，我不號稱它是我的獨門技藝。

每個讀者目前既然藏匿於肉體形式之內，因此，我假定（**幽默地**），他就只知道自己的一小部分而已——如我先前提到的。存有就是整個的本體（identity），而每個「人」只是這本體的一個顯示——一個獨立並永遠確實的部分。因此，在這些通訊裡，魯柏的意識擴展了，卻聚焦於一個不同的次元，一個介於他和我的實相之間的空間，一個相當不受干擾的場地。此地在他的允許與同意下，我將某些觀念灌輸給他。那些觀念並非中立的，因為所有的知識或資料都帶著擁有者或傳遞者的個人色彩。

魯柏把他的語言知識供我們利用，而我倆一起相當自動地帶出了我將要講的各種字句。分神是可能發生的，就如任何資料都可能被曲解。不過，現在我們已習慣一同工作，扭曲已很少了。

我的一些能量也投射給了魯柏，控制他的肉體，他和我的能量一起在課中，現在就當我說這些句子時也一樣。以後我還會討論許多其他的枝節。

你們可以休息。

（九點四十六分到九點五十五分。）

因此，我並非魯柏潛意識的產物，正如他也非我的潛意識的產物。我也不是一個第二人格（secondary personality），伶俐地試圖顛覆一個不安定的自我。事實上我特別留意使魯柏人格的所有部分都受益，並使它們的完整性得以維持並受到尊崇。

在他的人格內有一頗為獨特的設備，才使得我們有通訊的可能。我將盡可能以最簡單的方式予以說明：在他心靈內有一個相當於「透明的次元曲速面」（transparent dimensional warp）的東西，它幾乎可被當作一扇打開的窗子，經由它能感知到其他的實相；那是一個多次元的開口，到某個程度它不被實質焦點的陰影所遮蔽。

肉體感官常使你看不見這些開放的通道，因為五官只按照其自己的形象來感知實相。那麼，到某個程度，我透過你們時空裡的一個心理的曲速面進入你們的實相。以某種方式說，這樣的一個開放的通道幾乎像是魯柏與我的人格之間的一個通路，因此兩者之間能有溝通。這種在存在的不同次元之間的「心理的與心靈的曲速面」並非不尋常。只是它們不常被認出來，更不常被利用。

（長長的停頓，很多次之一。但整體說來，珍的速度要比與賽斯書有關的頭兩節快得多，而且更有信心。同時她也喜歡賽斯到現在為止所寫的東西。）

我將試著給你對我自己沒有形體的存在一些概念，讓它來提醒你，你自己基本的本體與身分與我自己的一樣也是沒有形體的。

那即為第一章的結束。

（「好的。」）

第2章 我現在的環境、工作與活動

The Eternal Validity of the Soul

（現在是十點十六分。珍停下來，揉揉她閉著的眼睛。）

我們開始第二章。

雖然我的環境在相當重要的方面與我讀者的環境不同（幽默地），我可以以輕描淡寫的諷刺向你們保證，它是與有形世界同樣的生動、多變並且充滿活力的。它更有樂趣——雖然自從我不再具有身體以後我對享樂的概念已略為改變——因為它更有回報，而且給創造性的成就提供了多得多的機會。我現在的存在是所有我經歷過那許多有形或無形的存在中，最具挑戰性的一個。無形的意識並非只住在一種次元中，就好比在你們的星球上，不止有一個國家，在你們的太陽系裡也不止有一個星球。

那麼，我的環境並非你們在死後立即會到的地方。我不得不幽默地說，在你進入這一個存在層面（plane）之前，你還得死好多次呢！出生時你所受的驚嚇，比死亡要大得多。有時候你死了自己還不知道，但出生幾乎總是意味著一個尖銳而突然的體認。所以不需要怕死，而已死過太多次懶都懶得計算了的我，寫這本書就是要告訴你此事。

我在這個環境中的工作比你們任何人所知的都更具挑戰性，並且還必須操縱你們現在幾乎無從理解的創作材料，不久我還會再談這點。首先，你必須了解，除了被意識所創造的實相之外，沒有客觀實相存在。永遠是意識創造形式（form），而非其反面。因此我的環境是由我自己和其他像我一樣的「人」所創造的一個存在的地方，它代表了我們內心發展的外在顯現。

我們不用永久性的結構。好比說，我不住在一個城或鎮裡，但我並沒暗示我們浮在虛空之中。我們對空間的想法與你們不一樣，此其一，而且我們想要四周有什麼樣的形象就造出它來。它們是由我們的精神狀態創造出來的。（就）如你們自己的物質實相是你們內在欲望和思想分毫不差的複製品一樣。你們以為實物不依賴你們而獨立存在，卻沒體認到它們其實是你們自己「心理與心靈的自身」之外在顯現。我們了悟是我們造成了自己的實相，因此我們懷著很大的喜悅去盡情揮灑。在我的環境中你們會非常的迷惑，因為對你們來說它似乎缺乏一致性。

但是，我們知道支配所有「具體化」的內在法則。我能展現出你所謂的歷史的任一段時間，或晝或夜。這些變化的情形不會給我的同伴任何困擾，因為他們將之視為了解我的心境、情緒與概念的一個直接線索。

（在講這一段話時，珍走進廚房——仍在出神狀態中——翻來翻去找火柴：她想點支煙。）

永恆性與穩定性基本上與形相無關，而與快樂、目的、成就與身分的整合（integration）有關。我「旅行」到很多其他的存在層面去，以完成我的責任。我的責任主要是個老師與教育者，而在那些系統裡，我利用對我最有用的任何教具與技術。

換言之，我可以用許多不同的方法來教同樣的道理，而我選用的方法是按照我必須在其中運作的那個系統內天生具有的能力與假設。在這些通訊中，以及在這本書中，我用到我本體中可用的許多個人格中的一個部分。在其他的實相系統裡，他們不會了解我——較大的賽斯本體——在這兒所採用的這個特殊的賽斯人格。

並非所有的實相系統都是有形的，你可要明白，有一些對實質形相完全不知。如你們所了解的性別對他們也非自然的。因此我不會以一個曾經有過許多「人身」的男性人格來與他們溝通，雖然那是我的本體合理而確實的一部分。

你的手寫累了嗎？

(「不累，我很好。」十點五十四分。)

在我自家的環境裡，我可以呈現任何我喜歡的扮相，它可以並且的確會隨我思想的性質而變。然而，你多少也以相同的方式，在一個無意識層面形成你自己的肉體形象，但其中有些重要的相異點。通常你沒了解到，在每一刻你創造了你的肉體，而它是你對「你是什麼」的內在概念的直接結果，而且它隨著你自己思想不斷變動的步調而有重要的化學與電磁方面的改變。

由於我們早就認清形相依賴著意識，我們僅只是能夠全盤改變我們的形相，使它們更忠實地追隨著我們內在經驗的每一個極精微的變化而已。

你可以休息或結束此節，隨你的意。

(「我們休息一下。」

(十一點。珍的出神狀態很深，雖然她好像很快便回過神。她說當她在課中，她知道自己講的每個字，卻幾乎立刻就忘了。但是，到了十一點五分，她才知道原來在休息時她並未「完全回神」。在十一點七分繼續。）

任一意識都與生具有改變形相的能力，只是熟練度與實現的程度有所不同。在你自己的系統內，當你觀察生物在它的「演化」史中所經過的形相改變，你就可以看到這種改變以一種「慢動作影片」的方式呈現出來。

可以說，我們也能同時兼具好幾個形相，你們也能這樣做，雖然通常你們並不知道。你的肉體形相能躺在床上睡著不動，同時你的意識卻以夢中形相神遊到相當遙遠的地方。同時你可以創造與你自己一模一樣的「思想形相」(thought-form)，出現在一個朋友的屋中，而意識上你卻完全不知不覺。因此關於意識在任何時候能創造什麼形相，根本是沒有限制的。

實際來說，我們在這些方面比你們進步得多，而當我們創造這些形相時我們是完全知道的。我與其他多少面對同樣挑戰，並有同樣整體發展模式的「人」共享我的存在領域。這些「人」中，有些我認識，有些則否。我們以心電感應溝通，但心電感應也同樣是你們語言的基礎，沒有心電感應的話，語言的象徵性便將毫無意義了。

只因我們的確以這種方式溝通，並不必然表示我們使用腦子裡的字句(mental words)，因為我們並不。反倒是，我們以我只可稱之為「熱與電磁的影像」來溝通，那些影像在一個「段落」中能夠擁有多得多的意義。溝通的強度依賴在其後的情感強度，雖然「情感的強度」這說法可能引起誤解。

我們的確有與你們所謂的情感相等的東西，雖然這些不是你們所知的愛、恨或憤怒。對你們的「情感」最恰當的描述是，那是與「內在感官」（**inner senses**）有關的遠較偉大的心理事件與經驗，在三度空間裡的實質化。

在本章的結尾我會解釋內在感官。此地只說我們有強烈的情感經驗就夠了，雖然它與你們的經驗大異其趣。它的限制要少得多，並且遠較開闊，因為我們也知覺整個情感的「氣候」，並對之起反應。我們有更多的自由去感覺與經驗，因為我們不那麼怕被情感席捲。

舉例來說，我們的本體不會被別人的強烈情緒威脅。我們能以一種現在對你們還非自然的方式「出入」情感，並將它們轉譯為其他你們不熟悉的創造面。我們不覺得有隱藏情感的必要，因為我們知道基本上那是不可能也不好的。在你們的系統內情感可能顯得令人苦惱，因為你們還沒學會怎麼用它們。我們現在才在學習情感的全部潛能，以及與它們相連的創造力之威力。

我們結束這一節吧。

（「好。」）

我衷心祝福你倆，晚安。

（「賽斯晚安，這節很精采。」

（**仍然是賽斯，珍向前傾幽默地說：**）

你是第一個讀它的人。

(「是啊，我很榮幸！」)

(十一點二十七分。珍後來說她是真的出去了。她只知道賽斯談到情感。)

第五一四節 一九七〇年二月九日 星期一 晚上九點三十五分

(卡爾與蘇．華京斯及他們的嬰兒西恩，是這一節的證人。卡爾與蘇是珍ESP班的成員。)

晚安。

(「賽斯晚安。」)

我們的朋友晚安。你們是來看一個作家工作的，因此，如果你們不反對的話，我們就繼續第二章。

現在：既然我們體認到我們的身分並不依賴形相，所以，我們自然不怕改變它，而且知道我們能採用任何我們想要的形相。

我們並沒有你們所謂的死亡。我們的存在帶我們到很多其他的環境，而我們也與之打成一片(手勢)。我們遵循在這些環境中所存在的法則。我們在這兒的「人」全是教師，因此我們也調整我們的方法，以便對實相具有不同觀念的人都能了解它們。

意識不依賴形相，如我前面說過的，但它卻總在想辦法創造形相。我們不生存在你們所知的任何時間架構之內。分秒、鐘點和年月已失去其意義和魔力。不過，我們對其他系統內的時間狀況十分清楚，而在我們的通訊中也必須予以考慮，否則沒人會懂我們在說什麼。

並沒有真正的界線分隔我所說的這些系統。唯一的分隔是由於「人」在「感知」與「操縱」方面具有不同的能力所引起的。例如，你存在於許多其他的實相系統裡，但感知不到它們。甚至當某個事件由這些系統侵入你自己三次元的存在時，你也無法詮釋它，因為光是「進入」這個事實就已扭曲了它。

我告訴你們，我們不感受你們的時間順序，我們只遊歷過不同的強度。我們的工作、發展與經驗，全發生在我所謂的「片刻點」（**moment point**）內。此地，在片刻點內，最微細的思想已有了結果，探索過最微不足道的可能性，徹底地檢查過所有的可能性，連最弱或最強的感受都照應到了。這很難解釋清楚，但片刻點即我們的心理經驗在其內發生的那個架構。在其中，同時的行動按照聯想的模式彼此「自由地」相隨。舉例來說，假裝我想到了你，約瑟。而當我如此做時，我立刻便完全感受到你的過去、現在與未來（對你而言），以及所有曾支配過你的強烈或決定性的情感與動機。如果我高興的話，我可以與你一起同遊過那些經驗。例如，用你們的話來說，在一眨眼的功夫，我們能跟隨一個意識，經歷它所有的形式。

面對如此經常不斷的刺激，一個本體必須學習、發展與體驗，才能穩住它自己。我們之中有很多「人」迷失了，甚至忘了自己是誰，直到我們自己再一次的覺醒。現在，對我們而言這多已變成自動的了。在意識無窮盡的變化裡，我們仍知覺到存在著的全部「人格銀行」的一小部分。我們所謂的「休假」，是去拜訪十分簡單的生命形態並與之混合。

在這個情形下我們沉溺於鬆弛與睡眠，因為我們可以花了一世紀的時間當一棵樹，或者在另一個實相中當一個不複雜的生命形態。我們以簡單的生存之樂來使我們的意識歡喜。你明白，我們可以創造出我們生長於其中的樹林。不過，通常我們是非常活躍的，我們的全副精力集中在工作及新的挑戰上。

我們隨時可由我們自己，由我們自己心理的整體（psychological entirety）造出其他的「人」。不過，這些「人」此後必須用他們天賦的創造能力，各憑本事去發展，他們可以自由地走他們自己的路。不過，我們不輕易這樣做。

現在你們可以作第一次的休息，待會兒我們再繼續。

（十點二分。珍的出神狀態很深。她說她在課前已筋疲力竭。整個下午我們都在搬家具。不過，今晚賽斯一旦開始似乎就沒問題了；甚至嬰兒在吃奶也沒關係。十點二十分以同樣快的速度開始。）

現在：每位讀者都是他自己本體的一部分，並且是正朝著我現在同樣的存在狀況發展。每個人，在兒時與在夢境裡，都多少知覺到屬於自己「內在意識」的真正自由。因此，我所說的這些能力是整體意識與每個人本自具足的特性。

如我告訴你們的，我的環境不斷在變化，但你們自己的也是如此。在這種時候你把十分確實的直覺感知合理化。好比說，如果一個房間對你而言突然顯得又小又擠，你會認定這種尺寸的改變是出自想像，房間並沒有變，不管你感覺如何。

事實是，在這種情況下，那房間在某些主要的方面曾有相當確實的改變，縱使實際的尺寸仍維持一樣。這房間給你的整個心理上的衝擊將已改變。而除了你之外，別人也會感覺到它的效果。它會吸引某種事件而非另一種，並且它會改變你自己的心理結構與荷爾蒙產量。你甚至會以十分具體的方式對房間改變了的狀況起反應，雖然在尺寸上它的寬或長似乎沒有變。

我告訴我們的好友約瑟在「似乎」這個字下劃線，因為你們的工具不會顯示實質的改變——既然在這樣一個房間內的工具其自身也已經有了同樣的改變。

你們不斷在改變你們的肉體及最密切環境的形相、形狀、輪廓與意義，雖然你們盡量忽略這些經常不斷的變化。相反的，我們則容許它們有完全的自由，因為我們知道我們被一種「內在的穩定」所推動，它承受得起自發與創造，也了悟到心靈和心理的身分感是依賴著創造性的改變。

因此我們的環境是由精緻的不平衡構成的，並容許「改變」盡情地活動。你自己的時間結構使你誤以為物質有相當的永恆性，因而你對其中經常的變化視而不見。你的肉體感官盡可能地限制你只感知一個高度形式化的實相。通常，只有經由直覺的應用，以及在睡夢中，你才能覺察，你自己的或任何別的意識本質上是在快樂地變化的。

我的責任之一就是要在這種事情上開導你們。我們必須用那些你們至少相當熟悉的概念。在這樣做時，我們因而利用我們自己的那些人格中，你們能與之建立某種程度關係的那個部分。

我們的環境沒有止境。以你們的話來說，不會缺乏可在其中運作的空間或時間。現在，對沒有合適的背景與發展的任何意識而言，這都會給他極大的壓力。我們沒有一個簡單、安適的宇宙可躲藏在內。我們對在我們所知的意識之外緣閃現的其他相當陌生的實相系統仍然保持警覺。各種不同的意識種類之多，遠超過物質形相，而每一種意識皆有它自己的知覺模式，居住在它自己的偽裝系統裡。但是所有這些意識內心都認識，存在於所有偽裝之下，並且組成任何實相的實相，不論這「實相」叫做什麼。

現在你們可以休息。

（十點四十四分到十點五十六分。）

現在，在夢境，許多這種自由對你們而言都相當地自然，你們常為練習應用這種潛能而形成夢中環境。以後，我至少會談到一些如何認識你們自己那些心靈技藝的方法，將它們與你們在日常物質生活中的熟練相比較。

因此，由學著改變及操縱你的夢中環境，你能學著改變你的物質環境。你也能建議特定的夢，在其中看到一個你所想要的改變，而在某種條件下，這些改變隨即會出現在你的物質實相中。現在你常在不知不覺中做這事。

整體意識採取各種形式，它卻並不需要總是在一個形式之內。並非所有的形式都是具體的。因此，有些「人格」從未有過身體。他們沿著不同的方向進化，而他們的心理結構也與你們的迥異。

某種程度來說我也曾旅遊過這種環境。可是，意識必須顯示自己，它不能不存在（unbe）。它是非實質的，因此它必須以別的方式顯示它「活起來了」。例如在某些系統，它形成高度整合的數學與音樂的模式，它們本身又成為對其他宇宙系統的刺激。不過，我對這些並不十分認識，不能很熟稔地談它們。

如果我的環境不是個永久的結構，那麼就如我曾告訴你們的，你們自己的環境也不是。如果我知道我現在是經由魯柏在通訊，那麼以不同的方式，你們每個人也在與其他的人格，或透過其他的人格以心電感應溝通，雖然你們對你們的成就少有所知。

現在我要結束這一節。我想為我們這兒的小朋友（西恩・華京斯又在吃奶）唱支催眠曲——這不是為本書的。但我唱不成調。

我衷心祝福你們全體。晚安。（開玩笑地強調：）這份稿子的確是最初的初稿，也是最後的完稿。

（「賽斯晚安。謝謝你，很有意思。」）

（十一點八分。賽斯的臨別贈言是回答今晚早先蘇的一個問題：他的書需要修改幾次？到目前為止，珍的意見是此書不需要任何修改，除了重新安排偶爾有的一個不很順的片語之外。）

第五二五節　一九七〇年二月十一日　星期三　晚上九點二十分

晚安。

（「賽斯晚安。」）

我們回到第二章。

現在：以一種非常真實的方式，你們所用的感官創造了你們所感知的環境（譯註：佛家用語則為五根創造了五塵）。你們的肉體感官使得你們必然感知一個三次元的實相。可是，意識具有內在的感官。這是所有的意識與生俱來的，不論意識發展的程度如何。這些內在感官與某一意識在採用某一特殊化的形式——即如肉體——以便在某一特定系統內運作時所用的感官互不相涉。

因此，每個讀者都有內在感官，並且到某個程度經常在用它們，雖然在自我的層面上他並不知道他在這樣做。至於我們，則相當自由且有意識地運用內在感官。果真你能這樣做，那你便會知覺我生存於其內的那種環境。你會看到一個沒有偽裝的情況，在其內事件與形式是自由的，而非膠著在一個果凍似的時間模式（mode of time）內。例如，你不僅能看見你目前的客廳好像聚集著一堆看來永恆的家具，而且你能轉移焦點，而看到組成各物的分子與其他粒子的極廣大而恆常的舞蹈。

你能看到一種磷光似的光輝，那組成分子本身電磁「結構」的靈光（aura）。如果你願意，你能濃縮你的意識，直到它小到能遊過一個單分子，而從分子自己的世界向外看，觀測這房間的宇宙，以及互相關聯、不斷變動的星狀巨大銀河系。現在所有這些可能性代表一個合理的實相。你自己的實相並不比任何其他的更合理，但它是你所見唯一的一個。

運用內在感官，我們就變成有意識的創造者，或共同創造者。但不管你知道與否，你是個無意識的共同創造者。如果我們的環境對你似乎是沒有結構的，那是因為你不明白秩序（order）的真實本質，它與永久的形式毫不相干，只是從你的著眼點看來是如此而已。

在我的環境中，沒有下午四點或晚上九點。我這樣說是指我並不受限於一個時間順序。但也沒有什麼能阻止我去體驗時間順序，如果我如此選擇的話。我們是按照經驗的強度來感受「時間」，或類似時間的東西——一個「心理時間」，具有它自己的高峰與低谷。

當時間彷彿加快或減慢，是與你自己情緒性的感受有些相似的，但在一些重要的地方卻有極大的不同。我們的「心理時間」若以環境來比喻，可以比之為房間的牆壁，但在我們的例子，牆壁會不斷地改變顏色、尺寸、高度、深度與寬度。

實際上說，我們的心理結構之所以不同，在於我們有意識地利用一個多重次元的心理實相，你們天生也擁有這種心理實相，但在自我的層面上卻不熟悉它。那麼，自然我們的環境會有肉體感官永不能感知的多次元性質。

那麼，當我在口述此書時，我將我一部分的現實投射到系統之間一個無區分的層面，那兒比較沒有偽裝。比較來說它是個不活動的地帶，如果你以物質實相來想的話，那麼這地帶可比之為緊接著你們大氣層之上的地方。不過我是在講心理與心靈的大氣層，而這些地帶與魯柏處於肉體的自身離得夠遠，因此通訊比較可以被了解。

在某方面來說它也與我自己的環境有距離，因為在我自己的環境裡，把資料以偏向物質化的術語加以說明，對我而言會有些困難。你們必須了解這距離並不是指空間的距離。

你可以休息一下。

（九點五十六分。珍的出神狀態很深，不過她幾乎立刻回來了。在十點二十二分重新開始。）

創造與感知之間的密切關係，遠超過你們的科學家所體認的。

你們的肉體感官創造了它們所感知的實相，這句話說得很對。對一個細菌、一隻鳥、一隻昆蟲及一個站在樹下的人來說，一棵樹是非常不同的東西，我不是說樹只是看來不同，它的確不同。你透過一套高度專門化的感官來感知它的實相，這並不表示它的實相以更基本的方式存在於你感知的那個形式，而非存在於細菌、昆蟲或鳥所感知的形式。除了以你自己的背景之外，你無法以任何其他方式去感知那棵樹十分合法的實相，這適用於你所知的物質實相中的任何東西。

並不是說物質實相是「假」的，而是說，意識以形形色色的裝扮來表現它自己，而具體的畫面僅只是感知這些裝扮的無數種方法之一。肉體感官迫使你將經驗轉譯為物質性的感知，而內在感官卻打開了你感知的範圍，允許你以自由得多的方式去詮釋經驗，而創造新的形式和新的通道，經由它，你或任何的意識能認識自己。

除了別的之外，意識也是創造力自然自發的運用。你現在是在一個三度空間的脈絡內，學習你的情感與心靈生活能創造各種物質形相的方法。你在心靈的環境中操縱，這些操縱而後自動地印在物質的模子上。且說，我們的環境本身具有與你們環境不同方式的創造力。你們的環境是有創造力的，在於樹會結果，在於一個自給自足的原則，好比說，大地養活它自己的生物。你們自然的創造面向是人類最深的心靈、精神與物質傾向之具體化，以你們來說這些傾向建立於亙古之前，而且是人類心靈知識庫存的一部分。

我們賦予我們環境中的元素更大的創造力，那是難以解釋的。舉例來說，我們沒有會生長的花，但我們心理天性中強烈而濃縮的心靈力量會形成新的活動次元。如果你在三度空間的存在中畫一幅畫，那麼這畫必然是在一個平面上，僅只暗示了你無法插進去的那個完全三度空間的經驗。然而，在我們的環境，我們能夠創造我們所想要任何空間的效果。這些能力並非我們所獨有，而也是你們的遺產。在這本書裡，你以後會看到，不是在正常的、清醒的狀況下，而是在你其他的意識狀態中，你更常在練習運用你自己的內在感官及多次元的能力，比你所知的運用得更頻仍。

既然我自己的環境沒有易於界定的物質成分，當我在此書中解釋某些相關的主題時，你們將能藉推斷來了解其本質。

由於你自己的心理結構，才使你自己的物質環境在你看來是這個樣，如果你主要是靠聯想的過程來獲得你個人的延續感，而不是靠自身在時間中移動而得的熟悉感，那麼你會以完全不同的方式體驗物質實相。過去與現在的物體能同時被你看到，它們的出現因聯想性的聯繫而得以合理化。假使你父親終其一生有八張偏愛的椅子，如果你的感知機構主要是建立於「直覺性聯想」，而非建立於「時間順序」的結果，那麼你會在同一刻看到所有這些椅子；或者看到其中一張時，你會知覺到其他的。因此環境本身並非一個獨立於外的東西，而是感知模式的結果，這些是由心理的結構所決定的。

因此，如果你想知道我的環境是怎樣的，你必須先了解我是誰。為了解釋，我必須先講一般性的「意識的本質」。在如此做時，我等於是告訴了你們關於你們自己的許多事。你們本體的內在部分對我將告訴你們的事情已知道很多了。我一部分的目的是，使自我的（egotistical）自己認識你的大部分意識都已熟知的知識，那是長久為你所忽略的。

你向外看進物質的宇宙，而按照你的「外在感官」所接收到的資料詮釋實相。比喻地說，我要站在物質實相內而替你向內看，並且描寫那些意識與經驗的真相，那是你目前因為太著迷而看不見的。因為你對物質實相著迷，而你們現在是處在與這個我透過她寫書的女人同樣深的出神狀態裡。

你們所有的注意力全以高度專門化的方式集中在一個發亮、耀眼的點上，那即你們所謂的實相。在你們周遭有許多其他的實相，但你們忽略它們的存在，抹煞了所有由它們而來的刺激。你們將會發現這種出神狀態是有道理的，但你們必須逐漸醒過來。我的目的就在打開你們內在的眼睛。

我結束我們的課。我們已接近第二章的結尾。現在祝你們晚安。

（「賽斯晚安，這一節很棒。」

（十一點十二分。珍很快地自很深的出神狀態回來，她說：「我什麼都不記得。」）

第五一八節　一九七〇年三月十八日　星期三　晚上九點二十五分

（珍休息了一個月左右。她只有兩次正規的課——一次為了朋友，一次為我們私人——而只有一次為她每週的ＥＳＰ班〔班上的課沒有編號〕。珍在猜想這暫停對賽斯的書是否有影響。然而，在給了我一些對我的畫很機敏的資料後，賽斯在九點三十三分很平順地繼續此書的口述——就好像在二月十一到三月十八之間沒有任何時間的流逝。

（註：我想，藉不時地記錄下時間，來顯示賽斯用多少時間來講述某個分量的資料，會很有

意思。）

那麼，請稍候片刻。我將給你第二章的終結，以及下一章的開始。

自然，我的環境包括那些我與之接觸的其他「人」。溝通、感知與環境幾乎是不可分的。因此在對我們的環境的任何討論中，我自己與我同事之間的通訊方式就是極為重要的了。

在下一章中，我希望給你有關我們世界的一些簡單概念，關於我們所涉及的工作、我們存在的次元、我們所看重的目的；最要緊的是，組成我們經驗的那些我們關心的事。

第3章

我的工作及它帶我進入的那些實相次元

The Eternal Validity of the Soul

（九點四十三分。）像你們一樣，我也有朋友，雖然我的朋友可能比較是長年老友。你們必須了解，我們以與你們十分不同的方式去體驗自己的實相。我們知覺到你們所謂的我們「前生」的自己，那些在各種不同的其他的存在中我們所採取的「人格」。

因為我們用心電感應，所以縱使是我們想要彼此隱瞞，也是很難的。我相信，你們一定覺得這似乎侵犯了隱私權，但我向你保證，即使是現在，你們的思想也是一無隱蔽的，你的家人與朋友對它們都十分清楚——我再加一句：而且很不幸的，你的敵人對它們也一樣清楚。你們只是不知道這事實而已。

這並不表示我們每個人對別人來說都像一本翻開的書那樣一目了然。剛好相反。有這麼一種叫精神禮節（mental etiquette）、精神風度的東西。我們對自己的思想比你們對自己的要明白得多。我們了解我們有選擇思想的自由，我們以辨識力和技巧來選擇它們。

（九點四十九分暫停。）在其他的存在中，經過「嘗試錯誤法」，使我們很清楚思想的威力。我們已發現沒有一個人能逃避心象（mental image）或情感的巨大創造力。這並不表示我們不是隨興而自發的，也不表示我們必須在一個與另一個思想間慎重考慮，擔心其一可能是負面的或毀滅性的。以你們的話來說，我們已超越過那些了。

不過，我們的心理結構的確表示，我們能以比你們所熟知的多得多的方式來溝通。例如，假設你遇見一個你久已忘懷的童年友人，現在你們也許沒多少共同點，但你們得以老師與同學為題愉快地談一個下午，而建立某種的融洽關係。

因此，當我「遇見」另一人，我可能以某一特定前世的生活經驗為基礎，與他相處甚歡，即使在我的「現在」我們少有共同點。例如，我們可能在十四世紀做為完全不同的人而彼此相識，藉討論那些經驗我們可能溝通得非常好，正如同你與你假設的童年朋友藉回憶你們的過去而建立融洽的關係一樣。

不過，我們會很明白我們是我們自己——我們是多次元的「人」，在我們存在的某一層面曾共享多少是共同的環境。你將來會明白，這是個只適用於目前相當簡單的比喻，因為過去、現在與未來並非真是以那種情形存在的。

但是，我們的經驗並不包括你們所熟悉的時間分隔。我們有比你們多得多的朋友與同事，只因我們對現在暫稱為「過去」轉世中的形形色色聯繫是有知覺的。

（十點。）因此，我們手頭可以說當然擁有更多的知識。在你們來說，你們所能提及的任何時代，我們中都有某些人是由那兒來的，而在我們的記憶中帶著在那特定一生中所獲得的不可磨滅的經驗。

我們不覺得有隱藏情感或思想的必要，因為到現在我們全都認清了所有意識與實相彼此合作的本質，以及我們在其中的角色。我們是精神振奮的（幽默地）靈，還能是別樣的嗎？

（「我猜不能。」）

只因為我們能充分指揮我們的精力，它並沒被轉移到衝突上去。我們並沒有浪費它，而是為那些獨特與個人性的目的去運用它，那是我們「心理經驗」的基本部分。

且說，每個全我（whole self），或多次元人格，都有自己的目的、使命與創造性的努力，那是它自己最初而基本的部分，而且那也決定了那些使它永恆不朽並永遠尋求的品質。我們終於能自由地在那些方向運用我們的精力了。我們面對許多十分艱鉅的挑戰，而我們了悟不僅是我們的目的本身很重要，並且在我們努力去追求它時，所發展的意外旁枝也很重要。在為我們的目的而工作時，我們體認到我們正在為別人劈荊斬棘地做開路先鋒。

我們也懷疑——至少我是——這些目的其本身將有我們從沒悟到的意外結果、可驚的後果，而它們只會導向新的途徑。體認到這點使我們能保持一點幽默感。

（十點十一分。）當一個人生生死死了許多次，每死一次都期待著完全的滅絕，當他隨之發現，存在仍然在繼續的時候，那麼就有了一種「神聖的喜劇」（divine comedy）的感覺。（譯註：此處套用但丁《神曲》原名，語意雙關而幽默。）

我們開始學到「遊戲」的創造性喜悅。例如，我相信所有的創造與意識都是誕生自遊戲的特性（quality of play）而非工作的特性，誕生於加快了的直覺自發性（quickened intuitional spontaneity）中，在我自己所有的存在中，及我所知的別人經驗中，這都是不變的常態。

例如，我與你們的次元溝通，並不是靠我要到你們實相層面的「意志」，而是靠「想像」我自己到那兒。如果我以前就瞭解我現在知道的，則我所有的死亡都成了探險。在一方面來說，你們把人生看得太認真，但在另一方面，你們看「遊戲般的生存」卻不夠認真。

我們享有一種極為隨興自然的遊戲感。但我假設你會稱之為負責的遊戲。它確實是具有創造性的遊戲。例如，我們拿我們意識的機動性來玩，看看一個人能把它送出去多「遠」。我們經常對自己意識的產物及對我們能像跳房子似地躍過的實相次元感到驚奇。可能看起來我們在這種遊戲中無益地運用我們的意識，但由另一方面來看，我們所造的通路仍繼續存在，可供別人利用。我們用精神性的路標給任何來者留下信息。

我建議你們暫停。

（十點二十五分。珍輕易地回了神。她以一般的聲調平順地傳達資料，沒有長久的中斷。但她很驚奇地發現已經過了一小時。就她記憶所及，當她講話時，並沒有看到意象或幻相。十點三十五分以較慢的步調繼續。）

因此我們可以是精神振奮的，但卻都會用並且了解遊戲的創造性用法，不但是達到目標與目的的一個方法，而且其本身就是一種驚人的、創造性的努力。

且說，在我當老師的工作中，我神遊到許多的存在次元，就好像巡迴講學的教授可以在不同的州或國家裡發表演講一樣。不過，其相似點大致止於此，因為在我開始工作前，我必須建立一個初步的心理結構，並且要先學著認識我的學生，才能開始教學。

（現在珍的傳述慢了不少。）

對我學生在其中運作的那特殊的實相系統，對他的思想體系，對有意義的象徵，我都必須有一個透澈的認識。我必須準確地測定學生的人格穩定性。那人格的需要不能被忽略而必須加以考慮。

當學生在持續進展時，必須受到鼓勵，但不得過分。我的教材必須以一種學生在了解實相的情況時所能明白的方式提出，尤其是在早期。即使在嚴肅的學習能開始之前，也必須非常小心的顧慮到此人格所有層面都多少以不變的速度發展。

在最開始時，通常我會提出資料而不露任何我在場的跡象，看起來彷彿是令人驚愕的啟示。因為不論我多小心地提出那資料，它仍然注定了會改變學生過去的觀念，那本來是學生人格很堅固的一部分。不管我說的是什麼，但學生自然會被推入心理與心靈的行為與經驗，那在他有意識的層面看來似乎十分的陌生。

（在十點五十一分停頓。）按照我學生生存其中的系統的不同，有不同的問題。舉例來說，在你們的系統，並且就我透過她寫這本書的女士而言，早在我們的課開始以前，我這方面就已做了最初的接觸。

她在意識上對最初的會面從來都一無所知，她只感受到突如其來的新想法，而既然她是個詩人，這些想法像詩意的靈感那樣出現。在幾年前的一次作家會議，她涉入了一種情況，那種情況很可能在她準備好之前，就導致了她靈異的發展，那時那些與會人士的心理氣候觸發了那種情況，而在她還不明白發生了什麼之前，珍就進入了出神狀態。

（在十一點一分停頓了很久。一九五七年，在珍賣出了她最先的幾篇短篇小說後，她受邀參加在賓州密爾弗的一個科幻作家會議。我因自己的工作而沒能同去，因此珍與西莉兒・康伯勒斯〔現已去世〕一同參加那會議，她是個朋友，一個有名的作家，住在靠近我們家的賓州賽爾城市。

（在某夜的一次討論會中，珍進入了出神狀態。由於此事——一直到多年之後，我們才知道那是出神狀態——發展出一個作家小組，他們稱自己為「五人組」〔The Five〕，珍為其中一員。「五人組」的會員間以輪轉方式交換長而複雜的書信，組中其他四人當時比珍要有名得多。）

我在她小時候就知道她有心靈的異稟，但她獲得在這個案例中所需的必要背景之前，她必須的洞察力（insights）是透過詩而得到的。直到此人獲得了在我們這個個案中所需的必要背景。因此，當我獲悉剛才提到的事件，就留意使之結束而不讓她再繼續下去。

可是，那卻不是一次意外的演出。比喻來說，這人在並不自知的情況下，決定試試她的羽翼翅膀（夠不夠硬）。因此，我工作的一部分，就是從她幼年的時候就開始設法訓練她——所有這些是為由我們的課而開始的嚴肅工作做個初步準備。

這是我在許多存在層面活動的一個正常部分。因為人格結構的不同，我的工作也是非常變化多端的。雖然在我工作的那些系統中有某些基本的相似點，但在某些次元我不適合做老師，只因他們對經驗的基本概念對我的天性來說是陌生的，而他們的學習過程也在我的經驗之外。

你可以休息。

（十一點九分。珍的出神狀態很好，「我絲毫不知說的是什麼。」她的步調已增快了一點。在十一點二十分繼續。）

在下一節中我們再繼續我們的書。

（賽斯為一位新寡的婦人做了幾段口述：她曾要求一節賽斯課。）

現在我祝你們晚安。

（「賽斯晚安。」）

我衷心的祝福——如果你不必筆錄，我會跟你談得久一點。

（「謝謝。」十一點三十分結束。）

第五一九節　一九七〇年三月二十三日　星期一　晚上九點十分

晚安。

（「賽斯晚安。」）

且說你們對空間（space）的概念是大謬不然的。在我與你們的活動範圍接觸時，我並不像某種精神超人，飛過金光燦爛的天空而進入你們的物質領域。

在以後的章節中我會再談這點，但說真格的，你們所感知的空間根本不存在。對空間的錯覺不但是由你們自己的肉體感知機構所引起，而且是由你們所接受的心理模式——在你們的系統內，意識「進化」到某一階段時所採納的模式——所引起。

（九點十六分。和上節一樣，我將不時指出時間，以顯示賽斯傳遞資料的速度。）

當你到達或出現於肉身生活時，你的心智非但**不是**等著經驗在上面大書特書的一張白紙，而且你已裝備有遠超過任何電腦的記憶庫。你以已經具備的技巧與能力面對在這星球上的第一天，雖然它們可用可不用；而且它們不僅是你所認為遺傳的結果。

雖只作為一個暫時的比喻，你可以將你的靈魂或存有想成有意識且活生生的、受神感召的電腦，它設計自身的存在及生生世世的生活程式。但這電腦賦有如此高的創造力，它所設計的每個不同人格都躍入意識及生命，又從而創造了也許電腦本身從未夢想到的實相。

（九點二十五分。）但是，每一個這種人格對它將在其中運作的實相都帶有預先建立的概念，它心理上的配備是特為適合這種非常專門化的環境而量身定做的。它有充分的自由，但必須在它被設定「生存脈絡」中運作。可是，整體大電腦內的濃縮知識，卻藏在人格最祕密的隱蔽處。我必須強調，我並不是說靈魂或存有是一部電腦，只是請你由這種方式來看看這事，以便弄清楚幾點。

每個人格不但天生具有在它的環境中——以你們來說就是在物質實相中——獲得新的生存方式的能力，而且能創造性地增益自己意識的那種品質，而在如此做時就穿透了這專門化的系統，突破了它所知實相的障礙。

（九點三十分。）且說，所有這些都有其目的，以後也將會討論。但是我在此提及這整個主題，乃是因為我要你們明白，你們的環境並不如你們所想像的那麼「真」。那麼，當你出生時，你已「被制約」（conditioned）以某個特定的方式去知覺實相，並且在一個很有限卻非常強烈的（intense）範圍內來詮釋經驗。

在能清楚地給你們關於我的環境，或我在其中運作的那些其他實相系統的一個概念之前，我必須解釋此點。舉例來說，在你們和我的環境之間，並沒有空間、沒有實質的界限分隔我們。老實說，你們透過肉體感官或科學儀器所見，或由演繹得來對實相的概念，與事實很少有相似處——而這些事實是很難解釋的。

（九點三十四分。賽斯——珍為了強調而向前傾，還打著手勢，眼睛黑而大睜。）

你們的行星系統同時存在於時間與空間裡。你們經肉眼或儀器所感知的宇宙，看似由距你們遠近不等的銀河、恆星及行星組成。然而，基本上，這是一個幻相。你們的感官和你做為物質性生物的存在本身都設計好讓你如此感知宇宙。你所知的宇宙，是當事件侵入你的三度空間實相時，你對它的詮釋。那些事件是精神性的。這並不意謂，好比說，你不能旅行到在那物質宇宙裡的其他行星去，就像它不意指你不能用桌子來擺書、眼鏡或橘子（如我們的咖啡桌上現有的），雖然桌子本身並沒有固態的特性。

（九點四十二分。在一個快速的開始後，現在珍的速度慢下來不少。）

當我進入你們的系統，我由一連串心理與心靈的事件中經過。你們會將這些事件「詮釋」為空間與時間，而我時常也需用這些術語，因為我必須用你們的而非我自己的語言。

基本假設（root assumptions）是我所說的那些對實相的預設觀念——你們在這些協議上建立生存的概念。舉例來說，空間與時間就是基本假設。每一個實相系統有其自己的這樣一套協議。當我在你們的系統內通訊的時候，我必須應用和了解這系統所根據的基本假設。做為一個老師，去了解與應用這些是我的工作，而我曾在許多這種系統中生存過，做為我「基本訓練」的一部分；雖然你們可能那樣稱呼它，我的同事和我卻給它不同的名字。

你可以休息一下。

（九點五十二分。珍幾乎立即脫離回過神來，「我覺得好像那個電視秀上的一個人。」她說，指今晚我們剛才看到的一個受歡迎的科幻節目。她試著形容在賽斯開始講話前的一剎那，她的一個意象，又說實在無法訴諸語言：「我看見……一大片像星星的東西。我們將一個概念對著它投射出去，因之它彷彿要爆開來了。但概念其實就在這裡。」她說，向她放在下巴下方合成杯狀的雙手點點頭。

（在休息時珍由賽斯處得到一個雖短而清楚的信息：我們應當把我們的床轉回向北，而不是現在這樣朝西。）

（在十點二分重新以較慢的步調開始。）

存有或靈魂的本質，具有遠比你們的宗教所賦予它多得多的創造性和複雜性。

靈魂運用無數的感知方法，並且還擁有許多其他類的意識聽其指揮。你們對靈魂的概念真的是受了你們三度空間觀念的限制。靈魂能夠改變其意識的焦點，它用意識就好像你用你頭上的眼睛。現在在我的存在層面，我就是知道「我並非我的意識」這個事實。雖然這個事實好像很奇怪。我的意識是我可用的一項屬性，這點適用於本書的每一位讀者，縱使你們可能不知道這件事。那麼靈魂或存有是比意識要多的。

因此，當我進入你們的環境時，我將我的意識轉到你們的方向。在某一方面說，我把我是什麼（what I am）轉譯為你們多少能了解的事件。以一個遠較狹隘的方式，任何一個藝術家，當他將他是什麼，或其一部分轉譯為一張畫時，也在做同樣的事。這裡，至少有一個發人深省的比喻。

當我進入你們的系統時，我侵入三度空間的實相，而你必須根據你們自己的基本假設來詮釋所發生之事。現在不論你們知覺與否，你們每個人在夢境也都侵入其他的實相系統，而你們正常有意識的自身並沒完全參與。在主觀經驗中，你將物質性存在留在後面，而有時候在夢中，你懷著強烈的目的與有效的創造力（creative validity）來行動，雖然在你醒來那一剎那，就遺忘了那夢。

當你想到你存在的目的時，你是以日常清醒時的生活來想的，但在這些其他的夢的次元裡，你也在為你的目的工作，而那時，你與自己存有的其他部分在溝通，努力做一些與你在醒時所做的一樣有意義的工作。

（十點十七分。）因此，當我與你的實相接觸時，就好像是我進入了你的一個夢裡。當我經由珍・羅伯茲來口述這書的時候，我是知覺我自己的，卻也知覺在我自己環境裡的我；因為我只送了我自己的一部分到此，就如在你寫信給一個朋友時，也許送出了你一部分的意識，卻仍知覺到你坐在裡面的房間一樣。當我口述時，我意識的一部分當下是在這出神的女士之內，所以我比你在信中送出的多得多，但這比喻是夠接近的。

如我先前提到過的，我的環境不是一個你們所謂剛死的人所在的環境，但以後我會描寫在那種情況下你會碰到什麼情形。你們與我的環境一個很大的不同，在於你必須把精神活動具體化為物質。我們卻了解精神活動的實相，體認它們燦爛的確實性。我們接受它們的本來面目，因此我們不再需要先將它們具體化，再以如此僵化的方式來詮釋它們。

我以前很鍾愛你們的地球。現在我能把我意識的焦點對著它，而如果我願意的話，也能像你們一樣地親身經歷它；但我也能以許多方式去感知它，那是你們在這輩子辦不到的。

且說，有些讀者將立刻直觀性地領悟我在說什麼，因為你們早已懷疑，你們是透過雖然色彩豐富卻極度扭曲的虛幻鏡頭來看經驗。也請別忘了，如果廣義地說物質實相是個幻相的話，它是個由更大的實相所引起的幻相。這幻相自身有其目的和意義。

你可以休息。

（十點三十一分。珍又很快地回過神來，不過她記不起任何的資料。

（並不一定想今晚就得到回答，我問了一個珍如果為此書寫序時也許會想到的問題：她能不能在一個月內每晚為賽斯口述而完成此書，或她需要某種分量的日常生活經驗，也許要經過好幾個月，才能讓書傳過來？

（在十點四十分以同樣緩慢的步調繼續。）

也許這樣說要好些：物質的實相是實相所採取的一種形式。不過，在你們的系統，你們把焦點非常強烈地對準在經驗的一個相當小的面向上。

我們能自由地旅遊過數目不等的這種實相，而我們目前的經驗包括了在這每個實相中所做的工作，我無意貶低你們現在的人格或肉體存在的重要性。剛好相反。

三度空間的經驗是個無價的訓練場所。你現在所認識的這個人格連同它的記憶，的確會長存，但它只是你全部本體的一部分，就像你這一生的童年是你目前人格極為重要的一部分，雖然你現在早超過一個小孩很多了。

你將繼續成長發展，也將漸漸覺知其他的環境，正如當你離開了你童年的家時一樣。但環境並非客觀之物，獨立存在於你之外的物體的聚合。相反的，你們造成環境，而它們相當實在的就是你們自己的延伸；由你們的意識延伸向外的心理活動化為具體。

我會告訴你，你究竟如何地造成你的環境。我按照同樣的法則造成我自己的，雖然你結果造成實質物體而我卻不然。

我等下一節再就這一點繼續寫書。

（「好的。」）

（十點五十六分暫停。）現在回答你的問題：這書可以每夜接著寫，或以我們現在的方法也行。總是留有一些餘地給自發性及意外之事，因此你們經驗中的任何事都可以拿來做例子，或做個引子，導出一個我本就有意的討論。

我只是建議魯柏試試把床移位一星期，再看他以為如何。

（「好吧。」我們的睡房很小，不容易把床放成南北向；此外，那樣珍就不能由唯一的窗子看出去了。我們並沒照賽斯的建議把床轉向。）

我衷心祝福你倆，晚安。

（「晚安，賽斯，謝謝你。」）

（十一點，「我有怪怪的感覺，」當珍回過神時說，「我覺得似乎自賽斯開始口述此書以來並沒多少時間過去。但主觀地我卻覺得，到此為止書裡已有一大堆的資料了——可以說我是在表達一種累積的或豐富的經驗。也許我在找某種瘋狂的措辭，像『濃縮的豐富』……」

（珍於是用了一個圖書館的比喻，卻並沒暗示她是「由某處的一個圖書館」得到資料。）

第五二〇節　一九七〇年三月二十五日　星期三　晚上九點九分

（就我們所知，賽斯今晚會繼續口述第三章。在開始前的一、兩分鐘，珍告訴我她由賽斯那兒得到了一絲靈感——幾個句子。她說：「然後我就準備等課開始了。但我仍無法告訴你，我到底是怎麼做的。」）

晚安。

（「賽斯晚安。」）

回到我們的書。

（間或停頓。）你們的科學家終於學到了哲學家世代以來已知的事——即「心」能影響「物」。他們仍需發現心創造及形成物這個事實。

現在，實質地說，你最切身的環境就是你的身體。它並不像是你被囚禁其中的某種人體解剖模型，像個殼子似地與你分開地存在。你身體的美或醜、健康或殘障、敏捷或遲緩，並不是在你出生時就無所選擇地強加了給你。相反的，你的體型、你具體的個人環境，是你自己的思想、情感與詮釋的物質具體化。

非常確實地，「內我」（inner self）神奇地把思想與情感轉變為物質的對等物，因而形成了肉體。是你在栽培肉體，它的情形十足反映出任何時候你的主觀情況。你用原子和分子建造你的肉體，將基本元素造成一個你稱為「自己」的形體。

你直覺地知道你形成自己的形象，而且你獨立於它之外，但你卻不知道，藉著推進你的思想與情感成為物質——突破進入三度空間的生活——你創造了你更大的環境及你所知的物質世界。因此，內我獨自又集體地放出它的心靈能量，形成觸鬚而合生（coalesce）為形體。

（九點二十三分。）每一情感與思想都有其自己的電磁性實相，完全的獨一無二。它天生就可以按照你想包括的種種不同強度，與某些其他的情感與思想結合，以某種方式來說，三度空間物體的形成方式有點像你在電視螢幕上所見影像的形成方式，但兩者間有一個很大的不同。而如果你沒調準到那特定頻率，你將完全看不見那物體。

（身為賽斯，珍在說話時身向前傾以便強調。今晚她的傳遞略有不同，我想她是對我們自己的環境反應。聲音似乎由我們上方與下方傳來。珍會說一句話，然後比平時要中斷得久些，因此她慣常的節拍有點變了。）

你們每個人都無意識地扮演著「變壓器」的角色，自動地把非常複雜精密（sophisticated）的電磁單位轉變成實物。你們正在「物質密集的系統」（matter-concentrated system）的中央，被較弱的地區所環繞，在那些區域裡你可稱為「假物質」（pseudomatter）的東西仍繼續存在。每一思想與情感自發地以單一或複雜的電磁單位存在——附帶地說，你們的科學家尚未感知此點。

（九點二十七分。）一個思想或情感的電磁強度決定要具體化的物質形象的力量與永久性。在我自己的資料中，我詳細地解釋此點。此地，我只要你們了解你們所知的世界是一個內在實相的反映。

基本上你們是由與椅子、石頭、生菜、小鳥同樣的原料所造成的。在一個龐大的合作性努力裡，所有的意識合力造成你們所知覺的形相。現在，因為這點為我們所知，我們乃能隨意改變我們的環境與我們的物質形相而不會造成混亂，因為我們知覺其背後的實情。

我們也體認到形相之永久性是個幻覺，既然所有的意識必然是在一種變化的狀況。在你們來說，我們可以同時在幾個地方，因為我們了悟意識的真正機動性。且說不論何時，當你帶著感情想到另一個人時，你就送出了一個你的對等物（counterpart），其強度在物質之下，但卻是一個明確的形相。這形相由你自己的意識向外投射，完全避過了你的自我的注意。當我帶感情的想到某人，我也在做同樣的事，只除了我的意識的一部分是在那形象之內，而且能與人溝通。

你可以休息。

（九點三十七分。珍很快地回神。屋中的噪音仍繼續著。剛才在她傳遞時曾受到干擾，我的筆記也受干擾。儘管如此，她仍很驚奇居然已快過了半個小時。

（然而，在九點五十六分她坐著等待回到出神狀態時，珍說：「不是今晚我太累，就是這房子讓我受不了，但現在較難開始……」在九點五十八分繼續。）

環境主要是意識向外推擠而形成的各種形式的精神性創造，。例如，我有一個我偏愛的十四世紀的書房，我對它非常滿意。以你們實質的說法，它並不存在，而我十分明白它是我的精神產品。我卻很享受它，並且我常常採取一個具體形相以便坐在桌旁，由窗子看外面的鄉間景色。

現在當你坐在你的起居室裡，你也在做同樣的事，但你卻不明白你在做什麼；目前你多少受到限制。當我與我的同事們相會，我們常把彼此的思想轉譯為種種不同的形狀與形相，單純只為了喜歡這樣做。我們有一種你們所謂的遊戲的作法，它需要一些專門技術，在那遊戲裡，我們看我們哪一個能把某一思想轉譯為最多的形相，而以之自娛。（停頓。）

有如此精微的特質、如此不同層次的情感在影響所有思想的本質，以致於沒有一個思想是完全相同的——（微笑：）順帶地說，在你們系統內的實物也沒有一個是另一個完全相同的副本。組成它——任何物體——的原子和分子有其自己的本質，從而濡染並修飾了它們所形成的任何形象。

在你感知任何實物時，你接受、感知並集中在其持續性與相似性上，以非常重要的方式，你對某個現實場域(field of actuality)中的不同點予以封殺與忽略。因此,你有高度的分別心,你接受某些特質,而忽略另一些。例如,你的身體不僅是七年就完全改變一次,它們更隨著每次呼吸而不斷地改變。

(十點十二分。)在肉體內,原子與分子不斷在死亡與更新。荷爾蒙則在一種不斷運動與改變的狀況。皮膚與細胞的電磁屬性繼續不斷地跳躍與變更,甚至自己逆轉。在一瞬前組成你身體的物質與這一剎那形成你身體的東西,在很重要的方面有所不同。

你對你身體彷彿的永恆性很注意,如果你以同樣執著的態度去感知在你體內經常不斷的改變,那麼你會驚異你以前怎麼會認為身體是一個或多或少恆常不變的、有內聚力的存有。即使在主觀方面,你也的確製造了一個比較穩定、比較永恆的有意識自己的概念,並聚焦其上。你強調那些從你「過去的」經驗回想到的概念、思想與態度,當作是你自己的,而全盤忽略一度是「你特具的」而現已消失的那些——也忽略你不能抓住思想這個事實。以你們來說,前一刻的思想已消逝無蹤。

你們試想維持一個恆常的、相對永久的實質而主觀的自己,以便維持一個相當不變而永久的環境。因此你們永遠處在忽略這種改變的地位。那些你們拒絕承認的事,就恰能使你對實相的真實本質、個人的主觀性和彷彿環繞著你們的物質環境有個深得多的了解。

(十點二十三分。以上的段落講得快得多。)

當一個思想離開了你的意識心後，它怎麼樣了？它並不就這樣消失。你可以學會跟蹤它，但你通常很怕把你注意力的焦點由三次元的存在移開。因此，思想看起來像是消失了。同時你的「主觀性」彷彿具有一種神祕而不可知的特質，甚至你的精神生命也有一種隱伏的墜落點，一個主觀性的懸崖，思想與記憶由它上面翻墜而消失入空無。因此為了保護自己，保護你的主觀性不至流逝，在你假設的危險地點，你矗立各種不同的心理障礙。要知道，反過來，只要你體認到，除了在你主要與之認同的方向外，你自己的實相還在另一個方向繼續，你便可以跟蹤那些思想和情感，因為這些已離開你意識心的思想與情感會引領你進入其他的環境。

（十點二十九分。）思想似乎經過這些主觀的開口而消失，事實上，這些開口好像心靈的曲速面，將你所知的自己與其他的經驗宇宙連接——在那些實相中象徵活了起來，而思想的潛能也沒有被否認。

在你們的夢境，這些其他的實相與你自己的實相間有所溝通，兩者間有經常不斷的相互作用。如果有任何一個點，在那兒你自己的意識似乎閃避你或逃離你，或如有任何一個點，在那兒你的意識似乎完結了，那麼這些就是你自己建立起心理與心靈障礙的地點，而這就恰是那些你們應當探究的區域。否則你覺得好像你的意識是關閉在你的頭殼之內，不能動而且受限制，而每一個遺失的思想或忘掉的記憶至少象徵一次小的死亡，而那並不是事實。

我建議你們休息。

（十點三十六分。這次珍的出神狀態較深；她沒被任何噪音所擾，在十點五十二分繼續。）

現在：今晚的口述到此結束。

（現在賽斯簡短地討論了一下珍在昨天下午所經歷的一些「出體」事件。）

那麼，我就結束此節，並且給你倆最衷心的祝福；我還想提醒魯柏我對他的床的建議。現在晚安。

（「賽斯晚安。」

（十一點五分。見第五一九節，賽斯在其中建議珍試著把我們的床轉為南向北。我們仍未照做。

（珍仍閱讀賽斯為他的書所給的資料。我可以感到她對這些資料的憂心已減退了許多，但同時她對它的興趣仍然與從前一樣地熱烈。）

第4章 轉世劇

The Eternal Validity of the Soul

第五二一節 一九七〇年三月三十日 星期一 晚上九點八分

（珍開始以普通的聲音說話，速度適中，很少停頓。）

現在，晚安。

（「賽斯晚安。」）

我們現在要開始我們的下一章。我相信是第四章。

（「是的。」）

你們自己的環境所包括的遠比你們可能假設的要廣得多。早先我說到你們的環境，只就你們日常的物質生存及目前有關的事物而言。實際上，對你們更大、更廣的環境你們所知甚少。設想你目前的自己是戲裡的演員——這難說是個新的比喻，卻是合適的比喻——背景是二十世紀，你和每個其他的參與者創造了道具、布景與主題；事實是，你們編寫、製作並演出整齣戲。

不過，你如此聚焦於你的角色中；如此被你所創造的實相吸引，如此被你的特定角色的問題、挑戰、希望與憂傷所迷，竟忘了它們是你自己的創作。這齣感人至深的戲，及其他所有的喜怒哀樂，可與你的目前生活、目前環境相比擬，不論是在個人或全體來說。

但同時還有其他的戲在上演，在其中你也有角色要演。這些戲各有其背景及道具，而且在不同的時期發生。一個也許叫作「十二世紀的生活」，一個也許叫作「十八世紀的生活」，或「在紀元前五世紀」，或「在紀元三千年」。你同樣也創造了這些戲劇，而且在其中扮演角色。這些背景也代表了你的環境，環繞著你的整體人格的環境。

不過，我說的是參與這「時代戲」的這個部分的你；而你整體人格的這特定部分是如此地沉浸於這場戲中，竟不知你同時還在演其他的戲。你不了解自己的多次元實相；因此當我告訴你你在同時過著許多不同的生活時，彷彿是很奇怪或不可思議。你很難想像同時身處兩個地方，更別說同時身處兩個或更多個不同的時代或世紀裡。

（九點二十四分停頓。）現在簡單地說，時間並非一連串的片刻。你所說的話，所做的動作，似乎是在時間**裡**發生，就像椅子或桌子似乎占據了空間。但是這些表象是你「預先」布置好的複雜道具的一部分，而在劇中你必須接受這些並視以為真。

且讓我拿「下午四點」作個近便的例子。你可以對一位朋友說：「我下午四點和你街角見。」或在飯店見，喝杯酒、聊聊天或吃頓飯，你的朋友就會很精確地知道他在何時何地能找到你。這件事會發生，雖然「下午四點」並沒有基本上的意義，只是一個經過協定的指定——如果你喜歡，可稱為君子協定。再舉例說，如果你在晚上九點去看戲，但戲中的情節是在晨間發生的，而演員們正在吃早餐，你便接受戲裡所指的時間，也假裝那是早上。

你們每個人現在都參與了一個大得多的演出，在其中你們都同意某些基本假設，作為戲能在其中發生的架構。那些假設是：時間是一個接一個的一連串片刻；有個客觀的世界存在，非由你們自己創造，也不受你們知覺的影響；你們被束縛在你們所穿戴的皮囊之內；以及你們是受時空限制的。

（九點三十五分。）為了同樣的理由，你們接受的其他假設包括：所有的感知是經肉體感官而來；換句話說，所有的資訊來自外界，沒有資訊來自內心。因此你被迫全神貫注於戲裡的活動。現在這些形形色色的戲，這些創造性的時代劇就代表你所謂「轉世的人生」。

基本上它們全都同時存在。那些仍然捲入這些所謂轉世存在的極其複雜「激情劇研習會」的人們，發覺自己很難看破它們。有些人，可以比喻為在兩次演出之間的休息期間，試著與那些仍在演出的人通訊；但他們自己只是在所謂的側翼，也只能看得這麼遠。

這些戲似乎是一齣接一齣地演，因此這些通訊似乎更加強了「時間是一連串的片刻，循著單線推移過去，從某個不可思議的開始到某個同樣不可想像的結尾」這個錯誤的觀念。

你的手累了嗎？

（「不累。」時為九點四十二分。）

這導致你們以為，不但就個人而言，而且就人類整體而言「進步」都極為有限。甚至連你們當中那些思考過轉世的人，你想：「不錯，人類由中世紀以來一定有進步，」雖然你極怕它並沒有；或你轉向技術上的進步，說道：「至少在那個方向我們已大有長進。」

例如，你可以含笑而自思：很難想像一個羅馬元老院的議員用擴音器向大眾演講，而他的孩子看他在電視上表演。但所有這些想法都極易引人誤入歧途。進步並不是以你所想的樣子存在的，時間也不是。

在每齣戲裡，對個人與全體而言，都設定了不同的難題。進步與否則以這些問題是以哪種方式獲得解決或沒獲得解決來估量。在某些時期有偉大的進步。例如，偉大的分枝出現了，而以你的觀點可能根本不把它當作是進步。

你可以休息。

（九點五十一分。珍很快地回過神。她說：「哇！賽斯對那個還有許多話要說呢——我覺得它已滿到這兒了。」她觸觸她的前額，「我時時會得到一大片我不能用語言表達的東西；你知道我的意思嗎？但他將會為我們解析。」

（她繼續說：「很奇怪，我今晚並不特別覺得靈通，但資料卻很棒。那以前也發生過。當有我不喜歡的人在場，或由於某種理由他們使我不來勁，那我們就不會有一堂課——資料過不來。但當只有我們時，我不必感覺靈通，不管怎樣資料就會過來，而且總是很棒的。」

（珍以較慢的速度於十點十五分繼續。）

現在：附帶地說（幽默地），你不需記錄這個。我用「現在」開始一句話，常常只是告訴你該出場了的暗號，並不一定要與我們的稿本寫在一起。

（「好，我知道了。」）

現在：（**幽默地較大聲：**）在有些戲裡，一般地說，每個演員似乎都在努力解決一個較大問題的一小部分，而整齣戲則是為解決那較大的問題。

雖然我在這兒用「戲劇」作個比喻，這些「戲」其實是極為即興的事，演員在戲的架構之內有充分的自由，而認可了以上那些假設，並沒有排演。如你在本書後面一些會看到的，是有觀察員存在的。就如在任何好的戲劇產品一樣，每一齣戲裡都有一個全面的主題，例如：偉大的藝術家出現在某一特定的時代，並非只因他們生在其中，或（因）其條件優異。

（**照賽斯所說，每個人選擇他的輪迴裡每一生的時間和地點。**）

那齣戲的本身是關於「將直覺性的真理實現為你所謂的藝術形式」，其創造力產生如此龐然與全面性的效果，以致那戲本身會喚醒潛藏在每個演員之內的能力，並做為行為的典範。

發生了精神上、藝術上或心靈上的復興期，因為涉入戲中的那些人的強烈內在焦點被導向那些目的。每齣戲的挑戰也許不同，但其偉大的主題是所有意識的燈塔。它們是做為模範用的。

（**十點十七分。**）你們可要知道，進步與時間毫不相關，而是與心靈或精神的焦點有關。每齣戲與任何別的戲都完全不同，因此，假設你在此生的行為是由前生所引起，或你在今生為前生的罪過受罰是不對的。所有的人生都是同時的。

你自己多次元的人格具有這種天賦，它能擁有這些經驗，而同時仍維持住它的身分。自然，它會受它所參與的各種不同的戲影響。如果你喜歡，可說是有一個即刻的溝通與即刻的回饋系統。

這些戲劇並非漫無目的的。在這些戲裡，多次元的人格經由自己的所作所為而學習。它嘗試過數不清形形色色的姿勢、行為模式、態度，結果也改變了別人。

你要知道，「結果」這個字自動地暗示了原因與結果——因在果之前發生，而這只是這種扭曲的力量以及「語言性的思想」天生具有的困難之小小例子，因為它永遠暗示了一個單線的描述。

（十點二十六分。）你即為這種「多次元的自己」，你擁有這些人生，你創造並演出這些所謂的「宇宙激情劇」。只因你現在聚焦於這個特定的角色，就以為你的整個存在就是它。你為自己制定這些規則是有其原因的。意識是在一個變為的狀態（a state of becoming）中，因此我所說的這個多次元的自身不是一個完整且已完成的心理結構。它也是在一個變為的狀態中。

它正在學習實現的藝術（art of actualization）。在它裡面有無量的創造泉源、無限的發展潛能，但它還沒學到加以實現的方法，而必須在自身內找到方法，把在它裡面那些數不清的創造帶入存在。

（十點三十二分。）因此它創造在其中運作的種種不同情況，並給自己設下挑戰，有些挑戰在你們來說必然會遭失敗，至少在一開始是如此，因為它首先必須創造那些會帶來新創造的情境。而所有這些，它都是懷著偉大的自發性與無限喜悅來做的。（停頓。）

因此你創造出來的環境遠比你知道的要多。每個扮演自己角色的演員，集中焦點於戲裡，都有一個內在的指導原則。因此，他不是被棄置於一個自己所創造卻遺忘了的戲裡。透過我所謂的內在感官，他能得到知識與資料。

（十點三十九分。停頓很久。）因此，除了被給予那些嚴格局限於這齣戲範圍內的資料之外，他還有其他的資料來源。每個演員直覺地知道此點，而且在戲本身之中，已設有某些片段，已留有餘地以便每個演員能休息而消除疲勞。在這種時候，他的內在感官告知他自己其他的角色，而他領悟到他是遠超過任一齣戲劇中出現的自己。

在這些時候，他了解到在劇本的編寫上他也有份，而他並不受當他積極介入劇中活動時假設扮演的角色限制。當然，這些時期與你的睡眠狀況和做夢情形相吻合；但也有其他的時間，那時每個演員相當清楚地看到，他是被道具所包圍的，那時他的洞察力突然刺穿了戲劇製作彷彿的真實。

（十點四十四分。）這並不表示戲**不是**真的，或不應拿它當真。但它的確表示你是在扮演一個角色——一個重要的角色。不過，每個演員自己必須領悟此劇的本質與他在其中的角色。他必須在戲的三次元背景的限制中實現自己。

在如此重要的製作背後，有偉大的合作，而在演他的角色時，每個演員首先得在三次元的實相中將自己確實化。除非多次元的自己將其一部分在三次元的實相中具體化，否則它無法在其中演出，你懂嗎？

（「我懂。」）

然後，在這實相之內，它才能促成否則無法出現的各種創造與發展，可是，它接著必須經由自己三次元部分的另一次表演、另一次實現，而把自己推離這個系統。

在它三次元的存在中，它以某種方式幫助了別人，那是只能在這情況下做到的，而它自己也受益不淺，得到了否則無法得到的發展。

我建議你休息一下。

（十點五十五分。珍的出神狀態很深。在十一點二分恢復。）

因此，戲的意義你內心是知道的。演得這麼好的只是你有意識的部分，而且它是如此穩固地聚焦於戲的背景範圍之內。

你能夠得知任一生的目的，它就在你所知的有意識自己的表層下。還有各種的暗示與線索。你唾手可得你全部的多次元人格的知識。當你領悟到此，這知識讓你能更快的解決問題或接受你所設的挑戰；同時也打開了更廣大的創造區域，使得這整齣戲或演出更形豐富。

（十一點八分。）因此，按照你允許「多次元自己」的直覺與知識流過「有意識自己」的程度，你不但將你戲中的角色演得更稱職，並且對整個世界加進了新的精力、洞見與創造性。

當然，在你看來似乎你是自己唯一有意識的部分，因為你只認同在此特定演出中的你。可是你的多次元人格的其他部分，在這些其他的轉世劇中，也是有意識的。因為你是一個多次元的意識，「你」在這些實相之外的其他實相裡也是有意識的。

你的多次元人格，你的真正的本體，真正的你，在任何這些角色中，都意識到它自己的本來面目。

口述完畢。現在給我們一點時間。

（停了一會兒之後，賽斯接下去回答了一些我們個人的問題。）

你們還有問題嗎？

那麼我就真的要結束此節了，給你倆我最衷心的祝福。

（「我想沒有了。時間不早了。」）

（「賽斯晚安，謝謝你。」）

（十一點二十四分。到現在賽斯的寫書已成為課的架構之一個自然部分。同時他也開始有些逸出了在一九七〇年一月十日的第五一〇節中所給的大綱，但我們已意料到此。珍說賽斯是自己作主的。到現在已有許多人知道他的書了。

（一個後來加的注腳：除了一次之外，在此節之後珍沒再看此書，直到賽斯又寫了許多章……）

第五二三節 一九七〇年四月八日 星期三 晚上九點十三分

現在，晚安。

（「賽斯晚安。」）

我們繼續。

全盤來說，這些「時代劇」有其特定的目的。由於意識的天性使然，它總想在盡可能多的空間中具體化——從自己創造出新的知覺層次、新的分枝。在如此做時它創造了所有的實相。因此實相永遠是在一個變為的狀態。例如，在你所演的角色裡，你所想的思想仍然是完全獨特的，並導致了新的創造性。你自己意識的某些面向無法以其他的方式完成。

當你想到轉世時，你假設有一系列的進展。其實，這種種不同的人生是由你的內我所生出的。它們不是被某個外在的媒介強加諸你的。它們是當你的意識開放而以盡可能多的方式表現它自己時的一個具體發展。意識不被限制在三度空間的一生裡，它也不被限制於僅只有三度空間的存在。

於是你的意識採取了許多形態，而這些形態並不需要彼此相似，就如一條毛毛蟲並不像一隻蝴蝶一樣。靈魂或存有具有完全的表達自由。它改變它的形態以適合它的表達，而它形成環境就像設好舞台布置，它形成世界來適合它的目的。每個布景又帶來新的發展。

（珍停頓了許多回。）靈魂或存有是為個人化的精神能量。它形成了你所穿的任一個身體，並且是你的肉體存活（physical survival）背後的原動力，因為你由它得到你的活力。意識永遠無法靜止，而在尋求進一步的創造。

（九點二十八分。）因此，靈魂或存有將自己的屬性賦予了三度空間實相和三度空間自身。在三次元自己裡仍潛存著存有的能力。那個三次元自己，那個演員，能夠通達這個資料與這些潛能。在學著應用這些潛能時，在學著重新發現它們與存有的關係時，三次元自己更提昇了成就、理解與創造的層次。三次元自己變得超越了它所知的自己。

不只是存有更強大了，而且它實現於三次元世界的那部分，現在也增益了那世界本身的特質與天性。沒有這創造性，你們所謂的地球生命就會永遠是荒瘠的。因而靈魂或存有將生命的氣息賦予了身體及其內的三次元自己。三次元自己然後從事它自己打開新的創造區域的目的。

換句話說，存有或靈魂，派出「部分的自己」以打開否則不會存在的實相的新途徑。（九點三十九分停了很久。）存在於這些實相之內的三次元自己，一定要把它們的注意力完全貫注於其中。一種內在的覺知給了他們精力與力量的泉源。但是，他們終究必須了解他們是在演戲，而「最後」從他們的角色，經過另一番領悟而返回到存有。

有一些人是完全明白地出現在這些戲裡。這些人格明知它們只是角色，而自願扮演某個角色，以便引導其他的人邁向必須的了解與發展。他們引領演員們超越他們所創造的自己與背景，而看得更遠。可以說這些由其他存在層面來的人格監督這齣戲，而出現在演員之中。他們的目的是在打開三次元自己內的那些心理門戶，以釋出三次元自己到另一實相系統中作進一步的發展。

現在你可以休息，等下再繼續。

（九點五十分。珍的出神狀態比較淺。在九點五十八分繼續。）

現在：你們正在學做共同創造者（cocreators）。你們正在學著做「神」，就你們現在了解的神的意義來說。你們在學著負責——任何一個個人化意識的責任。你在學著為了創造性的目的管理你自己這份能量。

你會與你所愛及所恨的人緊縛在一起，雖然你將學著放鬆、放掉，化解那恨。甚至你將學著創造性地運用恨，來把它轉向更高的目的，最後把它轉變成為愛。在以後的章節中我會更闡明此點。

你的物質環境裡的背景，有時很可愛的那些行頭設備，你所知生活的物質面，全都是偽裝，因此我叫你的物質實相為一種偽裝。這些偽裝卻是由宇宙的活力所組成的。岩石、石頭、山岳與大地是活的偽裝，由你無法知覺的微細意識形成互相連鎖的心靈之網。在其內的原子與分子有它們自己的意識，就如你體內的原子分子也一樣。

（十點七分。）既然你們在形成這物質的背景中都插了一手，既然你把自己隱藏在一個肉體的形式中，那麼應用肉體感官你只能感知這迷人的背景；而在其內或超越它的實相就逃過了你們的眼。可是，即使那演員也不僅是三次元的，他是一個多次元自己的一部分。

在他內有些感知的方法可允許他看透偽裝的背景，看穿舞台。他經常運用這些內在感官，雖然他自己的演員部分是如此地全神貫注於戲裡而對此不察。以廣義的方式來說，肉體感官實際上形成了它似乎唯一能感知的那個物質實相。它們自身即為偽裝的一部分，但它們好似戴在你們天生內在感知上的眼鏡，強迫你把一個眼前的活動領域「看」作實物；因此你只能靠它們告訴你在表面上所發生的事。例如你能說出其他演員的位置或時鐘的時間，但這些肉體感官卻不會告訴你時間自身即為一假象，或意識形成其他的演員，或你所看不見的實相存在於那真是如此明顯的實物之外。

但是，你卻能用你的內在感官去感知存在於這齣戲及你在其中角色之外的實相。當然，為了要做到這個，至少你必須暫時把你的注意力由正在發生的連續活動中轉開——也就等於關上了你的肉體感官——把你的注意力移轉到先前逃過你注意的那些事件。

（十點二十分。）的確是極端簡化的說，這效果有些像是換戴另一副眼鏡。因為基本上，對內我而言，肉體感官是人造的，就像對肉體自身而言，一副眼鏡或助聽器是人造的一樣。因此，內在感官極少完全有意識地被用到。

例如，如果在一剎那之間，如你所知的熟悉環境消失了，而被另一套你還沒準備好去了解的資料取代，你不止會感到迷惑，更會相當害怕，由內在感官來的那麼多資料必須轉譯為你能理解的用語。換言之，這種資料必須要想辦法讓做為三次元自身的你所了解。

你可要明白，你那特定的一套偽裝並非僅有的一套。其他的實相有完全不同的系統，但所有的人格都有內在感官，那是意識的屬性，經由這些內在感官通訊得以維持，而正常的有意識自身對這些通訊很少知悉。我部分的目的就是讓你們知道這些通訊中的一些。

（十點二十九分。）那麼，靈魂或存有並非閱讀此書的你。你的環境不只是你所知的環繞你的世界，也還包括了你現在不集中焦點於其上的前生環境。你真正的環境是由你的思想與情感組合起來的，因為從這些你不只形成了這個實相，而且形成了你參與的每一個實相。（停頓了很久。）

你真正的環境並沒有你所知的時空。在你真正的環境裡你也不需要字句，因為溝通是即時發生的。在你真正的環境裡你形成你所知的物質實相。

內在感官允許你感知獨立於物質形式之外的實相。因此我將要求你們全體暫且放棄你們的角色，而試試這簡單的練習。

現在你們可以休息一下。

（十點三十六分。珍這回的出神狀態較深。她說：「我知道第一次我沒進去那麼深，因為我聽到那警笛。」在約九點三十分時，一輛救火車經過離我們家兩條街的地方；到現在珍才記得告訴我她聽見了。「當賽斯在寫書時我聽到那種東西使我擔憂。我不想擾亂了任何事……」

（在十點五十三分恢復。）

現在，假裝你在一個照亮了的舞台上，舞台就是你現在坐在裡面的房間。閉上你的眼睛，假裝燈光沒了，背景消失了，而你是獨自一人。

每件東西都是暗的。靜下來。盡可能生動地想像內在感官的存在，暫且假裝它們與你的肉體感官相應。從你心中除去所有的思緒與憂慮。保持接納的心情，輕輕地傾聽，不是聽實質的聲音，而是由內在感官來的聲音。

影像可能會出現。接受它們像肉眼所見的東西一樣的真切。假裝有一個內在世界，而當你學著用這些內在感官去感知它時，它會對你顯現出來。

（十點五十八分。）假裝你這一輩子對這內在世界一直是盲目的，現在才慢慢的在其中看到東西。不要用你最初可能感知的不連貫影像或最初聽到的聲音來判斷整個內在世界，因為你還相當不完美地運用你的內在感官。

在睡前或休息狀態做一會兒這簡單的練習。甚至在做一件你不必全神貫注的普通工作當中，你也可以做這練習。

你將只是在學著把焦點集中於一個新的知覺次元，好比是在一個陌生環境裡拍些快照。記住你將只感知到片段。就只接受它們，在這階段不要試著做任何全盤的判斷或詮釋。

一開始每天做十分鐘就相當夠了。現在當我寫此書時，書中的資料到某程度就是透過這個在出神狀態的女士的內在感官而來。這種工作是極度有組織的內在精確性與訓練的結果。在魯柏強烈地聚焦於物質環境時，她不能由我處得到資料，資料不能被轉譯或詮釋。

因此內在感官是在各種不同的存在次元之間提供通訊的管道，然則即使如此，當資料被轉譯為具體形式時仍免不了有某種程度的扭曲。不然的話，它根本完全不能被感知。

口述結束。你有問題嗎？

（「我想沒什麼特別的問題。」）

當你要一個比較不正式的課，或有問題，那就讓我知道。

（「我會的。」

（幽默地：）我願意由我的寫作苦差中偷閒。

（「我會的。」）

那麼，我最衷心的祝福。晚安。

（「賽斯晚安，非常謝謝。」十一點十分。）

第五二三節　一九七〇年四月十三日　星期一　晚上九點十三分

晚安。

（「賽斯晚安。」）

我們將結束第四章。

（「好的。」）

現在：我花了些時間強調我們每個人都形成自己的環境這個事實，因為我要你們了解，你們的生活與環境是自己的責任。

如果你相信並非如此，那麼你便是受到限制的人；你的環境於是代表了你的知識與經驗的總和。只要你相信你的環境是客觀並獨立於你自己之外的，那麼，到一個很大的程度你會感到無力去改變它、超越它，或去想像也許比較不明確的其他選擇餘地，在此書的後面我將解釋各種讓你徹底改善你的環境的方法。

（九點二十三分。注意上段第一句的分號。賽斯要求我就那樣標點。在口述此書時，他常作此類要求。）

我也曾就環境來討論轉世的事，因為許多思想學派過分強調轉世的影響，以致他們常把現世環境解釋為在「前」生所決定的不變、不可妥協的模式之後果。如果你感到你受環境左右而無法加以控制的話，你會覺得較無能力去應付目前的物質實相，去改變你的環境，去影響與改變你的世界。

這些抑制的理由終究是無關緊要的，因為理由會隨著時間與你的文化而變。你並不因原罪或任何童年事件或前生經驗而被判了刑。舉例來說，你的生活也許遠比你以為你所想望的要令你不滿足。當你希望你是更偉大時也許你是更渺小，但你的心靈上並沒被「原罪」或弗洛伊德的「嬰兒症候群」或「前生影響」的陰影所籠罩。在這兒我要試著把前生影響解釋得清楚一些。它們就像任何經驗一樣地影響你。不過，時間並不是關閉的——它是開放的。一次人生並沒被埋葬在過去，而與現在的自身和將來的自身不相關連。

（在這段珍的速度相當的慢。）

如我先前解釋過的，這些生生世世或這些戲劇是同時發生的。創造與意識從不是線型的成就。在每一生中你選擇與創造自己的背景或環境；在此生你選擇你的父母與來到你經驗之內的任何童年事件。你寫劇本。

（九點三十五分。）不過，正像一個真的是心不在焉的教授，有意識的自己把這些全忘了。因此當劇本中出現了悲劇、困難或挑戰，有意識的自己就怨天尤人。在此書完成之前，我希望指給你們看你們如何精確地創造了你經驗的每一分鐘，因此你才能開始在有意識——或幾乎如此——的層面來負起你真正的創造責任。

當你讀這本書的時候，不時看看你坐在裡面的房間。椅子、桌子、天花板與地板可能看來非常真實與堅固——相當具永久性——同時在對比之下你覺得自己極為脆弱，被困於出生與滅絕之間的片刻。當你想像物質宇宙在你走後還會久存，也許你還會感到嫉妒。但是，在此書結束時，我希望你領悟到自己意識的永恆效力（validity），以及現在看來那麼安然的你的環境、你的宇宙那些物質面的非永恆性。你寫下來了嗎？

（「是的。」）

那就是第四章的結尾。可以休息一下。（九點四十四分到十點零二分。）

第5章

思想如何形成物質——交會點

給我們幾分鐘。

（隨著有兩分鐘的停頓，到十點四分止。）

第五章：在你讀本頁上的字時，你悟到你在接受的資料並不屬於字句本身。印刷出來的文字並不包含資料，而是轉達資料。如果資料不是在紙頁上，那這被轉達的資料又是在何處？（停頓。）

當你看報，或與別人談話時，同樣的問題也適用。你們用實際的字句轉達資料、情感或思想，但顯然思想或情感與字句並非同一樣東西。紙上的字是象徵符號，而你們同意與它們相連的種種意義。你們想都不想地把以下事實視為當然：象徵符號並非實相，而字句也不是它們試圖轉達的資料或思想。

現在同樣地我告訴你，物體（objects）也是象徵符號，像字句一樣，轉達一個實相的意義。真正的資料並不在物體內，就像思想也不在字句內。字句是表達的方法。同樣的實質物體也是另一種表達媒介。你習慣於借語言直接表達自己這個概念，你能聽見自己說出它，你能感覺你喉頭的肌肉在動，而如果你有覺察力，你能感知在自己體內的眾多反應——那些伴隨著你言語的所有活動。

（十點二十九分。）物體是另一種表達的結果。你的確像創造字句一樣的創造了它們。我不是指你光用手或由製造過程來創造它們，我是說物體是你們人類進化的自然副產品，就像字句一樣。但是，審查一下你對自己話語的認知。雖然你聽到字句，並且認可它們是恰當的，雖然它們也許或多或少接近你想表達的感覺，它們卻並非你的感覺，在你的思想與你對它的表達之間必然有一些差距。

當你領悟，在你開始說一句話時，連你自己都不很知道將如何結束它，或甚至也不知你如何形成字句時，語言的熟悉性便開始消失。你自己並不有意識地知道你如何操縱龐大的符號金字塔，從其中精確選出你表達某一個想法所需的那些字眼。就那件事而論，你甚至不知你是如何思想的。

你不知你是如何把本頁上的這些符號轉譯為思想，然後貯積起來，或把它們變成為自己所有。既然在意識的層面上，正常語言的結構極少為你所知，那麼你也同樣的不知覺你所做的更複雜工作——就如經常地創造你的物質環境做為一個溝通與表達的方法——就不足為奇了。

只有由這個觀點，人們才能理解物質的真實本質。只有由理解這種思想與欲望的經常轉譯的本質——並沒譯為字句，而是成為物體——你才能領會你是真正超越情況、時間與環境的。

現在你可以休息。**（微笑，在十點三十六分。）**一個附註：我很高興……

（「高興什麼，賽斯？」）

我很高興這章起頭起得好，因為我想我發現了一個比喻，一個能把讀者由物質形相的人造束縛中解放出來的真實比喻。當讀者把物質形相當作自己的一個表達方式時，他即會領悟自己的創造力。

（十點三十八分。珍的出神狀態很好，她的速度頗慢。她說在開始時的兩分鐘停頓，是因為她有意「不過問」賽斯將如何開始第五章。她也體會到如果她「只是坐在那兒」，賽斯自己可以做得來。

（當賽斯說話時，珍有一大堆影像。她說，他對此章胸有成竹；而且，他把他的「物體用為溝通方法」的概念異常栩栩如生地「顯示」給她。她卻無法描寫她看到的影像。

（正在告訴我這點時，珍忽然記起在她說話的某一段時候，她似乎站在分隔我們的起居室與她書房長長的、高及天花板的書架旁，這距她在課中總在用的搖椅有六呎之遠。

（現在，珍忽有一個「記憶」：她在書架的地帶給了賽斯資料的一部分，以及她由一個不同的角度看起居室。她不記得她曾出體。她說：「那個記憶像個夢似地回來。」她也記不得更多了。例如，她不記得看見自己在搖椅裡，或看到我坐在沙發上作筆錄。她對她離開了身體而能看到自己替賽斯傳遞資料的想法大感興奮。）

（在十點五十六分繼續。）

現在，很容易明白你把感覺轉譯為文字或身體的表情與手勢，卻不那麼容易了解就如你把感覺轉譯為符號、符號變為文字一樣，你也同樣不費力地、無意識地形成你的肉體。

（在十一點一分停頓很久。）你一定聽過環境代表某一個人的個性的說法。我告訴你這不是象徵性的真相，而是實際的真相。在紙頁上的字只有墨與紙的實相。它們所傳遞的資料是不可見的。做為一個物體，此書本身只是紙與墨。它是資料的運送工具。

你也許可以爭辯說書是人工印製的，並非已經印好、裝訂好而突然由魯柏的頭殼中蹦出。然後你必須借或買這本書，因此你可能想：「當然，我並沒創造這書，有如我創造我的字句一樣。」但在我們結束前，我們將會明白，基本上說，你們每個人創造了你們拿在手中的書，而你們整個的物理環境出自你們的內心（inner mind），就好像語言出自你們的口一樣自然，而就好像人形成自己的呼吸一樣，他也同樣不自覺地、同樣自動地形成物體。

今晚的口述結束（微笑）。

（「賽斯晚安，謝謝你。」十一點十四分。）

第五二四節　一九七〇年四月二十日　星期一　晚上九點十八分

（今晚珍覺得不太舒服，但決定坐等上課，看看會怎麼樣。當她開始說話時，速度相當慢，大半時間她閉著眼睛。）

晚安。

（「賽斯晚安。」）

現在，寫我們的書。你們物質世界的奇異、特殊的外貌依賴於你們的存在，並在其內集中焦點。例如，對那些不存在於其內的「意識」來說，物質宇宙並不包含固態的、有寬度與深度的物體。

有其他類的意識共存於你們的世界所居之同一「空間」，他們感知不到你們的物體，因為他們的實相是由不同的偽裝結構組成的。你們感知不到他們，一般而言他們也感知不到你們。不過，這是一個一般性的聲明，因為你們的實相有些點（points）可以並真的能重疊。

這些點並沒被認出來，但你們可稱之為雙重實相（double reality），包含了巨大的能量潛能；的確是實相在那兒合併的交會點（coordinate points，譯註：本意為同位、同等的一個點，意譯為兩個以上實相同存、交會之點）。有數學上純粹的主要交會點，為驚人的能量泉源，以及次要交會點，數目很多。

（在九點二十九分長久的停頓。）有四個絕對交會點（absolute coorinate points），在那兒所有的實相相交。這些交會點也做為能量流過的通道，也是由一個實相到另一實相的「曲速面」或隱形路徑。它們同時也是變壓器，供給了大部分的發動能量（generating energy），以使創造得以繼續，以你們的話來說。**（許多停頓。）**

你們的空間充滿了這些次要點，你以後會明白，這在讓你把思想與情感轉變為物質時是很重要的。當思想或情感達到了相當的強度時，它便自動吸引這些次要點的力量，因此是高度充電的

（highly charged），並在一方面是被放大了的，雖然不是在尺寸上。

這些點侵入你們所謂的時間與空間。因此，〔以你們的話來說〕在時、空中有某些點，比其他的點具傳導性（condusive），在那兒概念與物體會被更高度的充電。實際地說，這表示建築物會更耐久；在你們的範圍內，概念與形式結合得較為恆久。例如金字塔，即為恰切的例證。

（慢下來。在九點四十三分。）這些交會點——絕對、主要或次要的——代表純粹能量的積聚或痕跡，如果你以尺寸來想它，它是極端微小的——例如比你們科學家所知的任何質點還小，卻是由純粹能量組成。但這能量卻必須被催動（activated）。一直到那時為止它是蟄伏的——而且它不能被實質地催動。

（九點五十分。）現在：這兒有一些線索，也許會對你們或數學家有所幫助。在所有這些點——即使是次要點——的周圍都有極微的地心引力（gravity force）的改變。在這範圍內，所有的所謂物理定律（physical laws）都有某種程度的擺盪效應（wavering effects）。在形成所有實相與現象（manifestation）的無形能量結構內，次要點同時也在某方面做為一種支撐，做為結構的強化。它們雖是純能量的痕跡或積聚，但在不同的次要點之間，以及主要點與絕對點之間，在可用能量的量上卻有很大的不同。

你可以休息。

（九點五十七分。珍現在覺得好些了。當我告訴她，她講得這麼慢時，她覺得很驚訝。在出神狀態她並不知自己的停頓及其次數。「那時我沒有任何時間觀念。」她說，「我的空間被填滿了。我不知還能怎麼形容它……」

（在十點十七分以同樣的方式繼續。）

因此，這些是能量濃縮集中的點。次要點則普通得多，而且實際地說，會影響到你的日常事務。在有些地方造住宅或結構物要比其他地方好——在這些點，健康與活力得以加強，在其他條件都相同之下，植物會生長繁盛，似乎所有的有利條件全聚在這些地方。

有些人能直覺地感覺到這種地帶。它們發生在交會點所造成的某些角度之內。這些點本身顯然是非實質性的——也就是說，它們是看不到的，雖然它們可以用數學推算出來。但是，它們是以「加強了的能量」而被感覺到的。

（十點二十三分。）在某一個房間裡，植物在某一特定的區域會比在其他區域長得好，倘若兩個區域都具備像光線這類必要條件。你們所有的空間都彌漫著這些交會點，因此某些看不見的角度就形成了。

（十點二十六分。）這是極為簡化的說法，但某些角度要比其他的更「在外圍」，在生長與活動的所有條件上就比較差些。在談到這些角度時，我們把它們視為三次元的，雖然它們當然是多次元的。既然這些角度的本質並非本書的主題，我在這兒不可能加以透澈的解釋。這些點的作用在某些時間似比其他時間要強些，雖然這些差異與交會點的本質或時間的本質都不相干。其他的因素影響了它們，但現在我們不需關心這些。

（十點三十一分。）「濃縮的能量點」是由在你們正常範圍內的情感強度來催動的。不論你知不知道，你們自己的情感或感覺會催動這些點。因此，更多的能量會加到原先的思想或情感上，而加快了它投射成為物體的速度。不論情感的性質如何，這都適用；在此只涉及了它的強度。

換句話說，這些點都像是隱形的發電場，當它與任何夠強的情感性的感覺或思想接觸時便會被發動。這些點本身以一種相當中立的態度強化了發動它的不論什麼東西。

因這些資料是新的，所以我們進行得相當慢，但主要是因為我要它轉譯得盡可能精確；而魯柏的缺乏科學背景使我必須巧為設計。

你可以休息一下。

（十點三十九分到十一點十四分。）

現在：這是極為簡化的說法，但任何意識的主觀經驗自動地以電磁能量單位（electromagnetic energy units）表示，它們存在於物體的範圍之「下」。如果你喜歡，可稱它們為初期粒子（incipient particles），它們尚未露出為物體。

這些電磁能量單位由各種各樣的意識裡自然的發散出來。它們是對任何刺激反應而形成不可見的構成物（formations）。它們極少單獨存在，卻以某種法則結合在一起。它們時常改變形式與脈動，而它們相對的「持久性」依賴在其背後的最初強度——也就是，在產生它們的最初思想、情感、刺激或反應背後的強度。

（十一點二十一分。）再次的，非常簡化的說，在某種條件之下，這些電磁能量單位凝結成物質。那些有足夠強度的電磁單位自動地發動我所說的次要交會點。因此，以你們的話來說，它們比強度較低的單位更快地加速，並推進為物質。對這些單位來說，分子看來就像星球一樣大。原子、分子、星球與這些單位只不過是同一原則的不同體現而已，也就是這個原則使這些單位本身得以誕生。只因你們的相對位置，你們的聚焦於一個明顯的時間與空間內，使這看起來似乎難以置信。

因此每一個思想或情感都以一電磁能量單位存在，或在某些情況下以這些單位的組合存在，它們常藉著交會點的幫助，顯露出來變成物體的建造材料。不管哪一種思想或情感的本質是什麼，這顯露出成為物質的現象都是一個中立的「結果」。因此，伴隨著強烈情感的心象（mental images）就是藍圖，而與它相應的物體、情況或事件就會根據這些藍圖像你們想的那樣出現。

現在：口述完畢。你有問題嗎？

（「沒有。」）

我們的第五章進行得很好。我最衷心的祝福，並祝晚安。

（「賽斯晚安。非常謝謝。」十一點三十二分。）

第五二五節 一九七〇年四月二十二日 星期三 晚上九點十四分

（在今晚賽斯為此書作口述前，有四頁我們刪去的個人資料。在十點二分後重新開始。）

因此，一個情感或思想或心象的強度，是決定其隨後實質具體化的重要因素。不論強度是電磁能量單位據以形成的核心。按你們的話說，核心越強，實質具體化得越快。不論是個可怕的或可喜的心象，這都適用。現在這兒有一個很重要的問題：如果你是個性情非常熱烈的人，而你以生動的情緒性的心象去思想，這些心象會很快地被形成為實質事件。如果你同時有著極悲觀的天性，沉溺於會有潛在災難的想法和感覺，那麼這些想法將被十分忠實地複製成經驗。

因此，你的想像力與內心感受越強烈，則領悟到這內心感受變成實質事實的方法就更重要了。在你的思想與情感孕育的那一剎那，它們就已開始邁向實質實現的道路。如果你恰巧住在一個交會環境（coordinate environment）很強的地方，我所說具不尋常傳導力的那些地區，那麼如果疾病和災難是你思想的本質的話，看起來就好像你被疾病或災難的洪流所壓倒，因為所有的思想在這個環境都是非常會生長的。另一方面來說，如果你的情感與主觀感受相當平穩、相當樂觀，並且具建設性的創造力，那麼你好像覺得你擁有非常的好運，因為你愉快的假定都這麼快就實現了。

簡而言之，在美國，西岸、東岸的一部分、猶他州、大湖區、芝加哥區、明尼阿波巴斯區和一些其他西南地區是有極佳交會活動的地帶，具體化會很快地出現，因此建設性與破壞性的因素都有很高的潛力。

（十點二十分。）等我們一會兒。舉例而言，這些交會點自身發動原子與分子活動的情形，就像太陽幫助植物生長一樣。交會點催動了原子與分子的產生行為，大大地鼓勵它們的合作能力，也就是它們群集成組織和結構性團體的傾向。

交會點放大或加強了這種行為，這種物質本性內天生具有的潛在自發性。它們就像是心靈的發電機，將還沒成為實質的推進成實質的形式。

現在你可以休息一下。

（十點二十五到十點三十八分。）

現在，這不是一本講技術的書，因此這不是透澈討論這交會點的活動、行為或效果的時間和地點；也不是討論電磁能量單位——那些我所說的意識天然發散物——的時間與地點。不過，我要你們知道，思想與情感是用非常明確的方法、透過相當確實的定律來形成為物質的，雖然目前這些方法和定律也許尚不為人知。

為那些想更深入研究這問題的人，或那些也許對科學的角度感興趣的人，在賽斯資料的其他部分，這些過程將被清楚的說明。我們在此討論這類問題，只因它們觸及了人格的多次元面。它們允許你將某些主觀經驗具體化成為三次元的實相。不過，在我離開這題目之前，讓我提醒你，不只是你自己的，而是所有的意識都或多或少放出這種發散物，這也包括了細胞的意識，因此一個看不見的電磁單位的網充滿了你們全部的大氣；然後，物質的粒子才在這個網上，並且從這個網形成。

現在：光是談這個題目就可以寫出一整本書。例如，關於主要與絕對交會點「位置」的資料，對你們可能極為有利。你們為自己的技術以及造出耐久的用品、建築物與道路而感到驕傲，但其中的許許多多在與「過去」的其他結構相比之下卻微不足道。

如果你們真正了解「概念變成物質」的方式，你們所謂的現代技術就會有一個全面的修正。並會使你們造出遠比現在耐久的建築物、道路和其他結構物。當在物質之後的心靈實相被忽略的時候，你們就無法有效地用那些確實存在的方法，你們也無法蒙受其利。除非你先領悟「你自己的」心靈實相，以及它之不受物理法則限制，你才能了解本為你實質存在的真正原動力的那個「心靈實相」。

因此，我的首要目的，就是使你知覺到你是其一部分的那個「內在本體」，並清除掉阻止你認識自己潛能與自由的那些理性與迷信的殘礫。然後你或許能開始學習運用「自由」的許多方式。

口述到此結束。很可能是第五章的結束。你可以結束此節或休息一下，隨你便。

「那我們就休息好了。」

（十點五十八分。結果此節就此結束。我倆都累了。珍的速度比上一節快不少。她的眼睛大半是閉著的。）

第6章 靈魂與其知覺的本質

The Eternal Validity of the Soul

第五二六節　一九七〇年五月四日　星期一　晚上十點

（因為我分心在繪畫上，所以今晚的課弄遲了；我工作到相當晚，需要一個短短的休息。珍感覺很好。她的步調相當快——我相信是自賽斯開始他的書後最快的一種速度。珍的態度輕鬆，聲音平常，眼睛常常閉起來。）

晚安。

（「賽斯晚安。」）

現在：我們將有一節短課，開始口述下一章。

有了到此為止所給的一點點背景，我們至少可以開始討論此書的主題：靈魂的永久效力（the eternal validity of the soul）。即使當我們在探索其他的題目時，我們仍會試著闡明這內我的多次元面向。有許多錯誤的概念與之相連，首先我們要設法剷除這些。

首先，靈魂不是你所擁有的什麼東西。它就是你之為你。我通常較喜用「存有」（entity）這字眼，而不用靈魂，只因「存有」這字沒有與那些特定的錯誤概念連在一起，而它的涵義比較不帶有組織意義上（organizational sense）的宗教性。

問題在於你們常把靈魂或存有想成一個已完成的、靜態的「東西」，屬於你卻不是你。靈魂或存有——換言之，你最親密有力的內在本體——是而且必是永遠在變的。因此，它並不像個被珍視的傳家寶。它是活生生的、有反應的、好奇的。它形成了你所知的肉身與世界，而它是在一種「變為」的狀態。

現在，在這個你的自我所專注的三次元實相裡，「變為」預設了某種到達，或一個目的地——給那曾在變為狀態中的東西一個結束。但靈魂或存有基本上存在於其他的次元，而在這些次元，「完成」（fulfillment）並不依賴到達不論是心靈上或別的方面的任何一點。

靈魂或存有總是在一種流變不居或學習的狀況，而且在與時間或空間無關卻與主觀感受有關的發展中。這並不像聽起來的那樣神秘。我的每個讀者都在玩一種遊戲，有意識的自我假裝不知那全我確實知道的事。既然自我確實是全我的一部分，那麼它必然基本上知道這些事。但是，在它對物質實相的極端貫注中，它假裝不知道，直到自我覺得有能力實質地利用這些資料為止。

因此，你確實可以與內我相通，你並沒與你的靈魂或存有斷絕關係。自我喜歡把自己想作是掌舵的船長，可以這樣說，因為自我本來就在動盪不安的物質實相大海中打前鋒，它專心在這個任務上，不願分神。

總是存在著心理或心靈上的通道在自身的不同層面之間往復發送通訊，自我無異議地接受由人格內在部分來的資料。事實上它的地位大半依賴這種對內在資料的無異議接受。換句話說，自我即你以為是自己的「外在的」自己——你的那個部分，它之所以能維持它的安全與表面上的統率權，正是因為你人格的內在層面不斷地支持它。內我維持肉體的運作，並且與由外在和內在狀況而來的多種刺激保持溝通。靈魂與存有經過轉世、經過存在及在可能的實相（probable realities）中的經驗，不但沒有萎縮，反而得以擴展——以後我會再解釋「可能的實相」。

（十點十九分。注意從十點起給了多少資料。）

只因你對自己的存有具有極為狹窄的觀念，所以你才堅持它有個幾乎是貧瘠的單一性。在你體內有億萬的細胞，但你卻稱你的身體為一個單位，還認為它是你自己的。你的確是由內而外地造成了它，但你是由活生生的東西形成它的，而每個最小的粒子都有它自己活生生的意識。有叢生的物質，同樣的，也有叢生的意識，每一個個體都有自己的命運、能力與潛能。你自己的存有是沒有極限的：所以，你的存有或靈魂怎能有界限呢？因為界限會包圍它而否定它的自由。

你可以休息一下。

（十點二十四分。珍以同樣的快速度在十點三十三分繼續。）

現在：靈魂常常好像被認為是塊寶石，最後被當作禮物呈獻給上帝，或像是以前有些婦女看她們的貞操一樣——極被珍視卻必須失去的東西；失去它是表示給了接受者一樣美好的禮物。

在許多哲學裡仍保留了這類的概念——靈魂被還給一個最初的賜予者，或被溶解於存在和非存在之間的某種模糊狀態。但是，靈魂最重要的是有創造力。可以由許多觀點來討論它。我對它的特性能有某程度的描寫，而的確大部分的讀者能自己找到這些特性，如果他們有非常強的動機，如果這是他們最關切的。靈魂或存有本身在任何宇宙中都是最有衝勁、最有精力、最有潛力的意識單位。

它是濃縮到一個你不可信的程度的能量。它含有無窮的潛力，但它必須努力達成自己的身分，形成自己的世界，它內心背負著所有生靈的重擔。在它之內有超過你能理解的人格潛能。要記住，我說的是你的靈魂或存有，也是一般的靈魂或存有。你只是自己靈魂的一種示現而已。你們中有多少人願意局限你的實相，你整個的實相，在你現有的經驗之內？但當你想像你現在的自己是你全部的人格時，或堅持你的本體在無窮的永恆中一直維持不變時，你就是在自我設限。

（十點四十三分。）這樣一個永恆的確會是了無生氣的。在許多方面，靈魂是一個初期的神（incipient god），以後在本書中我們會討論「神的觀念」。但是，就目前而言，我們只關切到存有或靈魂，那個更大的我，即使現在也在每個讀者經驗中的隱密處對你悄悄耳語。我希望在這本書裡，不只給你保證你的靈魂或存有的永久效力，而且幫助你在自己心裡感覺到它充滿活力的實相。不過，你首先必須對自己的心理和心靈結構有些概念。當你對你是誰、你是什麼有了某程度的了解之後，我才能把我是誰、我是什麼解釋得更清楚。我希望使你對自己那些深具創造性的方面有所認識，從而能用它們來擴展、擴張你整個的經驗。

（略帶幽默地：）那是口述的結束。現在請等我一會兒。（停頓。）

我想開始這一章，因為一旦開始了魯柏總覺得好過些。它結束了「下一章將是什麼？」的懸疑（微笑著）。不過給我一分鐘吧。（停頓。）

現在：在你的人像畫裡要記著遊戲的感覺與輕鬆的手法。不然你便失去了你的閃亮顏色而陷入你並不想要的晦暗。記著靈魂就在你所見的皮相之下——而當你畫一個坐在椅子上的身體，縱使形體上它是不動的，其實它也是經常在一個幾乎是神奇的活動狀態。

（此地，出乎意料的，賽斯說到上個月我在畫的一幅大的人像，今天它讓我費了很大的勁。這幅畫畫的是我父親所住醫院裡的一個病人。對象沉默而相當僵硬地坐在他的輪椅裡。一切進行順利，直到在畫他衣服的顏色時我遭到困難。最後，我覺得如此氣惱，結果竟重新來過。

（一如往常，賽斯對繪畫的觀察十分精采；我以前已提過許多次。我也從未聽過珍以賽斯的方式討論繪畫。這兩個人由相差極遠的角度來看這個題目。）

在那明顯的靜止狀態之內，你想要那種極度加速而冷靜的活動感覺，那無法被實質地表達——它必須由畫中放射出來，而不管你的人像之明顯而虛幻的表象。

也許你太過強調椅子，把它當作把你的人物多少包住不動的束縛因素。如你所知，他當然也創造了椅子，因而，也創造了限制。我相信在右下角你有一些困難，（的確不錯！）也許是需要更多透明光——但不要加得太明顯。你正慢慢解決這些問題。你有問題嗎？

（「我想沒有。我眼睛太累了沒辦法思想。」）

那我就結束此節。我最衷心的祝福並祝晚安。

（「謝謝你，賽斯。資料很好。」）

謝謝你在疲倦時還作筆錄。

(「哦，我還沒累到那樣。」)

(十點五十八分。珍的速度從頭到尾都很好。)

第五二七節　一九七〇年五月十一日　星期一　晚上九點十二分

晚安。

(「賽斯晚安。」)

現在：我們將繼續已開始的一章。

許多人想像靈魂即一個不朽化的自我（immortalized ego），卻忘了你所知的自我只是自己的一小部分；也就是說，人格的這一段就這麼永無止境地被繼續投射下去。由於你們很少了解到你們實相的幅度，所以你們的觀念必然是很狹窄的。在思考「不朽」時，人類似乎希望發展出更長遠的自我，但他又反對這種發展可能涉及改變的觀念。經由他的宗教，他說他的確是有靈魂的，卻問都沒問靈魂是什麼，再次的，他似乎常常把它當作是他擁有的一樣物件。

即使是如你所知的人格，也是不斷在變的，並且不常是按照你預期的方式——事實上，多半是以不可預料的方式。你堅持把你的注意力聚焦於你自己行為裡點點滴滴的相似點

（similarities）；而在上面建立起一個理論，說，「自己」幻構出來一個模式而遵循它，其實那是你置換在它上面的模式。而這經過置換的模式阻止你看到真實的自己。因此，你也把這扭曲的看法投射到你對靈魂實相的觀念上。因此，你以對你「必朽的自己」本質所持的錯誤觀念來想你的靈魂。

（**九點二十五分。**）你要明白，即使是「必朽的自己」都比你所知覺的要神奇和奇妙得多，並擁有比你所歸給它多得多的能力。即使只就「必朽的自己」而言，你也尚未了解感知的真正本質，所以你幾乎不可能了解靈魂的感知。因為靈魂首要的就是感知與創造。再記住你現在就是一個靈魂。因此，在你之內的靈魂現在就在感知。它現在感知的方法與你的肉體未生前及死亡後都是一樣的。因此基本上你的內在部分、靈魂質（the soul stuff），在肉體死後並不會突然改變它的感知方法或它的特性。

所以，你現在就可以發現靈魂是什麼。它不是在你死的時候等著你的某樣東西，也不是什麼你必須拯救或贖回的東西，它並且也是某樣你不可能失去的東西。「失落或拯救你的靈魂」這句話被大大地誤解和扭曲，因為它是你確實不可毀滅的那個部分。在本書談到宗教與神的觀念那一部分中我們再詳加討論。

你所知的你自己這個人格，你認為最寶貴、最獨特的你的那部分，也是永不能毀滅或失落的。它是靈魂的一部分。它既不會被靈魂吞蝕、也不會被抹煞、更不會被征服；在另一方面，它也不能從靈魂分離。不過，它只是你靈魂的一個面向。你的個人性——不論你怎麼想它——繼續存在。

它繼續生長、發展，但它的生長與發展極為依賴它是否領悟到：它雖是明確的、個人的，但它也只是靈魂的一種示現而已。按照它對此領悟的程度，它於是學會舒展創造性，並使用那些與生俱來的能力。

現在不幸的是，如果只告訴你，你的個人性繼續存在並就此打住，那要容易得多。雖然這可視作一個相當合理的寓言，而且它以前就曾以那特定的方式告訴給人們，但這個故事的過於單純化正就是危險所在。真相是，你現在的人格與你過去和將來的人格——以你所了解的時間來說——所有這些人格全是靈魂——你的靈魂——的示現。

（九點四十二分。）因此你的靈魂——你現在的靈魂——你為其一部分的靈魂——那靈魂是一個遠比你先前假設的更富創造性與更神奇的現象。如前面所提及的，當你們對這點沒有明白了解，當你們為了單純化的緣故而把這觀念加以稀釋，那麼你們就永遠無法了解靈魂的強烈活力。因此，你的靈魂具足由所有這些其他人格的經驗淬取到的智慧、資料與知識；而在你內你有通達這些資料的通路，但唯有當你領悟到你實相的真實本質。讓我再強調這些人格在靈魂內獨立存在著，只是其一部分，他們中每一個都可以自由地創造與發展。

但是卻有一種內在的溝通，一個人的知識可提供給任何別人——不在肉身死後，卻就在當下這一刻。現在，如我前面說過的，靈魂本身不是靜態的。它甚至透過組成它的那些人格的經驗生長與發展。盡量簡單地說，它大於其各部分的總和。

（九點五十分。）現在，在實相中沒有封閉的系統。在你的物質系統中，你知覺的本質多少局限了你對實相的概念，因為你有意地決定把你的焦點集中在一定的「現場」（locale）裡，但基本來說，意識永不可能是個封閉的系統，所有這種性質的障礙都是幻相。因此靈魂本身不是個封閉的系統。但是，當你想到靈魂，你常常這樣子想它——一個心靈或精神不變的堡壘。但堡壘不只是把侵略者擋在外面，它們也阻止了擴張與發展。

此地有許多事情很難以言語來形容，例如，因為你替你的「本體感」這麼擔心，所以你抵抗這個概念，即靈魂是一個開放的精神系統，一個創造力的發電場，向各方向射出——然而事實的確是如此。

我告訴你們這個，也同時提醒你們，你們現在的人格永不會失落。靈魂的另一個字眼是存有。你曉得要給你一個對靈魂或存有的定義並不是簡單的事，因為即使要以邏輯的方式來對它略為探討，你也必須在精神上、心靈上、電磁學上了解它，並且也了解意識與行動的基本天性。但是你卻能直覺地發現靈魂或存有的本質，在許多方面，直覺的知識比任何別的都要高超。

要對靈魂有這樣直覺性了解的一個先決條件，就在想要達成它的願望。如果願望夠強，那麼你便會自動被引導到會帶給你生動、明確主觀知識的那些經驗。有些方法能讓你做到這個，在本書快結束時我會給你一些方法。

(十點二分。)至於現在,這兒有一個簡單卻十分有效的練習。當你讀到這裡時,閉上你的眼,試著在你內心感覺自己呼吸和生命力所由來的動力之源。你們中有的人第一次嘗試就會成功,其他人也許得多花些時間。當你感覺到在你之內的這個源頭,就試著感覺這力量由你整個肉體,經由指尖與腳尖,經由你身體的毛孔,以你自己為中心向各方流出。想像其光芒不減,然後透過樹葉及上空的雲彩,透過下方的地球中心,甚至擴展到宇宙的終極。

我的意思並不是指這只是一個象徵性的練習,因為它雖以想像開始,卻是建立在事實上的,由你意識和靈魂的創造力所發散出的東西,的確是以那種方式向外伸展的。這練習會給你對靈魂的真正本質、創造力與活力一些概念,由你的靈魂,你可以汲取自己的精力,而且你是它的一個個別而獨特的部分。

(幽默地:)你可以休息一下。

(「謝謝。」)

(十點十分。珍曾在很深的出神狀態,她的速度很快,停頓很少。她說,賽斯可以很愉快而不間斷地繼續下去,只因我故意讓我疲乏的右手猛地落在沙發上,他才叫停。珍感覺很好,她不覺得已過了一個鐘頭,注意已講資料的分量。

(一如常例,珍說她對五月四號所給的此章第一部分沒有印象。在十點二十七分以同樣快的方式繼續。)

這個討論並無意成為一種玄秘的表演，而對你的日常生活沒有實際的意義。事實是，在你對自己的實相持著狹窄的觀念時，你就無法對自身的許多才能加以實際的利用；而當你對靈魂有一個偏狹的觀念時，那麼到某個程度，你便把自己由你存在和創造的源頭切斷了。

且說，不論你知道與否，這些能力都是在運作的，但通常它們並不是在你有意識的合作下運作，而是雖然你不知，它們仍在運作；而常常當你真的發現自己在用它們時，你就大為驚恐，不知所措，或感到困惑。不論人家以前是怎麼教你的，你必須了解，舉例來說，基本上，感知不是肉體性的。如果你發覺自己正在用肉體感官以外的什麼來感知資料，那你必須接受這就是感知運用的方式。

通常發生的是，你對實相的觀念是如此狹窄，不論何時，當你感知到任何不合於你的觀念的經驗時，你就受驚了。我並不是只在說那些被泛稱為「超感官知覺」的能力。這些經驗對你而言好像超乎尋常，只因你久已否認任何非經由肉體感官而來的感知之存在。

所謂「超感官知覺」，只給了你對內我收受資訊的基本方法一個粗淺而扭曲的概念，但圍繞著超感官知覺建立的觀念至少較接近事實，並代表了對「所有感知基本上是肉體性」概念的一種改進。

那麼，幾乎不可能把對「靈魂本質」的討論與對「感知本質」的討論分開。讓我們簡短地重溫幾點：你們形成你們所知的物質及物質世界。肉體感官確實可說是創造了物質世界，就在於它們強迫你以肉體去感知一個可用的能量場，並且在這實相的場域上強加了一個極為專門化的模式。用肉體感官，你只能如此感知實相。

（十點四十四分。）這肉體的感知絕沒有改變內我本有的、基本的、不受束縛的感知，那是內我的特性，而內我即為你內在靈魂的一部分。內我知道它與靈魂的關係。你可以說，它是「我」的一部分，做為靈魂與目前人格之間的信差。你也必須領悟，雖則我用像「靈魂」或「存有」、「內我」與「目前人格」這些術語，我這樣做只是「方便」說法，因為其一即另一個的一部分；並沒有一個「點」，在那兒一個開始而另一個結束。

如果你想想心理學家用「自我」、「潛意識」，甚或「無意識」這些術語的方式，你自己便能很容易地明白這些。那些在一瞬前似為潛意識的東西，可能下一剎那就成了有意識的。一個無意識的動機在某一點也可以是有意識的。即使在這些用語中，你的經驗也應告訴你，文字本身造成了在你自己經驗中並不存在的分界。

看起來你似乎單單由你的肉體感官來感知，但你只要擴張你對實相的自我本位概念，你就會發現，即使是你自我本位的自己，也十分容易接受非物質性資訊的存在。

（在十點五十三分停頓。）當「自我」這樣做時，它對自己本質的概念就會自動改變而擴張，因為你已移去了對它成長的限制。現在，任何感知的活動改變了感知者，因此靈魂——被當作一個感知者——也必須改變。在感知者與似乎被感知的東西之間並沒有真正的分界，被感知的東西往往是感知者的一個延伸。這可能看起來很奇怪，但所有的活動都是精神性的，或你要說心靈的活動也可以。這是一個極端簡單的解釋；但思想創造實相。然後思想的創造者感知物體，他不了解在他與這似乎是分離的東西之間的聯繫。

這將思想與情感具體化成為物質實相的特性，是靈魂的一種屬性。現在在你的實相中，這些思想被造成實質。在其他的實相，它們可能以完全不同的方式「被建構」。因此你的靈魂，即你，從你思想與期望的本質建構出你實質的每日實相。

所以，你很容易看出來，你的主觀感覺真的有多重要。這知識——即你的宇宙是意念所建構的——能立即給你線索，使你能改善你的環境與情境。當你不了解靈魂的本質，沒領悟到是你的思想與感覺形成物質實相時，你就會覺得無力改變它。在本書的後幾章，我想要給你們一些實用的資料，使你能實際地改變日常生活的真正本質與結構。

（珍身為賽斯，帶笑地向前傾。）你累了吧？

（「休息一下也好。只要一會兒。」珍仍在出神狀態，好玩地一直看著我。她的眼睛非常黑。我說：「我沒事。你要繼續嗎？我很好。」）

我不想良心不安。現在我們所需要的是你有一副額外的手指頭。你一定要休息一下。（幽默地：）我不想讓你工作過度。

(「沒問題的。」

(突然聲音大而有力:)我可以通宵口述一個晚上,然後你就可以省掉三堂課。

(「我相信你行。」

(十一點九分。再一次的,珍的出神狀態很深,再一次的,我的手產生作家的痙攣。我不懷疑賽斯可以講個通宵;此地唯一的限制是在我們自己。珍感覺到一股很強的能量。

(當賽斯在十一點二十八分回來時,他宣稱今晚為他的書所作的口述到此結束。然後他又給了珍和我一兩頁私人資料,十一點三十五分在快活的心情中結束此課。)

第五二八節 一九七〇年五月十一日 星期三 晚上九點三分

現在:晚安。

(「賽斯晚安。」

(微笑:)又到了作家時間。我們將繼續口述。

靈魂直接感知所有的經驗。你所知覺的大多數經驗是以實質的包裝包好了來的,你卻把包裝當作了經驗本身,而沒想到看看裡面。你所知的世界是意識所採取的無限個具體化之一,這樣看,它是有意義的。

但是，靈魂卻不需要遵照物質實相裡的法律與原則，它也不依賴肉體的感知。靈魂所感知的乃是在你所知的實質事件之下的精神性活動與事件。靈魂的感知不依靠時間，因為時間是一個物質界的偽裝，不適用於非物質的實相。

很難對你解釋直接的體驗到底如何作用，因為它以一個完整知覺之場的方式存在，而與物質性的線索如顏色、尺寸、重量和感官無涉，那是你的肉體感知所披戴的。

（九點十九分。）我們用文字來述說一個經驗，但顯然它們不是它們所企圖描述的經驗本身。可是，你肉身的主觀感受深深牽涉到文字性的思索，所以你幾乎不可能想像一個不屬「思想——文字」的經驗。

每個你知覺到的事件都已然是一個內在事件——一個被靈魂直接感知的心靈或精神事件的轉譯，但是由「自己」的物質導向部分轉譯成肉體感覺的用語。

那麼，不如說靈魂並不需要一個肉體來達到感知的目的；感知並不依靠肉體的感官；不論你是在此生或彼生，感覺都在繼續；而且靈魂的基本感知方法現在仍在你的內在運作，就當你在讀這書的時候。繼之，你在物質系統內的經驗是依賴一個肉身的形體與肉身的感官——同樣因為它們詮釋實相，其實那是你置換在它上面的模式，而將之轉譯為物質性資料。再繼之，靈魂直接經驗的一些蛛絲馬跡，可藉暫時關閉肉體感官而獲得——由拒絕用它們做為感知者，而求助於其他方法。你在做夢狀態時到某個程度這樣做了，但即使在許多夢裡，你仍傾向於把經驗轉譯成似幻覺的物質形相。你回想到的夢大半是這類。

可是在睡眠的某種深度，靈魂的感知力比較不受阻礙地運作著。你可說是飲自純粹的感知之井。你在與自己存在的最深處及你創造力的泉源溝通。這些沒被實質轉譯的經驗在早上不會留住。你不會以夢的形式記得它們。可是，後來在當晚，你就可能由在我所謂「深層經驗」（depth experience）中所得的資料形成一些夢。這些夢不會是那個經驗精確或接近的轉譯，毋寧是具有夢的寓言性質——你知道，那是件完全不同的事。

（九點三十五分。）現在，發生在睡眠狀態中的這意識特殊層面，還沒被你們的科學家精確的定位。在其間，發動了能量以使做夢狀態得以發生。的確不錯，夢容許了肉身導向的自己消化目前的經驗，但同樣這經驗的確又還原成它的原始成分。可以說它解體了，其一部分被保留作「過去的」肉體感官資料，但全部經驗卻回到它原始的直接狀態。

那麼，靈魂與你為了解它所需的肉體衣服分開，而「永恆地」存在。肉身性的存在是靈魂用以體驗自己真實性的方法之一。換言之，靈魂創造了一個世界給你去居住、去改變——一個完全的活動範圍，在其中，新的發展與新的意識形式的確能出現。

可以說，你繼續創造你的靈魂，而它也繼續創造你。

（九點四十三分。有時候珍的傳遞接近了上節的速度。在十點五分以較慢的速度重新開始。）

現在，靈魂是永不縮減的，基本上自己的任何部分也不。

靈魂能被認作是個電磁能量場，你是其一部分。當你這樣想它時，它是個濃縮行動的場——一個「可能性」或「可能行動」的發電場，這些可能性或可能行動在尋求表達的方式；它是一個非實質意識的集合體，卻認知其自身為一個本體。你可以這樣子看它：我引用我透過她說話的這年輕女人有次在詩中說的：「這些原子說話，以我的名字稱呼自己。」

但是，現在你的肉身是個有一定形狀的能量場，當有人問你的名字，你的唇把它說出來——但那名字卻不屬於說出這些字母的唇的原子和分子。那名字只對你有意義。在你的身體內，你無法明確指出你自己的本體何在。如果你能在你的身體內旅行，你找不到你的本體住在那裡，但你卻說「這是我的身體」、「這是我的名字」。

（十點十四分。）如果連你在你體內也找不到自己，那麼這個聲稱對細胞與內臟擁有所有權的你的「本體」又在哪裡？你的本體顯然與你的身體有些聯繫，既然你不難分辨你的身體和別人的身體，而你也無疑的不難分辨你的身體和你坐在上面的椅子。

以較廣義的方式來說，可以由同樣觀點來看靈魂的身分。它知道它是誰，的確它比你具肉身的自己更確定它的身分。但在那電磁能量場中，又在哪裡能找到靈魂的本體呢？

靈魂使自己的所有其他部分重生，並且給了你自己的身分。當人問它：「你是誰？」它只簡單地答：「我是我。」也同時替你回答了。

（在十點二十分暫停。）現在以你們所了解的心理學用語來說，靈魂可以被認為是個主本體

（prime identity），它自己就是許多其他單個意識的完形——一個無限的自己，仍能以許多方法與形式表達自己，也仍能維持它自己的本體、它自己的「我性」（I am-ness），即使當它知道它的我性也許是另一我性的一部分。我確知這在你們看起來似乎不可理解，但事實是，比喻地說，即使它現在可能與其他這類能量場相溶合或旅行過這類能量場，這「我性」仍維持著。換言之，在靈魂與靈魂之間，有種互取互予、發展與擴展的可能性是無止境的。再說一次，靈魂不是一個封閉的系統。

只因你們目前的存在是如此全神貫注於一個狹窄的範圍裡，所以你才會給你的定義以及自己設下那麼嚴格的限制，然後又把這些限制投射到你對靈魂的觀念上。你為你肉體的身分擔憂，而限制了你的感知範圍，因為害怕你不能應付更多的知覺而仍維護住你的自我特性（selfhood）。

靈魂並不為它的身分感到害怕。它對自己有信心，它總在探索，不怕被經驗或感知所淹沒。如果你對本體的性質有更透澈的了解，你就不會，譬如說，害怕心電感應，因為在這種擔心的背後，你恐懼的是本體會被別人的暗示或思想捲走。

沒有一個心理系統是封閉的，沒有意識是封閉的，不管在你自己的系統內有什麼相反的表現。如人常說的，靈魂是個旅行家，但它也是所有經驗、目的的創造者。可以說，靈魂一面走就一面創造了世界。

這就是「心理的存在」（psychological being）的真正本質，而你是其一部分。如我先前說過的，在本書後部我會給你一些實際的建議，使你能認識自己一些更深的能力，並把它們用在你自己的發展、享樂與教育上。

意識基本上並不是建立在那些你現在這麼關心的善惡箴言上。同理可推，靈魂也不是。這並不表示在你們的系統或一些其他的系統中這些問題不存在，或我們不是寧可從善去惡。它只表示，靈魂知道善與惡只不過是一個大得多的實相之不同顯現而已。

現在你可以休息一下。

（十點三十七分到十點四十一分。）我要再強調，雖則這聽起來很難懂，當你學會體驗你是什麼時，直覺地這就會變得更清楚了，因為如果你不能在你的肉體內旅行而找到你的本體，你可以旅行過你「心理的自己」去找。

除非你親自開始這樣一個旅程，否則你不可能相信，透過這向內的探索，你可以感知這麼多奇妙之事。你就是一個靈魂；你是一個靈魂的特定顯現，你若認為你必須對自己存在的本質保持無知，那真是荒謬之極！也許你不能把你所知的清楚地以言語表示，但這絕不能否定一旦你開始向內看時所獲經驗的價值或有效性。

你可稱此為一個精神的或心理的或心靈的探索，隨你的意。你不是在試著去找你的靈魂，那樣講的話沒有東西可找。它沒有失落，而你也沒失落。你用的字眼也許無關緊要，但你的意向卻的確要緊。

口述完畢。現在請等我們一會兒。

（在十點五十一分暫停。和上一節一樣，賽斯以給珍和我講述一頁個人資料來結束今晚的工作。在十一點一分結束。

（珍近來沒有讀賽斯的書。可是在聽過我對這節的描述之後，她叫我在打完字後給她兩頁的副本。她要念給她ＥＳＰ班的學生聽。）

第7章 靈魂的潛力

The Eternal Validity of the Soul

第五三〇節 一九七〇年五月二十日 星期三 晚上九點十九分

晚安。

（「賽斯晚安。」）

我們再開始口述，我們開始第八章。（註：這顯然是說溜了嘴。）

在你看來，你只有一種形相（form），即你感知到的肉體，並無其他的。同時，看起來好像在同一時間你只能身在一處。你的確有其他你不知覺的形相，而你也為了不同的目的創造各類不同的形相，雖然你也無法實質上知覺它們。

你主要的身分感是關乎你的肉體的。因此，舉例而言，你極難想像你自己沒有它，或在它之外，或在任何方面與它切斷。形相是能量集中的結果，它的模式來自有鮮明指向的情感上或心靈上的概念影像（idea images）。強度是最重要的。舉例來說，如果你有極為鮮明的欲望想要在某一個地方，那麼一個與你完全相同的假物質形相可能就在那兒出現，而你意識上並不知曉。那欲望會帶著你的人格與影像的印記，雖然你一直不知覺這影像或它在另一地點的出現。

雖然這心念影像（thought-image）通常不會被別人看到；在將來很可能科學儀器可以感知它。目前，那些已經會用內在感官的人可能會感知這樣的影像。任何強烈的精神活動——思想或情感——不僅會以某種物質或假物質的方式被建構，而且還會帶著最初孕生它的人格印記。

（九點三十分。）有許多這類初期的或潛在的形相。為了幫你想像我所說的，你可以把它們想為鬼影，或幻影，好比說——雖然這只是為了比喻——剛剛在物質之下的形相，還沒完全露出於你所知的物質實相之中，但卻是夠鮮明而可被建構的。如果你能看到它們，你會認為它們的確是相當真實的。

實際上，每個人常常放出自己的這種複製影像，雖然具體化的程度可能有所不同。例如，有的形相比較清晰，有的比較模糊。不過，這些形相卻不只是投影——「平面的」影像。它們對空氣有確切的影響。很難解釋它們為自己「找地方」（make room）的方式，雖然它們有時能與物體或形狀共存，甚或重疊於其上。在這種情形一定有種相互作用——一種在肉體知覺之下的交換作用。

例如，你可能突然非常希望你是站在一處你所愛卻遙遠的熟悉海濱。這強烈的欲望於是就會像是一個能量的核心，由你自己的心裡向外投射出一個你的形相。然後，你所想像的地方就會吸引這形相，而它立即就站在那裡。這種事經常發生。

在通常狀況下人看不見它。在另一方面來說，如果欲望還要更強烈些，能量核就更大了，而你自己意識之流的一部分便會移轉給那形相，因此有一瞬在房內的你可能突然聞到鹹空氣，或以其他的方式知覺到這假象所處的環境。

（九點四十四分。）此處知覺的程度會有很大的不同。第一，你的肉身是極強的情感焦點的結果，你心靈的奇妙能量不只是創造了你的肉身，而且還維護它。雖然對你來說，在肉身仍存在時，它看來像是夠恆久的，不過它卻並不是一個有持續性的東西。它依然是在不斷的脈動（pulsation）狀態，而因為能量的本質與肉體的構造，肉體事實上是一明一暗地閃爍著。

這很難解釋，而為我們眼前的目的，你們並不完全需要了解這脈動的理由；即使就肉體來說，你也「不是」像表面上看來那樣常在這兒的。你的情感強度與聚焦創造了你肉體之外的形相，但它們的持久性與程度則是依賴任一情感源頭的強度。

因此你們的空間充滿了初期的形相，相當鮮明生動，但卻是在你能感知的物質一般結構之下。

（珍身為賽斯，手伸過在我們之間的咖啡桌，來拿我半滿的啤酒杯。我寫下這個是因為下面的事：）

魯柏謝謝你。你不需寫下這句話。我們不時慢下來以便選擇那特定的字，因為這資料有些是相當難的。

（「很有意思。」在開始後不久，我就注意到珍說話的速度有近乎規律性的變化。這先快後慢的節拍每一段似乎最多只包括了幾段話。這效應今晚比一般要明顯得多。）

那麼，這些投射事實上是經常在發出的。比你們現在更成熟的科學儀器，不但會清晰的顯示這些形體的存在，並且也會顯出環繞著那些你能見的物體每種不同強度的振動波。

（九點五十七分。）為了使你們更清楚這點，看著室內你眼前的任何一張桌子，它是實質的、堅固的，你很容易感知它。現在打個比喻，如果你能想像在那桌子後面有另一張跟它一樣的，但卻沒那麼實質的桌子，在那後面又有另一張，在另一張後面又有一張——一張比一張更難感知、更模糊，消褪到看不見了。而在那張桌前有一張跟它一樣的桌子，只是比「真的」桌子看來沒那麼實質——它同樣也有一串更不實質的桌子延伸出來。桌子的每一邊都一樣。

其實每件以實質出現的東西也存在於你所不能感知的方式裡。只當實相到某一個「程度」（pitch），當它們似乎合併成物質時，你才會感知它們。但它們在別的層面確實存在而且有效。

現在你可以休息，在另一個層面放輕鬆。

（十點二分到十點二十分。）也有些比你們自己的實相「更有效」的實相（停頓）；完全只為比喻，舉例來說，你實質的桌子在對比之下就顯得模糊了，就像那些我們想像的很模糊的桌子。那樣說來，在那種實相裡的桌子是一種「超級桌子」。因此，你們的實相並不是由最強烈集中的能量所形成的實相系統。它只不過是你們對準頻率的一個實相，你們是其重要部分的一個實相。你能感知它只為了這個理由。

因此，你自己其他為你的意識所不知覺的部分，確是住在一個你可稱之為實相的超級系統（supersystem of reality）之中，在那兒意識學著處理與感知遠為強烈的濃縮能量，並且學習建構真的是不同性質的「形相」。

那麼，你的空間概念是極為扭曲的，既然對你來說，空間只是看不到任何東西的地方。空間很顯然是充滿了各種的現象（停頓），在你的感知結構上卻完全不留痕跡。且說以種種不同的方式，偶爾你也能在某程度對這些其他的實相調準頻率——間歇性地這樣做，雖然許多時候這經驗失落了，因為它沒有在肉體上被記住。

（在十點三十分停頓。）再想想你送到海邊的這個形相。雖然它沒具備你自己的肉體感官，它自己卻在某範圍內有感知力。你不知不覺地卻是透過十分自然的法則把它投射出去。這形相由強烈的情感欲望建立起來。（停頓。）這形相然後遵循自己實相的法則，它到某個範圍是有意識的，只是比你們的程度要少。（停頓。）

再用一個比喻，你是被一個極度渴欲以肉體形式存在的超我（superself）送出的。你並非這超我的傀儡。你將遵循自己的發展方向，而透過一些根本無法在此解釋的方法，你增加了超我的經驗，同時，也就擴展了它的實相本質。你同時保證了自己的發展，也能汲取超我的才能。

你也不會被在這情況下看起來好像如此卓越的超我所吞沒。因為你存在，你送出自己的相似投射，如我以前所說的。意識的實相是無止境的，它具體化的方法也是無止境的。而每一本體的可能發展也是無止境的。

我想今晚開始這一章以使我們有個好的開始。然而我會給你一節短而輕鬆的課。

(「我沒問題。」)

你常常打呵欠。

(「那沒什麼關係。現在我覺得很好。」)

那就暫時休息一下再繼續。

(十點四十三分。珍的出神狀態很好。課的正常節奏仍繼續著。在十點五十四分以較慢的速度繼續。)

現在:讓我再一次說清楚:你所知的自己目前的人格的確是「不可磨滅的」,在死後仍繼續生長與發展。

在我們現在的討論中途,我再提及此點,為的是使你不會感到失落、被否定或不重要。我們所談形相的形式與種類顯然有無限的層次。那由我們的「超我」投射出的能量,那造成你肉身誕生強烈本體的火花,那獨特的推動力,在某方面卻與靈魂的老觀念有許多相似處——只除了那老觀念只包含了一部分的故事。

(在十一點一分停頓良久。當珍講這資料時,她很明顯地在許多句子間停頓。)

當你做為一個個人繼續的存在與發展時,你的全我或靈魂有如此廣大的潛力,它永不能由一個人格完全得到表達,如我在前面一章中略為解釋的。

由非常強烈的情感聚焦,你能創造出一個形相,而把它投射給另一人,他於是可能會知覺到它。這可以是有意識或無意識地做到的；而那是頗重要的。這討論與所謂的靈體（astral form）無關，那是完全不同的東西。肉體是靈體的具體化。

（十一點五分。）不過，靈體不會長時間的捨棄身體，它也不是像先前所用的海濱比喻裡，那個被投射出去的東西。你目前不只是聚焦在你的肉體上，並且也聚焦在一個事件的特定頻率裡，即你所謂的「時間」。其他的歷史時代及轉世的自己，都以同樣有效的形式同時存在著。再說一次，你只是沒有向那些頻率對準而已。

你可以知道過去所發生的，而且擁有「歷史」，因為按照你接受的遊戲規則，你相信過去——但非將來——可以被感知。如果遊戲規則是不同的，你可以在現在就有未來的歷史。你懂嗎？

（「我懂。」）

（在十一點十一分停頓良久。）在實相的其他層面，遊戲規則變了。對你們來說，死後你可以相當自由地感知。未來與過去看來一樣的清晰，可是這也是極複雜的，因為過去不只有一個。你只接受某種類別的事件而忽略了其他的。我們談到過去事件，因此，也有可能的過去事件存在於你的理解之外。你選擇這些事件中特定的一組，然後把這組事件鎖定，當作唯一的可能，而沒悟到你是由無限種過去事件中選擇的。

那麼，顯然就有可能的未來和可能的現在了。我在試著以你們的說法來討論這個問題，因為基本上，你必須了解，如果是講到真正經驗的話，「過去」、「現在」與「未來」這些字眼，並不比「自我」、「有意識」或「無意識」更有意義。

我將結束今晚的口述。在這可能的晚上（幽默地），我選了可能的選擇之一。給你倆我最鍾愛的祝福。

（十一點二十分，在這之後，賽斯給了兩頁非常有趣的資料，有關一位心靈研究作家和他的太太：他們曾親臨被刪除的上星期一、五月十八日的第五二九課。那麼，今晚的課實際上在十一點三十五分結束。）

第五三一節　一九七〇年五月二十五日　星期一　晚上九點二十二分

晚安。

（「賽斯晚安。」）

我們再開始聽寫。

你不只是每個聚焦於自己實相的其他獨立的「你」之一部分，而且還存在著一種感應（sympathetic）關係。例如，因為這種關係，你的經驗不必要受限於肉體的感知機構。你可以汲取屬於這些其他獨立自己的知識。你可以學著把你的注意力由物質實相挪開，或去學新的感知方法，使你能擴大對實相的觀念，並且大大擴展自己的經驗。

（九點二十八分。珍的傳遞漸漸開始加快。）

只因為你相信物質實相是唯一有效的實相，所以你沒有想到去尋找其他的實相。「他心通」或「千里眼」這種事，可以暗示你有其他種類的感知存在，但在正常清醒狀態或在睡眠時，你也捲入相當確定的經驗。

所謂的「意識流」只是思想、意象和印象的一條小溪流，而它是一條深得多的意識河流的一部分，這河代表了你更深遠的存在與經驗。你花了所有的時間審察這條小溪，因而被它的流動催眠了，被它的動作迷住了。同時這些其他的感知與意識流流過而沒被你注意，但它們卻的確是你的一部分，它們代表你在其他實相層面也涉入十分有效的面向、事件、行動與情感。

（九點三十五分。）你對這些實相與對你主要注意力現在所聚焦的實相，一樣積極地、活潑地關心。因你一貫只關心你的肉身與實質的自己，你就把注意力給了好像跟它打交道的那個意識流。然而那些其他的意識流是與你不知覺的其他「自我形相」（self-forms）相連的。換言之，身體只是「在一個實相裡的你是什麼」的一個顯示，但在這些其他的實相裡，你有其他的形相。

在任何基本方面，「你」並沒與這些其他的意識流分離；只是你注意力的焦點把你由它們以及它們所牽涉的事件隔開了。可是，如果你把你的意識流想成是透明的，那麼你便能學會看透它，看到它底下那些在其他實相的事物。你也可學會升到你現在的意識流之上，而感知那些比方說跟它平行的東西。重點是，只有當你認為受到局限，或當你沒領悟到那個自己根本不是你全部的本體時，你才會被局限為你所知的自己。

其實你常常不知不覺地調頻到這些其他的意識流裡去——因為再說一次，它們同是你的本體之流的一部分。因此所有的都是相連的。

任何創造性工作都使你涉入一個合作過程，在其中你會學著浸入這些其他的意識流，而獲得的多次元的感知，遠較你從所知的那條狹窄、平凡的意識流所得為多。因此之故，偉大的創造力乃是多次元的。它的源頭不是來自一個而是來自多個實相，它也染上了那個源頭的多元性。

（九點四十九分。）偉大的創造總像是比其純物質次元與實相要來得偉大。與所謂的平凡對比，它看來幾乎非人間所有。它使你悠然神往。這種創造力自動地提醒每個人他自己的多次元實相。因此，「了解你自己」這句話比大數人可能假設的意義要深遠得多。

其實在獨處的片刻，你可能覺知這些其他的意識流。例如，有時你也許聽到語句，或看到影像，那好像是在你自己思想脈絡之外的，你可能依照你的教育、信仰和背景來做種種詮釋。在那方面而言，它們可能出自幾個不同的來源。可是，在許多時候，你無意中把頻率轉到了你其他意識流中的一個，暫時打開了一個頻道，通到那些實相的其他層面——你的其他部分所居之處。

這些意識流中，可能有一些會涉及了你所謂的一個「轉世的自己」思想，聚焦於你所謂的另一個歷史時期中。相反的，有時候，按照你的性向、你心靈的靈敏度（psychic suppleness）、你的好奇心、你的求知欲，你可以「接收到」一個「可能的自己」所涉及的事件。換言之，你可能開始知覺到一個比你現在所知遠為偉大的實相，開始利用你還不知道自己擁有的能力，並且確知無疑，你自己的意識與本體，是獨立於你主要注意力聚焦在其中的這個世界。如果以上所有我說的不是真的，那麼我不會在寫這本書，你也不會在讀它。

（**略帶幽默地：**）現在你可以休息一下。

（「謝謝。」十點一分到十點十分。）

不管你是醒著或睡著，你這些其他的存在十分快活地繼續下去，但在你清醒時，你通常把它們阻擋在外。在做夢狀態你對它們知覺得要更多，不過有一道做夢的最後程序，常常給強烈的心理和心靈經驗戴上面具，不幸的是，你通常回想到的就是這夢的最後版本。

在這最後的版本裡，基本的經驗被盡可能地轉變成物質化的樣子，所以已經變形了。不過，這最後的修飾過程不是由你更深的層面所做的，卻是比你所了解的更近乎一個有意識的過程。

我可以用一個小提示來解釋我的意思。如果你不想記得某一個夢，你自己會在十分靠近表意識的層面，把它刪掉。甚至你常能抓到自己正在有意地忘掉一個夢。修飾的過程幾乎是在這同一層面發生，雖然並不完全一樣。

基本經驗就在這兒被匆忙地、盡可能地用物質世界的衣服打扮起來。這並不是因為你想了解這經驗，而是因為你拒絕接受它基本上是非物質的。並非所有的夢都是這類的。有些夢真是發生在與你日常活動相連的心靈或精神領域，在這種情形就不需要經過打扮了。但在睡眠經驗的最深處——附帶說一句，你們所謂夢的實驗室裡的科學家還沒觸及到它——你在與自己本體的其他部分及它們所存在的其他實相溝通。

（十點二十分。）在這種狀態裡，你同時也在努力從事與你所知的興趣有關或無關的工作。你在學習、研究、遊戲；你什麼事都做，只除了沒有如你以為的在睡覺（**微笑**）。你極為活躍。（**幽默地：**）你捲入地下工作，捲入真正直接而實際的生活之中。

且讓我在此強調，你根本不是無意識的。你只是看來如此，因為照例在早上你完全不記得這些。但是，到某個程度，有些人是知覺到這些活動的，並且也有方法可以使你回想起它們。

我不想貶低你有意識狀態的重要性；例如，當你讀這本書時，你應當算是醒的，但在許多方面當你在醒的時候，你遠比在所謂無意識的夜間狀態還休息得更多呢。那麼在睡眠中你對自己的實相還了解得更多些，並且可以自由運用你在白天忽略或否認的能力。

（十點二十六分。）例如，在一個非常單純的層面，你的意識常在睡眠狀態中離開了身體。你與你認識的其他層面實相中的人們溝通，但遠超過這個，你創造性地維護你的肉體形相並使它復甦。你處置每日的經驗，把它投射到你所認為的將來，由無限的可能事件中選擇你願將它具體化的那些，而開始把它們帶進物質世界精神上與心靈上的過程。

同時，你把這些資料提供給你本體的所有其他部分，它們住在完全不同的實相中，而你從它們那兒接到類似的資料。你並未與平常醒時的自身失去聯繫，你只是不聚焦於其上，把注意力挪開了而已。在白天，你只是把這個過程反過來罷了。在此用一個比喻，如果你由那另一個視角來看每日正常的自己，你知道，你可能發現肉體上清醒的自己與現在睡眠中的自己一樣奇怪。但這比喻不成立，只為這睡眠的「你」比你引以為傲的清醒的「你」知識廣博得多了。

（十點三十五分。）這看起來好像有區分，並不是武斷的或強加於你的。它只不過是被你目前的發展階段所引起的而已，而且它的確會變化。許多人遊歷到其他的空間裡——可說是游過其他的意識流，而把這當作他們正常清醒生活的一部分。有時奇怪的魚會由這些水中躍出！通道存在。由我的空間與由你的空間一樣可以作些遊歷。

在**你們**看來，我顯然是這樣的一條怪魚，由其他的空間游上來，觀察一個屬於你們而非我的存在空間。所以說，在所有這些意識流之間、所有這些心理與心靈經驗的象徵性河流之間，都有最初魯柏、約瑟和我是同一存有或整個本體的一部分，因此象徵地說，有些心靈之流結合我們。所有這些意識全匯合成一個常常被比為「意識大海」的東西，一個流溢出所有確實性的泉源。理論上，從任何一個意識開始，你都會找到所有其他的意識。

（在十點四十三分停頓。）且說自我常常充任一個水壩，來擋住其他的感知，不因它有意如此、或因自我的天性使然、或甚至因為這是自我的一個主要功能，卻只是因為你以為自我的目的是抑制性而非擴展性的。你真的想像自我是自己很弱的一個部分，它必須與自己的其他強壯得多、又有說服力、也的確更危險的部分對立而保衛它自己；因此你就相當違反它自然傾向地訓練它戴眼罩。

自我的確想了解與詮釋物質實相，並與它發生關係。它想要幫助你在物質存在中生存下去。但由於你給它戴上眼罩，乃妨礙了它的感知與固有的彈性。然後因為它的沒有彈性，你又說這是自我的自然功能與特性。

自我無法與你不許它去感知的一個實相發生關聯。當你不許它用它的能力，去發現那些它必須在其中操縱的真實情況時，它僅能助你苟延殘喘。你把眼罩給它戴上，而後還說它看不見。

你可以休息一下。

（十點四十九分，珍曾人事不知，她說：「我告訴你我今晚真是出去了……」她的步調很好，偶爾有短的停頓。十一點二分再開始。）

那是聽寫的結束。現在等我們一會兒。

（照他近來的模式，賽斯以兩頁其他資料做為結尾。這次資料是有關珍多年寫詩和寫小說訓練其背後的理由。我認為是非常妙的。賽斯解釋珍的詩一直是「她想要了解存在和實相本質這個欲望的一個創造性分枝，她探索心靈的方法，……進入其他的領域……一個調查的方法和一個探究其結果的方法。」

（賽斯又說她的小說是珍的「探索可能性與試圖了解其他人的方法。她所有的〔寫作〕是她創作生活的一部分，但現在她更為直接地調查實相的本質……這人的主要興趣極為統一，沒有東西會被遺漏。創造性的自己正在運作，你知道——完全走向它想去的地方」。

（賽斯說，珍的心靈經驗本身引發其他的創造性努力，引領她投入更深的、真的是無限宇宙的創造力之源……

（在十一點二十一分結束。）

第8章 睡眠、夢與意識

The Eternal Validity of the Soul

第五三二節 一九七〇年五月二十七日 星期三 晚上九點二十四分

晚安。

(「賽斯晚安。」)

每人所需的睡眠量不同，而永遠也沒有藥能讓人完全不用睡眠，因為太多的工作都是在那個狀態裡完成的。不過，在兩段較短的睡眠中比在一次睡眠中能做得更有效率。

如果在睡前給自己適當的提示——保證身體完全恢復的建議，兩段三小時的睡眠對大多數人來說應該是足夠了。在許多情形裡，十小時的睡眠實際上反而是不利的，會造成心與身兩者的呆滯。在這情形下，靈魂離開身體太過久，結果造成肌肉的失卻彈性。

(珍的傳遞相當快，而且整節課都是如此。)

就像「少量多餐」的確會比一天三大餐要好得多，因此睡幾次短覺也比睡那麼長的一覺更有效，而且還有別的好處。有意識的自己自然而然會記得更多它夢中的探險，而漸漸地把這些加入自我所認為的全盤經驗中。

較多、較短的睡眠，結果使有意識的聚焦達到更高的頂峰，並且身心活動都有更穩定的更新。在「自己」的各區域或各層面間比較沒有那麼確定的分界。結果會造成精力更經濟的利用，和養分更有效的利用。你所知道的意識也會變得更有彈性、更有活動力。

這不會導致意識或焦點的模糊。相反的，更大的彈性會使有意識的聚焦趨於完美。在醒時與睡時的「自己」之間看起來有很大的隔閡，主要是分工的結果，兩者被分得很開——分給了其中一個一大段時間，而分給另一個更大段的時間。那麼，它們是因為你對時間的應用而被隔開的。（九點三十六分。）本來，你們是「日出而作，日入而息」的。現在有了人工光就不必如此了。於是你就可以從你們的技術得到你目前沒加以利用的機會。整天睡覺、整夜工作卻並非答案，那只是把你目前的習慣顛倒過來而已。但如果以不同的方式來劃分二十四小時，會更有效果、更有效率。

事實上，有許多種不同的辦法都比你們目前的要好。理想上說，一次睡五小時可獲得最大的利益，比這再多的時間就沒有這麼管用了。那麼那些需要更多睡眠的人，可以有個兩小時的小睡。對其他人則一次四小時的睡眠和兩次小睡會極為有利。給了身體正確的提示，身體只要花現在一半的睡眠時間就能恢復。無論如何，活動八到十小時比不動八到十小時能使身體振作和有效率得多。

你已訓練你的意識去遵循某些對它而言不一定是自然的模式，這些模式增強了醒時自己與睡時自己之間的陌生感。你到某程度以「暗示」迷倒了身體，使它相信它必須一次睡足多少個小時。其他動物則累了就睡，而以自然得多的方式醒過來。

如果改變這些睡眠模式，你會保留更多對你的主觀經驗的記憶，你的身體會更健康。照所訂的小睡模式，一共睡六到八小時就夠了。如果不是一次睡太長的話，即使那些現在以為他們需要更多睡眠的人，都會發現他們其實並不需要。全部系統，肉體的、精神的與心靈的，都會獲益。

自己之間的分界就不會那麼嚴格，肉體與精神的工作會輕鬆些，而身體本身有固定的時間能獲得休息與更新。不像現在，不管身體的情況如何，它都必須至少等上十六個小時左右，才有得休息。因其他與在做夢狀態中的化學反應有關的理由，改變睡眠模式後，身體的健康也會改進。這特定的時間表對患精神分裂症的人會有幫助，一般而言，對有沮喪問題的人或那些精神不安定的人也有幫助。

（**九點五十二分。**）你的時間觀念也會比較不那麼強烈和死板。創造能力會加快，許多人都有的失眠問題也大半會克服——因為他們害怕的常是在那段長時間裡，他們所認為的意識似乎被消滅了。

睡眠起來時應吃一小餐或點心。這種進食和睡眠的方法會大大改善各種新陳代謝的毛病，也有助於精神與心靈能力的發展。因許多理由，晚上的身體活動與白天的身體活動，對身體有不同的影響，理想上說，兩種影響都需要。

例如，在夜間的某些時候，空氣中的負離子比在白天強得多或多得多；在那段時間的活動，尤其是散步或戶外活動，從健康的觀點上是極有益的。

黎明前的一刻對重病的人常常代表一個危險期。意識已離開身體太久，於是當它回來時不容易應付有病的身體機制。為此之故，醫院給病人藥物使他們睡過整夜的做法是有害的。在許多情形，對一個回來的意識來說，要再一次地接收病體是太大的重擔。

這種藥物也常阻止了能助身體復原某些必要的「做夢週期」，於是意識變得非常地迷惑。所以，在自己的不同部分之間的分界，有些基本上是不必要的，卻只是習俗與方便的結果。

例如在較早的時期，雖然沒有電燈，在夜間睡眠也並不是長而持續的，因為睡覺的地方並不像現在那樣安全，例如，穴居人在睡眠中仍保持對掠食者的警覺。在外界環境裡，自然的夜晚種種神秘面貌使他保持部分警醒的狀況。他常常醒過來，查看附近的地方和他自己的避難所。

（十點四分。）他不像你們一樣睡上長長的一段時間。相反的，由黃昏到黎明的整個時間內，他的睡眠分成兩、三小時的段落，中間穿插著極清醒與警覺的活動時間。當他冀望他的掠食者正在睡的時候，他也潛行出去找食物。

這導致了意識的機動性，的確進而保證了他肉體的倖存，他也記得那些在他夢中出現的直覺，而在清醒時加以利用。

許多疾病其實就是由於你們的這種分界、身體長時間的不活動，和注意力的焦點放在清醒時的實相或夢中實相太久的關係。你正常的意識，能因那些你睡時到其他真實場所的出遊與休息而受益，所謂睡眠的意識，也會由經常到清醒狀態中遊歷而受益。

現在你可以休息。

（十點十分。珍的出神狀態很深，她的步調一直很快。不過她卻例外的記得一些資料，她近來並沒閱讀關於睡眠的書。她說：「整個東西對我來說是太玄了！我從沒有思考過這樣的概念，至少不是有意識的。」在十二點十二分以同樣方式繼續。）

我在這兒談到這些事情，因為這種習慣性模式的改變，一定會導致對自己本質的更大了解。人格內在做夢的部分在你看來似乎很奇怪、很陌生，不只因為基本上焦點的不同，而且因為你清楚地把一個二十四小時週期的相反部分，分給自己的這些不同區域。

你盡量的分開它們。在這樣做時你把直覺的、創造的和心靈的能力，十分清爽地與你肉體的、操縱的、客觀的能力分開。你認為你需要多少小時的睡眠並沒有關係。睡幾個短些的覺則對你要好得多，而那時你確實只需要較少的時間。最大的睡眠單位應在夜晚。但我再說一次，在六到八小時肉體的不活動之後，睡眠的效率減低，而害處也開始了。

以我所說的這種交替的活動段落，荷爾蒙和化學的作用，尤其是腎上腺素的製造，會作用得有效得多。身體的損耗會減低，而同時所有的重生力量會用到極限。新陳代謝快與慢的人均將受益。

心靈的中心會更常常被發動，而人格的整個本體會更加強而維護得更好。結果意識的機動性與彈性會更加助長意識的集中，疲乏的水準會永遠維持在低於危險點。結果身心雙方都更平衡。

其實很容易採用這種時間表。例如，那些按美國工作時間做事的人可以在夜間睡四到六小時

——隨個人的不同，而在晚餐後小睡。不過，我要說明白，任何超過六到八小時的連續睡眠都於你不利，至於十小時的睡眠則可能為害不淺了。那時當你醒過來，你並不覺得休息充分，卻覺得精力耗光了。你沒有好好照顧你的鋪子。

如果你不了解在睡眠期間，你的意識確實真的會離開你的身體，那我所說的就毫無意義。你的意識的確有時會回來查一查肉體機制，而原子與細胞的簡單意識——身體意識——總是與身體在一起，因此身體不是個空殼子，但當你睡著時，自己主要具創造力的部分真的離開了身體，而且離開一大段時間。

（十點三十九分。）由你們目前的睡眠習慣，導致了一些強烈的神經質行為的例子。夢遊症在某程度也與此相關。意識想回到身體，但它已被催眠而相信不可驚醒身體。過剩的神經能量接管了，而喚起了肌肉活動，因為身體知道它已經太久不動了，再下去的話會導致嚴重的肌肉痙攣。

同樣的例子適用於你的飲食習慣。你把身體的組織一下撐飽一下又餓壞。這對你意識的本質、你的創造力、你精神的集中程度都有明確的影響。例如，照著這個方向，你在夜間真的把你的身體餓死，而由於這麼長的時間都不給身體食物，乃增加了它的老化。所有這些都反映在你意識的力量與本質上。

你的食物應分配在二十四小時內，而並非只在醒來的時候——也就是說，如果睡眠模式照我所建議的改變了，你在某些夜間時間也會吃東西。可是，在任一「進餐時間」你會吃得少得多。少量多餐比你現在的做法，在身體、精神和心靈上都有益得多。

改變睡眠模式會自動改變飲食模式，你會發現你是一個更為統一的本體。例如，你對你的千里眼和他心通等能力的覺察程度也會大得多，而你不會像現在一樣，覺得在做夢的自己與清醒的自己之間有條鴻溝。這種疏離感會消失大半。

你對大自然的欣賞也會增加，因為一般而言，你對夜間多半不熟悉。你對夢中發生的直覺知識能利用得好得多，而你的情緒週期也不會像現在那樣明顯的搖擺。在生存的所有領域，你都會覺得安全得多。

老化的問題也會減少，因為刺激不會這麼長時間地並減低到最少。而有了更大彈性的意識，會更嘗到它自己的喜悅感。

你可以休息一下。（突然較大聲地：）如果你自己都不去嘗試，你怎能期望別人去做呢？

（玩笑地：「我也不知道。」）

如果你照這兒所給的勸告去做，你自己的創作也會更有效率。

（「好吧，我們會試試看能做到多少。」

（十點五十三分。珍的出神狀態又是很深，她的步調很快。說真的，她的速度使我寫字寫得手都要僵了。這次休息結果是有記錄的課的結束。

（現在，賽斯和我享受一個不作筆錄的閒談，這是近來的第二次。他更詳細地解釋改變了的睡眠模式為何會大大改進我的繪畫。在說完之後，我真希望我曾把這對話記錄下來，因為它包含了許多一般都適用的資料。珍說她「今晚根本沒上課的情緒」。

（自這節後——我在六月一日打下這段——珍和我多少實驗過改變睡眠模式，我們可以說賽斯的概念似乎大有可為。晚上在較短的睡眠之後，我們很容易就醒過來，很清醒並且抖擻待發。我們以日間一到兩次的休息作為補充。這種方法使我們對所有活動都增加了一種不同凡響的敏銳感受。）

第五三三節　一九七〇年六月一日　星期一　晚上九點二十分

（在給以下這些資料之前，賽斯給了珍和我五頁的個人資料。在十點十分休息後，他重又口述第八章。

（幽默地：）聽寫。

（「好的。」）

現在：眾所週知在睡眠狀態中意識與警覺性都有所起伏。某一段夢中活動的確真的取代了某些醒時的活動。但在正常醒著的意識裡也是有起伏的，意識的節奏是時張時弛的。

當然，有些醒時狀態與睡眠狀態很接近，這種中間狀態把前者和後者混在一起，因此其節奏常沒被注意到。身體狀況的改變跟隨著這些意識的不同層次。在醒時意識較呆滯的那段時間，精神會不集中，刺激有種種程度的中斷，意外事件會增加，而且一般而言身體也比較遲鈍。

（十點二十八分。）因你習慣於睡一段長時間繼之以醒一段長時間，你便沒利用到意識的這些節奏。高峰在某範圍內被抑止了，甚或忽略了。自然的醒時意識的尖銳對比與高效率只利用到一丁點。

我在這兒給各位所有這些資料，因為它能幫助你了解並利用目前的能力。你對正常醒時意識要求得過多，把它活動的高峰與低谷全抹平了，有時當它實際上在最低潮的時候要求它全速前進，放棄了意識可能有的偉大機動性而未予利用。

（十點三十三分。）在本章先頭所給的關於睡眠習慣的建議，會導致這種節奏的自然利用。你會更常經驗到高峰，注意力會更集中，問題看得更清楚，而學習能力也利用得較好。

（今天早先我對珍說，似乎「更……得多」這個辭在資料中出現得相當多。現在賽斯──珍向前傾，微笑著假裝強調。）

我正要說：更利用得好得多。

（「是的。」）

現在：醒時意識沒得休息的這一段長時間，在血液裡累積了化學物，要在睡眠時才排出。但同時它們使身體遲鈍又妨礙了意識上的集中。於是你所習慣的長時間睡眠真的變得必要了。一個惡性循環於焉形成。這迫使身體在夜間受到過分的刺激，增加了身體的工作，使它在一個長時間裡繼續不斷的做身體淨化工作，那是理想上在幾段短些的休息時間就能做好的。自我感到受威脅，因為它必須長時間的「休假」，因而變得怕睡覺，而對夢境建立起阻礙來。這些都是極為不自然的。

（十點四十二分。）結果產生了一個表面上的二元性，以及自己一部分對另一部分的不信任。在這個過程中，失去了許多有實際價值的創意資料。前所提及的分段睡眠法更容易得到這些資料，而醒時的自己會更覺神清氣爽。夢中的象徵會顯得更清晰，而不在你現在這麼長的睡眠時間裡被遺忘掉了。

肌肉會更有力氣。血液的淨化也比當身體這麼長時間的俯臥時更為有效。最重要的是在自己的各主觀層面之間，會有更——如果你能原諒我——好得多的溝通，安全感也會增加，而且特別是對兒童而言，能較早的培養創造能力。

現在你可以休息一下或結束此節，隨你便。

（「我們休息一下。」十點五十分到十一點四分。）

一個清楚、不雜亂、聰明而有力的意識需要屢次短暫的休息時間，才能維持其效率，才能正確地詮釋現實。不然它會扭曲它所知覺的東西。

休息或睡眠治療——很長的睡眠時間——在某些案例中有所幫助，不是因為長時間的睡眠本身有益，而是因為毒素已蓄積了這麼多，才需要這麼長的時間。你現在的習慣必然妨礙了學習的過程，因為在某些時段意識是適於學習的，你卻試圖在沒被認出來的最差時段強迫它學習。只因為這人為的分隔，創造上與心靈上的能力被拋到了背後。這導致了二元性而影響你所有的活動。

在有些情形，你真是當意識可能在其最高峰時強迫自己去睡。附帶地說，這是在黎明前的時間。在某些午後時間意識低沉了，需要恢復，你反而不讓它休息。

舉例來說，如果醒時意識的各階段如目前睡時意識的各階段一樣被詳加審察，你便會發現比你所以為大得多的活動範圍。某些過渡階段完全被忽略了。在許多方面可以說，意識的確是閃爍不定的，其強度變來變去。比如說，它並不像一束穩定的光。

現在我要結束我們的聽寫了。給你倆我最衷心的祝福。

（「也祝福你，賽斯，謝謝你。」

（十一點十五分。珍回過神來，對這麼快結束感到驚訝。）

第五三四節　一九七〇年　六月八日　星期一　晚上九點五分

（上星期三，六月三日，沒有課。

（今晚八點三十分的時候，珍和我討論賽斯寫書的進度。珍有些擔心。她現在不再閱讀這本書，但她領會到，賽斯沒有實在地遵照他在開始一章章口述前所給的大綱。我告訴她，我想賽斯是以他所想要的樣子來寫；她同意她不如放輕鬆而就讓它出來。

（我現在想描寫兩種效應，一種是珍的，一種是我的，兩者在課開始的幾分鐘前幾乎同時發生。再者，我的經驗與課開始後的另一種效應混合了起來——但以後再說那個。

（一、當我們坐著等課開始，珍告訴我，在我畫的「魯柏與約瑟」油畫中，約瑟的臉正由客廳牆上他所在之處對著她微笑。當珍知覺到那微笑時，她把眼光由油畫挪開，然後很快地看回去。那效應仍在，她說：它持續了也許有兩分鐘，直到九點課快開始前才消失。

（當珍坐在她的甘迺迪搖椅中時，正面對那幅畫，但因我坐在沙發上，我是背對著它的。在我幾次轉身去看的時候，我沒看到任何不正常的事。珍告訴我，代表我自己本體的約瑟給她一個大大的、畫本身實際並沒有的笑容。眼睛的表情首先改變，笑容由眼向下散布到嘴，前額沒動。就好像畫像突然活了起來，雖然魯柏畫像的頭並沒有改變。

（珍並不特別喜歡這幅畫，以前也從未在上面看到這種改變。

（二、我的效應是關於我視覺上的一個干擾，並沒真正失去視力。今晚它並沒有產生後遺症，在以前那些年也沒有，除了很輕的頭疼之外。今晚我沒頭疼。奇怪的是，我從未對這現象感到緊張。由於我有些愛守秘的天性，即使在孩提時，我也沒有把這件事告訴父母或去看醫生的衝動。從來沒有後遺症，以及我的神智一直保持清晰，也許是使我心安的原因。

（這效應總是使我想到海市蜃樓，剛開始在我直接視線偏右方有一小而亮的鋸齒狀的光。現在，我又憶起了那幾乎已忘了的事，我知道這燦爛、閃閃發光的形狀會展開，以致它會遮住我看的東西，雖然我還保有外圈的視覺。

（有時這干擾籠罩了一片相當大的區域，因此我很難看到，舉例來說，眼前的畫紙，或手上的筆。閃光的強度不定。有一回我躺下來，閉上眼睛，因為反正做不成任何別的事。此種效應最多持續半小時，多半要短些。

（現在，我再一次對我對這事——它的源起完全不為我所知——一向的鎮靜反應感到奇怪。以前當干擾強大到遮住了大半的視野時，我曾體驗到一種又暗又亮的奇特感覺，客觀世界與具有絲絨般深度的、光暗交替的茫茫，一大片圖案混在一起而無法區別了。

（今晚的經驗不是那麼強烈。我首先發覺它的開始是在大約八點五十分時，我立即給自己暗示以盡量減低它，因為我不想要因延遲上課而使珍焦慮不安。同時珍開始形容她在畫上看到的微笑；當她叫我核對一下時，我能清楚地看到那幅畫，雖然我的視覺效應仍在增強。然而我的暗示很有用，到九點五分上課時，我領悟到不但我的經驗已達到它要去的最「遠」處，而且還正在撤退。到九點十五分，它連最後的痕跡也沒了，我的視力清楚了。

（好戲還在後頭；因為在這經驗減弱時，它被取代了，或導入了另一個不同的事件。這個事件對我而言是新鮮而又最有趣的。接下去的註和賽斯本人在課進行當中都解釋了這件事。我在這兒先說，新的效應涉及了我的逐漸失去拼字能力，然後是失去書寫能力……

（珍開始以緩慢的步調替賽斯說話，與她近來一些課的較快步調適成對比。當課開始我必須稍費一點力來看清紙張以便寫字。）

晚安。

（「賽斯晚安。」）

（在課剛開始前我曾評論說今夜很平靜，天氣很暖和。）

我希望我沒有打破你的平靜。

（「沒有。」）

我們再繼續口述。（停頓，許多次中之一。）意識有許多特性，你們當然已知道某一些，不過，還有許多並不那麼明顯，因為你目前大半以這樣一種方式用你的意識，以致其知覺顯得十分不「自然」的樣子。換言之，你透過自己的肉體機制來知覺你的意識。當你的意識不經由身體的媒介來運作，如它在「出體」及一些「解離」（dissociated）情況時，你對它就不大知覺了。

（到我寫最後一句時，我覺察到——仍然沒有感到不安——我得花比平時較長一點的時間，才想得起我對這種常用的字眼如「是」、「如」、「甚至」等的簡寫或代號。這動作當然本該是自動的。不過視覺上的干擾現在已消散得差不多了。

（到九點十二分我開始偶爾拼錯一字。為了讓你們明白所發生的事，我把我的筆記所包含的一些錯誤放在改正的字後括弧裡。譯註：英文為「拼音」文字，中文則否，故原文拼音之錯誤無法如實表達。羅聽見某字無誤但手不從心或一時想不起正確拼法。）

不論你在身體內或外，意識的特性都是一樣（相）的。不論在死（此）後意識所採取（去）的形相為何。我所提及的意識的峰與谷，多少都存在於所有的意識內。你意識的本質基本（笨）上與它現在的沒什麼不同，縱使你也許不知覺它的許多特性。

（我捉到自己由最後一句中省略了「不」字，到現在我已很明白有點不對勁了。我越來越得有意的努力以寫下正確的筆記。在以下的資料中，我想不起我慣用的一些代號而必須寫出本字來。）

例如，你的意識具有他心通和千里眼，縱使你也許並不知道。在睡眠中當（常）你常假設你自己是無意識（思）時，你也許比你現在還有意識得多，卻只是在用你在醒（星）時生活裡不接受為真的或有效（笑）的意識能力而已。所以你把它們關（干）在你的意識經驗（院）之外。不論是你的或我的意識，都十分獨立於時間與空間兩（量）者之外。在死後你只是覺察到，一直在你內在的意識的更大威力罷了。

（九點二十一分。我寫下以下的句子極感困難。許多字拼錯了，有些錯得這麼厲害，我把它們劃掉，趕緊再試——而改正過的也含有錯誤的幽默結果，到現在我的視覺已非常清楚了。

（我第一次對自己認輸，想想也許我該請賽斯講慢一點，但同時卻領悟到他的步調本來就很慢。我沒問他到底是怎麼回事。那個大人物透過珍的眼睛看著我，毫無在課間發生了任何不平常的事的徵兆……）

當然，既然意識有那些能力，你現在就能發現它們並且學著用它們。這對你的死後經歷會有直接（切）的幫助，如果你在事前了解，舉例來說，你的意識不只是不被你的肉體所囚禁，而且（解）能隨意創造其他的部分，你就不會被自己反應（映）的性質嚇那麼一大跳。那些將他們意識與他們身體「過分認同」的人，會無故地受到自己所創造出的折磨，留連在屍體旁。的確，它們是相當絕望的靈魂，以為自己沒有別的地方可去。

（在以上的一段，「事前」我寫成「司間」，然後劃掉它再試了兩次。我現在決意努力拼得正確、寫得清楚。有進步。有些像剛由沉睡中醒來而立刻費力地聚焦於物質實相。）

如我以前所說，你現在是一個靈，那靈擁有一個意識。那麼，這意識屬於這靈，但兩者卻不是一樣的，靈可以把它的意識打開或關閉。意識的天性可能會閃爍消長，但靈則否。

我並不頂喜歡「靈」這字，因為它附有幾種暗示，但它（宅）適合我們的目的，因為這字的確暗示與實質形體無干。

意識並不在睡眠中恢復精神，它只是轉到其他的方向。那麼說，意識是不眠的，而它雖可以被關掉，卻並不是像一盞燈一樣。

（九點二十八分。我剛才經驗的拼字困難突然變本加厲地回來了。當我一邊拼錯一邊劃掉那些字的同時，我還得擔心去趕上賽斯相當慢的步調。這是頭一回我想要請求休息，卻仍沒驚惶。一整段我都有困難。）

關上意識並沒有熄滅（咩）它，像關上開關，一個光（關）就消失（矢）了一樣。隨著這比（必）喻，如果意識是（司）像（象）一個屬（數）於你的光，即使當你關上它，那兒仍會有一種微光，而非黑暗。

（到現在我已緊張得坐到沙發邊上，彎身於我面前咖啡桌上的筆記本。這是個我極少用的姿勢——也許我以為這會幫我與這個經驗搏鬥。我請賽斯等一分鐘。）

因此，靈永不在它的意識被熄滅了的虛無狀態。所以，了解這點非常要緊，因為……

（在我的筆記上，餘下的句子卻看不清楚了。都成了蟹形文字。

（我相當驚訝地請賽斯再等一等。在這兒我遺漏了一兩句，而幾乎要放棄記錄了。不過，我還想再試一次，珍身為賽斯，不置可否地坐著等，眼睛是睜開的。）

了解意識永不熄滅是非常重要的……

（九點三十五分。我又一次很快地落後了很多。當我發現自己把「熄滅」寫成了「熄減」，我放棄了，請求賽斯暫停一下。他馬上停下來。我非常困惑，我頭腦清楚，卻真的無法繼續筆錄了。我仍舊不覺驚恐。

（當我開始對珍解釋我為何必須停下來時，我才發現除了所有這些事之外，我還沒辦法前後連貫地講話。然後賽斯短短地回來了一下，帶著一個大大的笑容。我記得他說：）

約瑟，你今晚是在演出這資料……

（聽了這話我馬上了解了，雖然那效應沒那麼容易消散。和珍說話時我犯了許多錯誤，但說話的困難永遠比不上拼字或寫字的困難。一開始珍對我在課前與課間的經驗覺得很擔心；她後來告訴我，在這一刻她幾乎決定不再繼續上課。但她終於相信我的一再保證而明白我身體沒毛病。

（賽斯應我的要求暫時中止口述，但在一個短短的休息當中建議，當珍在回神之後，我讓她打開房中所有的燈。然後，我想像我的意識越來越亮，像光一樣充滿了房間；我會發現我所有的能力很快就回來了。接下去的一些資料我就記不得了。

（就這樣，今晚我經歷了看、寫、拼字和說話的變換狀態——當然，全是我具體溝通方法的面向。坐在燈火通明的房中，我向珍詳盡地描述每件事，包括早年的視覺效應。她在猜我的失去溝通能力是否與我父親的老化及肉體的退化有關。我不知道。近來我和他之間並沒有發生任何不尋常的事。

（慢慢地我又開始修整筆記。我非常盼望賽斯解釋這一切。他是對的，到十點三十分我已好多了。最後我補好了筆記，告訴珍我已準備好繼續上課，現在我們收到頂有趣的資料——是關於我對今晚的事件感覺這麼奇怪卻一點也不恐慌。在十點四十七分以快些的步調重新開始。）

在約瑟這麼好心幫忙的示範演出中，把剛才給的資料實現了好幾點。早些我說過，你只熟悉透過身體媒介來運用你自己意識的那些特性。你依賴身體來表達你意識的感知。再者，你傾向於把意識的表達與身體認同。

在我們的示範中——當然是約瑟同意去做的——約瑟允許他的意識撤退，並且到某個程度開始切斷了它在身體上的表達。在意識上，他並不覺知他的同意，只因為如果正常的醒時意識知道的話，它一定會害怕，這種表演就無法演出了。當我說到意識變模糊的時候，約瑟就經歷到它。

（十點五十五分。這可能是個詭譎處，也可能不是。賽斯用「變模糊」這個字。固然我身體有些表達能力退縮了不少，我卻還保持頭腦清醒而警覺，並且，出自習慣，滿腦子都是想用它們的念頭……我也沒覺察到有任何一種的意識昇高，或突然的他心通或千里眼能力。

（現在，我記筆記沒有困難了。）

給我們一會兒。實際上，這是一個對意識的操縱練習。臨終時，這類事以深淺不同的程度發生，那時意識領悟到它不再能藉身體的媒介來表達自己。如果臨終者過分與肉體認同，那麼他就很容易驚慌失措，以為所有的表達就此切斷了，而由此他的意識也就快要熄滅了。

這種對滅絕的相信，這種對本體即將在下一刻被消滅的確信，是一個嚴酷的心理經驗，它本身就可能帶來不幸的反應。結果相反的，你發現意識根本是完整的，而它的表達比以前還要不受限制得多。約瑟潛意識地選擇了去干擾那種他當時正在用的表達方法，只因它們的干擾會引起應得的注意。

在我給了這些希望是合宜的背景資料之後，我們現在所要做的是，以幾章來談談在肉體死亡之後及死亡當時，存在的本質為何，並涉及在輪迴完畢後，肉體最後一次的死亡。在我們能夠開始之前，對你自己意識的本質與行為有一些了解是很重要的。

你可以休息一會兒。

（十一點六分。珍的步調這次快了不少。在前一段，我只對其中兩個字的拼法略感困難。在十一點二十分較慢的繼續。）

約瑟，在我們的示範裡，你也用到了過去經驗中所汲取的一些知識，那是當你前生在丹麥，在最後一場病中運動機能受到傷害時。最後這句是題外話，而非純粹的口述。

（按賽斯說，我們三人在十七世紀的丹麥曾有過關係。我是個地主，珍是我的兒子，賽斯是個香料商人。見第二十二章。）

現在我結束這一節，隨之結束我的書的第一部。現在給我們一會兒——口述到此結束。

（但賽斯還沒做完他寫書的工作，以下的資料顯示我的視覺效應與在這一節裡所發生事件的關係。極有趣的是，在所有的夜晚裡，我會選中今晚來設法獲得視覺資料，雖然近日來我心中一直在自問下一幅畫的主題為何。我沒對珍提過這事。）

早先的視覺經驗是潛意識層面上不成功的初步嘗試，想為你的畫去找出一些模特兒的形象。

在模糊的黯黑部分，模特兒應會出現，你懂嗎？

（「我懂。」）

視野裡模糊的地方代表了一種振動的混亂。你無法實際地以肉眼得到資料，雖然你一直試著去做，但在那一點你也無法以一個內在視象的樣子接收到它，反之，結果你差一點得到一個代替品。在背景裡永遠有一種動的感覺，視覺上便被詮釋為一種不穩定，一片模糊。

現在，今晚早些時候，當魯柏和你在（晚）餐桌上談話時，你默許了我的實驗。魯柏心電感應地知覺到這個安排，雖然不是在有意識的層面。在某方面說，珍所見的微笑畫像是你搞出來的。魯柏對這示範演出的安排是有知覺的，但對你會選擇來詮釋這個經驗的特定方法多少有些擔心，帶笑的畫像是要向她——珍而非魯柏——保證沒有問題。你發出了那個保證，而魯柏由約瑟處接到了它，你懂嗎？

（「懂。」我想是個非常有效的方法。）

好，今晚我要結束了。

（「今晚很有趣。」）

謝謝你從旁協助。祝你倆晚安。

（十一點三十六分。「賽斯晚安。」我在最後一次休息後，在拼幾個字上又碰上小小的困難，只此而已。）

第二部

第9章 「死亡」經驗

The Eternal Validity of the Soul

第五三五節 一九七〇年六月十七日 星期三 晚上九點

（六月十日與十五日的定期課沒有舉行，以便讓珍休息。不過在我去看牙醫的途中，我們自己確曾做了一個相當成功的催眠實驗。昨晚珍上了她的ESP課，但賽斯沒有出現。）

晚安。

（「賽斯晚安。」）

我們將開始第二部，第九章。我們給它命名為〈「死亡」經驗〉。

在瀕死的一剎那發生了什麼？這個問題問起來比答起來容易得多。基本上說，「死亡」並沒有發生在所謂的一個特定點，即使在突發的意外中也是一樣。不過對這個你以為實際的問題，我也要試著給你一個實際的答案。對大多數人而言，這個問題的真正意義是：當我就肉體來說不再是活著的時候，會發生什麼？我感覺如何？我還是我自己嗎？在我活著時推動我的那些情感仍會繼續推動我嗎？有沒有天堂或地獄？是神或魔、敵人或我所愛的人來迎接我？最重要的問題是：當我死了，我仍舊是現在的我嗎？我還記得那些我現在所愛的人嗎？

那麼，我也用那種用語來回答問題。但在我如此做之前，有幾個關乎生死本質的似乎不實際的考慮，是我們必須處理的。

首先，讓我們考慮剛才說過的事實：並沒有一個分離的、不可分的、特定的死亡點。生命是一個變為的狀況，而死亡是這變為過程的一部分。你現在活著，你認識它自己的意識，在已死與正在死的細胞殘骸中間閃耀著認知力。你活著，同時你身體的原子和分子死了又復生。因此，你是活在許多「小死亡」的中間；你自己形象的一部分一刻刻地崩潰掉而又被取代，你卻幾乎想都不想這件事。因此在某個程度，你現在是活在自己的死亡之中——就身體來說，在你的身體內發生了眾多的死亡與重生，縱使如此，卻也正因如此，你仍然活著。

如果細胞沒死，也沒被補充，肉體形象不會繼續存在，因此在現在，如你所知，你的意識在你永遠在變化的肉體形象周圍閃爍。

在許多方面，你可以把現在所知的意識比為螢火蟲，雖然在你看來，你的意識好像是連續的，其實不然。它也是閃爍不已、時明時暗的。如我們先前說過的，它永不會完全熄滅。可是，它的焦點遠不如你假設的那麼恆常不變。因此正如你在自己眾多的小死亡中活著，雖然你沒領悟到，甚至在你自己意識的閃耀生命中，你其實也常是「死的」。

我在用你們自己的說法。因此，說到「死亡」，我是指完全不聚焦於物質實相內。現在十分簡單的，當你的意識活在肉體裡時，它其實也不是所有的時間都活在肉體裡、並且定位於肉體裡的。（**在六月二十二日打字時，我奇怪我有沒有把賽斯的話轉錄正確。珍和我決定我有——而它的確是合理的。**）這聽起來可能很混亂，但我希望我們會把它弄得較清楚。意識是有脈動的，雖然再次的，你可能沒能覺察它們。

想想這個比喻。你的意識有一瞬是「活著」，聚焦於物質實相裡。在下一瞬它完全聚焦於別處，在一個不同的實相系統裡。對你的思想方式來說，它不是活的，或是它「死了」。下一瞬它又「活了」，聚焦於你的實相，但你卻不覺察那介入的「不活」瞬間。因此你的連續感是完全建立在相間隔的意識脈動上。這你清楚嗎？

（「清楚。」在九點二十五分休息。）

記住這是一個比喻，因此「一瞬」不能太實在的詮釋。那麼，有我們所謂意識的一個背面（an underside of consciousness）。現在，原子與分子以同樣的方式存在，因此它們在你們的系統內是「死了」或不活動，然後又活了或又活動，但你不知覺它們不存在的那一瞬。既然你的身體和整個物質宇宙都是由原子和分子所組成，那麼我要告訴你，整個結構也以同樣方式存在。換言之，它閃爍生滅，並且以某種節奏，如呼吸的節奏，在生滅。

有一個全盤的節奏，在它們之內有無窮的個人性變化——幾乎像是宇宙的新陳代謝。以這種說法，你們所謂的死亡只不過是插入了較長一段那不為你知覺的脈動，可說是在另一個實相裡作較長的停留。

至於肉體組織的死亡，只是你們系統中你所知生命過程的一部分，「變為」過程的一部分。如你所知，從那些組織中新的生命將會萌芽。

意識——人類意識——並不依賴肉體的組織，所有的物質卻莫不由意識的某部分帶入存在。

例如，當你個人的意識以我不久即將解釋的一種方式離開了身體，那時原子和分子的簡單意識仍維持著，沒有被摧毀。

你可以休息一下，我們將再繼續。

（「你有沒有一個標題給你書的第一部？」）

我還沒有。我才給你的標題是第九章的。既然我們現在談到了細節，我會給每一章單獨的標題。

（九點四十分。珍的出神狀態很深。在九點五十七分繼續。）

現在：在你目前的情況，你武斷地認為自己是依賴一個指定的肉體形象：你與自己的肉體認同。

如先前說過的，終你一生，那個身體有部分死去，而你現在所有的身體沒有包含一粒「它」十年以前所有的物質。那麼，你的身體現在與十年前是完全不同了。我親愛的讀者，你十年前所有的身體已經死了。你卻顯然不覺得你已經死了，而你很能夠用你那由全新物質組成的雙眼來讀這本書。那瞳仁，你現有的「完全相同的」瞳仁，十年前並不存在，你的視力卻似乎沒有太大的差別。

你可明白，這過程繼續得如此平滑，以致你根本不知不覺。前所提及的脈動，時間是那麼的短，你的意識得以快活地躍過它們，但當發生了較長的脈動節奏時，你肉體的感知無法跨越這間隙。因此這就是你感知為死亡的時候了。所以，你想知道的是，當你的意識從物質實相被引開，而一時間彷彿沒有形象可穿時，發生了什麼事？

相當實際地說，並沒有單一的標準答案，因為你們每個人都是個個體。當然，一般說來，有一個答案可供回答死亡經驗的主要問題，但死亡的類別與意識所遭遇的經驗大有關係，也涉及意識本身的發展程度，以及它整個處理經驗的獨特方法。

你對實相的本質懷有什麼概念，將強烈地渲染你的經驗，因為你將以你的信念來詮釋經驗，正如現在你以你認為什麼是可能、什麼是不可能的概念來詮釋你的日常生活。你的意識離開身體的快慢，依據許多的變數。

（在十點十一分暫停。）例如在許多老耄的例子裡，人格極有組織的部分已然離開了身體，而正在認識新的環境。對死亡的恐懼本身能造成這麼大的心理恐慌，以致你為了自保與自衛而降低你的意識，從而陷入一種昏迷狀態，遂進入死亡。這也許要花些時間才能恢復（譯註：指死亡後）。

相信地獄之火會使你發生地府情況的幻覺。對樣版天堂的信念能引起天堂似的情景幻境。你永遠按照你的概念和期望形成自己的實相，這是意識的天性，不論意識發現它自己在何種實相中。我向你保證這種幻相只是暫時性的。

意識一定要用它的能力。一個樣版天堂的乏味與沉滯不會長久滿足奮發努力的意識。會有老師來解釋死後的情況與環境。所以，你沒被孤單地留下，迷失於幻覺的迷宮中。在死後你也許立即明白你的肉身已死了，你也可能並不明白。

（十點二十分。）你會發現自己在另一種形體中，這個形體在你看來大致是實體的，只要你不試圖在物質系統中操縱它，否則的話，它與肉體之間的不同便會昭然若揭了。

如果你堅決相信你的意識是肉體的產物，那麼你也許會試圖抓緊肉體不放。不過，有一類的「人」格，可以說是榮譽保護人，他們隨時準備給你輔助和幫忙。

這種榮譽保護人是以你們說來還活著或已死之人所組成的。那些還活在你們實相系統的人，當肉體在睡眠時，在「出體」經驗裡執行這些活動。他們熟悉意識的投射及其所涉及的感覺，而他們幫助那些不再回到肉體的人熟悉這一切。

（十點二十六分。）這些人特別有用，因為他們仍與物質實相有牽連，對死亡者所涉及的感覺與情感有更切身的了解。這種人對他們夜間的活動或有記憶或沒有。所以說，對意識投射的經驗和意識動機性的知識，對準備他們自己將來的死亡是非常有用的。你能事先體驗死後的環境，明白你會遭遇到的情形。

附帶地說，這並不必然是一種陰鬱的工作，死後的環境也並不陰沉。相反地，它們比你現在所知的實相往往要熱烈和快樂得多。

其實你只是學著在一個新的環境裡運作，在其中適用不同的法則，而這些法則遠比你現在用以運作的實質法則限制更少。換言之，你必須學著了解並運用新的自由。

不過，即使這些經驗也會因人而異，而且即使這種狀態也還是一種變為的狀態，因為許多人將繼續進入其他的物質生活。有些人將在全然不同的系統中生存和發展他們的能力，因而暫且留在這個「過渡」狀態。

現在你可以休息一下。

（十點三十五分到十點四十八分。）

（略帶幽默地：）對你們中間的那些懶人，我無法提供任何希望：死亡不會帶給你們一個永恆的休息所在。如果你希望的話，你可以休息一會兒。可是，死後不只必須用你的能力，而且為那些在你前一生中未加利用的能力，你還必須勇敢的面對自己。

那些對死後生命有信心的人，將發現自己更容易適應新的情況。至於那些沒有這種信仰的人，也許可由一個不同的方式獲得它，也就是照我在此書後面會給你們的練習去做；如果你是不懈的、有所期待的、有決心的，這些練習使你能將知覺擴展到實相的其他層面去。

其實，你所知的意識已習慣這些離開肉體的短暫空隙了。較長的空隙則會令它或多或少迷失方向，但這些並非不平常的。以你們的說法，當肉體入睡，意識常常離開物質系統相當長的時間。但因意識不是在正常的肉體醒時狀態，它不察覺到這種空隙，而比較不擔心。

（十點五十分。）如果意識在正常的肉體醒時狀態中撤出身體同樣長的時間，它就會認為自已死了，因為它不能給次元和經驗的空隙合理解釋。因此在睡眠狀態，你們每個人到某個程度都已經歷過意識離開物質實相的情形，那與你在死亡時的經驗是同一類的。

在睡眠的例子裡，你又回到了身體，但你已然踏過了進入這些其他存在的門檻許多許多次，因此這種情形並不會令你感到如你現在也許假設的那麼不熟悉。以後我要談的「夢之回想實驗」，及其他的精神上的訓練，會使所有做我所建議練習的人對這些點都十分清楚。

且說在死後，你的朋友或親人也許立即來歡迎你，也許不，這總是因人而異的。好比說，全盤來看，你也許對你在過去世所知的人，比對今生跟你親近的人還要感興趣得多。

（十一點三分。）你對已死亡親人的真正感情瞞不了你也瞞不了他們。沒有虛偽。你不會假裝愛一個沒做什麼來贏取你敬愛的父親或母親。在這死後期間，心電感應毫無扭曲地運作，因此你必須處理存在於自己與所有在等著你的親友間的真正關係。

舉例來說，你可能會發現，某個你只當是敵人的人實際上值得你敬愛，那麼你便隨之那樣對待他。你自己的動機將會明淨如水晶。不過，你會以自己的方式對這明淨起反應。如果你以前不聰明，你並不會自動地變聰明，但同時你也無法躲避自己的感覺、情感或動機。你是否接受自己心中較低級的動機或從它們之中學習，仍是看自己如何決定。不過，成長與發展的機會是非常豐富的，而且任你採用的學習方法也都非常的有效。

你審查你已離開的那一生的質地，而你學著去了解你的經驗如何是自己思想與情感的結果，而這些又如何影響他人。你還沒知覺到自己本體的較大部分，直到這審查完畢之後。當你領悟到你剛才離開的一生的意義和重要性，那時你才準備好去有意識的知覺到你的其他存在。

那時，你才變得知覺到一個開展的覺知。「你是什麼」開始包括了你在其他的過去世中曾是什麼，而你開始為下一次的肉體生活做計畫，如果你決定要再去一次的話。反過來你也可以進入另一個層面的實相，然後再回到一次肉身生活，如果你這樣選擇的話。

（十一點十五分。）現在這是口述的結束。你可以問我問題或結束此節，隨你便。

（我準備了有關繪畫的問題，因此這課直到十一點二十六分才結束。）

第五三六節　一九七〇年六月二十二日　星期一　晚上九點十八分

晚安。

（「賽斯晚安。」）

現在：我們再繼續口述。

你所謂的意識當然可以在肉體死亡前完全離開你的身體。（如先前說過，沒有一個精確的死亡點，但為了你的方便，我當它是有來說。）

你的有意識的自己——你可以休息一下，管你的家務……

（我已然把筆記本放在一邊。我們的黑貓隆尼，正在抓客廳的門。珍在半出神狀態——一種後來她形容為「古怪的」感覺——坐著等我，同時我跟著那貓走出門廳。在我回到公寓內之前，我們的報童來了；等我付完了報費，珍已離開了出神狀態。最後在九點二十七分繼續。）

按照當時的情況，你的意識以不同的方式離開肉體機制。在有些情形，雖然沒有先前存在的領導或組織，有機體自身仍能作用到某個程度。在主要意識離去之後，原子、分子和組織的簡單意識仍繼續存在一陣子。

依照你的信念和發展，在你這方面也許有也許沒有迷失感。現在我不一定是指理性的發展。理性應與情感和直覺攜手同行，但如果理性太強烈地與情感和直覺作對，那麼當新近得到自由的意識抓住理性對死後實相的概念，而不去面對它發現自己在其中的那個特定實相時，便可能有困難發生。換言之，意識能否認感覺，甚至試圖強辯，以否定自己目前獨立於肉體的情形。

（九點三十二分。）再說一次，如前面提過的，一個人能如此確信死亡是一切的終了，以致導致了什麼都不記得的「空白」——雖然只是暫時的。在許多例子，當意識離開了身體之後，它當然立刻會有驚異感及對情況的一個認識。例如，它也許可以看到屍體本身，許多葬禮都有一個貴賓夾在人群中——沒有人懷著跟它一樣大的好奇和驚異注視屍體的臉。

在這時，許多不同的行為出現了，每一種皆是個人背景、知識與習慣的結果。死者發現它自己所處的環境常常是因人而異的。栩栩如生的幻相可以形成與任何活著時同樣真實的經驗。我告

訴過你思想與情感形成物質實相，而它們也形成死後經驗。這並不表示那經驗是無效的，正如它也不表示肉體生命是無效的一樣。

某些形象曾被用來象徵由一個存在到另一存在的這種過渡，這些象徵裡面有許多是極為寶貴的，就在於它們用人們能懂的說法提供了一個架構。渡過冥河是其中之一。瀕死者期待多少以規律方式發生的某種程序，他事先已知道了地圖。在死時，意識栩栩如生地幻想出那條河，已死的親友也進入了這儀式，對他們來說也是個奧妙的典禮。這條河與你所知的任何一條河一樣的真，對一個「不諳水性」的孤單旅人也是同樣的詭詐。嚮導永遠會在河邊協助這種旅人過渡。

說這樣的一條河是幻相是沒有意義的。你要明白，象徵即實相，路是計畫好的。現在，那特定的地圖一般已不再通用了。活著的人不知如何解讀它。基督教曾相信天堂和地獄、煉獄及最後審判日；因而，在死時，對那些如此相信這些象徵的人，便演出了另一個典禮，而嚮導們就扮成那些死者所鍾愛的基督教聖人與英雄的模樣。

（在九點四十八分暫停。）然後以這為架構，以他們所能了解的說法，死者被告以真實的情況。世代以來群眾性的宗教運動給了人一些可遵循的計畫，而滿足了那個目的。至於後來那計畫看來像是兒童的初級讀本——一本有精采故事的教科書——也沒什麼關係，因為主要的目的已達成，死者沒有什麼迷失感。

在那些沒持有此種群眾概念的時期，就有更多的迷失感，而當死後生命完全被否認時，問題就不免放大了。當然，許多死者發現他們仍有意識時是樂極了。而其他人則必須從頭學某些行為準則，因為他們不知自己思想或情感的創造潛力。

舉例來說，這種人可能發現自己一眨眼間在十個不同的環境裡，而完全不明白其背後的理由。他看不出任何連續性，而感覺自己毫無節奏或理由地被從一個經驗抛到另一個經驗，永沒領悟真的是自己的思想在推動他。

（九點五十五分。）我現在正在說的是死後即刻發生的事，因為還有其他的階段。嚮導們為了幫助你離開幻相，乃變為幻相的一部分以便於你有助，但他們首先必須取得你的信任。

我一度──以你們的話來說──也扮演過這樣一個嚮導；就和魯柏現在在睡眠狀態走的路子一樣。由嚮導的角度來看，情況是相當難處理的，因為心理上必須極為小心謹慎。如我所發現的，一個人的摩西也許不是另一個人的摩西。有幾回我曾扮過一個相當可信的摩西──而有一次，雖然說來令人難以置信，我還是對一個阿拉伯人扮的。

（十點。）順便說，這阿拉伯人是個非常有趣的角色，為了說明所涉及的一些困難，我來告訴你他的故事。他恨猶太人，但不知怎的，他執迷於摩西要比阿拉有威力得多的念頭，多年來這是他良心上的祕密罪惡。在十字軍東征時他在君士坦丁堡待過一陣子。他被捕了，結果與一群土耳其人在一塊兒，全都要被基督徒處死，在這個例子是很恐怖地處死。一開始，他們強迫他張開口，把燒著的炭塞進去，他向阿拉哭叫，然後在更絕望中向摩西哭叫，而當他的意識離開他的身體時，摩西就在那裡。

他相信摩西甚於相信阿拉，而我直到最後一刻才知我應僭用哪個形象。他是個很討喜的傢伙，在當時的情況下，我不介意他似乎期待為了爭取他的靈魂將會有一戰。摩西和阿拉是該為他一戰的。雖然他死於武力，他還未能擺脫尚武的觀念，他無論如何都不能接受任何一種的和平或滿足或任何的休息，直到打完某種仗為止。

我和一個朋友還有一些其他的人上演了這場好戲，阿拉和我由天上相對的雲堆中叫囂，各自宣稱對他的靈魂有所有權——而他，可憐的人，嚇得在我們之間匍匐於地。現在我雖幽默地講這個故事，你們必須了解是那個人的信念使它發生的，因此我們慢慢的做好它來放他自由。

我召喚耶和華，但是沒有用，因為我們的阿拉伯老兄不知耶和華——只知摩西——而他的信心是在摩西身上。阿拉拔出一把宇宙之劍，我使它著火，他便丟下了劍，劍掉在地上使大地也著了火，我們的阿拉伯老兄又哭叫起來。他看見阿拉身後的盟友，因而在我身後也出現了盟友。我們的朋友相信我們三人中必有一人被摧毀，他極怕自己會是那個受害者。

最後我們由其中出現的兩個雲堆彼此移近了。我手中拿著一塊石版，上面寫：「你不可殺人。」阿拉拿著一把劍。當我們更靠近時我們交換了這些東西，而我們的隨從也打成一片了。我們合在一起，形成一個太陽的形象，然後說道：「我們是一體的。」

這兩個完全相反的概念必須合而為一，否則那人心中永遠不能平安，只有當這相反兩方統一起來，我們才能開始向他解釋他的處境。

你可以休息一會兒。

（十點二十分。珍的出神狀態很深，雖然她想得起部分的賽斯歷險記。她說，當賽斯說故事的時候，她有一系列與資料並行的影像，現在她卻無法形容它們。

（十字軍包括在十一、十二及十三世紀由基督教強國派出的一系列遠征軍，以從回教徒手中收回聖地。珍說在賽斯給那資料時，她奇怪一個阿拉伯人在當時土耳其屬的君士坦丁堡做什麼。我跟她解釋那個區域的地理，土耳其位於阿拉伯土地之北，可以假定這樣一個旅人能由陸路經土耳其抵達君士坦丁堡（現在的伊斯坦堡），或乘帆船由東地中海繞過土耳其，經達達尼爾海峽而進入此城。在中東距離是比較短的。

（珍實在是沒有地理或距離觀念，這個事實無意中在課裡反倒對她有利。另一方面來說，在本地環境中，她有一種不會錯的方向感，能由羅盤指出方向，這可比我行多了。在十點四十三分繼續。）

現在：做這樣一個嚮導需要極大的修練。

例如，在我剛才說的事件之前，我已經花了許多世在我每日的睡夢中，在另一個嚮導的教導下學做嚮導。

舉例言之，我可能會在所形成的幻覺中暫時迷失了自己，在這種情形下，另一個老師必須把你救出來。對心理過程的靈巧小心探索是必須的，而你可能捲入的形形色色幻覺是無窮盡的。例如，你可能扮作死者非常眷愛的已死寵物。

所有這些幻覺活動通常是發生在緊接著死亡後的很短時間內。不過有些人因為先前的訓練和發展，而完全知覺他們的情況，而等他們休息了一會兒之後，如果他們想要的話，便已準備好進步到其他的階段了。

例如，他們也許會覺察那些轉世的自己，十分輕易地認出他們在別的人生中認識的人，如果那些人還沒再轉世的話。他們現在可以故意製造幻覺，或他們可能「重度」前生的某些部分，如果他們如此選擇的話。然後有一段「自我檢討」的時期，可說是提出一個結帳報告，因而他們可以看看自己整個的表演、能力和弱點，再決定要不要回到物質實相去。

（十點五十五分。）你要明白，任何一個人可能經歷這些階段中的任何一個；除了「自我檢討」之外，其中許多階段可以完全閃避掉。既然情感是如此重要，如果有朋友在等著你是極有利的。可是在許多例子裡，這些朋友已進到其他的活動階段去了，而常常會有一個嚮導暫時假扮某個朋友，以使你覺得更有信心。

當然，只是因為大多數人相信你不能離開自己的身體，所以在你的一生裡，才不常有意識地「出體」。這種經驗遠比文字能使你對將要遭遇的情況有些了解。

你要記住，在某一方面，你們的肉體生活是群體幻覺（mass hallucination）的結果。一個人與另一個人的實相間存有廣大的鴻溝。死後的經驗有與你現在所知生活同樣多的組織，非常的繁複。你現在就有你私人的幻相，只是你沒領悟到它們是什麼而已。當人格正在劇變時，或是當相反的概念必須統合時，或者其中的一個概念必須對另一個讓步時，如我剛才說到的那種具強烈象徵性的接觸，也可能在你的睡眠狀態裡發生。這些是非常刺激的、重要的心理與心靈事件，不管它們是在死前或死後發生。

（十一點五分。）這些事件在夢中發生時，往往能改變一個文明的方向。在死後，一個人可能把他的（前生的物質）生命視為一個他必須與之達成協議的動物，而這樣一場戰鬥或接觸有長遠的後果，因為人必須與自己所有部分達成協議。在這情形，不管這幻覺以他騎著這動物、與牠做朋友、馴養牠、殺死牠或被牠所殺作結尾，每一個可行的選擇……（珍咳嗽起來，然後停下來，喝了一口啤酒。）都被小心地權衡，而其結果與他將來的發展大有關係。

為了魯柏之故，你最好休息一下。

（「好吧。」珍的嗓音現在相當粗啞而微弱；我相信在幾分鐘之內她就會被迫停止。在七年的課裡，珍極少有任何聲音上的干擾，這是幾次中的一次。

（在十一點十一分，我唸資料最後的兩段給她聽，但她或我都無法看出這與她的嗓音問題有任何情緒上的關聯。珍格外喜愛動物。也許賽斯的例子引起這反應，我想，但她此處似乎也不表同意。以比平時更大但較粗的聲音在十一點二十分繼續。）

我們不久就會結束這一節。

這「生活象徵化」（life-symbolization）可能被那些在他們活著時很少想到反省的人所採用。因之，它是自我檢討過程的一部分，在其中一個人把他的生活做成一個形象，然後處理它。但並非每個人都用這方法。有時一連串這種插曲是必要的……

聽寫到此結束，給你倆以及在你們身邊的可愛怪物我最衷心的祝福。

（「晚安賽斯，謝謝你。」我們的貓威立，在我旁遠的沙發上打盹。十一點二十五分。珍很快地恢復了她平常的嗓音。）

第五三七節　一九七〇年六月二十四日　星期三　晚上九點二十四分

（一位外市的商人，約翰．巴克雷見證了此節。約翰如約帶來一捲錄音帶，在帶上他概述了數年來賽斯給他在職業方面的意見，以及它們成功與否的情形。結果很好。

（當有見證人在場時，珍常是如此，她開始以快速、有生氣的步調講話。她的眼睛大睜而且很黑，她的聲音比平時要大，就好像她由約翰汲取了額外的能量而立即用上了它。）

現在：晚安。

（約翰與我：「賽斯晚安。」）

我們的朋友晚安。如果我給我的書作些口述，希望你不在意。在我能抓住他（指著我）時我一定得抓住他，如果我想把我的書寫完的話。

（**心情極佳地：**）我們正在寫些冒險故事。那麼，繼續吧。

魯柏的一個學生對剛死那個時候的經驗裡有沒有任何一種組織感到好奇。既然這是許多人心中都會有的疑問，我就在此談談它。

首先，從我到此為止所說的一切，你們應該可以很明顯的看出，並沒有「一個」死後的實相，而是每一個經驗都不相同。不過，一般說來，這些個人的經驗會落入某些範圍。例如，對那些仍舊強烈地聚焦於物質實相的人，以及對那些需要一段復原與休息時間的人，有一個最初的階段，在這個層面有醫院和療養院，那些病人還沒領悟到他們根本就沒毛病。

在有些案例裡，對疾病的概念是這麼強，以致他們在世的歲月是繞著這個心理中心而建立的。現在他們又把病況投射到新的身體上，就像以前投射到舊身體上一樣。他們被給予各種不同的心靈性質治療，而且告訴他們，他們身體的病況是來自自己的信念問題。

（**九點三十二分。**）其實有許多人並不需要經過這個特定時期。不用說，醫院和訓練中心以你們的話來說是非物質的。事實上，它們常由實施這必要計畫的嚮導們在共同維護。如果你願意，你可稱之為群體幻覺。事實上對那些接觸到那實相的人，那些事件是相當真實的。

也還有訓練中心，在這兒按照一個人了解與感知的能力，為他解釋實相的本質。至少在最初對某些人仍用熟習的比喻，然後才逐漸讓這些人把它放棄。在這些中心有某些課程，對那選擇回到人世的人給予一些指導。

換言之，他們被教會把情感與思想轉譯成具體現實的方法。在這裡不像三次元系統，在這種思想的開始與它們的具體化之間，是沒有時間之隔的。

所有這些或多或少在同一個層面發生，不過你必須了解，此處我把問題簡化了。例如，有些人不經過任何這樣的時期，卻由於他們在前生的發展與進步，已準備好開始更有雄心的計畫了。

先前已談到過這種發展。我有些讀者也許沒察覺自己任何的心靈能力，也許會以為他們注定要有個拖得極長的死後訓練了。讓我趕快告訴你，所有這種能力並不一定是有意識的，而且有許多是你在睡眠狀態不知不覺時發生的。

現在我建議你休息一會兒，我們會回來。

（「**但願如此。**」**我開玩笑地說。**）

我總是回來的。像個壞錢幣，你沒法甩掉我。

（「**好吧。**」**九點四十二分到九點五十八分。**）在死後你也許全然拒絕相信你真的死了，還繼續把你的情感能量集中在前生所知的那些人身上。

好比說，如果你曾執迷於某一個特定的計畫，你可能試想去完成它。永遠會有嚮導來幫助你了解你的情況，但你可能如此全神貫注而對他們全不留意。

我不在這一章談鬼的問題，以後再另行討論。現在我只說，對物質實相大量的情感貫注，可能阻擋你進一步的發展就夠了。

當意識離開了身體，走開有好一段時間，那麼聯繫當然就斷了。在「出體」的情況聯繫仍在。那麼一個已死的人很可能完全誤解了死亡經驗而試圖再進入屍體。當此人幾乎唯獨與他的肉體形象認同時，可能發生這種事。

這是不常有的。但無論如何，在各種不同的情況下，這種人將試圖再度發動肉體機制，當他們發現了肉體的情況時，會變得更驚恐。舉例來說，有些「人」在憑弔者走了很久之後，仍在屍體邊悲哭，而沒領悟到，好比說，在那些肉體有病或內臟已不能修復的地方，他們自己卻是健康完整的。

他們就像是擔心埋藏好骨頭的狗。至於那些沒有把意識完全與肉體認同的人，就發現遠較容易離開它。夠奇怪的是，那些生前憎恨肉體的人反倒發現，在剛死的時候他們很被它吸引。

（十點七分。）那麼，按照所涉及的人，所有這些情況可能發生，或可能不發生。可是，在離開肉體之後，你將立刻發現自己在另一個「身體」裡。這是與在「出體」時你用以旅遊的同樣形體，讓我再一次提醒我的讀者，每一個人在每晚睡眠中都會離開身體一會兒。

這形體看起來會像是具體的。但一般說來仍在肉體內的人看不到它。它可以做任何你現在在夢中所做的事，所以它會飛，會穿過固態的物件，它是由你的意志直接推動的，你想到哪兒就到哪兒。

好比，如果你心想，不知道住在紐約州普市的莎莉孀在做什麼？那麼你會發現你自己在那兒。可是，通常你不能操縱物質的東西，你不能拿起一架檯燈或擲一個盤子。你一死這身體立刻就是你的，但它不是你將有的唯一形相。就此而言，這不是個新的形相，它現在就與你的肉體交纏，但你不會知覺到它。在你死後的一段時間內，它將是你所知覺的唯一身體。

（**在十點十五分暫停。**）很久之後，在許多層面上，你終將學會按你有意識的選擇而採取許多形相。你可明白以某一種方式來說，你現在就在這樣做，將你的心理經驗——你的思想與情感——十分確實卻不自知的轉譯為物質的東西。在你死後，當你想像自己是個孩子的時候，你可能突然發現你具有那孩子的形相。所以，有那麼一段時間你可以操縱這死後的形相，使它以你上一生任何時期的樣子出現。你也許在八十歲去世，在死後想到你在二十歲時的青春和活力，於是就會發現你的形相依照這內在形相而改變。

大多數人在死後選擇一個較成熟的形象，那通常會與肉體能力的頂峰時期相符，不論肉體的頂峰是在何時達到的。相反的，另一些人選取，當他們達成了最偉大精神或情感高峰時的那個形相，而不在乎美貌或年齡。你懂嗎？

（「**我懂。**」）

因此，你會對所選擇的形相感到滿意，當你想與其他你已認識的人溝通時，你通常會用它。

雖然，反過來說，在與生者作此種溝通時，你也許會用你想接觸的那個人所認識的你的模樣。現在你可以休息一下，我將再與你接觸。

（身為賽斯，珍指著坐在我身邊的約翰．巴克雷。今天下午約翰曾參加一個和他的業務有關的聚會，在那兒有香檳酒供應，他現在有睡意……）

他是在夢境。

（「看來如此。」

（約翰微笑：「只是試想漸漸聽懂你的話，賽斯。」

（十點二十五分到十點三十七分。賽斯終於打斷了珍、約翰和我在休息時的長談。）

現在：我可以繼續口述嗎？

這些死後環境不一定存在於其他的星球上。它們不占空間，因此「所有這些在哪兒發生？」這問題基本上是無意義的。

這是你們自己對實相本質誤解的結果。因此沒有一個地方，沒有一個特定的地點。這些環境存在於你所知道的物質世界之中而不為你們知覺。其實只是你們的感知機制不允許你調準到它們頻率的範圍而已。你只對一極為特定而有限的範圍反應。如我以前說過的，其他的實相與你的實相共存。在死時你只是捨棄了自己的物質行頭，對不同的範圍調頻，並且對另一套設定反應而已。

（十點四十三分。）由這另一個觀點，你可以在某範圍內感知物質實相。不過，的確有分隔它們的能量場。你全盤的空間觀念是如此扭曲，使得任何真正的解釋都極為困難。請等我們一會兒。（停頓。）

舉例來說，既然你的感知機制堅持物體是固態的，因此它們堅持像「空間」這樣的一件東西是存在的。其實你的感官告訴你關於物質的本質是完全錯誤的，而它們告訴你關於「空間」的觀念也是一樣的錯——對基本真實來說是錯的，但當然跟三次元觀念是符合的。（幽默地：）在活著時的「出體」經驗中，遭遇到許多與「空間」有關的問題，在死後也會遇到。所以，在這些插曲裡，「時間」與「空間」的真正性質變得更明顯了。例如，在死後，經過「空間」不必費「時間」。「空間」也不以距離的說法存在。時、空都是幻覺。的確有阻礙存在，但都是精神或心靈上的阻礙。例如，有些經驗的強度在你的實相裡是以幾哩幾哩的距離來詮釋的。

在死後你可能發現自己在一個訓練中心。理論上說，這中心在物理空間來說可能就在你現在客廳的中央，但在你與你仍活著的家人——也許坐在那兒想你或看報——中間的距離與你所知的空間毫不相干。你與他們分離得比假如你在月球上還要遠。

理論上，你也許可以改變自己注意力的焦點，離開那訓練中心而看到這房間和它的住客；但是隔在你們中間的，卻仍然是與哩數無關的距離。

（十點五十五分。）口述完畢。我怕我會使我們這兒的朋友睡著。（珍身為賽斯，指著約翰。

他笑了。）

（約翰：「抱歉我給你那種印象，賽斯。」）

那是個真的印象。

（約翰：「我今晚該挨罵了。」）

現在：你們有什麼問題嗎？

（約翰：「只是一般性的，沒有任何特殊的……」約翰於是與賽斯聊了一會兒，課於十一點四分結束。

（我為這節所做的原筆錄包括賽斯昨晚，一九七〇年六月二十三日，在珍的ESP班上的談話。賽斯在那節中也談到組織——但是除了別的實相的組織，也還談到在我們自己實相內的組織。既然那一課回答了珍和我常問的問題，我們把它幾乎整個地包括在附錄裡。）

第10章 生活中的「死亡」情況

第五三八節 一九七〇年六月二十九日 星期一 晚上九點七分

晚安。

（「賽斯晚安。」）

（幽默地：）現在：第十章〈生活中的「死亡」情況〉。（賽斯重複這章的標題以確定我的標題正確。）

如果你領悟到在你目前的存在裡，遭到「死後經驗」是個正常部分，你就不會把那種經驗看成那麼陌生或不可解了。

在睡眠和夢中，你涉入的存在次元，就與你在死後經驗的相同。你不記得這夜夜探險的最重要部分，因此一般而言，那些你的確記得的部分，就好像是古怪或混亂的了。這只是因為以你目前的發展情形，你不能有意識的在一個以上的環境中操作。

可是，肉體在睡覺時，你的確有意識地存在於一個前後一貫、有目的的創造狀態，而你從事許多我告訴你在死後會遇到的活動。你只是把注意力的主要焦點轉向一個不同的活動次元，你的確一直在其中持續運作。

（九點十五分。）現在，就如你對你的醒時生活有記憶，就如你保留了一大團這種記憶以便作每日的實質接觸，就如這記憶的泉源提供你一種日復一日的連續感，同樣，你做夢的自身也有一個同樣大的記憶團。就如你的日間生活有連續性，同樣的，你的睡眠生活也有連續性。所以，你有個部分是知覺到每一個夢中遭遇和經驗的。夢並不比你的物質生活更虛幻。就你做夢的自己而言，你醒時具體的自己才是個做夢的人：你是它派出去的做夢者。你的日間經驗是它所做的夢，因此你是以一種極具偏見的眼光去看或想到你做夢的自己，把你的「實相」視為當然，而把它的視為幻相。

（九點二十分。）不過，對你的「存在體」來說，夢中實相遠比物質實相要天然（native）得多了。如果你在夢境發現不到前後連貫的情形，是因為你把自己催眠到相信根本沒有連貫存在。當然在你醒來時，你試著把夜的探險轉譯為實質的說法，試圖使它們符合你對實相本質往往有限的扭曲。

在某個程度這是自然的。你聚焦於日間生活中是有其理由的，你把它當作一個挑戰。但你本也要在其架構內成長與發展，並擴展你意識的限制。要承認你在睡眠狀態比醒時狀態在許多方面更有效率和創造力是很困難的。而承認夢的身體不受時空限制而的確能飛，多少會令人感到震撼。假裝所有這種經驗都不是真的，而是象徵性的，好比說，發展出複雜的心理學理論來解釋夢，要容易得多了。

簡單的事實是，當你夢到你在飛時，你往往真的在飛。在夢境，你多少是與那些「不聚焦於物質實相中的意識」在相同的情況下運作，而那情況是它們的天然環境。所以，你許多的經驗就與你在死後可能遭遇的完全一樣。你可能與已死的朋友或親人交談、重遊過去、問候老同學、走過實際存在於五十年前的街道、不花任何時間而遊過空間、嚮導來接你和教導你、你教別人、做有意義的工作、解決問題、發生幻覺。

在物質生活裡，在概念的孕育和它具體的建構之間有一段時間。在夢的實相裡卻非如此。因此可以說，在事先熟悉死後實相的最好方法就是，探索、了解你做夢的自己的本質，但是沒有多少人想花這個時間或氣力。

不過，方法是有的，而那些真的用這些方法的人，在死後當他們注意力的全部焦點都轉向那個方向時，他們不會感覺陌生。

現在，你可以休息一會兒。

（九點三十四分到九點四十七分。）

既然你有意識的記憶是這麼強地與肉體內的知覺相連，所以雖然在睡眠中你離開了肉體，醒時的意識卻通常還記得有這一回事。

在睡眠狀態，你記得在夢中遇見過的每一個人，雖然在你的日間生活裡可能有些人沒見過。在睡眠狀態中，你可能與完全住在世界另一部分的人有多年的密切交往，在醒時狀態他們對你來說卻是陌生人。

就如你日間的努力有其意義與目的，你的夢中探險也是如此，在其中你也達到自己的各種不同目標。在死後經驗裡你會繼續這些事。在你肉體存在背後的活力、力量、生命力與創造力，都是由這另一個次元中發動的。換言之，在許多方面你是你做夢的自己一個有血有肉的投射。

不過，你所理解的那個「做夢的自己」，只是它自己實相的一個影子，因為做夢的自己是個心理的參考點（psychological point of reference）。以你們的話來說，是一個心理的連續點，把你本體的所有部分都帶到一塊兒。對它更深的性質，只有發展最高的人才能知覺到。換言之，它代表你整個本體的一個強力統合面（uniting facet）。就此而論，它與你所知的具肉身的你經驗一樣生動、「個性」一樣豐富——事實上還更豐富些。

暫時假設你是個孩子，而我正試著向你解釋，發展到顛峰狀態的成人的你將是什麼樣子——在我的解釋裡，我說那個成人在某程度已是你的一部分，是現在的你的一個自然發展或投射。而那孩子說：「但我會怎麼樣？我一定要先死了才會變成這另一個我嗎？我不想改變。如果現在的我不死，怎麼可能變成不是現在的我的這個成人的我呢？」

當我試著向你解釋這內我的本質時，我多少處在同樣的地位，因為你雖能變得在夢中知覺到內我，你是不能真正賞識它的成熟或能力的。但它們卻是你的，就跟那大人的能力屬於那小孩一樣。在夢境裡，你除了學其他的事之外，你還學著如何建構你自己日復一日的物質實相，正如在死後，你學著如何建構你下一個具體的一生。

（十點七分。）在夢中你解決問題。在日間你（只）是有意識地知覺到你在睡眠中所學到的

解決問題的方法。在夢中你定下目標，正如死後你定下下一生的目標。

且說，沒有一樣心理結構是容易以言語來形容的。只為了要解釋一般所知的「人性」，就用到了各種各類的術語：原欲（id）、潛意識、自我、超我；所有這些都用來區分組成具體人格互相交織的活動。做夢的自己是同樣的複雜。因此你可說它的某個部分處理物質實相、具體的操縱與計畫；某部分處理保證肉身存活更深層面的創造性與成就；有部分處理溝通，而與現在一般尚不知的人格更廣博的成分打交道；有些處理你可稱為「靈魂」或「整體的個人存有」，那個真正多次元自己的持續經驗與存在。

靈魂創造肉身，而創造者很少會鄙視他的作品。靈魂創造肉體有其道理，創造具體的人生也有其道理，因此這些都不是要導致你厭惡世俗生活，也不是要使你對那些圍繞著你的感官之樂無動於衷。任何內在的旅程應讓你在現在所知的生活中，發現更大的重要性、美和意義；但完全的享受和發展也是指，用到你所有的能力，以同樣多的驚奇與熱忱去探索內在的次元。所以，有了正確的了解，你現在便很可能對死後的景象、環境與經驗變得頗為熟悉。你會發現它們與任何你已知的世界一樣栩栩如生。此種探索將完全改變你們先入為主對於死後存在的陰鬱看法。不過，你盡可能地捨棄掉偏見是很重要的，因為它們會阻礙你的進程。

你可以休息一會兒。

（十點二十三分到十點三十九分。）

一般說來，如果你對物質實相相當的滿意，你就比較適合研究這些內在環境。如果你在生活中處處看到邪惡，如果它似乎多過了善良，那麼你還沒準備好。如果你心情沮喪，你就不該開始這些夜間的探索，因為在此時，不論你是醒是睡，你的心靈狀態都容易感受抑鬱的經驗。如果你希望以內在經驗來代替實際經驗，你也不該開始這種研究。

如果你對善與惡的觀念是嚴酷的、無法轉圜的，那麼你還沒有具備在這另外的次元中，從事任何有意識的操縱所必需的了解。換言之，在精神上、心理上、心靈上你應盡可能地有彈性，對新的概念創造開放，而不過分依賴組織或教條。

你應是相當能幹與富同情心的。同時在你的物質環境裡，你應該是夠外向到足以處理你現在的生活。你需要你所有的資源，因為這將是一個積極的探索和努力，而非消極的退縮，更必然不是懦弱的撤退。此書將近尾聲時，會給那些有興趣的人一些方法，以使你能有意識地探索這些死後的情況，同時對你的經驗與進度能控制得住。

可是，此地我想多少更透澈地描寫一下這些情況。在物質生活中，你其實是看到你所想看到的東西，由可用的實相範圍你感知某些資料——按照你對實相是什麼的概念，而由你精心選擇的資料。那些資料本來就是你創造出來的。

如果你相信人性本惡，你就不會體驗到人的善良。你對它完全關閉，他們於是將永遠對你表現出最壞的一面。當你認為別人不喜歡你時，你會心電感應式地使這事必然發生，而你也將把你的不喜歡投射到他們身上。

（十點五十四分。）換言之，你的經驗跟隨著你的期望走。在死後與夢中經驗以及任何「出體」的遭遇中，這個原則也適用。如果你執迷於惡的概念，那你就會碰上惡的情況。如果你相信魔鬼，那你就會碰見它。如我先前提過的，當意識不是針對著肉體時，它有更大的自由。再說一次，思想和感情不需經過時間的流逝就建構為實相。因此如果你相信自己會遇上一個惡魔，你就會創造出這樣的一個「心念形相」來，卻不知它乃是你自己的創造物。

因此，如果你發現自己正以這種方式專注於肉體生活的邪惡上，那麼你還沒準備好去做這種探索。當然，是可能在這種情況下碰上屬於另一個人的「心念形相」的，但若你本來就不相信惡魔，你總會認識這現象的本質而不受其害。

如果那是你自己的心念形相，那麼，事實上，藉著問自己它代表什麼、你把什麼問題這樣子具體化了，你還可以從它那兒學到點東西。你在死後也可能幻覺到同類的東西，把它用為一個象徵，而經歷某種天人之戰，當然，那是不必要的，如果你有更多了解的話。你將在自己的理解層次，解決自己的概念、難題或兩難之局。

現在，結束今晚的聽寫，我將結束此節，除非你有問題。

（「你知不知道昨天我跟珍說什麼——有關我們周遊促銷《靈界的訊息》的事？你對此有任何意見嗎？」）

這點我以後再討論。

(「好吧。」)

不會在太久以後。那麼我最衷心的祝福，並祝晚安。

(「晚安賽斯。今晚講的很有趣。」)

我希望使你繼續對我的冒險故事感興趣。

(十一點二分。珍的出神狀態曾很深。「他已把那章所有剩下的部分計畫好了，」當她出來時，她說，「我能感覺到整段整段資料全預備好了。但現在，它開始褪色，走了……」

(結果，我們沒再問賽斯有關促銷工作的事，他自己也沒再提此事。《靈界的訊息》於一九七〇年九月出版，我們是曾巡迴促銷。)

第五三九節 一九七〇年七月一日 星期三 晚上九點十八分

(在前天課的結尾，珍告訴我賽斯已將第十章的餘下部分計畫好了。今晚，現在，她卻說她一點都不知道賽斯將如何繼續講這一章。

(今天非常熱而濕黏。暴風氣候已醞釀了幾小時，終於在九點左右開始下大雨，雷電交加。我們不知會不會上課，因為賽斯以前曾告訴我們閃電會干擾出神狀態。但課卻照常開始了；至少，賽斯顯然沒被打擾。）

現在：我們將繼續口述。

死後的環境現在就存在於你四周。

你目前的情況及所有它的物理現象，就好像是由你們自己內部向外投射出來的一部連續放映的電影，強迫你只看到那些變換位置後的影像。它們看來那麼真實，使你發現自己處於不斷對它們反應的地位。

（在九點二十三分停頓。到現在暴風雨是如此喧鬧，以致賽斯提高了他的音量。）

可是這些形相被用來遮掩了其他同時存在十分有效的實相，並且你實際上是由這些其他實相獲得運作這「物質投射」的力量與知識。你能「把機器停下來」，可以說，停止那明顯的運動，而把注意力轉向這些實相。

首先，你必須領悟它們是存在的。作為我以後將給的方法的初階，你不妨不時問問自己：「在此時我實際上意識到什麼？」當你眼睛睜開時這樣做，當它們閉起時也這樣做。

當你的眼睛睜開時，不要視為當然只有即刻可見的物體存在。向好像空無一物的空處看，在無聲當中傾聽。在無物的空間裡每一吋都有分子結構，但你教自己視而不見。還有其他的聲音，但你已制約你的耳朵聽而不聞。在夢境你用你的內在感官，而在醒時你忽略它們。

（現在燈光暗了一兩次。）

內在感官是為感知非實質資料而準備的，它們不被你投射入三次元實相的影像所欺騙。其實，它們也能感知實質物體。你的肉體感官是這些內在感知方法的延伸，在死後你就得依賴它們了。你在「出體」經驗中用到它們。它們繼續不斷的在醒時意識下面運作。……

（風雨大作之後，在我們這區發生了意外或火災或兩者皆有。幾輛警笛尖鳴的汽車與卡車疾馳過兩戶之外的華納街。我以為所有這些喧嚷會打破珍的出神狀態，但並沒有；她停了幾分鐘，又繼續了。）

因此你甚至能對死後的知覺本質變得熟悉起來。

換言之，其環境、狀況和感知的方法並不陌生。你不是突然被拋進「未知」之中；那「未知」現在即為你的一部分。在這肉體出生前它就是你的一部分，肉體死後也是一樣。可是，一般而言，有史以來這些狀況大體上都從你的意識中被抹除了。人類對自己的實相曾有各種不同的觀念，但在上個世紀他似乎故意別過臉去不予理睬。這有很多理由，我們將試著談談其中的一些。

休息一下。

（九點三十七分，照開始的時間來說，休息來得很早。珍說：「情形不安定，我幾次受到打擾。」她特別知覺到警笛聲。她說她的出神狀態是「悸動著」或如波浪般：她會進去很深，然後擺盪到接近她平常的意識狀態。但就我所知，資料仍是一樣的好，她講話的方式也沒改變。

（雨、雷、電不減弱地持續著，噪音在全城來回喧囂。那暴風雨激烈到甚至這麼堅固的大房

子有時也會震動。九點五十二分，當珍再繼續時，她的聲音比平時更大了，雖然步調較緩慢。）

於是在許多方面來說，你現在就是「死的」——與你將來所可能的一樣的死。

在你忙於日常的雜務與營生時，在你正常的醒時意識下面，你也經常聚焦於其他的實相，對你肉體的、有意識的自己並不覺察的刺激反應，以內在感官來感知情況，並體驗那些在肉身的大腦裡甚至沒有記錄的事件。最後部分應全部劃線。

在死後，你只不過是知覺到你現在忽略的這些活動次元。現在，肉體生活占了上風。到那時，它就不會了。可是，你也不會失掉它；例如，你會保留你的記憶。你只是跨出了某一個特定的參考架構。在某種情形下，你甚至可以不同方式自由運用那似乎給予你的歲月。

（十點一分。）舉例來說：我告訴過你，時間並不是由一連串一個接著另一個的「片刻」所組成，雖然你現在是以那種方式感知它。事件也不是發生在你身上的事，它們是你按照自己的期望與信念造成的具體化了的經驗。現在你人格的內在部分就知道此點。死後你不再聚焦於受時間和事件影響的物質形相。你可用同樣的時間與事件為原料，像畫家用顏色一樣。

（十點七分。我們現在正下著一場非常厲害的大雨。）

也許你的命有七十七年那麼長。死後在某種情況下，如果你選擇如此，你可以不慌不忙地經驗那七十七年中的事件——卻不一定是前後相續的。你可以改變那些事件。你可在代表你七十七年歲月的特定活動次元中操作。

如果你發現嚴重的錯誤判斷，你那時便可以改正它們。換言之，你可使之完美，但你不能以一個完全參與的意識再進入那參考架構中，隨著，好比說，當時的歷史潮流而加入那群體幻構出的存在——你自己與你「同代的人」應用意識的結果。

有些人寧選這個而非轉生，或更正確的說，把它當作在新的轉世之前的一種研究。這些人常常內心是個完美主義者，他們必須回去再創造，他們必須糾正他們的錯誤。他們用最近一次的前生作為一張畫布，用相同的「畫布」試著畫一張較好的畫。這是許多人在從事的精神與心靈上的練習，需要全神貫注，而並不比任何的存在更為虛幻。

現在你可以休息。

（十點十四分。珍的出神狀態比剛才還要深，但她對只講了這麼短的時間感到驚奇；她以為她已出去較久了。到現在雨開始減弱了一些，天氣也稍涼了些。她說：「今晚仍是個奇怪的晚上。」在十點三十一分繼續。）

你可能覺得你想「重溫」生活中的某些舊夢，以便更了解它們。你的生活經驗是為你自己所有的。這種舊夢重溫無疑地並不陌生，在日常生活中，你也常常想像自己曾以一種不同的態度做某件事，或在你心裡重新玩味一些事以獲得更多的了解。你的生活是你個人的「經驗—看法」，而在死亡時你把它由群體的地球時間脈絡裡拿了出來，那時你便能以許多方式來體驗它。要記住，事件與物體不是絕對的而是可塑的。在事件發生之前與後，它們都可被改變。它們從不是安定或永久性的，即使在三次元的實相中它們可能看來如此。

任何你在三次元存在中所知覺的事，只是一個更大的實相在那次元中的投射。你所意識到的事件，只是那些活動的片段侵入或出現在你的正常醒時意識而已。在夢境及在白天醒時意識之底層，你對這些事件的其他部分是相當清楚的。

（十點四十二分。**珍的步調現在是相當的慢。**）如果你想知道死亡像什麼，那麼你就要開始覺察，當自己的意識離開世間的活動時，它是個什麼樣子，你會發現它是極活躍的。常常這樣做之後，你會發現你的正常醒時意識是非常有限的，而你一度認為是「死的」情況，似乎更像是「活的」情況了。口述完畢。

今晚由於大氣的影響，情況有一些不穩定，但我們無論如何還是上了課。不過，我們還是結束吧。在這種情況下對魯柏有額外的壓力，沒有必要延長它。祝晚安。

（「我認為今晚的課很好。」）

（「也祝你晚安，賽斯。」十點四十六分。珍說她覺得沒事。雖然她的出神狀態今晚多少有些變化，她真正感到的唯一「額外壓力」，是在休息後有些難以回到出神狀態。

（後來我們談論珍最近的想法——如果每日上課一連六天，看看賽斯在如此武斷訂出的一段時期中能將他的書完成多少。看到書的一部分以那種方式產生會是很有趣的。不過，這想法從沒實現過，雖則在三月裡當在進行第三章時，賽斯已表示過他願意試試這樣辦。見第五一九節中、十點三十分休息時的註，以及賽斯接下去所說的話。珍在三月三十日的第五二一節後就不看這本書。現在是七月一日了。）

第五四〇節 一九七〇年七月六日 星期一 晚上九點二十九分

（「晚安，賽斯。」）

我們將繼續口述（停頓。）剛才所形容的那種其他的存在和實相與你現有的共存，而在醒時狀態，你對它們不知不覺。其實在你的夢裡，你常能感知這種其他的情形，但你常把它們捲入自己的「夢的行頭」裡，在那情形，當你醒過來時很少有清楚的記憶。

同樣地，在生活中，你就與所謂的鬼魂與幽靈同住，並且就此點而言，對其他人來說你也看來像是幽靈，尤其是當你在睡眠狀態中放出自己強烈的「心念形相」時，或甚至當你無意識地遊出體外時。

顯然鬼和幽靈的種類之多，就如人的種類之多一樣，他們也和你們一樣，對自己的境遇有的很警覺、有的不警覺。可是，不論就人格或形體而言，他們並不完全聚焦於物質實相中，這是他們最大的不同點。有一些幽靈是倖存的人由於留連不去的深度焦慮而放出的「念力形相」，它們表現出與你們日常經驗中常見的同樣強迫性舉動。

好比說，促使一個心神困擾的婦人去重複一項行為——比如不斷地把手洗了又洗——的相同機制，也引起某一種幽靈一再地回到同一地點。在此種情形，那舉動通常是由重複的動作組成的。

為了各種理由，這樣的一個人格還沒學會消化吸收其經驗。這種幽靈的特徵與被困擾的人一樣——不過，有一些例外。整個的意識並不在場。這人格的本身似乎是在做一場惡夢，或一連串一再重複的夢，在夢中它回到了物質環境。那人格的本身是「安全且健全」的，但它的某個部分在解決尚未解決的問題，而以此種方式放出能量來。

（九點四十四分。）它們本身是相當無害的，只是你對它們行為的「詮釋」可能會引起問題。其實在生活中，在生活的情況中，你也偶爾在實相的其他層面以鬼魂的樣子出現。在那兒你的「假像」引起一些評論，且是許多神話的依據——而你卻不知不覺。

我現在是一般地說。再次的，在有些例外裡記憶仍保留著，但一般而言，鬼和幽靈對他們給別人的印象，並不比當你相當無意識地在很陌生的世界中出現為鬼魂時更有知覺。

思想、情感和欲望〔合起來〕創造了形相，擁有能量，〔並且是〕由能量造成。它將以盡可能多的方式顯示自己。你只認識具體的肉身，但如此書先前提過的，你不知不覺地放出自己的假象；這與靈體旅行（astral travel）或投射完全不是一回事，那是複雜得多的事。

你以靈體形式出現的實相比人間進步得多。你往往是因為迷失方向而被認了出來。你不知該如何操縱。（**幽默地：**）你不知道「民俗」。但不管你有沒有肉體，如果你有感情或感覺，這些會有形相，它們會有一個實相。如果你很強烈地想一件東西，它會在某處出現。

如果你極想在另一個地點，你的一個假象將會被投射到那個地方，不論它有沒有被別人感知，不論你自己對它有沒有意識到，或你的意識是否在它內。這對那些已離開你們的物質系統及仍在其內的人一樣適用。

（**九點五十五分。**）所有這些形相都叫做次級構造物（secondary construction），因為一般而言，人格的全部意識並不在其內。它們是自動的投射物。

那麼，在主要構造物（primary construction）裡，一個意識，通常在完全有知覺和警醒的情形下，採取了一個形相——非他「天生的」那個——有意識地把它投射，常常是投射到另一個實相層面中。即使這件工作也是相當複雜的，很少為了溝通的目的而這樣做。

有其他容易得多的方法。我曾多少解釋過，由一可用的能量場來建構形相的方式。你只知覺自己的構造物。因此，如果一個「鬼魂」想要與你連絡，他可以透過心電感應去做，如果你想做，你也可以建構那相應的形相。或者他在與你心電感應地通訊的同時，可以送給你一個「心念形相」。你們的房間裡現在滿是你不感知的「心念形相」；再說一次，你現在與你死後一樣的是個鬼也似的現象。你只是對這事實不知不覺罷了。

你忽視某些溫度的變化與空氣的騷動，以為是你的想像，它們其實是這種「心念形相」的指示。你把常常伴隨這種形象的心電感應通訊拋到背後，你不顧所有那些線索，它們指出其他實相是十分有效地與你的實相一同存在，在你一生當中，你被看不見卻有效的證據所包圍。「生」與「死」這些字眼的本身就限制了你的了解，在本來沒有障礙的地方樹立了障礙。

你可以休息。

（十點七分。珍很輕易地脫離了出神狀態。她今晚的情緒與往常略有不同。她的聲音很輕，在態度與步調上幾乎像是閒談，雖然有時速度會變化。在十點十八分以同樣方式繼續。）

有些已逝的朋友和親人真的會來拜訪你，由他們的實相層面投射進你的，但一般而言，你無法感知他們的形相。不過，他們並不比你在投射入他們的實相時——如你在睡眠狀態中所做的——更像鬼，或更「死」。

可是，一般而言，在那些場合他們能夠感知你。你常常會忘了這種「人」是在各種不同的發展階段，其中有些比另一些跟物質系統有較強的聯繫。以你們的用語來說，他會不會來拜訪你與他已死了多久沒有多大關係，而是與你們之間關係的強烈程度有關。

不過，如先前提過的，在睡眠狀態你可以幫助新逝者，完全的陌生人，去適應死後情形，雖然早上醒來你不會知道這事。因此其他的人、陌生的人在你睡時可能與你溝通，甚至會在你一生的各個時期指導你。

對你解釋你所知的生活情形已非易事，因此，跟你討論你不知覺的複雜事件更是極其困難。

在這一章裡我要說明的重點是：你對你死後將遇到的所有情形都已經熟悉了，而且你在某範圍內能變得有意識地知覺到這些情形。（微笑，在十點二十九分停頓。）

這章結束了。

現在：等我們一下。

第11章 死後的選擇與過渡的機制

在死後，有無限形形色色的經驗對你開放，全都是可能的，但按照你的發展，有一些經驗比其他的可能性高些。非常一般性地說，有三種主要的範圍，雖然例外和特例可能走別的路子。

你可能決定再投胎一次。相反的，你可能決定聚焦於你的前生，用它作為新經驗的素材，如前面提過的創造你所知事件的種種變化，依你的選擇來作些改正。或者你可能完全進入另一個「可能系統」（system of probability）：這與轉世投胎十分不同。在這種情形，你將會超越所有「時間是連續的」想法。

有些「人」，有些人格，比較喜歡一種把過去、現在與未來圍在一個似乎合邏輯結構裡的生活組織，這些人通常會選擇轉世。另一些人天生較偏好以不尋常的直覺方式來體驗事件，而由聯想過程來提供組織。這些「人」會選擇一個「可能系統」為他們下一個主要努力的目標。

有些「人」只是發覺物質系統不合自己的胃口，就這樣脫離了它。不過，一旦選擇了轉世輪迴，則一直要等到輪迴已經完成，這才能做到，因此只有那些經由轉世而已在那系統中盡情發展了他們能力的人，才能作這種選擇。

有些「人」，已結束了轉世，可能選擇再進入輪迴中作為老師，在這種情形，他對自己更高的本體總有一些認識。還有一種比較猶豫不決的中間階段，存在的中間層面；比較來說，那是一個休息地帶，親人的通訊也最常來自這地帶。活著的人在夢境投射時所拜訪的也往往是這個層面。

現在你可以休息一下。

（十點四十五到十點五十四分。）

不過，在選擇的時間之前，還有一段自我檢討時期，你可以得到你全部的「歷史」。你了解了「存有」的本質，而「存有」的其他比你「進步」的部分會給你勸告。

例如，你將知覺到其他轉世的自己。你與累世相識的人也會有情感上的聯繫，其中有些關係可能會取代你在最近一次前生中的關係。可是，這裡也是由你自己系統裡來的人的會合處。

對迷失方向的人，會給予所有必需的解釋。那些不知自己已死的人在此地被告以其真實情況，並且盡可能地幫助他們恢復能量和精神。這是一個研習和理解的時候。就是由這個地帶，有些失常的「人」有了那些回到物質環境的夢。

可以說，這是個系統與系統之間的交會場所。一個人在此地的情形和發展，比他逗留時間的長短更重要。這是過渡的一步，卻是重要的一步。你在夢中曾到過這裡。

現在：口述完畢。我想只是結束上一章而開始這一章。除非你有問題，否則我就結束此節。

（「我想沒有。」）

給你倆我最衷心的祝福，晚安。

（「賽斯晚安。非常謝謝你。」十一點五分。）

第五四一節　一九七〇年七月十三日　星期一　晚上八點四十分

（在七月八號沒有如期上課。譚．摩斯曼——珍在Prentice-Hall〔出版社〕的編輯今晨來電話，說她的書《靈界的訊息》第一版已由印刷廠送達出版社。他今天會寄一本給珍。

（今天下午，當我躺下時給自己建議要有個投射經驗，但沒成功。然後，晚餐後不久，我有了一次像第八章第五三四節課中所描寫的視覺干擾。當它在進行時我告訴了珍。她又一次覺得很擔心，但我卻照舊不覺驚慌。這情形持續了約半小時。

（在第八章中，賽斯說這是我試圖看到作畫用模特兒的方法。現在我既已有了心理準備，希望今晚能看到些真正好的東西，但並沒什麼發展。唯一的後遺效果是輕微的頭痛，像以前一樣，而這也很快就過去了。

（我想，也許這干擾是投射建議的一個延後了的反應。剛在課開始之前，我用擺錘卜卦（pendulum）問了幾個問題——我心裡並不確知應不應該用這技巧去探索非物質取向的資料。我通常用擺錘得到極佳的資料；現在我知道視覺干擾的效果，是來自我想去感知一個死後倖存者所發出的心念形相的不成功嘗試。那麼，這印證了賽斯所給的關於這眼睛現象的理由。通常我們用擺錘來搆到剛在正常醒時意識之下的資料。

（我同時也知道並沒有涉及我哪一幅特定的畫，也沒涉及我今天下午想投射的努力；我不認識那偉存者，擺錘未能告訴我那人是誰。

（有了這個解釋，我想不必再問賽斯這件事了。我的確希望他會對此有所評論；但他沒有……珍和我這次例外地都提前準備好上課了。）

現在，我祝你們一個早的晚安。

（「賽斯晚安。」）

繼續口述：轉世所牽涉的遠比再經歷一次肉體存在的簡單決定要複雜得多。因此在我正談到的過渡時期裡，就會考慮許多的問題。

當絕大部分的人想到轉世時，他們以一種單線式的過程來想，在其中，靈魂在每個接續的生活中使自己完美。這是種極端的簡化。這一個主題有無數不同的個人變奏。因此轉世的過程可以許多方式來利用，在這休息的時候，一個人必須決定他利用轉世的獨特方式。

（八點四十五分。）例如，有些人選擇在某一生中孤立出種種不同的特性，然後幾乎專門在這上面努力，可謂把某一生建立在一個主要的主題上。由物質世界的觀點來看，這樣一個人格看起來非常的一面倒，離一個發展均衡的人還遠得很。

在一生中，智能可能會故意地非常高超，他可以盡他所能地發揮那些心智的力量。然後那整個人格再徹底地研究這些能力，小心地權衡智能的利與弊。在另一生，這同一個人可能透過專門在情感上發展，而故意淡化其智能。

再次的，他在人世間表現出的，可能不是個發展得很好或很平衡的人格。特殊的創造能力也可能以同樣的方式被專門化了。如果把這些人生看作一般所謂一系列的漸次進步，那麼你就會有許多問題得不到解答。無論如何的確是有發展的，只不過，這些人選擇他們偏好的發展方式。（八點五十一分。）藉由在某一生否定自己，好比說，智力的發展，人格也學到了他們所沒有的東西的價值和目的。於是在他們內心便生出了要擁有它的欲望——舉例來說，如果先前他們不明白智力的目的。因此在選擇的時候，人格決定他們在下一生中發展的方式。

有些人會選擇以較輕鬆的速度及更均衡的方式來進步。可以說，他們將促使人格的所有部分一同工作，甚至一再地遇見他們在其他的一生中認識的人。他們會頗和緩輕鬆地，而非以一種爆炸性的方式解決問題。他們像舞者一樣地調整他們的步調。

在這段休息與選擇的時候，你會得到所有的輔導和忠告。為了許多理由，有些人的確在他們被勸告再轉世的適當時間以前就轉世了。這在短時期看來往往很不合宜，因為尚未作必要的計畫。但長遠來看，由「錯誤」裡仍能學到很大的教訓。在兩次投胎之間，並沒有時間表的存在，但一個人若等上比三個世紀還要久，是非常不尋常的，因為這使得他非常不容易認識環境，而且與地球的情感牽連已經變弱了。

在下一生的各種關係必須確定下來，而這涉及和那些將牽涉在內的人作心電感應的溝通。那麼，這是一個有許多投射的時期。有些人根本是獨行俠，他對地球上的各個歷史時期並沒有任何強烈感情地投胎。還有些人喜歡和他們在過去某個特定歷史時期同時代的人一同回來，所以有些集體的轉生模式，在其中有許多人——但非所有的人——都一同捲入轉世的週期裡。

（**現在，在九點二分時對我說：**）你，舉例來說，不是在那樣的一個週期裡運作的。現在：當然也有個人的週期，在其中家庭的成員可能一起轉世，彼此之間採取了不同的關係，而你曾捲入幾次這種的轉世。

在轉世存在中可以探究不同的深度。有些人選擇「徹底的投入」。這些人格專修物質世界的生活，他們對這個系統的知識最為廣博。為了獲得這些知識，他們需得活過你們的每一種種族——對大多數人是沒有這種要求的。他們強烈的全神貫注於歷史性的階段。這樣的人多半英年早逝，卻活得非常熱烈，他們比大多數其他人經歷更多的生生世世。換言之，他們在盡可能多的歷史時期中回來，終於幫助造就了你所知的世界。

你可以休息一會兒。

（**九點八分。珍的步調大部分時候都相當快。她的聲音很安靜。當她回過神，我們聽見報童走上樓梯。我付了錢給他。**）

（**幾年前，在這些課開始之後不久，賽斯告訴珍和我，我們三個在十七世紀曾在丹麥活過。自那以後，我才想到我對那個時期的西歐藝術，包括倫布朗、弗尼爾、范戴克和魯本等人的作品的興趣並非巧合。現在我跟珍談到，我很好奇我的藝術事業是否與我在丹麥那一生有任何關聯。**）

我也想知道我那時活了多長。

（在九點二十分以較慢的步調繼續。）

現在：口述。反正，縱使在你還沒開始第一個轉世輪迴之前，你們就都是旅人。我盡可能簡單的說就是，當你們進入物質的實相系統時，你們並不一定必然具有相同的背景。如先前說過的，人間生活是一個訓練階段，但我卻希望你盡可能忘掉你對「進步」的一般概念。

例如，好、更好、最好的概念能使你誤入歧途。你是在學盡可能完全地存在。在一方面來說你是在學著創造自己。當你在轉世輪迴中如此做時，你把你的主要能力貫注於物質生活上，同時在發展人類的品質與特性，在開啟新的活動次元。這並不表示「好」不存在，或對你而言你不會「進步」，但你們對「好」與「進步」的觀念是極度歪曲的。

且說許多人格在某些特殊方面有不同凡響的才能，這些才能可能在接下去的生生世世中一再地顯現。它們可能被調節加減，以各種不同的組合被用到，但整個說來仍然是這個人的個人性與獨特性最突出的記號。例如，在全部的轉世輪迴過程中，雖然大多數人採取了不同的營生、職業與興趣，就某些人來說，卻有一條非常明顯的連貫線。它偶爾會中斷，但總是在那兒的。例如，他們可能幾乎專門做神父或老師。

在本書中將有更多專談轉世的資料，但此地我想指出，在兩世之間的這個選擇時期，有許多利害攸關的問題，不只是計畫投胎那樣簡單的一件事而已。

有時候，有些人格也許會被給予一個常規之外的休假，（幽默地：）可以說是抽空到實相的其他層面作一次去而復返的旅行。不過，這種情形並不常有。這種事也是在此時決定的。那些轉世輪迴已完而選擇離開這系統的人，有更多的決定要作。

進入可能性的場域（field of probabilities），可以與進入轉世輪迴相比。在一個完全不同類的實相中，將有一個持續不變的知覺焦點與存在。當作了這樣一個選擇之後，在多次元人格內本就潛在而鮮少被你瞥見的力量將被汲取和利用。

在可能系統裡的心理經驗與你所知的有相當的差異，但在你自己的心靈內已有對它的暗示。此處人格必須學著以完全不同的方式來組合事件，而毫不仰仗你所知的時間結構。

（九點四十分。）在這個實相，理解與直覺的能力終於合作得這麼好，以致在它們之間鮮少區別，這是在別的實相裡都沒有的情形。那個決定過轉世生活的你，與選擇獲得可能系統內的經驗的你，是同一個「人」。不過，在系統之內的人格結構是十分不同的。你所熟知的人格結構只是你可用的許多知覺形式之一。

因此，可能的系統就像轉世系統一樣的複雜。我告訴過你所有的行動都是同時發生的；因此，一方面來說，你同時存在於兩個系統裡。可是，為了向你解釋這牽涉到「作決定」，並且為了分別這些事件，我必須把它們簡化到某個程度。這樣說吧：「全我」的一部分貫注於輪迴中而處理那裡的發展，另一部分貫注於可能性而處理那裡的發展。

括弧起來：（當然，還有一個可能系統，在其中沒有轉世輪迴存在，以及一個轉世的輪迴，其中沒有可能性存在。）人格的開放與彈性是極為重要的。朝向各種存在的門戶可以是開放的，而人格可以拒絕看見它們。

另一方面來說，所有可能的存在都是開放的，而意識卻能在本來根本沒門的地方造出一個門來。在這個選擇和決定的時候，有嚮導與老師來指出選擇的餘地，來解釋存在的本質。所有的人格並非在同一個發展層面上，因此有高級班老師與「較低」層面的老師。

（九點五十一分。）但這並不是惶惑混亂的時候，而是具有偉大的覺醒與不可置信挑戰的時候。稍後在本書中將談到神的觀念，會增進你對在此章末說到的一些事的了解。

至於對那些選擇將最近一次的前生事件重新組合，「混雜或配對」——好比說以新的方法再加嘗試——的人，也會給予教導。在許多這些案例中，有嚴重的問題和某種的頑固僵化，加上前面提過的追求完美特性。

他們將再一次經歷人世的歲月，但不一定是以連續性的方式。個人可以選擇任何方式來用那些事件；改變事件，把它重映一遍以見對比；有點像一個演員再次放映他演出的老電影來研究它一樣。只是在這個例子裡，這演員當然能改變他的演出或是電影的結尾。他對那些年裡的事件有完全的自由去處理。

但是，其他的演員們只是「心念形相」而已，除非幾個同時代的人一同參與其事。

（現在你可以休息一下。

（十點。在最後的傳述中，有人開始搬進我們樓上的公寓。一旦脫離了出神狀態，珍說她一直被頭上的嘈雜所擾，但她「緊抓住出神狀態」直到休息時。在十點十二分以同樣慢的速度繼續。）

現在：在這些情況下，那人格當然是有意識地操縱事件，並研究其各種不同的效果。這要求十分強烈的專注。

他已被告知與他共同演出的人的本質，舉例來說，他明白他們是「心念形相」，並且是他自己的「心念形相」；但再次的，「心念形相」的確擁有某種的實相與意識。他們並非讓他任意擺布的紙版演員。因此，他必須考慮到他們，他對他們有某種責任。

他們的意識將會成長，而在一個不同的層面繼續自己的發展路線。在某一方面來說，我們全都是「心念形相」，在談及神的觀念的資料中將進一步地加以解釋。可是，請了解我不是指我們缺乏自我自發的行動力、個人性或目的——在此同時要記住你的生活是由內而外的。那麼也許這聲明對你會更有意義。

現在在這個選擇的時候，所有這些事都會被考慮到，而作了適當的準備，但作計畫的本身也都是歷練和發展的一部分。因此，這過渡（in-between）生活的每個點點滴滴都與被選擇的時期一樣重要。換言之，你學習計畫你的存在。在這些休息時期，你也與你一再遇見的人——也許只在這過渡生活的時期——結成朋友。

你可以和他們討論你在轉世輪迴中的經驗。他們就像是老朋友。例如，老師們自己也在一個循環裡。較資深的那些已經接觸過轉世與可能性系統，他們自己也正在決定他們本身經驗「未來的」性質。可是，他們的選擇並非你們的選擇。雖然在以後的章節中，我也許會提到可供他們選擇的某些生存領域，在此我們暫且不談。

現在等我們一會兒。口述結束。（在十點二十七分暫停。

（我打呵欠。

（覺得有趣：）你還清醒嗎？

（「是的。」）

那就等我們一下……我們給你兩段分開的人生的資料。其一非常短暫，一六一一到一六三五。這是在丹麥。然後一六三八到一六七四。在其中之一，資料是如我（在幾年以前）所給的，我是個香料商，雲遊四海。我也賣繪畫顏料或成為顏料的東西。現在再等一等。（停頓。）

有一個畫家的三人組。我們能得到什麼算什麼。發音很模糊。我們在找一個名字聲音聽起來像是M.A.然後是達米爾（我對語音的詮釋）。我不知是否馬達米爾（Madaimeer），（打手勢。）這兒大約有點與音樂和「皮爾金組曲」的關聯。你懂嗎？

（「我懂。」）

森林和木炭。煤炭的火。我相信，你現在在一間茅屋的地面上工作，涉及做木炭的最後過程。（停頓很久。）

與范・艾爾弗有關，雖然我不確知到什麼程度。

（我曾畫了一幅范・艾爾弗的畫像，他是個十四世紀〔丹麥或挪威〕的畫家，賽斯由他那兒得到繪畫技巧的資料。）

威督（**拼音**）這名字和那時經銷繪畫用品的一家德國公司，在染布與染衣服上也很有名。

很難兜攏這些資料，而並不難得到它。

小范・艾爾弗。（城市是）鄉村畫家的銷售所，但更多的畫家專為富農和他們的田地與莊園畫像。這些自然是掛在屋裡最體面的位置。

可是，即使是較窮的農夫也由較無天分的畫家那兒買他們的畫像，許多無名之輩以接受免費食宿來抵價，而畫得越發慢了。

（珍，身為賽斯，微笑而向前傾。）現在，你有一段時候是那種次等畫家。不過並不是潦倒一生。你混得比只得到免費食宿要好些，便買了些地準備安頓下來。

不過，你有兩個朋友仍繼續旅行和作畫，偶爾來造訪你，你有些嫉妒他們。其中之一在當時漸有名氣。他叫范戴克，但並非著名的那一個。你愛你的土地但也怪罪它，認為如果你沒獲得它，你可能會成為一個有名的畫家。

你以為你會安頓下來在你的好農場上畫畫，但反倒變成了一個農夫，而且是個好色的農夫。你要知道，這與你現在對金錢和財產的曖昧感覺有點關聯。

Raminkin 或 Ra-man-ken（兩者都是我對拼音的詮釋）是我所得的最接近的姓。H、E、I、M這些字母組成名字或與剛才所給的姓相連。（強調地：）你那時也畫過我的像。

（「那很有意思。」作為賽斯，珍指著我給賽斯畫的像；它掛在我後方的牆上，因此當她坐在她的搖椅裡時是面對它的。）

你這次畫得比較好。

（「那很好。」）

等我們一會兒。那是我最後的完整轉世，那次我轉世是因我對海的愛戀而採取的，而航海對於把概念由一個國家散布到另一個國家非常有用。與我一同旅行的那些人也參與了概念的播種。我們在當時所知的世界中散播它們。

法蘭克・沃茲是我的一個片段人格。他自己將繼續轉世，走他自己的路。我們有許多人留下片段人格像你們留下孩子一樣。你懂嗎？

（「我懂。」法蘭克・沃茲是在一九六三年後期，課剛開始時最初給我們的名字。）

現在我祝你們晚安。

（「祝你晚安，賽斯，非常謝謝你。」）

哪天你必須用炭筆給我畫一幅畫像。

（「好的。」）

也許我甚至會現身坐著給你作模特兒，雖然只是短暫地。

（「好吧。」）

（十點五十七分。珍的出神狀態很深。對我們前世我們只收到很少的資料，為了各種個人的理由，我們寧願在這事上等一會兒。我們覺得有關丹麥的資料很有趣。雖然，到頭來珍和我並不確知我到底是有兩個短短的一生或較長的一生分為兩個活動範圍。

（這跟著又使我覺得奇怪，今晚的課是否與幾年前的一課互相矛盾，在那節中賽斯說我在丹麥曾活到很老。珍那時是我的兒子。事實上並沒有矛盾——只是我們這方的一個誤解。在附錄的第五九五節，賽斯對這事說得更詳細。

（我在此生也畫了一大堆炭筆畫。）

第五四六節　一九七〇年八月十九日　星期三　晚上九點二十分

（賽斯在過去五週暫停了寫書的事。其中兩週是因為我們在度假，但其他時候我們都非常忙。在其餘的時間裡所舉行的四課，大部分是關於九月四號珍自己的書——《靈界的訊息》——

出版所引起的事，以及一個計畫中的電台與電視的促銷旅行。

（現在我們總算能稍微輕鬆一點了，我們極有信心賽斯會輕鬆地繼續寫第十一章，雖然珍有好一會兒沒看它了。果然如此。）

晚安。

（「賽斯晚安。」）

現在：我們將繼續口述。

什麼時候進入選擇時間要看一個人從肉身生活過渡之後的情形與環境。有些人比其他人需要多花些時間來了解真正的情況。

如先前解釋過的，其他人則必須丟棄許多阻礙性的概念與象徵。選擇時間可以幾乎立即發生，以你們的話來說，或者它可以被延後一段相當長的時間，而在同時進行訓練。自然，延緩選擇時間的主要阻礙是一個人心裡懷抱的錯誤概念。

在某些情況下，對天堂或地獄的信念可能同樣的不利。有些人會拒絕接受更進一步的工作、發展與挑戰的概念，而相信傳統的天堂情況是唯一的可能。他們可能的確有一段時間住在這樣一個環境，直到他們由自己的經驗學到「存在必然要求發展」，而那樣的一個天堂將會是枯燥乏味、無聊透頂，真的是「死氣沉沉」的。

那時他們就準備好進入選擇時間了。其他人可能堅持為了他們的罪過，他們將被擲下地獄，而因為這種信念的力量，他們可能有段時候真的遭到這種情形。可是，不論在哪一種情形下，總有老師臨場指導，他們試著破解這些錯誤的信念。

在「地獄」的人常較快恢復神智。他們自己的恐懼在內心激發了答案的釋放。換言之，他們需要較快打開知識的內在門戶。因此，他們的情況通常不像天堂的情況拖得那麼久。

不過，兩樣情況都延後了選擇時間和下一次的存在。在此我想說明一點：在所有的情形下，每個人都創造了他的經驗。我不厭其煩的一再這麼說，因為這是所有的意識與存在的基本事實。在肉身死後，任何一個人並沒有他必得經驗的一個設定的特別「地方」或情形或情況。

好比拿自殺者作為一類來說，並沒有任何特定的「懲罰」為他們而設，他們的情形也不見得特別糟。他們被當作「個人」看待。可是，任何一個在此生沒被面對的問題，就得在另一生面對。不過，這並不只對自殺者適用。

自殺者結束自己的生命，也許是因為除了按照自己選擇的非常特定條件外，他拒絕生存下去。如果是這種情形，那麼他自然需要重新學習。可是，許多別的人當在物質系統裡時，選擇了拒絕經驗，他們肉體雖仍活著，也和自殺了沒有兩樣。

（九點三十八分。）與一件自殺行為相關的種種條件也是重要的，還有個人的內在實相與體悟。我在此提到這點，因為許多哲學主張，自殺的人會遇到一種特別的、幾乎是報復性的命運，事實並非如此。可是，如果一個人殺了他自己、相信這個行為將永遠消滅他的意識，那麼這錯誤的想法可能會嚴重阻礙他的進展，因為罪惡感會使他的處境更為惡化。

再次的，還是有老師來解釋真正的情況，並且應用各種的治療法。例如，這個人可能被帶回到他作決定前發生的事，然後給他一個改變決定的機會，引起一個「遺忘」的效果，使得自殺事件本身被忘了。直到後來當那個人較能面對和了解自殺這個行為時，才告訴他，他曾自殺過。

不過，這些情況也顯然地阻礙了選擇時間。不必說對俗世的過分執迷也有同樣效果。在這種例子，這個人常會堅持把他的感知能力與精力的焦點對準人世。這是一種心靈上的拒絕接受死亡。這人明明知道他在你們來說是已死了，但他拒絕完成心靈的分離。

自然也有些例子是當事人沒領悟到死亡的事實。他不是拒絕接受，卻是沒能感知到死亡。在這情形，這樣的一個人也會過分執迷於人世，也許在他自己的家或周圍困惑地徘徊著。自然，選擇的時間也必然延後了。

因此，過渡的方式是極為變化無常的，就如肉體生活的機制也是變化無常的。我所提及的許多阻礙不止在死後阻礙了進步，而且在你自己尚在人世時也一樣。這點無疑應該加以考慮。對性別特徵的過強認同也能擋住進展。如果一個人想到本體身分時過度強調他男性或女性的身分，那麼這樣的一個人可能拒絕接受在轉世存在中會發生性別改變這個事實。可是，這種對性別的認同也在人世生活中阻礙了人格的發展。

你可以休息一下，我們再繼續。

（九點五十三分。珍的出神狀態很好，她的步調相當快，聲音輕。但她不像昨晚當她為ＥＳＰ班上課時那樣活躍有力。在十一點十一分繼續。）

一般而言，雖然剛才所提到的問題會成為阻礙，但總是有例外的。對天堂的信念如果不是一個執迷的信念，就可以被用為一個有用的架構，作為一個運作的基礎，於是乎一個人就往往容易接受所給他的新解釋。

在許多例子裡，甚至對審判日的信念也是個有用的架構，因為雖則並沒有人會對你們「賞善罰惡」，但這個人因而有了作某種靈性上的省察與評估的心理準備。

那些透澈了解「境由心造」的人，困難最少。那些已學會了解夢境並在其中運作的人將最有利。對惡魔的信念在死後是極為不利的，就如在生時也一樣。一種系統化善惡對立的神學理論也是很不利的。例如，如果你相信所有的善必須被惡來平衡，那麼你就把自己束縛在一個非常狹窄的實相系統裡，而在其內含藏著極大痛苦折磨的種子。

在這樣一個系統裡，甚至連「善」也變為可疑了，因為一個同等的「惡」必會隨之而至。神佛對魔王，天使對惡魔——在動物與天使之間的鴻溝——所有這些扭曲都是阻礙。在你現在的實相系統裡，你設立很大的對比與敵對的因素。這些在你的實相中被當作基本假設來運作。

它們是極端的表面化，大半是誤用智能的結果。光憑智能無法理解直覺最確切知道的東西。智能為了試圖使人世生活對它而言有意義，乃設立了這些敵對因素。智能說：「如果有善，必有惡。」因為它要乾淨俐落地解釋事情。如果有上升，必然有下降。一定要有平衡。可是，內我領悟到由大得多的觀點來說，惡只是無知，「上升」與「下降」只是俐落的術語，被應用到不知有此種方向的空間上。

（十點二十五分。）可是，對這種敵對力量的強烈信念是極不利的，因為它阻止了人去了解這些事實——內在的統一與合一、互相的關聯與合作等事實。因此，一個對這種敵對因素的執迷信念也許是最有害的元素，不但在死後也在任何的生存期間。

有些人在人世生活期間從未體驗過這種敵對因素匯合時的和諧與合一感。這種人在過渡期後還有許多階段得度過，而通常還有許多次其他的人世生活在他們「前面」。

即因你們個人地並集體地形成你們的人間生活，因此在選擇時間之後，你們加入那些決定有大致同類經驗的人。當準備作好之後，一個很密切的合作性冒險於焉開始。這些將隨所選擇的存在類型而變化。沒有一個人的實相是與另一個人完全相同的，卻有大體的分組。（譯註：像極了戲劇演出之種種前置作業。）

你可以休息一會兒。

（十點三十四分。最先我以為他宣告休息，是因為我們的貓威立在珍說話時跳到她懷裡。她畏縮了一下，所以我以為牠打斷了她，但在回過神後，珍說她幾乎不記得那事。她的步調又是滿快的。在十點四十四分以同樣的方式繼續。）

簡單一句話：你們可能認為，相信有「善」而沒連帶相信有「惡」，似乎是非常不切實際的。可是，這個信念是你能有的最好保障，在人世生活期間與其後都一樣。

它可能觸犯你的理性，你由肉體感官得來的證據也可能大叫說那不是真的。但一個相信善而不信有惡的信念事實上是極實際的，既然在現實生活中它會保持身體更健康，保持你心理上免於許多恐懼和精神難題的干擾，帶給你自在和自發的感覺，而你能力的發展在那種心境下也較易完成。在死後它可以把你由惡魔、地獄及強制性懲罰的信念中解脫出來。你將更有心理準備去了解實相的本質如其本然的樣子。我了解這觀念的確冒犯了你的理性，你的感受似乎也否認它。但你卻應已領悟，你的感官告訴了你許多不實的事；而我告訴你，你的肉體感官感知的實相是你信念的結果。

相信邪惡，你當然會感知邪惡。你們的世界還沒有試過那能使你們解脫的實驗。基督教只不過是這主要真理的一個扭曲——我是指如你們所知有組織的基督教。我在此不只是講那些最初的戒律，它們幾乎從沒被給過一個機會，在此書後面我們將再討論其中的一些。

那個會使你們的世界改觀的實驗，是運作於一個基本觀念上：你們按照你們信念的本質創造自己的實相，而且所有的存在都是有福的，惡並不存在於其中。如果你們個人與集體地都遵循這些觀念，那麼你們肉體感官所得的證據不會有什麼矛盾。它們將感知這世界與存在為「善」的。

這是尚未嘗試過的實驗，而這些是你在死後必須學習的真理。有些人在死後了解了這些真理，選擇回到人間來加以闡明。世代以來都是如此。在由物質實相內所緣起的可能系統裡，也是這樣的。

有些可能系統與你們自己的系統完全沒有關聯，比任何你現在所想像的還要進步得多，在這些系統裡，我已講過的真理是眾所週知的。在這些系統裡，個人創造性地、有目的地創造實相，他們知道該怎麼做，並且讓意識的創造能力完全發揮。

（**十點五十九分**。）我在此談到這點只為了要指出，有許多其他與你們系統不相連的死後情況。當你在過渡期間盡你所能地學習了這些之後，你就準備好再前進了。不過，這過渡期本身有許多的活動次元和各種分別的經歷。盡可能簡單地說，可以看得出，每一個人並不「認識」其他每一個人。

世界上有各種國家或天然的分界，你們呢，則有各種心理的狀態。對一個在某狀態裡的人，另一個狀態看起來十分的陌生。與這些在過渡狀態的人們的許多通訊中，透過靈媒而來的訊息顯得極為矛盾。「死者」的經驗並不相同：情形與情況有所不同。一個在解釋他的實相的人，只能解釋他所知的東西。再次的，這種資料常常冒犯了理性，理性要求簡單、俐落的答案與相符的描寫。

大多數從這些階段與「活著的」親人通訊的死者，尚未達到選擇時間，還沒完成他們的訓練。

（十一點六分。）他們也許還依他們的舊信念來感知實相。幾乎所有的通訊都是來自這個層面，尤其是當他們與活人在最近的前生中有親屬關係存在時。可是，即使在這個層面，這種訊息仍有其作用。通訊起碼能告訴活著的親人存在仍在繼續，而他們能用活人能了解的方式做到這個。

他們能與活人發生關聯，因為他們的信念仍然是一樣的；在幸運的情況，他們能一邊學一邊把他們的知識傳過來。但是，漸漸地，他們自己的興趣變了。他們在新的存在中建立了關係。

因此，到了選擇時間，人格已經準備好到另一個存在去了。以你們的時間來說，這過渡期可能持續幾世紀之久。它也可能只持續幾年。可是，這又有例外。有些案例中，一個人格很快地進入另一次的人世生活裡，可能只在幾小時內。這通常是不幸的，是由想要回到肉身生活的執迷欲望所造成的。

不過，一個負有偉大使命的人格也可能作這種快速的轉生，他不要或丟棄了一個舊的肉體，而幾乎立即重生於一個新的，以便完成一個已經開始的重要且必要的計畫。

現在我們將結束此節，除非你有問題。

（「我想沒有。」）

衷心祝你倆晚安。

（「賽斯晚安。」）

你應該在這兒參加昨晚的ESP課。你會喜歡的——

(「我會去讀它。」當ESP班在我們客廳上課時,我正在畫室打一節的記錄。一如平常,班上有個同學錄下ESP班的課,在幾天內我們就有一個謄本。)——而且你也不必作筆記。

(停頓。)今晚我非常直接有力地與你們同在一起,如果你給自己「出體」的暗示,那我就能幫助你「出體」。要告訴你自己記住(經過)。

(「好的,我很想投射。」)

那麼,過後再見。

(「賽斯晚安。謝謝。」十一點十八分。珍的出神狀態一直很深,她花了較長的時間回來。在此節的後部,我能很容易地感覺到賽斯的直接在場。

(珍告訴我「在課的尾巴處」,她由賽斯那兒收到這概念:我可以把一節課錄音下來,那麼在它進行的當中,我就可以自由地作一系列她為賽斯講話的素描。由那素描然後,我可以給她畫一幅油畫。珍確信這概念來自賽斯。她以前從沒想到過;就此事而言,我也從未想到過。

(在上床時,我試作賽斯所說的關於投射的暗示,但在早上我無可奉告。如果我一直等到上了床再給自己提示,通常都有困難,因為我太快就睡著了。珍以較悠然的態度接近睡眠狀態。)

第五四七節 一九七〇年八月二十四日 星期一 晚上九點十分

晚安。

(「賽斯晚安。」)

我們將繼續口述。(珍作為賽斯,以詢問的眼光看著我。)除非你先有什麼問題要問——

(「沒有。」)

在此我想再補充幾點。如果在你們來說,最後一次的輪迴已經完成了,那這選擇時間就多少會更複雜了。

首先你必須了解的是,你現在並不知道你真正的本體,反倒與你目前的自我認同,因此當你想到所謂死後的生活時,你實際上是指你「所知的自我」的未來生活。在輪迴結束時,你十分透澈地了解你的基本本體、你存在的內核是比你所有轉世人格的總和還要廣大的。

那時候,你可以說那些人格只不過是此時你自己的分段(divisions)而已。在他們之間並沒有競爭。從來也沒有任何真正的分段,只是看起來似乎有分段,而在其中你扮演形形色色的角色,發展不同的能力、學著以新而多樣化的方式創造。這些轉世的人格繼續在發展,但他們也了解,他們的主要本體也就是你的本體。

因此,當輪迴完結了,你擁有你所有前生的全部知識。那些資料、經驗和能力就在你的手邊。這只表示你實際地了解了你的多次元實相。我常用多次元這字，你要明白我的確是指那個意思，因為你的實相不只存在於轉世的存在裡，也還存在於前面提過的可能實相裡。

所以，當選擇的時候到了，可作的選擇種類要比給那些必須再轉世的人多得多。如果你有那種傾向和能力，你總有作老師的機會。但多次元的教學與你現在所知道的極為不同，它要求嚴格的訓練。

這樣一位老師必須要能同時教導所謂一個本體的各個不同部分。例如，且說有某個「存有」在十四世紀、在第三世紀、在紀元前二百六十年及在亞特蘭提斯時代都有轉世的片段體。一位老師即將同時與這些不同的人格接觸，以他們所能了解的用語與之溝通。這樣的溝通要求他對這些時代的基本假設，及一般哲學與科學思想的氛圍，有完全的知識。

（**九點二十六分。**）那「存有」也很可能正在探索好幾個可能的系統，老師也必須與這些人格連絡接觸。所必需的知識量與訓練，使這樣一個教學、傳播事業要求極高，但這是，可走的一條路。學習這種資料的過程必然會對老師的發展與能力有幫助。對能量的巧妙操縱是需要的，還要經常的在各次元間穿梭旅行。一旦作了這樣的一個選擇，訓練立即開始，總是在一位實際的專家領導下，這天職（vocation）——因為它是個天職——會引導這樣一位教師進入他以前甚至不知其存在的其他實相領域中去。

其他結束了轉世而有一個不同的「總和天性」的人，可能會開始步入成為一個創造者的漫長旅程。在一個很不同的層面上，這可以比之為你們自己的物質實相中創造界的天才。

不用油漆、顏料、文字、音符，創造者代之以真實的次元來實驗，以盡可能多的形式——我不是指物質形式——來傳授知識。你們會稱之為「時間」的東西被操縱得好像畫家操縱顏料一樣。你們會稱之為「空間」的東西是以不同的方法集合在一起的。

那麼，舉例來說，用時間作為結構，藝術被創造出來。以你們的話來說，時間和空間可以被混合起來。各個不同時代的美、自然的美、繪畫和建築，全都為這些初學者再創造出來，以作為學習的方法。他們最全神貫注的要務之一，就是創造出能在盡可能多的不同實相次元中造成影響的美。

舉例來說，這麼一件作品在你們的系統裡看來是一個模樣，但它在可能的實相裡也會被看到，雖則也許以完全不同的方式——你懂嗎？它是一項多次元的藝術，如此的自由與自然，所以它會同時出現在許多實相裡。

這樣一件藝術是筆墨難以形容的，這觀念也沒有相等的文字。可是，這些創造者也致力於對他們可及的所有各種實相層面中的人們提供靈感。例如，在你們系統中的靈感就常是這種創造者的傑作。

你休息一下，我們再繼續。

（九點四十四分到十點。）

現在：這些「藝術形式」常常是實相本質的象徵性表現。依照覺知到它的人的能力，它們會被給以不同的詮釋。

在你們來說，它們可能是現場演出的「活劇」。但是，它們永遠是心靈的結構，存在於任何一個實相系統之外，但至少被許多人部分感知到。有些存在於你可能稱為星光層面（astral plane）的地方，你在睡眠狀態中去探訪時會感知它們。

（十點三分。我們的貓威立突然跳進了珍的懷中——正如牠在上一節裡所做的。我本能地相當大聲地跟牠說話，怕牠把珍嚇得脫離了出神狀態。我的聲音使珍的眼睛閃動了一下，但她繼續講話。威立跳了下來。）

當你在半睡半醒時，或在其他的解離時期，你現世的心智也感知到其他「藝術形式」的點點滴滴。有各種不同的多次元藝術，所以創造者在許多層面中工作。整個「基督」的故事就是這樣的一個創造。

（在十點六分停頓。我打了個噴嚏。自課開始後這不是我第一次打噴嚏。）

也有些人選擇作療癒者（healers），當然這涉及的範圍遠比你們所熟知的療癒要大得多。這些療癒者必須要能與「存有」經驗的所有層面打交道，直接幫助那些為「存有」一部分的「人」。再次的，這涉及一種貫通轉世模式的操縱，此處又再次涉及了很大的變化，療癒者對有種種不同困難的「轉世的自己」開始著手……

（我打了三次噴嚏。）你要休息一下嗎？

（「我想不要。」雖然我花了一分鐘來考慮。）

所涉及的療癒永遠是心靈上和精神上的，這些療癒者總是等著幫助你現在所知系統裡的每一個人，以及在其他系統裡的每一個人。

在更大的脈絡裡，有更多訓練的、高深的療癒者處置廣大人群的「心病」。還有一些人綜合了老師、創造者和療癒者的特質。其他人則選擇特別適合他們自己特性的發展方向。

我建議你休息一會兒。

（十點十五分。威立又再度亂搞起來，因此我把牠放在另一間房裡，關上了門。珍說她曾被威立和我的噴嚏所擾。她對我向威立的「近似吼叫」有模糊的印象。她說，我自己的能量今晚非常散漫：她感受到這點。我的確不在最佳狀況。當她在十點二十五分又開始後，我仍在繼續打噴嚏。）

可是，我並不想在本章討論意識的繼續存在或發展的目的。我只想說清楚進步的廣大可能性是可能的，並且強調每個人都有完全的自由這個事實。

意識的發展是自然的屬性、自然的階段，並沒有受到威逼。所有更進一步的發展是天生具備在你所知人格內的，即如成人天生就在兒童內。

至於這些對死後事件的描寫也許聽來很複雜，尤其是如果你已習慣了一個關於天堂或永遠的安息的簡單故事，可惜文字無法描寫我希望讓你們了解的許多基本要點。不過，在你內心，你就有釋出直覺而接受內在知識的能力。

在你讀這書時，文字是要使你釋出自己的直覺能力。當你在讀它時，你自己的夢將給你更多的資料，並且在你醒時會仍在你心內，如果你對它們夠警覺的話。對你所知的生命並沒有那麼簡單的結尾，(就)像天堂的故事。你有自由去了解自己的實相，去進一步發展你的能力，去更深地感受到你自己存在的本質原為「一切萬有」的一部分。

(十點三十四分。)那是本章的結尾，也是本節的結尾，除非你有問題。

(「沒有，我想沒有。」我太累而且不舒服。)

對你倆最衷心的祝福，晚安。

(「賽斯晚安。」)

現在：一個小註。你的一部分先前投射到你父親所在的醫院去了。魯柏感覺到你有一部分缺席了。你只是試想順道看望他。在你心深處，你奇怪不知他現在是否知道他曾得過乾草熱。而就是那個引發了那無意識的投射。

無意識的自己是我們課的一個很重要部分，也就是因為這個原因，魯柏才會感覺到你有一部分缺席了。現在晚安。

(「賽斯晚安，謝謝你。」)

（十點三十九分。為了很明顯的理由，課結束得比較早。賽斯關於我的無意識投射的資料非常有趣。像那一類的事件是很可能很容易地引起我的噴嚏。在我父親、我自己和乾草熱之間有很強的關聯。

（這是乾草熱的季節。雖則我現在不大受擾，在早年我曾深受其害。我第一次發作是三歲時。在差不多同時我父親永遠地擺脫了它。不久前賽斯告訴我，我父親把他的乾草熱給了我，而為了我自己的理由，我接受了那「禮物」。

（在那兒餘下的時間裡，我的病象逐漸地減弱了。）

第12章 轉世的人際關係

第五五〇節　一九七〇年九月二十八日　星期一　晚上九點三十五分

（從九月七日到十九日，珍和我作了七個城市的廣播、電視宣傳旅行，以推廣珍的書——《靈界的訊息》。我們發現這個經驗很刺激並具教育性；賽斯在波士頓的電視上現身說法，很受歡迎。

（自我們回家後，舉行了兩次賽斯課——來回答問題及處理因周遊而引起的其他事情。現在那些都辦好了，珍很渴望賽斯再開始寫他的書。

（卡爾與蘇．華京斯參與了這一課。蘇帶來一張問題單，我們把它加在我們本有的問題單裡。）

晚安。

（「賽斯晚安。」）

也祝旅行的朋友們晚安。我們將開始下一章，叫〈轉世的人際關係〉。

在你所有轉世的存在中，你一直在擴展你的意識、你的意念、你的感知、你的價值觀。你掙脫了自設的限制，而在你學會脫離狹窄的觀念與教條時，你精神上便有了成長。

可是，你學習的速度完全看你自己：對善惡的狹窄、教條性或死板的觀念會妨礙你。如果你不選擇在精神與心靈上有彈性的話，關於存在本質過於狹窄的觀念可能跟隨你幾世之久。

這些死板的概念的確可以像牽狗的皮帶一樣，使你被迫像被縛的小狗般繞著很小的圈子打轉。在這種情形，也許在一組的人生裡，你發現自己一直在與善惡的概念打仗，繞著一個困擾、猶疑和憂慮的圈子打轉。

因為「物以類聚」之故，你的朋友和熟人也都會關心同樣的問題。因此，我再一次告訴你，你們對善惡的許多概念是極為扭曲的，遮蔽了所有你對實相本質的了解。

如果你在心中形成了一個罪惡感，那它對你就是個實相，你必須去解決它。但你們許多人為了不充分的理由形成罪惡感，而你們沒道理地為自己套上這罪惡感的鞍。在你們行動的次元裡好像有各類荒唐的罪惡。讓我告訴你們，恨一種惡的人只會創造出另一種惡來。

（九點四十五分。）由你們的參考點內，你們常常很難知覺到，所有的事件都是為達到創造性，或信賴你們自己天性中即興的創造性。在你們的系統內，殺戮顯然是個道德上的罪，但為懲罪而處死另一個人只加重了原先的錯誤。有個建立了一個教會——如果你要的話，可說一個文明——的有名人物一度曾說：「如果有人打你左臉，就轉過右臉讓他打。」不過，那句話的本來意義應該被了解。你應該給他另一邊臉，因為你領悟到基本上打人的人只是打他自己。

那麼你就自由了，而那個反應是個適當的反應。可是如果你沒有這個了解而心懷怨恨的給他另一邊臉，或如果你出自一種假道學的優越感而給他另一邊臉，那反應就一點都不合適了。

所有這些都適用於你轉世存在中的人際關係上，並且當然也與你目前的日常經驗極為相關。

如果你恨別人，只要你讓那恨在你心中燃燒多少輩子，那恨就可以把你跟他綁在一起多少輩子。在這一生及所有的來生中，你的注意力集中在哪些特質上，就會吸引那些特質到你身上。如果你極關心那些你覺得別人加諸於你的不公平，那你就會吸引更多這種經驗，而且如果這繼續下去，那麼它將會反映在你下一生中。不過在每世之間確實有「時間」來了解與沉思。

但是那些在此生不利用這種機會的人，通常在此生結束時也不會這樣做。意識會擴展。它會創造。它會盡全力這樣做。可是並沒有在你自己之外的力量來強迫你了解或面對這些問題。

那麼，說「當這一生過去了，我會回顧我的經驗，而修正我的道路」是沒用的。這就像一個年輕人說：「當我老了，退休了，我會去用我現在沒去發展的那些才能。」你現在就在為你的「來」生布置舞台。你今日之所思，不管怎麼樣總會變成造就你下一生的料子。沒有神咒可令你聰明，可使你充滿了了解和慈悲，可以擴展你的意識。

（九點五十八分。）你的思想和每日的經驗包含了那答案。在此生的任何成功、任何能力都是由過去經驗中努力獲得的，它們理當屬於你，你曾努力工作以發展它們。如果你看看身邊的親人、朋友、熟人和事業上來往的人，你也可以看出你是個怎樣的人，因為「物以類聚」，你們彼此吸引，由於非常基本的內在相似處。

如果在一天中不同的時候，你花五分鐘檢查一下你的思想，一個月做好幾次，你就的確會對你到此為止為自己安排的下一生是哪種生活，收到一個正確的印象。如果你不喜歡你所發現的，那你最好開始改變你的思想和情感的本質。

如你在本書後面一點會看到的，你能做得到。沒有規定說，在每一生中你必須再遇見以前所認識的人。但由於同類相吸的天性，事實卻往往如此。

你可以休息一下。

（「謝謝你喔。」我開著玩笑。

（幽默地：）因為你是我這麼好的朋友，我不叫你一直忙著。

（「感激不盡。」

（十點四分。珍的步調很好，停頓很少。在休息時我們四人談到上週六晚上的活動：我們跳完舞後，又在托比的酒吧與烤肉店享用辣香腸胡椒三明治來結束那個晚上。）

現在：我可比不過香腸三明治但是你們現在並沒有香腸三明治。我們繼續口述吧。

你生在你現在這個家庭裡也許有很多理由。但在你死後，你也許發現與過去某一生的某個人有更強的情感關係。舉例來說，如果你結了婚，而與你的配偶並不真正的融洽，那麼在死後你也許會發現一個過去的太太或丈夫在等著你。

常常，形形色色的團體——軍事團體、教會團體、狩獵團體——的成員會在另一生中形成家屬關係，然後再以新的方式解決他們舊的問題。必須把家庭視為心靈活動的完形；家庭本身有一個主觀的身分，這團體中卻沒有任一個成員對此點有所覺知。

家庭都具有潛意識的目的，雖然家庭中的單獨成員可能會追求這些標的卻完全不自覺。可以說，這種團體事前在兩次肉體存在之間便已設立。往往四或五個人為他們自己設定某一項挑戰，而分配給每個成員不同的角色去扮演。然後在一次具體的存在中，演出這些角色。

「內我」對這些家庭完形背後隱藏的機制總是知覺的。那些曾被情感緊緊綁在一起的人，常喜歡在許多生中維持或親或疏的實質關係。不過，新的關係總是被鼓勵的，因為你可以有向內擴大的轉世「家庭」。這些「家庭」有許多形成了實質的組織，那實際上是內在集團的外在顯現。

先前我說到對於「對錯」的死板觀念，只有一個辦法避免這個問題。只有真正的慈悲和愛，才能導致對善的本質有所了解，也只有這些品質能用以消滅對惡的錯誤而歪曲的觀念。

（十點二十八分。）簡單的事實是，只要你們一日相信「惡」這個觀念，它在你們的系統內就是一個真實的存在，你們總會發現它示現出來。因此，你們對它的相信看起來非常合理。如果你們帶著這觀念經過以後的世世代代、經過轉世，那你們就增加了它的真實性。

讓我試著闡明我試想告訴你們的。首先，愛永遠牽涉到自由。如果一個人說他愛你，卻不給你自由，那麼你往往會恨他。但因他所說的，你又不認為你有理由恨他。這類情感的糾纏不清本身能導致好多生的持續糾葛。

如果你恨惡，那就要小心你對「恨」那個字的觀念。「恨」會局限你，把你的感知弄狹窄。它的確像一面黑暗的玻璃，使你所有的經驗都染上陰影。你將發現你恨的東西越來越多，而且把所恨的因素帶入了你自己的經驗。

舉例來說，如果你恨父母，那你變得很容易恨任何父母，因為在他們臉上，你看到並投射了那最初觸犯你的人。在接下去的生生世世中，你也可能被吸引投生在一個令你發生同樣情感的家庭裡，因為那情感即為問題所在，而非那些似乎惹起它的因素。

如果你恨疾病，你也許會給自己帶來患病的來世，因為那恨把它吸引到你那兒。如果反過來你感覺……

（十點三十五分。珍，身為賽斯，忽然中斷了。我們的貓威立從假寐中醒來，跳上了她懷裡。我把牠抓起來，但牠的爪子抓到珍的腿，使她脫離了出神狀態。我把威立放進壁櫃裡。珍安靜地坐著，然後繼續口述。）

如果你擴展你的愛、健康與存在的感覺，那你在此生及來生中就被吸向那些品質；再次的，因為它們是你所專注的事。痛恨戰爭的一代（珍看著卡爾）並不會帶來和平，愛好和平的一代才會帶來和平。

不論為了任何主義、人民或任何理由懷恨而死，都會吃大虧。你現在有各種機會以更有利的方式來重創你的個人經驗，並改變你的世界。

在下一生裡，你將以你現在的那些態度來做事。如果你現在堅持懷恨在心，你非常可能繼續這樣做。在另一方面來說，那些現在所獲得點點滴滴的真理、直覺、愛、快樂、創造力和成就在那時將有助於你，就像現在一樣。

你明白嗎？它們是唯一真相。它們是存在的唯一真正的基石。像魯柏有次說的，恨一個暴風雨或對它搖拳頭咒罵是愚蠢的。如果你想到小孩子或土人做這種事你會發笑。把暴風雨擬人化而當它是個惡魔，專注於它的破壞性因子，或那些在你看來是破壞性的因子，是無用的。

形式的改變並不是破壞性的。暴風雨的爆炸性能量是極具創造性的。意識不會被消滅。暴風雨是創造力的一部分。你們都由自己的角度去看它，只不過一個人會感覺到在暴風雨內創造力的無窮循環，另一個人則將之擬人化當作是魔鬼的傑作。

透過你所有的生生世世，你都會以自己的方式來詮釋你所見的實相，而那方式會對你造成影響，依序也會影響他人。一個真的懷恨的人，立即讓他自己變成了這樣：他按照自己有限的了解去預先判斷實相的本質。

在這談轉世的一章裡，我特別強調「恨」這個問題，因為它的結果可能如此的悲慘。一個懷恨的人總相信自己有理如此，他絕不恨任何他相信是好的東西。所以，他認為他恨得很公正，但這「恨」本身會把他據為己有，生生世世地跟隨他，直到他學到只有恨本身才是毀滅者。

現在你們可以休息一會兒。開始閒聊吧，我會聽著。

（「**好的**。」）

你懂得我說的這些嗎？

「沒問題。你為什麼問?」

(幽默地，向前傾:)你們是我的第一個讀者。

(十點五十一分。休息時間在蘇和卡爾的笑聲中開始。珍的步調大半時間都很快。在十一點八分以同樣方式繼續。)

現在:我絕無意打斷你們有益教化的對話。記住你們所專注的話題，留待以後再談吧。現在我們繼續口述。

我想說清楚，去恨這「恨」也沒有好處，你還是落入同樣的陷阱。

不論你能否感知到「惡」被化為創造力的方法，所需要的是:對生命力本質的基本信賴，並且有信心，相信經驗的所有成分都被利用去達到更大的善。你所愛的在此生與在其他生生世世中，也都會成為你經驗的一部分。

該記住的最重要概念是:沒有人把任一生的經驗拋在你身上。它是忠實地按照你自己的情感與信念而形成的。**(身為賽斯，珍有力地傳述這資料，她的步調快速。)**由你的存在這個簡單的事實裡就可以明顯地看出，愛和創造的偉大力量與能量。這就是常被遺忘的真理——意識與存在(的組合)繼續下去並且吸收了那些在你看來似如此具破壞的成分。

(在十一點十三分停頓。)如果你相信恨，恨的確很有力量，但你雖恨生命，你仍將繼續存在。你們每一個人都曾訂下約會，而後忘了它。它們是在你誕生入這個存在之前就簽好字的，可以這樣說。因此在許多情形，你所交的朋友，早在你此生遇見他們之前，已與他們很親近了。

這並不表示，在你目前的交往關係中的每一個人都是你以前就認識的，而當然它也不暗示一張令人厭煩的唱片在一遍又一遍地重播，因為每次相遇以其方式來說都是新的。請回想一下我所說的關於家庭轉世的情形，而領悟到一個村鎮可能也是由其他這樣的村鎮的過去居民所組成，帶著新的經驗與背景移居到此。當這團體在嘗試不同的實驗時，就可能這樣做。

且說有些時候也有這樣的變化：現在的某一特定城鎮的居民，可能是曾居於一六三二年一個愛爾蘭小村的居民轉生而來。他們可能是換到愛達荷州的一個鎮裡。

有些想由「舊世界」旅行到「新世界」的人，可能在「新世界」中轉生，你們也必須記住前生的才能在此生也可供你使用。你收穫自己的回報。有關這些事的資料常在你的睡眠狀態中給你，有一種完形的夢，一種「根源夢」，過去生生世世中彼此相識的人現在藉它來溝通。

在這種夢中，給了一般性的「大眾資料」，個人然後照他們所願的去用它。好比說，當一個鎮的團體成員們決定那個鎮的命運時，就放出了整體的發展計畫。有些人總是選擇誕生為某個團體的一份子——換言之，與過去同時代的人一起轉生，而同時另一些人則輕視這種作法，而以孤立得多的姿態回來。

（十一點二十五分。）這是個心理上的感覺問題。有些人在這種情況下比較輕鬆、比較有信心、也比較能與其他人合作。你可以拿下例來作個比方：小杜跟著他的幼稚園同班同學一直同班到高中畢業，在一個轉世的情況下，他總會選擇與同伴們一道回來。可是，其他人就情願由一個學校跳到另一個學校，獨來獨往，而且相對來說，有更大的自由、更多的挑戰，但是他們沒有其他人選擇的那種讓人舒服的安全架構。

在每種情形下，個人才是審判者，不只是接續的每一世，它的時間、環境與歷史日期的審判者，也是每一世的整體特性和實現方法的審判者。因此有多少個內我，就有多少種不同的轉世方式，而每個內我會選擇自己個別的方法。

這章既已開始。我就可以結束此節了。我有個感覺，我們無論如何都會有些額外的課。祝我在這兒的朋友晚安；當你倆下次再出遊時（賽斯曾助卡爾和蘇作靈體旅行），我希望你們隨身帶著你們的記憶力——你（對我）也一樣。

（「好吧。賽斯晚安，謝謝。」）

（十一點三十四分。珍的出神狀態一直很深，她的眼睛非常大而黑。她告訴我們：「賽斯仍在這兒。」）

（現在我們四人之間開始了一個起勁的對話。蘇提起人口過多的問題。她奇怪怎可能如此：如果某一個數目的「本體」負責我們物質世界的創造，那麼額外的人是由哪兒來的？我告訴她，按賽斯所說，組成本體的每一個人格，能隨它選擇要多少次以肉體形象顯示它自己。然後在十一點四十分賽斯打斷了我們。）

現在：等我們一會兒。（停頓。）首先，作為一個種族，以普通的說法，你們把自己認作是與其餘的自然和意識分離的。

你們自己族類的倖存是你們最主要關切的。對別的物類你們只考慮它們對你們有什麼用而已。你們對所有意識的偉大神聖性，以及你們在其中的關係並無任何真正的觀念。你們對那偉大的真理是越來越不了解了。

在目前的情況裡，你們仍在繼續那個概念——只管人類的倖存而無視其後果，即改變環境以適合你們自己的目的；這會導致你們不顧靈性的真理。

因此，在物質實相裡，你們正看見其結果。且說，那些回到人間來的人，是為了好些種不同的理由而回來的。有些便是因為這種態度而被人世生活所吸引。他們是那些在你們所謂的過去為肉體存在奮爭、而不顧其他物種權利的人。他們因受自己欲望的驅使而回來。

人類必須學會尊重個人的價值。人類也在學它對其他物類的依賴，而開始理解它在物質實相整個架構中的角色。

現在：有一些人在這個時代誕生，只是為了要幫助你們了解真相。他們在逼你們面對問題，逼你們面對危機，因為你們仍有時間來改變你們的方式。你們正在努力解決兩個主要問題，但兩者都涉及了個人的神聖性，以及個人與他人和所有實體取向意識之間的關係。

戰爭的問題早晚會教你們，當你殺了另一個人，基本上結果是你在殺自己。人口過剩的問題會教你，如果你對居住的環境沒有一種關愛之情，它將不再供養你——你們不配得到它。你懂嗎？你們不會毀滅這行星，你們不會毀滅花鳥、五穀或動物。你們配不上它們而它們會毀滅你們。

你們在你們的參考架構內為自己設立這問題。除非等到你們確實看到自己有把「自然架構」撕破的危險，才能了解你們在自然架構內的角色。你們不會毀滅意識，縱使是一片葉子的意識，你們也無法消滅，但就你們的情形而論，如果問題沒解決，這些意識都將由你們的經驗中消褪。

不過，這危機也是一種治療法，它是你們因為自己需要而設的一種教學方法。在你們人類出發到其他的物質實相去以前，你們現在就需要它。現在，在你們還沒旅遊到其他世界之前，你們必須在自己的後院裡學到教訓。因此你們為了那個目的而把這問題惹到自己身上，你們會學到的。（在十一點五十五分結束此節。）

第五五一節　一九七〇年九月三十日　星期三　晚上九點十七分

現在，晚安。

（「賽斯晚安。」）

我們繼續口述。

在每一生中，你應該檢查外在的環境以便習知你內在的情形。外在即內在的一個反映。你應了解你內我的天性，而表之於外。當你做到了這個，當內我對自己的天性和能力變得比較明瞭時，外在環境應會好轉。那麼，理論上說，在每一生你會變得更堅強、更健康、更富有、更聰明，但為了許多理由，事實卻並非如此。如我以前說過的，許多人格採取了各種不同的經驗，也許在一連串的轉生中都專注於某個特定區域的發展，而忽略了其他的。

並沒有意識會有相同的經驗或給它同樣的詮釋，因此每個人各以自己的方式利用轉世的機會。比如說，性別的改變是必要的。有些人在每一生都改變性別。其他人則有一串的女性生活，然後一串的男性生活，或反過來。但全部的轉世架構一定要涉及兩種性別的經驗。

若遵循一個「單一性別」的路線，能力無法得到發展。一定要有為母與為父的經驗。當你到達那一點，即當你悟到你在形成你日復一日的存在以及你所知的生活時，你才能開始改變自己精神上與心靈上的模式，因而改變你的日常環境。

（九點二十五分。）不過，這個領悟，應與一個對內我能力的深刻直覺知識齊頭並進。這兩個因素在一起，能把你從任何由前生而來的困難中解脫出來。你人生的整個結構將隨這些領悟而開始改變，發展出精神上與心靈上的加速成長。

就你現今的人際關係、心態與經驗而言，都有一個內在的邏輯。比如說，如果在某一生中你恨女人，很可能在下一生你就是個女人。你明白嗎？只有以這方式你才能體會做女人的經驗，然後做為一個女人去面對那些你過去所有反對女人的態度。

如果過去對病人沒有同情心，那麼你可能帶著重病出生，也是你自己選擇的，於是你發現自己遭遇到那些一度為你自己所有的態度。不過，這樣的一個人生，通常也還會包括其他的課題。沒有哪個人生是只為一個理由而選擇的，它也會提供許多其他的心理經驗。

舉例來說，患慢性病的一生可能也是一種磨練方法，使你能用到你在健康良好的一生中所忽略的更深能力。比如說，完美快樂的一生，在表面上也許顯得極好，但它也可能基本上是淺薄的，對發展人格無甚助益。

可是，真正快樂的一生是深深令人滿足的，應該會包含了自發的智慧與心靈的喜悅。換言之，我不是說受苦必然會導致精神上的成就，所有的病痛也不是只為這樣一個目的而被選擇和接受的，因為事實並非如此。

（九點三十五分。）疾病常常是無知和懶惰的精神習慣的結果。但是某種因其他的特性而必須對自己採取強烈手段的人，可能採用這樣的訓練。在生生世世中有一個整體的人際關係模式。然而這並不指你與同樣有限的、熟悉的幾個朋友去經歷各個不同的人生，只是像換上了不同的面孔或服飾的演員一樣。

一群人在各生中為了某種目的而相聚又分離，也許會也許不會在一個不同的時地再聚。但是，再次的，這並沒有固定的規則。有些家庭真的是他們祖先的轉世，但這絕非慣例。深刻的關係多少會繼續，而其他的就消失了。

我要表明的一點是：發展與求知的機會在這一生、這一刻就存在，就像將來也會有一樣。如果你現在忽略了日復一日的發展機會，沒有人能在你死後或兩生之間強迫你接受並利用更多的能力。在死後經驗中有老師在那兒，但在你現在的存在裡，老師也在那兒。

有些家庭在某個特定的一世裡相聚，並非因為在一個過去的存在中有很大的吸引力或愛，卻是為了相反的理由。那麼，家庭可能由過去不喜歡彼此的個人所組成，以密切的關係相聚，再為了一個共同目的而一同努力，學著更了解彼此，而在一個不同的情形下把問題解決。

每一代有其共同的目的。就是這個──使內在知識完美，使它盡可能忠實地向外具體化到這世界。世代以來如你們所知的具體景象的改變，代表在各個不同的時期裡活在世上的每個人內心中閃現過的內在形象。

現在你可以休息一會兒。

（九點四十八分。珍講得一直很快，但即使如此，她說她的出神狀態不如平常那樣深。在我們公寓外的通道上，人來人往的聲音干擾到她。通常她不會注意到像這樣的事。在十點五分繼續。）

你沒必要知道自己的前世，雖然如果你了解這次你選擇了你誕生的環境也許有益。

如果你現在仔細地檢查自己的生活，你為你自己設下的挑戰會變得很明顯。這不很容易做，卻是每個人都能做到的。如果你把自己由怨恨中釋放出來，那麼你便自動地把自己由將來任何的這類關係——或任何根植於怨恨的經驗——中釋放出來。

知道你的轉世背景，卻不知現在你的真正天性是沒有用的。你不能說：「這是因我前生所做的事。」而使目前的環境合理化，因為現在在你內心你就有改變負面影響的能力。你可能為了某種理由而把負面的影響帶入你的生活，但這理由永遠與了解有關係，而了解移開了那些影響。

你不能說：「窮人之所以窮，只因他們選擇了貧困，因此我不必去幫助他們。」這種態度很容易在你下一次的經驗中使你吸引到貧困。

（十點十三分。再一次的，當我們的貓威立跳入她懷裡，珍的出神狀態被打斷了。我再一次地把它放進壁櫥裡，同時珍給我一個無可奈何的眼色。事實上威立不常打擾我們；但我現在心中暗自記住以後我們要回到我們的老法子，在課前把牠放在另一間屋裡。當一九六三年這些課開始時，威立曾慣於有強烈的反應。在十點十五分繼續。）

即使在轉世輪迴結束時，每個人的成就也不一樣。有些人擁有某種特質，那是在人類經驗中找不到可以類比的。對各種不同的人，人世生活本身也有不同的效果。有些人發現「人生」是極佳的表達與發展的媒介，對他們很合適。他們有技巧以具體的方式表達自己，把內在感覺忠實地客觀化。別的人覺得很難，但就是這些人可能在其他層面的實相裡做得好得多。

有些「堅韌的靈魂」在物質實相中活得健旺，而他們可能有困難適應其他非物質的活動區域。可是，在所有這些區域，深刻的心靈上或情感上的情況永不會被否定。在往世中很密切的朋友，如果他處在能這樣做的情況，當你在夢境時會常常與你溝通，而你們的關係仍在繼續，雖然你意識上不覺得。

在無意識的基礎上，你會知覺你過去認識的一個人轉世為人。當然，你在夢中所遇見的陌生人，也往往是你在前世中已認識、現在活著的人。

也有短暫的關係，接觸了，然後作罷了。例如，任一生的配偶，也許代表或也許不代表某個與你有過很深的歷久不渝關係的人，你也同樣可能因前生極曖昧的感覺而與某人結婚，選擇了一個不建立於愛上的婚姻關係，雖然愛可能會出現。

附帶地說，雙生子幾乎永遠涉及了一個具有極強烈——有時是執迷的——性質歷久不渝的心靈關係。我現在說的是同卵雙生子。

我建議你休息一下。

（十點二十九分。顯然今晚不怎麼順，珍再一次在回過神來時說，她知覺到在我們客廳門外的往復腳步聲。我曾希望她這次的出神狀態深些。在十點三十七分繼續。）

轉世的目的也有很大的不同。我要強調轉世是人所用的工具，他們每個人按自己的方式用它。有些人喜歡做女人，或對男人的生活更喜愛。雖然兩者都必須經過，但仍有很大的選擇與活動的範圍。有些人在某一方面會有困難，而在其他方面相當輕鬆地發展。

因為挑戰與環境是由人選擇的，所以絕不涉及命定（predetermination）。舉例來說，有些問題可能被延緩好幾生。有些人則想要解決他們最嚴重的那些問題，也許在一系列相當折磨人的人生和誇張的環境裡，把它們解決掉。

其他性情比較沉著的人則一次解決一個問題。也許中間還休息一段時間，這是非常有治療作用的。例如，一個人可能選擇一次問題極少、極美好的、令人滿足的一生，當作是集中了所有挑戰的一生的前奏，或是為了補償前一世的困苦，自己給自己的一種報酬。然而，那些徹底享受物質媒介而不為之所迷的人的確是做得很好。轉世的「法則」是個人隨他的需要而加以改編的。

我建議結束此節，除非你有問題。

（「沒有。」）

我最衷心的問候。

（「賽斯晚安。」）

（「十點四十七分。珍的出神狀態後來終於改進了。她說：「我剛開始感覺我在進入一個更深的境界，至少我什麼都不覺得——但現在全完了……」）

第13章 轉世、夢以及自己內在隱藏的男性與女性

The Eternal Validity of the Soul

第五五五節 一九七〇年十月二十一日 星期三 晚上九點三十分

（自九月三十日以來，賽斯曾上了兩堂ESP班的課；為我們的朋友約翰・巴克雷——他將遷往內華達州——上了一課；為珍和我上了兩課，談有關我們因這資料而在從事的工作；並且又一次在電視上透過珍講話——這次是在我們重訪華盛頓特區的一家電視臺時。

（這個月初珍和我買了一本文選，包括了死於一九六一年的瑞士精神分析家卡爾・榮格（Carl Jung）寫的一長段。當珍還沒看完這一部分之前，賽斯就在十月十九日第五五四節中建議珍把那書擱在一邊：「暫時放下榮格。」但他並沒有詳加說明。無論如何這並非珍首次接觸榮格的著作。

（留意賽斯如何從像榮格這樣的資料「起飛」的方式是很有趣的事，他把它演繹開來，而將他自己的概念與詮釋包括進去，如他在本章中所做的。

（下了一整天的雨。珍今天去看了整脊師，感到非常的放鬆——如此放鬆以致我必須問她想不想上課。她說她想要。她兩眼半睜，當課開始時，她的聲音非常溫和，幾乎是聊天的口氣。）

晚安。

（「賽斯晚安。」）

現在：我們開始口述。

（我想獲知賽斯對珍的身體狀態的反應：「你覺得怎麼樣？」）

我覺得很好。不過有一點我要告訴我們的朋友：他最好別在下雨天去看「整脊師」。

（「為什麼呢？」）

部分是因為那整脊師提到的肌肉反應，部分是因為在晴天身體的療病機制運作得更有效些，在治療後他會更快地復原。無論如何有一點好處：他這回按照醫囑休息了（整整一小時）；因為他覺得有此必要。

（「你是否寧願放棄今晚的課？」）

我們上課沒問題。不過為此今晚將是一堂短課，卻是很好的一課。可是我想要對剛才那些聲明詳加解釋。

當然這樣的一次治療，引起了對組成脊椎的原子結構（atomic structure）的操縱。電性反應會因氣候與大氣的情況而有所不同。在雨天，原子結構本身之內有更多的電阻像是一種延遲反應，在身體來說幾乎不能覺察——可能在脊椎再平復到應該在的位置前會拖延一段時間。

在它們進入應在位置的同時，還是有持續的活動。在晴朗的天氣，「反應延遲」的現象少得多，而受到刺激、擾動的原子能更快地平復下來。

現在：我們的下一章要叫做〈轉世、夢以及隱於自身之內的男性與女性。〉

（到現在珍的步調加快了許多。）

如我先前提過的，每一個人都經歷過男性與女性的生活。照例，對這些，你們並沒留下有意識的記憶。為了防止一個人與他現在的性別過分認同，在男人內住著一個內在的女性化身（an inner personification of femaleness）。這在男性內的女性化身，就是榮格所謂「女靈」（anima）的真義。

因此，在男性內的「女靈」，是「內我」曾涉及所有先前的「女性生活」在心靈上的記憶與認同。在這「女靈」內包含了對現在這位男性過去女性歷史的知識，以及對此人天生稟賦的所有女性特質的一種直覺了解。

因此，這「女靈」是一個重要的保障，阻止這男人過分認同於經由目前背景、環境和教育而強加於他文化上的男性特質。這女靈不但會影響個人，也影響到群體文明，柔化強烈的攻擊傾向，並且在家庭關係中作了與女人溝通的橋樑，當它透過藝術和語言而應用在傳播和溝通方面時，它也是橋樑。

因此，男人常夢到自己是女人。他作這種夢的特別方式，能告訴他許多關於他生為女人時的轉世背景。男性與女性顯然不是相反的，而是相合的傾向。女祭司、母親、年輕的女巫、妻子以及有智慧的老婦——這些一般型乃是原型（archetypes）。只因它們是「根元素」（root elements），象徵性地代表各種不同的所謂女性特質，以及男人所曾經歷過的各種不同女性人生。

當然，它們也被女人經歷過。然而，女人們不需被提醒她們的女性特質，但同樣的，為了使她們不致與她們目前的性別過分認同，在女人內有榮格所謂的「男靈」（animus）或隱藏的男性。同樣的，這又代表了自己所曾涉及的男性生活——少年、祭司、富攻擊性的「叢林男人」，以及有智慧的老男人。這些類型一般性及象徵性地代表了目前這女人過去所活過的男性生活。因此，透過研究在其中出現了這些類型的那些夢，或在其中她們自己以男性姿態出現的夢，女人可以對她們前世做男人的生活學到很多。

經由所謂的女靈與男靈，目前的人格便能汲取前世作為另一性別的存在所獲得的知識、直覺與背景。舉例來說，在某些情形，這女人可能做得過分而誇大了女性特徵。在那種例子裡，男靈或她內在的男性便來幫她的忙，由夢境帶給她一大堆的知識衝擊，而結果帶來補償性的像男人樣的反應。

當男人不論為何理由而過分認同於他所認為的男性特徵時，也會有同樣的情形。女靈或內在的女人會促使他作補償性的行動，引起一大股直覺的能力，帶來創造性的成分以抵銷攻擊性。

理想地說，不加干擾的話，這些運作的結果應該是一個平衡的個人與群體，永遠創造性地利用攻擊性，就像它的確可能是並且應該是的樣子。

你可以休息一下。

（十點二分。「很好。」在珍脫離出神狀態時我對她說。她說：「是啊，我能感覺到它很棒，因為他還有許多要說的。」但她看來如此無力，眼皮沉重，如此眼神朦朧卻放鬆，以致我懷疑她

是否可能保持清醒繼續下去。在十點二十一分以同樣方式繼續。）

現在：男靈與女靈自然在心靈上是高度充電的，但這心靈電荷的源起與內在的著迷，則是與這些擬人化異性特徵十分合理的內在認同的結果。

（**步調較慢。**）可是，它們不只在心靈內有一個真實的存在，它們還被「內我」以遺傳式的密碼資料深記在心——對過去心靈事件的遺傳性記憶——轉移到組成身體的那些細胞的遺傳性記憶裡。

每個「內我」採用一個新身體的時候，便將它所曾涉及過的以往身體記憶強加於新的身體上，強加於它整個的遺傳構成（genetic make-up）上。不過現今的特性通常掩蔽了過去的。它們是主宰性的，但其他的特性是隱性並且存在的，天生就在模式之內的。因此，現在身體的肉體模式具有自己過去肉體在遺傳上的記憶，並且包含了其優點與缺點。（**十點二十九分。珍揉揉眼睛；她說得很慢，常常中斷。**）

我將盡量予以簡化。在身體內現在有許多看不見的層次。你可見的最上一層當然是代表目前的肉體形相。但陷在其內還有些可以說是看不見的層次、「陰影」、隱性的層面，代表了曾屬於此人的先前肉體形相。

可以說，它們被暫時擱置著。它們與現在身體的原子結構有電磁性的聯繫。按你們的思想方式來看，它們會是沒對好焦點而不明確的。可是，它們是你們心靈遺產的一部分。你常可喚起先前身體的一個過去的長處，來助你彌補目前的弱點。因此，身體不只生物性地帶著它自己這一生過去情況的記憶，而且那些在先前的轉世中，此人所形成的其他身體記憶，也不可抹煞的與它實質在一起。

女靈與男靈和這些內在的身體意象密切相連。這些身體意象在心靈上是高度帶電的，同時也在夢境出現。它們為了阻止你與現在的身體過分認同，而有補償和提醒的作用。

當然，它們是男性也是女性。當你生病時，在夢中你常會感覺自己彷彿是有完全健康身體的另一個人。這種夢常有治療性，一個「老些的」轉世身體來幫你的忙，而你經由對它的健康記憶而汲取力量。

（十點四十四分。）我們要結束這一節，下次再繼續我們的資料，除非你有問題。

（「我沒有問題。」）

那麼，給你倆我最衷心的祝福，並祝一個美好的晚上。

（「賽斯晚安。非常感謝你。」）

（十點四十五分。一旦離開了出神狀態，珍說她現在與課開始前覺得一樣好，甚至更好。她對這突然的結束感到驚訝。在課中她感到「完全被動」，而在課進行時，我聽到她的步調越來越慢。）

第五五六節　一九七〇年十月二十六日　星期一　晚上九點八分

晚安。

（「賽斯晚安。」）

現在：我們繼續口述。

轉世經驗是「自己」這個架構的一部分，是活生生的心靈多次元實相之一面。因此，這些經驗不只會在夢境，也會在其他的活動層面裡反映出來。

「目前的自己」這塊衣料是這些轉世的「過去」交織在一起的，而從這些前世，「目前的自己」無意識地由它自己的倉庫提取人格的特性、活動與洞見。往往前世記憶浮現到表面卻沒被認出，因為它們以幻想的方式出現，或被投射成藝術的創造。

舉例來說，許多寫歷史故事的作家，是根據他們在那個時代的直接經驗來寫作的。這種例子代表目前的自己和無意識之間有著合作無間的關係，進而把這些記憶帶到了表面，使現在的生活更形豐富。這個人多半變得幾乎是有意識地真正覺察到這個情況，而且就在覺察之下，他也知道他真實可靠的資料來源。

在夢中，這轉世資料也同樣常常被鑄入戲劇的模型中。在所有這些之下，女靈與男靈攜手合作，再次的，不是彼此對立的而是融合的特性。當然，結合在一起時，它們代表了心靈上也是肉體上的創造之源。

女靈代表了那個必要的最初「內向性質」（inwardness），深思的、關心的、直觀的、轉向內的特性，創造力來自其中的向內貫注。

「被動」（passive）是對女靈特性的一個很差的形容詞，因為它暗示了「缺乏行動」，而事實卻遠非如此。的確，女靈許可它自己承受別人的行動，但其後的動機是調整自己以與威力極強的其他力量一致的願望和必要。因此，女靈想被捲走（swept along）的願望和相對想休息的願望一樣強烈。男靈的特性則供給了攻擊性的衝力把人格再往外推入肉身活動去，成功掌握因為女靈特性而保有的創造物。

「全我」顯然是這些特性的總和，還要更多。在最後的轉世之後，肉體的、有性別的創造形式就不再必要了。換言之，你不再需要肉體上的生殖。簡而言之，「全我」包含了男性與女性的特性，很精細地互相調節、混合，以使「真正的本體」於焉升起——因為當一組特性必須被強調超過另一組時，就如在你目前的人間生活中必須如此的，真正的本體無法升起。

（**九點三十分。**）為什麼在你們的次元裡採用了這種分離是有許多理由的。這些理由與人類選擇如何去演化和運用能力的特定方式有關；對此點我將再加說明，但它不屬於此章。

男人的女靈或隱藏的女性自身，投射到〔他的〕人際關係上是十分自然的，容許他不止對那些關係更了解，並且能與他自己做為其他女性的人生相關聯。女人投射其男靈在男的親人與朋友身上也是一樣的。女靈與男靈的真相比榮格所假設的要深奧得多。象徵地說，兩者會合起來代表了具有多種能力、欲望與特性的全我。

它們一起充作一個與生俱有的、無意識的穩定因素，不但在個人上，並且在文化上運作於你們文明的面貌之後。

如你所知的「人格」無法被了解，除非把女靈與男靈的真正意義納入考慮。一般說來，轉世的模式是開放的，即在其內還有種種變化的餘地。每個全我有它自己的個人特性。在指導大綱之內，它可以按它認為合適的方式選擇每一世的生活。可能有一連串沒有打斷的男性或女性人生。這樣的選擇有些缺點。

不過，並沒有法則來強制在不同轉世裡的性別發展，除了你必須接受兩種性別的經驗，並且發展種種不同的特性。這並不是說你必須經歷同樣數目的男性或女性人生。舉例來說，有些人發現做為某一性比另一性容易發展得多，他需要在他感到困難的那個性別上有更多體驗的機會。

當選擇了一連串單一性別（one-sex）的人生時，男靈與女靈在這種例子裡就變得更重要了。男靈與女靈的原始模式來自尚未開始轉世的全我。男靈與女靈隨著個人第一次的肉身生活一同誕生，而作為一個內在的模式，來提醒這人格它基本的統一性。這就是為什麼在這些象徵後有強烈的心靈能量，以及他們能轉移與投射這種如神般的特質的另一個理由。

（九點四十八分。）男人渴求女靈，因為對深處的無意識而言，它代表了那些全我的其他特性，一方面潛隱不顯，一方面又掙扎著想獲釋。這兩者之間的張力，使得他以創造性來緩和攻擊性，或創造性地利用攻擊性。

其實，在這些象徵與人類所捲入的奮鬥之間有很深的關係。如你所知你的意識，你們目前特定的這種意識，是由一種特別的張力，一種由全我的真正無意識裡升起的特定焦點，所帶來「知覺」的一個聲明。

（珍，身為賽斯，自九點八分課開始後講到現在沒有休息過，現在是九點五十四分。）

我知道你累了。

（「我沒事。」）

真正的無意識並非無意識。相反的，它是如此極深的、無法形容的有意識，以致它洋溢出來。你所知的生活僅只是它在其中有意識的許多區域之一。在它所意識到的每一面，真的必須維持極大的力量與平衡，以使這特定的意識——經驗與所有其他的分開。

（九點五十八分。）你們的實相存在於一個特殊的活動區域，在其中攻擊性的品質、向外衝刺的特性是絕對必要的，以防止你落回到你最近才由其中冒出頭來的無限可能性裡。但由這無意識的「可能性之溫床」，你得到你的力量、你的創造力，以及你自己那種既脆弱又有力的個人意識。

採用了兩性的區分，來分隔與平衡這些最為必要卻看起來相反的傾向。只有初級的意識需要這種控制。因此，女靈與男靈深嵌著與它們顯然是相反的卻必然是相成的傾向，它們在維護你們人類意識的特性上是非常重要的。

休息一會兒。

（十點三分。仍在出神狀態的珍安靜地坐了一會兒。我則讓手休息一下。在十點四分繼續。）

那麼，在兩性之間有一種天然的緊張狀態，建基於遠比肉體的原因要深得多的原因上。這緊張是來自你意識的天性，意識由女靈升起，但靠著男靈的「攻擊性」而得以延續。我曾多少解釋了其一對另一的著迷，是由於「全我」內在知識的結果。全我努力奮鬥以合一並成全為其一部分看似相反的兩種傾向，而獲得它真正的本體和身分。

在轉世輪迴結束時，全我遠比以前發展得多得多了。它在先前所不知的實相次元中體認、經驗它自己，而在如此做時，自然增益了它的存在。那麼，這並不只是全我分裂為二、然後就又回到它自己的這樣一件事。

（在十點十二分長長的停頓。）有許多關乎受孕的事應該在此處討論一下。不過，這裡又有活動的餘裕和許多的變奏。通常在兩世之間，你事先選擇了你的孩子，而他們也選擇你為父母。

（十點十五分。）如果你將生為一個男人，那麼你的母親就成了啟動你內在女靈象徵的一個刺激，使你自己以前女性生涯的模式變為你這一生的一部分。如果你在過去已認識她，你的母親在生你時會湧現一連串的夢，關乎你倆在一起的其他人生。

這些夢甚至可能沒有被她有意識地記錄下來，但在很多例子它們是被記下來，然後又被遺忘了。她自己過去的男性生涯會幫助她與做為她兒子的你建立關係。在有些例子裡，新的母親可能覺得非常地具攻擊性和緊張。有時這種感覺是由於男性子息啟動了在她內的男靈，連帶著因此而來的一股富攻擊性的感覺。

你可以休息一下。趁我們做得這麼好時，我要把所有那些資料都傳過去。

(「我認為它很有意思。」

(十點二十二分。「哇——我真是出去了……我沒法睜開眼睛。」珍說，正努力想睜開眼睛。在幾次無用的嘗試後，她又跌回她的搖椅裡。我想她很接近睡眠狀態。我叫了她幾次，然後當她終於開始看來看去時，我建議她站起來做做運動。她把眼鏡戴回去，站起來，開始四處走動。

(除了在我註明的地方以外，珍的步調一直相當的快。她對資料只有一個模糊的一般性概念。我告訴她我認為資料很棒，所有的都棒，特別是最後幾頁更好。

(結果這次休息就成了今晚賽斯書資料的結束。賽斯然後給了我四頁的資料。這兒珍的步調也很好。這一節生產出比平常多得多的資料。它在十一點十一分結束——完成了踏實的一天。)

第五五七節　一九七〇年十月二十八日　星期三　晚上九點十九分

（我解釋我的兩個問題給珍聽，並不一定期望賽斯今晚提到它。

（一、在第五五六節，賽斯說，許多寫歷史文章的作者是從他們直接的前世經驗來寫的。我的問題是關乎一個假設的實驗，好比說拿一百位這種作者來作個實驗，把他們催眠而不告訴他們實驗的目的，一旦被催眠了，就問他們有關前生記憶的問題。我猜想不知他們中百分之幾的人會回憶起任何事，而這種試驗不知可否提供作為轉世的明證。

（二、當一個非肉體的人格決定第一次投生於肉體中時，他有哪些可用的過程？最初的生活是什麼樣子？是否比較容易有野蠻的傾向？或在某程度更「有教養」？或究竟有沒有涉及任何預定的模式（predetermined pattern）？

（既然我對這些問題已好奇了一陣子，我想賽斯著作的讀者也可能會有同感。沒想到，事情的發展是，賽斯對第一個問題全沒注意，而以一種最有趣的方式由第二個問題談起。

（在今晚的課開始之前，我才在猜測說，如果這個月珍沒在看那本包含了瑞士精神分析家榮格的一篇文章的文集，那不知第十三章會是什麼樣子。如我提過的，在十月十九日珍還沒有時間看完它之前，賽斯建議珍把那本書擱在一邊。見十月二十一日第五五五節一開始時的註。此後我們倆都沒有再看那本書。

（在此章中突然出現了榮格的影響——雖然是以賽斯自己的方式處理的。但在我們自己生活中的事件也曾影響了此書的每一章。每一章的特定形式，都可能多少受到為此章而舉行的課是在何時舉行，以及它所談及主題本身的影響。於是，甚至干擾也有其作用……）

晚安。

（「賽斯晚安。」

（歡喜而開心地：）我真高興你贊同我的書。

（「我認為它很棒！」）

還有許多沒說的呢！

（「太好了。」）

因為這是一件活生生的工作，所以我們利用那些在你們自己生活裡發生的事，首先就是我本人促使魯柏揀起那本（包括有榮格的文章）書的。

（「我沒想到那一層。」我確知珍也沒有。）

然後，在他看了這麼多之後，我要他把書擱下等以後再說。（停頓。）我們將繼續口述。

（可是，在此刻賽斯要我暫且把筆記放在一邊，說他很遺憾在課中我得那麼忙碌地記錄。我們聊了一會兒，非常愉快的交談。珍的眼睛又大又黑，她的傳述很活潑；很容易叫人感覺到賽斯就在身邊。這插曲少於一分鐘。在九點二十分繼續。）

組合成胎兒的原子有它們自己那一種意識。獨立存在於物質之外的易變的「知覺—意識」，按照它們的能力和程度形成物質。因此，胎兒有它自己的意識，即由組成胎兒的原子所組成的簡

單構成意識（component consciousness）。這在任一轉世的人格進入它之前就已存在。任何物質之中——一個胎兒、一塊岩石、一片草葉、一個鐵釘，都有物質的意識存在。

轉世人格，按照它自己的傾向、願望與特性，並且帶著一些預先植入的保障進入新胎兒。但是並沒有定規說轉世人格必得接管為它所準備的新形體，不管是在受孕時、在胎兒成長的最初期、或甚至在出生的那一刻。

其過程是漸進的、因人而異的，並且是由其他世的經驗來決定；它特別依賴情感上的特性——不一定是由最近的前一生的自己，而是由許多過往的人生所導致的現有情感上的張力。

（九點三十二分暫停。）有各種不同的入胎方法被採用。如果在父母與未來的孩子之間有很深的關係，如果他極渴望再與他們重聚，那麼人格可能在受孕時便入胎了。不過，即使在這種情況，大部分的自我知覺（self-awareness）仍繼續在兩次生命之間的次元運作。

最初，在這些情況之下，他在子宮裡的狀態就像是做夢一樣，人格仍舊集中焦點在兩生之間的存在裡。逐漸的，情形反過來了，直到他想要對兩生之間的情形維持清晰的集中變得更難。

在這些當人格在受孕時就入了胎的情形，幾乎無一例外的，在父母與孩子間有很深的前世淵源，或者有一種不斷的、幾乎是執迷般的回返塵世的欲望——若非為了一個特定的目的，就是因為轉世人格仍著迷於塵世的生活。這並非必然是不利的。這人格可能只是體認到它很喜歡肉體經驗，目前是「心向塵寰」的，而覺得塵世氛圍是可供它能力成長的豐富次元。

有些人格在受孕時受到吸引而入胎，是由於一個看起來較無價值的動機——例如貪婪，或是有部分由沒解決的問題所組成縈繞不去的欲望。另外還有些從未全心投入塵世生活的人格，可能拖延一會兒才完全入胎，甚至入胎後還一直與身體保持一個距離。在天秤的另一端，人死前也會有同樣的情形，那時有些人把他們的焦點自物質生活移開，只單單留下身體的意識。其他人則與肉體留在一起直到最後一刻。無論如何，在嬰兒的襁褓時期，人格的焦點並沒有穩定的集中在肉體內。

休息一下。我們再繼續。

（九點四十七分到十點。）

如我告訴過你們的，在所有的情形，決定是預先作好的。因此，當它所等待的受孕發生時，轉世人格是知道的。雖則它可能選擇要或不要在那一刻入胎，它仍是無法抗拒的被吸引到那個時間，以及那個現場。

偶爾，早在受孕發生之前，那個將會成為未來小孩的人格會探訪未來雙親的環境，這又是被吸引過去的。這是十分自然的。

在兩世之間，一個人可能看到來生情景的閃現，不一定是看到什麼特定的事件，而是體驗到新關係的精髓所在，而在期待中提醒自己他自設的挑戰。這樣說來，在你家中「未來的鬼」就與「過去的鬼」一樣真實。

你並沒有一個全空的物質的殼等著被填滿，因為新的人格常常在裡面或附近飛翔，特別是在受孕後，以後頻率與強度更漸增加。可是，出生的震撼有幾種後果，通常會把這人格可謂一下子完全拖進物質實相。在此之前，情況是相當的單調，身體意識幾乎是自動地受到滋養，反應很強烈，卻是在高度控制的情況之下。

在出生時，所有這些都突然完結了，〔新的〕刺激〔被〕這麼快速的引進，是身體意識到此時為止從未經驗過的。

（十點十分。）它極需一個使它安定的因素。原先，身體意識由於和母親在生理上與心電感應上很深的認同，而得到滋養與支持。在細胞間的溝通遠比你想像的要深沉。如果只考慮到身體意識，則其認同在出生前幾乎是完全的。

在新的人格進入之前，胎兒一直認它自己為母體的一部分。在出生時，這種支持卻遭到突然的否認。如果在這以前新的人格沒有完全進入，它通常在出生時這樣做，以穩定新的有機體。換言之，它安撫新的有機體。因此，新的人格按照它何時進入這次元，而以不同的程度體驗出生的過程。

當它在出生那一刻入胎，它還是相當獨立的，尚未與它所進入的形體認同，而是扮演支持性的角色。如果人格在受孕時或出生前的什麼時間入胎，那麼它就多少已與胎兒的身體意識認同了。它已開始指揮知覺——雖然不管有沒有受到這種指揮，知覺都已開始了——它將以最切身、直接的方式經歷出生的震撼。

（十點十九分。）這樣的話，在人格與出生經驗之間就沒有距離。新進入嬰兒的人格，做為一個意識，是閃爍不定的，因為在達到穩定之前還有一段時間。當這孩子，特別是幼兒，在睡覺時，舉例來說，人格常常就離開了身體。逐漸地，它與兩世之間的情況認同減少了，直到幾乎它全部的焦點都定居在肉體之內。

顯然有些人比其他人與身體的認同更完全得多。一般說來，對物質實相的集中焦點，有一個最適宜的時間，一段強化，與時間的長短無干，可以長達一週或三十年。從那以後它開始減弱，不知不覺地開始轉移到其他的實相層面。

一個危機可能如此地損毀了這人與其身體的認同感，以致他暫時離開了身體，尤其是當危機發生在人生的最早期或最晚期時。於是他可能有幾種反應：如果身體意識也受到震驚的話，他可能離開得如此完全以致身體進入了昏迷狀態。如果震驚是心理上的，而身體意識仍或多或少正常地運作，那他可能回歸成一個早先的轉世人格。

在這種情形，這只是一個倒退，常會過去的。此地我們再度關切到男靈與女靈的問題。如果一個人格相信它在男性生涯做得很差勁，它可能會發動女靈的特質，採取一個它很成功的過去女性生涯裡的特性。把那畫面反過來，同樣的事也可能發生在一個女人身上。

（十點三十分。）在另一方面，如果這人格發現它曾與它現在的性別過分認同，以致深深地威脅了它的個人性，那麼它也可能把相反的畫面搬到顯著的地位，做得這麼過分以致又去與那相反性別的過去人格相認同。

在早年人格對身體的把持是很微弱的，但漸漸會增強。人格為了它自己的理由，可能決定選擇一個在美觀上來說不可愛的身體。他可能從不覺得與它有關聯，而雖然這一次的人生能達到他心中預存的目的，在這身體與在它內的人格之間總有一個基本可感覺到的距離。

先前所說那些在受孕時就入胎的人格，通常都非常渴望人間生活。因此，他們會更完全地發展，並且很早便顯出他們個人的特性。他們抓住新的身體就已開始塑造它。對物質的控制是非常有力的，而他們通常留在身體內，不是在意外事件中立即死亡，就是在睡眠中死去，或死於急病。一般而言，他們是物質的操縱者。

（十點四十分。）他們是感情用事的，他們常以即刻的、迫不及待的、明確的方式解決他們的問題。他們善用大地的材料，把他們的概念非常有力地轉譯成物質的形式。他們建造城市、紀念碑。他們是建築師。他們關切的是形成物質並且照他們的願望塑造它。

一般而言，那些直到出生那一刻才進入你們存在層面的人，在那些特定的方面來說是比較沒那麼行的操縱者，如果可以這麼說的話，他們是平庸之輩或普通人。

至於還有些人則盡可能地抗拒這新的人生，即使他們選擇了它。他們多少必須在出生時在場，但他們仍能避免與新生兒有任何完全的認同。他們在那形體之內或四周飛來飛去，半帶著勉強。這種行為有許多原因。有些人格只是較喜歡「兩世之間」的存在而已，而且對理論性的解決問題比必須涉及的實際應用要關心得多。另一些人發現，人世生活並不如他們想像那樣滿足他們的需要，而他們在另一個實相與存在的場所會有更大的進步。

（十點四十八分。）可是，因著他們自己的特性，有些人格較喜歡在他們自身與其肉體存在之間設下一定的距離。他們對象徵符號要關心得多，而把塵世生活看作是極具實驗性的，可以說幾乎是以一種猜疑的眼光來看它。他們對操縱物質的興趣，還不如對概念在物質之內出現的方式更為好奇。

一般來說，他們永遠是對概念、哲學與摸不到的實相更感到自在。他們是思想者，於人於事總是有一點距離，他們的體型顯示出肌肉的不發達。詩人和藝術家雖然也有一些這種天性，但一般說來，是對塵世生活的物質價值有較深的賞識力，雖然他們有許多相同的特性。

所以，人對肉體的態度總是有所不同的，可能選擇許多種不同的體型，但在全我方面總有一個籠統的偏好，並有主導全我的一些特徵。因此通常所活過的各個不同人生，還是有它自己的個人味道。

如果不討論人格離開肉體的方式的話，幾乎不可能談人格何時進入肉體，因為所有這一切都與個人特性及對物質實相的態度有極大的關係。與來生有關的決定不僅可在兩世之間的狀態達成，並且也在任一生的做夢狀態裡達成。

例如，你現在可能已經決定你下一次轉世的環境。雖然在你來說，你的新父母可能現在仍是嬰兒，或在你的時間尺度下尚未出生，但仍能預作安排。

現在你可以休息一下。

（「說得好極了。」）

（十一點。珍的出神狀態一直很深，她很難讓她的眼睛保持睜開。「我喜歡他這樣做——讓我完全出去。」她說，「但當我回來時，我不知道自己在做什麼……我真是出去了。」

（這次休息就結束了今晚寫書的口述。賽斯給珍和我幾頁的個人資料作為結尾。）

第14章 創始的故事以及多次元的神

The Eternal Validity of the Soul

第五五九節 一九七〇年十一月九日 星期一 晚上九點十八分

（十一月五日第五五八節的摘錄包括在附錄裡。）

晚安。

（「賽斯晚安。」）

現在來口述。我們開始下一章，名為〈創始的故事及多次元的神〉。（身向前傾，微笑但熱切地：）你對那個題目覺得怎麼樣？

（「很棒。」）

就如任何人的「此生」是從那些超乎肉體所能輕易達到的隱蔽次元中升起的，就如它由無意識的源頭汲取它行動的能量與力量，同樣的，你所知的現今物質宇宙也是從其他次元中升起的，它同樣在更深的實相界有它的源頭，並由其中得到它的能量。

你所知的歷史，只代表你們集中注意力於其上的一個單獨的光而已。你詮釋你在這其中看到的事件。並且藉著你看到的丁點事物，就投射出你對可能發生事件的詮釋。你如此沉湎在你的專注裡，因而當你對實相的本質感到不解時，你就自動把你的問題局限在你稱之為物質實相的那小小一剎那裡。當你沉思「神」的形貌時，你不加思索地說，神是「那一個光」的創造者。那個光是獨特的，而如果你真的了解它是什麼，你的確會了解真正實相的本質。

你所認為的歷史，只代表了無限可能性中的一條細線，只是你目前沉浸在其中的那個可能性而已。它並不代表你們族類的全部人生，或肉體活動的總目錄，也說明不了肉體生物的故事：他們的文明、戰爭、快樂、技能或勝利。實相遠比你目前所能假設或理解的更變化多端、豐富得多且無法形容。如你所以為的以及被你們科學家所分類的「進化」，只代表了進化的可能路線之一，也就是你目前沉浸在其中的那一個可能性。

（**九點三十五分。**）因此，還有許多其他同樣合理、同樣真實的進化性發展，已經發生、正在發生或將要發生，全部在其他可能的物質實相系統內。「可能的發展」之多變化、無窮盡的可能性，永不可能出現在一個纖細的實相架構之內。

懷著絕妙的天真和充溢的驕傲，你想像你所知的進化系統為唯一的一個，以為具體地說不可能有第二個。但在你所知的物質實相之內，就有關於其他物質實相的本質之暗示和線索。在你自己的肉體形象內，就潛伏著其他沒用到的官能，它們本來可以出頭的，但在你們的可能性裡卻沒有。我談的都是地球上的發展，那麼眾多實相就群聚環繞在你所知的地球四周。

沒有一條進化的路線是死路，因此如果在你們的系統內它消失了，它會在另一個系統中露出。生命與意識所有可能的具體化都有過它們輝煌的好日子，並且創造出那些他們能在其中繁殖的條件；而他們的「日子」，以你們的話來說，是永恆的。

在這一章中，我現在說的主要是關於你們自己的行星與太陽系，但也可適用於你的物質宇宙的所有各面。那麼你們只知覺到物質世界一個特定的、微妙地平衡而又獨特的部分。你不只是具有肉身的生物，形成血與肉的形象，嵌在某一個特定的時空裡；你也是由某一個特定的可能次元裡升起的生物，誕生自非常適合於你自己的發展、充實與生長的那些現實次元。

（九點五十三分。）如果你如今對存有或全我的本質有任何直覺性了解的話，你會明白它已把你放在一個可以實現某種能力、洞見與經驗的地位，放在一個你們這種獨特意識可以得到滋養的地位。在這多次元的環境裡，你最微不足道的經驗，都會引起比你的腦子所能想像的更大回響。因為，如果你強烈地全神貫注於看來似是實相的小得不能再小的一面，雖然你似乎是完全沉埋於其中，其實只有「自己」最「表面」的元素在這樣地出神。在這裡我不喜歡用「表面」這個詞，但我還是用了它，以暗示「自己」還有眾多部分貫注於其他地方——他們中有些就像你陶醉於自己的實相裡一樣地陶醉於他們的實相裡。

存有——真正多次元的自己——是知道它所有經驗的，而「自己」的這些其他部分——當然也包括你所知的具肉身的自己——在某程度都能得到這知識。「自己」的這些各個不同的部分終究（以你們的話來說）會變成完全覺知的。這覺知將自動改變他們現在看起來的本質，而增益了存在的多樣性。

你可以休息一下。

（十點三分。在今晚大部分的時間裡珍的步調都頗慢。在休息時我打了幾個哈欠。十點十五分繼續。）

我們今晚的課會很短——

（「我沒事。」）

既然我已開始了我們的下一章。不過，我還有一些評論，等我們一會兒。

（賽斯接下去給了珍和她的ESP班一個學生一些個人資料。）

你還有其他的問題嗎？

（「沒有，我想沒有。」）

我們的確開始了一些極佳的資料。衷心祝你晚安。

（「也祝你晚安，賽斯。」）

給你倆我最熱切的祝福。

（「謝謝你，晚安。」十點三十四分。）

第五六〇節 一九七〇年十一月二十三日 星期一 晚上九點十分

（近來珍除了為她的ESP班上了兩次賽斯課外，都沒上過課。）

現在，晚安。

（「賽斯晚安。」）

我們再繼續口述。

因此，有許多可能的實相系統，是以物質的資料為主的。但這種物質的可能性系統只代表了一小部分。你們每個人也都存在於非物質的系統（nonphysical systems）裡。我先前曾解釋過，你最微不足道的思想或情感不只顯現在你自己的存在場所裡，而且也顯現在許多其他方面。

如你所知，你全部的本體只有一部分「現在」為你所熟悉。因此，當你思考一個至高的存在體（supreme being）這個問題時，你便會想像一個男性人格，具有你自己所有的那些能力，並且特別強調你所推崇的那些特質。這個想像出來的上帝於是隨著世代而改變，反映出人對他自己想法的改變。

上帝被看成是殘酷而有威力的，當人相信這些是他們想要的特性，尤其是在他為生存的奮鬥中所必需的。因為他對這些特性又羨又妒，他就把它們投射到他對神的意念上。因此，你按自己的意象鑄造了你對神的概念。

在一個不可想像的多次元實相裡，對神的古老觀念相對的就沒有意義了。甚至這個名詞——至高的存有——本身就是扭曲的，因為你自然就會把人性的種種品質投射上去。如果我告訴你「神」是個意念，你不會明白我的意思，因為你不了解在其中一個意念具有實相的那些個次元，你也不了解意念能創始與推動的能量。你不相信意念像你相信實物那樣，所以如果我告訴你

「神」是個意念，你會把它誤解成「神」是不太真實的——渾沌、沒有實相、沒有目的、沒有具有動機的行動。

其實，你自己的肉體形象，就是你對自己的意念在物質特性之內的具體化。沒有你自己的意念，你不會有肉體的形象，但你卻常常只知覺到肉體。就是那個「對你自己的意念」的最初力量和能量，才讓你這形象繼續活下去。那麼，意念遠比你了解的重要得多。如果你肯試著接受「我自己的存在是多次元的、我居住在無限的可能性裡」這個意念，那麼你可能對在「神」這個字後面的實相捕捉到些微的一瞥，而也可能了解，為何幾乎不可能以言語來捉住對那觀念的真正了解。

因此，「神」最要緊的是個創造者，並不是創造一個物質宇宙，而是無窮無量種種的可能世界，比你們科學家所熟悉的物質宇宙的那些要遼闊得多了。因而祂不僅只單單派了一個兒子去生活並死亡在一個小行星上。祂是所有可能性的一部分。

人們說過種種寓言，以及創始的故事（stories of beginnings）。所有這些都是以盡可能簡單的說法來傳遞知識的嘗試，它們時常對那些除了在你們自己實相系統之外並沒有意義的問題給了答案。

舉例來說：既沒有開始，也不會有結束，但卻曾有寓言告訴你們關於開始與結束的故事。只因為以你們對時間的曲解，開始與結束看起來似是不可分的、合邏輯的事件。當你學著把你注意力的焦點由物質宇宙轉開，因而對其他實相經驗到一些微小的證據時，你的意識會緊抓著老概念不放，使你不可能了解真正的解釋。不過，在你的夢中，在一些出神狀態，以及當你在過日子時，甚至時常在你日常的意識之下，你都可以得到多次元的覺察力。

這種覺察賦予個人經驗多次元的豐富性，這多次元的豐富性並不存在於你肉身的感官世界之外，而是與之混合、存在其中並透過且包圍它的。若說肉身生活是不真實的，即是否認實相遍及於所有的表象，而且是所有表象的一部分。那麼以同樣的方式，「神」並不是存在於物質實相之外，卻是存在於其中，為其一部分，就如祂也存在於所有其他存在系統中，並為其一部分。

（九點四十六分。）你們的基督形象象徵性地代表了你們意念中關於「神」及祂和基督的關係。有三個分開的個人，他們的歷史混在一起，而他們被人合在一起認作是基督——因此在你們的記錄裡有許多矛盾之處。這些人全是男性，因為在你們的那個發展時期，是不會接受一個女性對等者的。

這三個人同為一個存有的一部分。當時你們只能把「神」想像為一個父親。你們絕不會想到要用人的想法之外、世俗的關係之外的其他方式去想像一個神。這三個人做出了一齣非常象徵性的戲，由極有力的濃縮能量所推動。

（在九點五十二分停頓良久。）可是，記錄下來的事件並沒在歷史上發生。基督的被釘十字架是個心靈的而非實質的事件。幾乎是不可想像的宏大概念被演了出來。

（在九點五十五分停頓。）舉例來說，猶大在你們的話來說不是一個「人」。他是——就像所有其他的門徒——一個被基督人格所形成的、受祝福的、受造的「片段人格」。他代表自我背叛者。他戲劇化了每個人個性中的那個部分：以貪婪的方式貫注於物質實相，而否認了「內我」的那個部分。

十二個門徒中的每一個各代表了屬於一個人的不同特質，而你們所知的基督代表了「內我」。因此，十二門徒加上你們所知的基督（三位一體的那個）代表了一個俗世人格——內我——以及與人的自我相連的十二個主要特性。就像基督為十二門徒所環繞，內我也是由這些物質取向的特性所環繞，每一屬性一方面被吸引向外，傾注於日常的實相，卻又環繞著內我而運行。

（十點三分。）因此，「內我」賦予門徒們物質真實性，就像你們全部的人世特性都是由你們的內在本質出來的。這是一個活生生的寓言，被賦予血肉而活在你們中間——為了你們之故而作出的一齣宇宙戲劇，以你們所能了解的方法表達出來。

教訓被明白地表達了，既然所有隱在背後的概念都擬人化了，如果你不怪罪的話，我會說這就像是一齣小地方的道德劇，在你們宇宙的一角演出。這並不表示它沒有你們先前所假設的那麼真實。事實上，此地所說的話應該明白地暗示了「神性」更具威力的那些面。

（十點七分。）當我講得慢時，你可以在行間休息。

（「好的。」請注意賽斯還沒休息過一次，珍的步調有時非常慢。）

三位基督誕生在你們的行星上，的確是在你們間生成了人。他們都沒有被釘死。十二個門徒是由這三個人的能量——他們合起來的能量——而具體化現的。不過，他們接著被完全地賦予了個別性，但他們的主要任務是，清楚地在他們內表明所有人與生俱來的某些能力。

（十點十二分。）不同方式的同樣戲劇曾經演出過，雖然戲永遠不同，卻又永遠是一樣的。這並不表示在每一個實相系統裡都出現了一個基督，而是在每一系統內，「神」的概念都以當地居民所能理解的方式示現出來。

這戲仍繼續存在著。它不屬於，好比說，你們的過去。只不過你們把它放在那兒而已。這不表示它總在重演。那麼，這場戲絕非無意義的，而以你們的話來說，基督的精神是合理的，它是你們選擇去知覺到的可能「神」劇（probable God-Drama）。還有別的戲被知覺到，但不是被你們所知覺，現在也有其他這樣的戲劇存在著。

你可以休息一下。

（十點十六分。珍的出神狀態很深。在休息時，她的眼皮很沉重，睜不太開。「我知道他一直把我留在外面，直到我把那些資料差不多都弄過來了，才讓我回來。」她說。一小時又六分鐘，這是她最長的出神狀態之一。我告訴她我認為這些資料非常好。

（在我們談話時，珍回想起在傳述時她有的一個意象，即使佐以手勢她也沒辦法把它解釋得很好。「像是基督做為一個中央支柱，有十二個球繞著他轉，但同時又向外放光，」她說，「基督創造那十二個……」

（到目前為止，賽斯說了造成基督存有的三個人之中的兩個名字——顯然的，基督自己，以及施洗約翰〔參看《靈界的訊息》第十八章〕。在十點三十七分繼續。）

現在：不論「釘十字架」有沒有實質地發生，它是個心靈事件，與所有其他和此劇相關的事件一樣地存在著。

許多事件是實質的，但有些不是。心靈事件與實質事件影響你們的世界一樣多，這是顯而易見的。這整齣戲因著人類的需要而產生，它是由於那個需要而被創造出來、生長出來，但它不是源起於你們的實相系統。

（在十點四十一分停頓。）其他的宗教建基於不同的戲劇，在其中概念的演出是因應各種不同文化所能理解的方式。不幸的是，這些戲劇間的不同常常導致誤解，而被用來作為戰爭的藉口。這些戲劇也在個人的夢境裡演出。神的化身人物首先在人的夢境裡出現，於是準備了道路。

在靈視（visions）與靈感裡，人們知道基督的戲劇即將演出，因此當它實質地發生時，人們就認出了它的本質，它的威力與力量之後又回到了夢的宇宙，經過物質的具體化增加了它的活力與強度。在個人的夢裡，人然後再與戲中的主要人物相聯繫，而在夢境他們認識了它的真正重要性。

好，「神」比所有祂創造出來的可能實相系統之總和還要大，祂卻又在這些實相的每一個裡面，無一例外。因此祂在每個男人與女人裡，祂也在每個蜘蛛、陰影與青蛙裡，而這是人所不願承認的。

「神」只能被體驗被感受到，而不論你知與不知，你都由你自己的存在體驗到祂。可是，神既非男性也非女性，我用這些名詞只為了方便之故。在最不可逃避的真理中，祂以你們的話來說根本「非人」，祂也非一個人格。你們對人格的概念太狹窄了，不足以容納祂多次元存在的多重面目。

（十點五十五分。）由另一方面來說，祂是人，就在於祂是每個人的一部分，而在祂廣大的經驗裡，祂保有一個他自己做為人的「概念形」（idea-shape），你可與之有關聯。祂真正是做成人身居於你們之中，因為祂造成了你們的肉身，就在於祂對那給你「私人的多次元自己」（private multidimensional self）活力與確實性（validity）的能量負責，這個「自己」又轉而按照你自己的概念形成你的形象。

這私人的多次元自己，或這靈魂，於是有一個永恆的確實性。它被「一切萬有」的能量與不可思議的活力所維護支持。

（十一點。）那麼，你的這個內我不能被毀滅，也不能被減損。它分享了「一切萬有」與生俱有的那些能力。因此必須去創造，就如它被創造出來那樣，因為這是在所有存在次元後的偉大天賦，由「一切萬有」的泉源溢出的。

現在我們結束我們的課。

（「好的。說得太好了！」）

那一大團的資料先做為一個模型，我們將對它有所增益。我的口述完了。除非你有問題，不然我將結束此節……。

（我確有一兩個關於珍和她的夢的問題。賽斯答覆了之後，在十一點九分結束。）

第五六一節　一九七〇年十一月二十五日　星期三　晚上九點五十五分

（九點十五分正當要開始的時候，珍說她想我們恐怕會被打擾，或是會有訪客。不到十五秒之後就有人敲門，原來是卡爾．瓊斯。他在康乃狄克州一個小城的高中教一門課叫做「內在與外在宇宙」，用珍的書《靈界的訊息》做課本。卡爾是在感恩節假期去尼加拉瀑布附近的路上順道來訪。）

晚安。

（「賽斯晚安。」）

也祝我們這兒的朋友晚安；我會好好記住今晚你（卡爾）是面帶笑容的。現在：我們將繼續寫書，因此（對卡爾幽默地：）你可以看到一個作家在工作——如果你喜歡的話，可說是一個真正為人捉刀的「幽靈作家」。

在適當的時候我會指認出第三位基督。不過現在我關注的是「一切萬有」的多次元面貌。這樣一種實相只能被體驗感受到。任何事實都無法忠實地描繪出「一切萬有」的屬性。

這個實相與那些屬性將出現在各種不同的確實性系統裡，而與那任一系統的偽裝資料協調一致。你對多次元的「神」的內在體驗可以來自兩個主要區域：一是經由領悟到這原始的推動力量是在你以感官所能感知的任何事物中；另一方法是了悟這原始的動機力量具有一個獨立於它與表象世界的關聯之外的實相。

所有與多次元「神」的個人接觸，所有正統神秘意識的瞬間，都永遠有一種統合的效果。因此，它們不會孤立所涉及的個人，反而會擴大他的感知力，直到他能體驗到盡他所能最多實相的其他各面之真實性和獨特性。

（十點五分。）因此，他會感到比較不孤立，比較不被隔離。他不會因那個經驗而以為自己在別人之上。相反地，他會被一種理解的完形席捲，而他了悟自己與「一切萬有」的合一。

就像你不能有意識地感知實相的有些部分，還有其他的可能系統無法有意識地知覺，因而也有「原始神性」的一些面貌是你此刻仍不能理解的。因此，這些可能的神明（probable gods），每一個以它的方式反映一個基本本體（prime entity）的多次元面貌，這基本本體是如此偉大、如此耀眼，以致沒有任何一個實相—形式（reality-form）或某一種存在能包容它。

（十點十分。）我曾試著告訴你們一點關於你們自己思想影響深遠的創造性效果。那麼，知道這一點，就能了解要去想像可以歸屬於「一切萬有」的那些多次元創造是不可能的。「一切萬有」這個辭，可被用來指稱包括所有那些可能的神明的所有示現。

你們有些人也許比較容易了解我所說的創始的簡單故事與寓言。但是現在時候已經到了，人類應再向前邁進幾步，以嘗試理解實相更深奧的面貌來擴展他自己意識的本質。你們已經長大，超過聽童話的時候了。當你自己的思想有一個形式和實相，當它們在你不知覺的其他實相系統裡也有其確實性的時候，那就不難了解，為何其他的可能系統也被你自己的思想和情感所影響——或為何可能的神明行動不被其他存在次元所發生的事所影響。

現在你可以休息。

（十點十五分。珍的步調很好。在一次普通長度的休息之後，跟著有一段沒記錄下來的資料，主要是賽斯在回答卡爾的問題。不過，所提到的有幾點事後我希望我曾寫下來〔當我沒筆錄時常常是這個樣子〕。我後悔沒記下來的一點是：賽斯聲明說，凡當一個人強烈地想念另一個人時，「想念者」的一部分會走出去到「被想念的人」身邊等等。

（接著有一次休息。卡爾離開了，繼續他西向的度假旅程……最近我對珍週末過度的心靈工作——包括為訪客舉行的課——漸感擔心。現在我們談到這件事——並沒期望賽斯來討論它——而彼此同意她必須鬆懈這種課外的探險，不管那「誘因」是多麼有趣。

（在十一點十分繼續。）

現在：我有些話要說。你對週末的建議很好，魯柏也準備照辦。當你在上定期課的時候，偶然有位訪客不致煩擾你，但這種拜訪應事先約好。

在大多數情形，魯柏對這種事潛意識地知道，卻很少把它帶到意識裡去，因此在他來說只是有一種不安寧的感覺。他覺得他會被打擾，但又不是有意識的覺察到這事，你懂嗎？

其次我建議，我們定期的課暫且在你們後面的房間（**我畫室所在的地方**）裡上，我有兩個理由。其一是，在兩道門關上後，你可以確知不會被電話所擾。別理它就是了。其二是，讓大家知道任何想參加私人課的人，必須事先安排，不然你聽不見他們敲門，也就不會應門。

不過，這個換到後房的想法，會有加強你們自己心中這些定期課保有私密作用。所有與其他人有關的工作，則在別的不論什麼賽斯課裡做。

後房的想法也可用作一個心理的布景，以從日常生活所關心的事及與他人的關係中撤退。我並不是說你不該有時允許某些特定的人參加私人課。不過，我也不強調每週應有兩次定期課，現在我這樣說是因為我知道魯柏可能並且願意聽我的建議。

在夏季裡，後面的房間不一定有好處。在我們的工作裡曾有自然的變化發生，整個說來魯柏對它們處理得很好。我們上課時間的不平均是歸因於一個事實：通常我們期待他上三課而非兩課。

在ESP班我們往往會有即興賽斯課，而如你注意到的，他會漏掉我們的下一課。他認為上兩次課就已相當夠了。我們的定期課將永遠是資料的主要來源，它們永遠是我們特別著重的。雖然如此，心靈班的課也達到一項重要的目的。它們是一個從屬或分枝，但它們不應取代我們自己的工作。

目前每週不要有超過三節的課，直到我說要如此為止。如果我認為魯柏不該有一節額外的課，可能你們看來只是因為我沒有空。**（我完全不如此認為。）**不過，要記得我先前告訴你們的：有時候我是很直接地參與一節課，而有時候你們得到一節預製好的課。這是非常簡化的說法，但你懂我的意思。

因此，在那種時候，利用「心理的橋樑」魯柏就可以上課。我已把我所想的說得很清楚了。至於，他靠自己的印象而做的工作是一件全然不同的事，他並沒有拉進同類的能量。上課並沒有由魯柏那兒拿走了什麼東西，而是他得對準在我們的課裡他所用的那種能量，只不過就目前的環境和發展而言，一週三次就夠了。

我們的兩節課應該總是維持不變，在不汲乾魯柏精力的情況下，總可以加上心靈班的課。不過，不應接電話。可以邀寫信來的陌生人參加星期二的課。在某些情況，你們可以自己斟酌，在我們的課你們可以有客人，但這將是極少有的，如果你依照我所提出的大略程序去做，應不會有困難。

你有問題嗎？

（「沒有。」）

那麼，我們將結束此節，或者休息，隨你的便。

（「那我們就結束好了。」）

（十一點三十分，結果這並沒完。在短短的休息後賽斯又回來，我們對心靈班的課和其他事討論到十一點五十分。

（賽斯倒的確作了個預言：珍將寫一本關於心靈班的極佳的書，而將引得許多人去讀「賽斯資料」，賽斯又說資料本身有一天將以逐節逐節的方式全部出版，這也是我的一個個人目標。）

第15章

轉世的文明、可能性、再談多次元的神

The Eternal Validity of the Soul

第五六二節　一九七〇年十二月七日　星期一　晚上九點五分

（遵照賽斯十一月二十五日的建議，我們在公寓後側我的畫室裡舉行賽斯課，在那兒比較隱密卻沒那麼暖和；尤其是當門關著時。）

晚安。

（「賽斯晚安。」）

我們要繼續口述，並且開始下一章。這章名為〈轉世的文明、可能性、再談多次元的神〉。就某一方面來說，你們可說有轉世的文明，就像有轉世的個人一樣。每個得成肉身的本體都在努力發展那些在物質環境中最能被滋育和成就的能力。他對他每次生存於其中的文明有其責任，因為他經由他自己的思想、情感和行動助成了這個文明。

他由成功中學習，也由失敗中學習。你以為實質的歷史是自穴居人開始一直繼續到現在，但還曾有過其他偉大的科學文明；有些在傳奇中言及，有些完全不為人知——但以你們的話來說，現在全都消逝了。

在你們看來，你們作為人類彷彿只有一次的機會，來解決你們的問題，或被你們自己的侵略性、被你們自己的欠缺了解和靈性所消滅。就像你被賜予了許多次生命來發展與完成你的能力，同樣的，給予過整個人類的也不只是你們現在所熟悉的這一個單線歷史發展。轉世的結構只不過是可能性這一整幅畫的一個面而已。在其中你擁有所有你需要的時間，以發展那些在你離開輪迴以前，所必須發展的能力。一批又一批的人們在各個不同的轉世活動週期裡，遭遇過一次又一次的危機，達到過你們的物質發展水準，而他們不是超越了此點，就是毀滅了他們那個特定的文明。

在這情形，他們被給予了另一次機會，他們不只在無意識層面知道他們的失敗，並且也知道其背後的原因。於是他們在形成新的原始集團時，在心理上會比別人的領先一步。其他那些解決了問題的人類，離開了你們的地球而到物質宇宙的其他點去了。不過，當他們達到那種發展水準時，他們在精神上與心靈上都已臻成熟，而能利用你們現在對之一無所知的能量。

（**在九點二十二分停頓。**）地球對他們來說是傳說中的老家。他們形成了新的種族和人類，在身體上已不能適應你們的大氣狀況。不過，只要他們一天居住於物質的實相，他們便還在輪迴中。可是，這些人中有一部分發生了突變而早已離開輪迴了。

那些已離開輪迴的，已進化到他們原來就是的「精神體」，你懂嗎？他們已拋棄了物質形體。這一群本體對地球仍有很大的興趣，他們給它支持和能量。在某方面來說，他們也可被認為是地球的神明（earth gods）。

（**九點二十八分。**）在你們的行星上，他們曾涉及在亞特蘭提斯之前很久的三個特定文明；那時，你們的行星本身，事實上是在一個與今天有些不同的位置上。

（「你是指一個不同的『運行軌道』嗎？」）

目前暫且用「位置」這個字。尤其是對你們所知的三個其他行星的關係而言。地球的兩極倒反了過來——順便一提，在你們行星的歷史中有三段長時期是如此。這些文明都是高科技的；事實上，第二個文明在那方面比你們自己的要高明得多了。

「聲音」受到有效得多的利用，不但是在醫療上或戰爭中，還被用來作為車輛的動力，用來運送物體。聲音用來運送笨重巨大的東西。

（九點三十四分。當珍說到上面「戰爭」這字時，她的語調和面部表情有一種「你想不到吧」的意味。）

這第二個文明的勢力範圍主要是落在現在所謂的非洲與澳洲，雖然在那時不但氣候完全不同，陸地的分布亦然。因著南北極位置的改變，大片陸塊由於不同的引力而有不同的分布。不過，大致說來，這文明集中於某地區，它並未企圖擴展。它是非常向內發展的，與一個大而無組織、散居各處的原始文明同時共存於這行星上。

它非但未曾企圖「文明化」其餘的世界，而且還盡其所能的——它的能力有一段長時期都是相當強的——阻止任何此類的進展。

這個文明的成員大多是一個較早成功文明的邊緣團體（fringe group），那個文明的大多數人已決定繼續生存於你們物質宇宙的其他地區。可是，這批人雖然可以自由地進到其他的存在層面去，他們卻特別迷戀塵世生活，同時也以為他們能改進他們曾參與過的最後一次實驗。

（九點四十二分。）他們不再有興趣像一個嬰兒期文明那樣從頭開始，他們的興趣在別的方面。因此他們的知識多半是本能地具備的，這個特定團體於是很快地歷經你們所謂的各種科技性的階段。

最初他們特別關心想發展出一種人類，能有種天生固有免於「暴力」的防護裝置。就他們而言，對和平的渴求幾乎成了你們所謂的「本能」。身體的機能有些改變：當他們的心智發出強烈的侵略性命令時，身體不會反應。現在在心理上，你們在某些人身上還可看到這種遺跡，在他們想對別人施以暴力行為之前，他們會暈倒，甚或攻擊他們自己的身體系統，因而阻止自己去施暴。

因此，這個文明不去干擾圍繞在他們四周的土著。不過，他們確曾派出自己團體的成員去住在土人間，與之通婚，希望如此能和平地改變人種的生理。

他們把在你們的時代裡被發洩為暴力的能量用在其他的追求上，但這能量開始反撲他們。他們並沒學到如何應付暴力或侵略性，他們只是企圖在生理上把「暴力」去掉，卻發現這引起了新的糾葛。

你可以休息一下。

（九點五十二分到十點五分。）

能量必須被允許自由地流過身體系統，以精神力量，或如你喜歡用心靈力量來控制與指揮。身體上的改變造成了對整個系統的一種壓力。創造性的機能和基礎被扭曲成了侵略性意念——去付諸行動的衝動——而未被了解。以某種方式來說，呼吸本身即是一種暴力。他們把抑制力預設在人身裡，結果成為一個互相控制動彈不得的系統，在其中行動的必要衝刺真的變成不可能了。

一個過度講究良心的、抑制性的身心狀況於焉形成，在其中「人」這有機體的天然求生需要在每一方面都受到了阻礙。在精神方面這個文明很有進步，它的科技極為活躍並且在向前推進，當它努力發展諸如人造食品之類，使得它不必在任何情況下為了求生而殺害動物。

（十點十三分。）同時它試著不去破壞環境。它完全沒經過你們的汽車和蒸汽發動的交通工具的階段，而很早便集中注意力在「聲音」上。這種聲音是人耳所聽不見的。

這個文明是叫作「魯曼尼亞」（Lumania）〔拼出字來〕，這名字本身在傳奇裡流傳下來，而在較晚的時候又被用到。

在肉體上「魯曼尼亞人」是個非常瘦弱的民族，但在心靈上卻是若非極有天分便是完全平庸。你知道，在有些人，預設的控制引起了在各方向能量如許的阻塞，以致他們天生的高度心電感應能力也受到了傷害。

他們在自己文明的四周形成了能量場，因而把自己孤立於其他團體之外。可是，他們沒讓科技毀滅自己，而越來越多的人覺悟到這個實驗並沒有成功。有些人在肉體死亡之後，離開了，去加入以前那個成功文明的那些人，他們已移居到物質宇宙內的其他行星系統去了。

不過，有些大的集團只是離開了他們的城市，毀掉了原先封閉著他們的力場，而加入到許多較低文明的集團裡去，與他們通婚生子。這些「魯曼尼亞人」很快就喪亡了，因為他們不能忍受暴力，也不能對之以牙還牙。不過他們感到，也許他們變種的孩子結果會較少暴力傾向，而卻沒有他們天生固有抑制性的「控制神經」反應。

（十點二十四分暫停一分鐘。）這個文明實質上就這樣滅亡了。有少數變種的後代稍後形成一個小團體，在下一世紀好像巡迴者（itinerants）那樣，在那一帶與一大群動物結伴遊蕩。他們互相照應，而許多半人半獸的古老傳說，就是由這些古老交織的記憶代代相傳下來的。

事實上，這些人做為第一個偉大文明的遺種，內心裡永遠保留著對他們來源的潛意識記憶。我現在說的是魯曼尼亞人。這乃是在科技上他們躍進得那麼快的原因。但因為他們的目的是如此單純——避免暴力——而非，好比說，建設性的和平發展創造潛能，使得他們的經驗非常偏頗。他們被這樣一種對暴力的恐懼所驅使，以致他們根本不敢給身體系統自由表達它的機會。

（十點三十三分。）這個文明的活力因此很弱——並不是因為暴力不存在，而是身體上能量與表達的自由，在某些特定路線及由外界自動地被阻隔掉了。就人間而言，他們很了解暴力的邪惡，但他們否定了個人以他自己的方式學到這一點的權利，因此阻止了個人創造性地用他自己的方法把暴力轉到建設性的領域去。在這方面自由意志被放棄了。

就如一個小孩從母親的子宮出生之後，有一陣子他的身體對某些疾病有抵抗力，同樣的在他出生後也有一段很短的時間，他被保護免受心靈上的災害，而且也為了使他心安，他仍保有前世生活與地點的回憶。因此有好幾代魯曼尼亞人由深藏在潛意識裡對過去文明的記憶所支持。但是，最後這些記憶開始減弱了。他們曾保護自己免於暴力，卻非免於恐懼。

因而，他們得遭受所有平常的人類恐懼，並且這種恐懼還被加強了，因為在肉體上，他們即使是對大自然也不能有暴力反應。如果遭到攻擊，他們必須逃跑。「打或逃」的原則並不適用。他們只有一個辦法，就是「走為上策」。

（十點四十一分。）他們的神的象徵是男性——一個強大、身強力壯的男性形象，因此可以保護他們，既然他們不能保護自己。多年來他隨著他們的信念而演化，在他身上，他們投射了那些他們自己無法表達的特質。

很久之後，他以老耶和華的身分出現，成為保護「選民」的「憤怒之神」。為了上述的理由，這些人對自然力的恐懼最初是極為強烈的，而在人們與滋養他們的大自然力之間造成了一種分離的感覺。他們不能信賴大地，因為他們不被許可去對抗其中的暴力而保護自己。

他們廣博的科技和偉大的文明大半是在地下的。如此說來，他們是原始的穴居人，他們也是經由山洞才出得了他們的城市。洞穴並不只是無技藝的土人蹲在裡面以求庇護的地方。它們常是通到魯曼尼亞人城市的門戶。在這些城市被棄了許久之後，後來的未開化土人找到了這些洞穴與開口。

在你們現在所謂的石器時代，那些被你們認作老祖宗的穴居人，常常不是在天然形成的粗陋山洞裡，而是在洞後機械創造的甬道以及魯曼尼亞人一度所居的被棄城市中尋求庇護所。穴居人所造的工具有些是他們找到的成品之變形仿製品而已。

現在你們可以休息一下——加件衣服保暖。

（十點四十四分。珍的步調從頭到尾都相當舒緩。到現在畫室已涼了不少——所以賽斯才那樣說。在休息後有三張不包括在本書中的資料，課在十一點二十五分結束。）

第五六三節　一九七〇年十二月九日　星期三　晚上九點十五分

（這節又在畫室舉行。快九點時我們如常坐待課的開始，但珍沒有立刻「感到賽斯在附近」。她並沒有特別累或在任何其他方面有何不快……）

現在：晚安。

（「賽斯晚安。」）

我們再繼續口述。

雖則，「魯曼尼亞」文明是高度集中的，在於他們並沒有企圖征服他人或推展到較大的範圍，但是幾世紀以來他們確曾布置了前哨站，由那兒他們可以冒出來監視其他土著的蹤跡。

這些前哨站是建造在地下的。從最初的城市和大片的殖民區當然有地下通道與哨站相連，是一個造得極為錯綜複雜而美麗的地道系統。因他們是個愛美的民族，地道牆上飾有彩畫、素描，沿著這些內部支道還展示著雕刻。

有各種升降系統，有的載人，有的運貨。不過，建造這種地道到那些前哨站——相當小型的、自給自足的社區——是不實際的；它們有些距離主要的商業活動區相當的遠。

（九點二十一分。）這些前哨站散在許多地區，但有相當數目是位於現在的西班牙和庇里牛斯山區（the Pyrenees）。設置前哨站有許多理由，但其中一個原因是山區中住著體型相當巨大的人種。魯曼尼亞人生性膽小，他們不喜生活在前哨，只有其中最勇敢和最有信心的才被派往，而且也只是短期性質。

（後來加的註：賽斯沒有給魯曼尼亞文明的日期。不過，有意思的是在一九七一年六月末，約在這一節之後八個月，報上登了個故事——還附有照片——關於在很接近西班牙邊界的法屬庇里牛斯山脈山洞中出土的一個「龐大的」近似人類的頭蓋骨。

（這頭骨至少有二十萬年了，代表了以前沒被鑑明的一個種族。現在考古學家假想有好幾種原始人在當時活在歐洲。那時期是在「尼安德塔人」（Neanderthal Man）之前，正當最後一次冰河季的前一個冰河季的開始。法國南部一帶以有許多洞穴聞名，輕易地由流水侵蝕石灰岩床而成。珍對古生物學沒有研究。）

再說一次，這些洞穴被當作向外的門戶，而往往看似為洞穴的底部即是用一種物質造成的，這種東西由外面看來不透明，而由內部看出去是透明的。當地土人用這種洞穴為天然的庇護所，魯曼尼亞人因而可以沒有危險地觀察他們。這些人對你們的耳朵聽不見的聲音有反應。對暴力的特殊恐懼加強了他們所有的身體機能到一種可驚的程度。他們永遠保持警覺和戒備。

（九點二十九分。）這很難解釋，但他們可以以精神力把一個「念頭」沿著某些頻率投擲出去——一種非常卓越的藝術——然後在一個特定的目的地把這念頭以許多種方式轉譯出來，譬如，譯成形狀或色彩，甚或轉譯成某一種形象。以一種你們不能了解的方式來說，他們的語言極具排他性，只因其音調高低和頻率的層次及其間隔都是如此精確而複雜。

事實上，通訊是他們最擅長的事之一，而只因為他們深深地恐懼暴力，因而時常保持警覺，所以通訊能發展到這麼高的地步。他們常以大家族聚合在一起，是為了彼此保護。孩子與雙親之間的接觸也是在一個非常「骨肉連心」的層次，如果孩子稍有一會兒在他們父母視界之外，就會感到極不舒服。

（九點三十四分。）因此之故，那些管理前哨站的人們，覺得他們自己處在一種非常不舒服的情況。他們人數有限而且多半與他們自己文明的主要區域隔離了。因此，他們發展出一種更偉大的心電感應活動，而與他們頭頂上的土地發展出一種密切交感，因此在上面凡是不尋常的最輕微震動或腳步，和最小的移動都會立刻被注意到。

常有所謂的窺孔通到地表，由那兒他們可以觀察外界，他們還放了攝影機在那兒，不但對地球還對星星攝取最精確的圖片。

當然，他們對地下的天然氣分布有完整的記錄，對內部的地層也有密切的知識，對地震及斷層留心地監視和預測。他們的降入地底下就如其他任何離開地球的種族所曾有的一樣成功。

（九點四十分。）如我告訴過你們的，這是第二個文明，也許是三個文明中最有趣的一個。第一個文明一般而言與你們自己的發展路線差不多，也面臨了你們現在所面臨的許多問題。他們大半位於你們稱為小亞細亞的地帶，但他們也向外擴散而旅行到其他地帶。這即我先前提到過的民族，他們最後到別的銀河系、別的行星上去了，而創建魯曼尼亞文明的人民便是由他們而來的。

現在我建議你們休息一下。

（九點四十三分，珍說她的出神狀態不大好。她曾吸過煙而畫室的空氣不大新鮮，所以我們把通向公寓其他部分的門都打開了。我們通常把窗關著，因為賽斯的聲音有傳得很遠的奇特能力。此外，今晚也很冷。在九點五十三分繼續。）

在我們討論第三個文明之前，我對第二個文明還想補充幾點。

這與他們用圖畫來通訊有關，也與他們這種創造性的通訊所採取非常排他性的途徑有關。在許多方面他們的藝術要比你們高超甚多，並且不那麼孤立。舉例來說，各種不同的藝術形式以一種你們幾乎不知的方式彼此相連，而因你們對這觀念是如此的陌生，以致我很難加以解釋。

（十點整。）例如，拿個非常簡單的東西——好比說一個動物的素描來說吧！你看它只是一個視覺上的物體，但這些人卻是偉大的組合者（synthesizers）。一條線不只是一條視覺上的線，而且按照一個幾乎是無限種不同的區別和區分，它也代表某些聲音，而被自動轉譯出來。

如果他想要，一個觀察者可以自動地先把聲音翻譯出來，在他還沒管視覺影像之前。於是，在一張看來只是動物的素描裡，可以提供這動物的整個歷史或背景。在一幅畫中，曲線、角度、線條除了它們明顯的客觀機能外，也全都代表了音調的高度、音色與音值非常複雜的變化系列；或者，你喜歡的話，可說代表了無形的文字。

（十點七分。）線條之間的距離被轉譯成聲音的停頓，有時也是時間裡的距離。在圖畫裡的色彩被用作像是通訊裡的語言；代表了差不多像你們自己的色彩所代表的情感層次。不過，色彩強度之明暗被用來作進一步的修飾與定義——例如，或是加強由線條、角度與曲線的客觀價值已傳達的訊息，及加強由已說過的無形文字傳達的信息；或以任何方式予以修正。此處你了解嗎？

（「是的。」在十點十二分停頓。）

這種畫的尺寸也有其信息。在一方面來說，這是種非常格式化的藝術，但就「細節」來說，它又許可極為精確的表達，就「題材」來說，它又容許極大的自由。它很顯然是極度濃縮、精鍊的。這技巧後來被第三個文明發現，有些仿製品的遺跡仍存在著。但詮釋之鑰已完全失落，因此所有你能看到的只是一張畫，已失去了賦予它如此偉大變化的那些多重感官因素。它存在，但你們無法令它復活。

也許我應在此提及，有些山洞，尤其是在西班牙和庇里牛斯山的某些地區，和更早在非洲的一些山洞是人工建造的。這些人且能以聲音來移動巨物，如我先前告訴你們的，實際上用對聲音的高度控制來運送物體，這即是他們的地道原來形成的方法，這也是他們在原先山洞不多的地帶增建山洞的方法。通常，在山洞壁上的繪畫是非常格式化的資訊，幾乎像是在你們公共建築前的標記，描畫出在某一區域動物和生物的類型。

在你們通常所謂歷史上的早期穴居人，後來把這些畫當作臨摹的範本。

你要休息一會兒嗎？

（「好的，我想休息一下。」）

（十點二十分。在珍說話時，我因她吸煙的煙霧開始咳嗽起來。她說她知覺到此點，雖然如此，她這次的出神狀態甚至更深。不管外面氣溫如何，我們還是開窗讓畫室通通風。在十點三十三分繼續。）

他們的溝通能力，因而也就是他們的創造能力，要比你們的更活潑、更有活力和更敏感。當你聽見一個字，也許在你心目中知覺到一個相應的形象。可是，對這些人，聲音自動地、即刻地造出一個令人驚訝的栩栩如生圖象，它是內在化的，因此並非立體的，但的確比你們通常的心象要生動得太多了。

再次的，某些聲音被用來指示，在時間與空間中，物體在尺寸、形狀、方向與存在的久暫上，令人驚奇的微細差別。換言之，聲音自動產生燦爛的影像。因為這個理由，很容易分辨所謂的內心景象與外在景象，因此當他們坐著談天時，他們常常頗自然的閉上雙眼，以便溝通得更清楚，享受隨著任何語言交談的瞬息萬變、瞬間的內在心象。

（十點四十一分。）他們學得很快，而教育是個很刺激的過程，因為這多重感官的設備自動把資料印在他們心上，不是一次只能透過一種感官通道，而是同時用到許多種。可是，他們雖有所有這些長處，以及敏銳的感知，卻有一個與生俱來的弱點。當然，不能面對暴力並且學會去加以征服，嚴重地妨礙了某種向外衝刺的特性。在這些地方能量被阻斷了，因此他們確實缺乏一種有力的品性或「有力感」。

我並不一定是指肉體上的力量，但他們用了這麼多的精力去避免面對暴力，因而，舉例來說，他們就無法把普通的攻擊性感受引導到其他的區域去了。

現在我將要結束此節，或如果你喜歡也可以暫停一下再說。不過我仍建議你結束它。

（我點頭同意。）我最衷心的問候，並祝晚安。

第五六五節　一九七一年二月一日　星期一　晚上九點五分

（在過去幾個星期裡，珍只為她的ＥＳＰ班有過賽斯課以及兩次私人的課，只此而已，雖然我好幾次希望能進行賽斯的書。許多事使得我們把它放在一邊：其他的工作、假日、想改變一下步調的單純需要、旅行以及我父親的病危……。

（現在珍說，在停工一陣後再重新開始口述，她有些緊張。她的感覺與開始這本書前相似。這書她只讀到第四章最前面，雖然我給了她第六章的摘錄，讓她讀給ＥＳＰ班的同學聽。我確知無疑，當賽斯繼續口述時，我們根本不可能覺察任何不連貫的痕跡。

（附帶一提的是，我們已重回到客廳上課。）

晚安。

（「賽斯晚安。」）

現在：今晚及星期三我們要回到我們的書，以後的每週一與週三也將繼續寫書，直到它完成。

現在口述。

我曾談到一些有關魯曼尼亞人的細節，因為他們是你們心靈遺產的一部分。其他的兩個文明在許多方面更為成功，但魯曼尼亞的實驗背後之強大意圖卻是極易變的，雖然他們未能在你們實相裡解決他們所謂的暴力問題，但他們想要做到這一點的這種熱烈願望，仍然在你們自己的心靈環境中迴響不已。

因著「時間」的真實本質，魯曼尼亞人照舊像以前一樣的存在著。在心靈的大氣（psychic atmosphere）裡，常常有滲漏（bleed-through）發生。這並不是偶發的，而是某種親和性使得這種效應跳越了本來看起來相當分離的兩個系統。因此，在你們自己的與魯曼尼亞人的文明之間就有這種滲漏。

（**九點十三分。**）例如，好幾種古老的宗教揀起了魯曼尼亞人的兇神形象。在祂們身上，他們投射了對力量、威力與暴力的觀念。這個神是用來保護他們的，當「非暴力」不許可他們保護自己的時候。

可以說，現在就有一個「滲漏」正在形成，在其中，你們會瞥見魯曼尼亞人對藝術和通訊的多次元觀念，但只看到它的一個粗淺形式。

當然，因為可能性的本質，也就有那麼一個實相系統，在其中，魯曼尼亞人對「非暴力」的實驗獲致成功，而在其中，一種全然不同的人類誕生了。

（**九點十九分。**）所有這一切在你們看來也許非常奇怪，只不過因為你對存在的觀念是如此特定與狹窄。可能的實相與可能的人類和神明的概念，對你們有些人來說顯得十分的荒謬，在你看此書時，你卻只是「可能的你」之一個。其他的「可能的你」自然不會認為你是真的，有些也許會憤怒地質疑你的存在。不過，實相之可能系統不只是一個哲學問題。如果你對自己實相的本質有興趣，那麼它就變成一件非常切身的、重要的事了。

就如魯曼尼亞的一些個特質仍然存在於你們的心靈大氣裡，就如他們的城市仍然與你們現稱為自己土地的地區同時並存，因而其他的可能本體也與你現稱為自己的這個本體並存。在下一章，我們將討論你和你可能的自己。

（一個附註：照賽斯所說，魯曼尼亞人存在於比亞特蘭提斯時代還古久之前，是我們這行星上三個高度科技性文明中的第二個。在第五六三節，賽斯提到他不久將討論這些文明的第三個。這個資料一直沒收到，若非因為賽斯此書的上兩節相隔得那麼久，這資料可能已給了我們，我們根本忘了問他要這資料……）

第16章 可能的系統、人和神

（九點二十四分。）現在我們開始下一章〈可能的系統、人和神〉。

在你日常生活中的任何一刻，你對行動——有些是瑣碎的，有些是極重要的——都有一個多樣性的選擇。例如，你可以選擇打噴嚏或不打噴嚏、咳嗽或不咳嗽、走向窗子或走向門、抓抓你的肘、救起一個溺水的孩子、學到一課、自殺、傷害別人，或忍受侮辱。

在你看來，實相似乎是由你所選擇的那些行動所組成的。那些你選擇加以否認的就被忽略過去，於是沒有選上的路子似乎是個「非行動」（non-act）。但是，每個念頭都實現了，每個可能性都被探索了。物質實相看起來像是由一連串的實質行動所構成。既然這是你對實相通常的判斷標準，那麼非實質的行為通常便逃過了你的注意、斟酌和判斷。

（九點三十分。）讓我們舉一個例子。在你看此書時，電話鈴響了。一位朋友要你五點鐘和他見面，你站在那兒考慮。在你心中，你看到自己（一）說不而留在家裡，（二）說不而到別的地方去，或（三）說好而按時前往。現在在那一點，所有這些可能行動都有一個實相。它們都是可能具體實現的。在你決定以前，這些可能行動的每一個都是同樣的可行。你選擇了其中之一，而由你的決定你使三者之一成為具體事件。這件事恰當地被你接受為形成你正常生活的一連串事件的一部分。

可是，其他的可能行動仍舊一樣的可行，雖然你沒選擇使它們具體實現，它們還是與你選擇接受的那一件事同樣有效地被實行了。如果在某個被拒的可能行動之後有很強烈的情感負荷，它甚至比你所選的那一行動有更大的確實性。

所有的行為最初都是精神性的行為。這是實相的本質。那句話再怎麼強調也不為過。因此，所有的精神性行為是有確實性的。它們存在而不能被否定。

因為你不接受所有這些行為為具體事件，你無法感知其力量與持久性。不過你的缺乏感知力卻不能毀滅它們的確實性。如果你本想做個醫生，而現在卻在幹另一行，那麼在某個別的實相裡，你就是個醫生。如果你有在此地沒用到的才能，它們在別處會被用到。

現在，再次的，這些概念對你們的精神血液（mental blood）來說，可能似乎濃得不可能接受，因為你們習慣於連續性的思考模式和三次元的態度。

（幽默地：）你可以有一個三次元的休息。

（「謝謝。」九點四十三分到九點五十五分。）

且說這些事實並沒否認靈魂的效力（validity），反而給了它無法度量的加強。

就此而言，靈魂可以被形容為一個多次元的、無限的行為，每一個微不足道的可能性都在某處被帶進了確實性與存在；一個無限的創造行為，為它自己創造了無限的次元，在其中可能達到一種完成。

你自己存在的這幅繡帷（tapestry）根本非三次元的智力所能看到。可是，這些可能的自己卻是你本體或靈魂的一部分，如果你與它們失去了聯繫，那只因為你貫注於具體事件上而將之當作判斷實相的準繩。

（十點一分。）但是，由你存在的任何一點上，你可以瞥視到這些其他的可能實相，而感覺到在你所作的實際決定之下，那些可能行動的回響。有些人自發地這樣做，通常是在夢境裡。此處正常醒時意識的死板假定常常會淡掉，而你會發現自己正在做你實際上排除了的那些行動，卻絕沒想到你已窺探進自己的一個可能的存在了。

如果有個別的「可能的自己」，那麼自然有「可能的地球」，全都在走那些你沒採用的路子。在清醒狀態裡，以一個想像的行為來開始，有時你可以沿著「沒走的路」走上一小段。

回到我們先前那個接電話的人。讓我們假設他告訴朋友他不去。同時，如果他想像他作了另一個選擇而同意赴約，那麼他可能會經歷一次次元的突然斷裂（rift of dimensions）。如果他運氣好，而當時各種情況都正好，那麼他可能突然覺得他十分確實地接受了邀約，感覺彷彿他在物質層面上接受了邀約那麼強烈。在他明白發生了什麼事之前，他可能真的覺得自己離開了家而在從事那些可能的行動——那些事實上他選擇不去做的行動。

（十點十二分。）可是，在那一剎那，整個的經驗會兜頭撲向他。想像力會把門打開，而給他去感知的自由，但不會有幻相產生。這是一個簡單的試驗，幾乎可以在任何一個環境下做，雖然獨處是很重要的。

不過這樣一個實驗不會把你帶得太遠，而且那個選擇了你所否定的行動「可能的自己」與你所知的自己，在某些重要的地方是很不相同的。每一件精神性的行為都打開了一個確實的新次元。就某一種方式來說，你最微不足道的念頭都孕生了新的世界。

這並不是一個枯燥的形而上的聲明。它應在你心內喚起最強烈的創造力與臆測。任何生物都不可能絕育，任何念頭都不可能死去，任何才能也都不可能被荒廢！

（十點十九分。）那麼，每個可能的實相系統自然也就創造了其他的這種系統，而任何一個行為實現之後，都會帶來無限量「沒實現」的行為，它們也終究都會實現。且說所有的實相系統都是開放的，它們之間的分界是為了方便而武斷地決定的，但所有實相全都同時存在，每一個都彼此支持並彼此增益。因此你的所作所為也都反映在你「可能的自己」經驗上，反之亦然。

按你開放與接受的程度，你可由你「可能的自己」的各種經驗獲得極大的好處，又可以從他們的知識與才能獲益。你也常常十分自發地在夢境這樣做，而在你看來像是一個靈感的東西，常常是另一個自己想過卻沒有實現的思想。你調準頻率收到了它並把它實現了，你明白嗎？

你曾斟酌過而沒用到的概念，也可被其他的可能自己以同樣的方式拾起。自然，每一個可能的自己都認為自己才是真正的「你」，而對他們任一個，你就是那可能的自己；但透過「內在感官」，你們全都知覺到自己是這個完形的一部分。

你可以休息了。

（十點二十六分到十點四十一分。）

好，靈魂不是個完成了的作品。

事實上它根本不能說是個作品，而是「變為」的一個過程。「一切萬有」也不是個已完成或未完成的產品。有可能的神就如有可能的人；但這些可能的神全都是你可謂「一切萬有」靈魂或本體的一部分，正如你可能的自己全是你的靈魂或本體的一部分。

當然，「一切萬有」可能在其中獲致實現的次元，遠遠超過你現在所能得到的。以一種方式來說，你曾透過你的思想與欲望創造了許多可能的神。他們變成了相當獨立的心靈本體，在其他的存在次元裡實現。這個唯一的「一切萬有」所知覺的，不止是祂自己的本質與所有意識的本質，祂也還知覺祂無限量的可能自己。由這裡我們再談下去的話，所談的主題已無法以文字來描摹，所有的話都變得無意義了。

「一切萬有」的本質只能透過「內在感官」來直接感覺，或在一個較弱的溝通裡，則可以透過靈感或直覺來感受神。這種實相之不可思議的複雜性無法以語言來詮釋。

現在等我們一下。口述結束。

（在十點四十九分停頓。自休息後珍的步調慢了些，現在賽斯接下去給她一些有關她寫作的資料。

（「謝謝。」）

星期三我們將寫書，若有個人資料則放在末尾。

（「好的。賽斯晚安。」在十一點二分結束。）

第五六六節 一九七一年二月十五日 星期一 晚上九點十九分

（上兩週我們忙著我父親的後事。）

晚安。

（「賽斯晚安。」）

現在：我們要換換樣子寫寫書，雖然在課結束時我可能會對你倆說幾句。

那麼開始口述：可能性是你看不見的心理環境的一個一直存在的部分。你就生存於可能的實相系統中，它不是個與你分開的什麼東西。到某個程度來說，它就像是你目前活在其中的一個大海，你在它之內而它在你之內。偶爾你會在意識的表層上臆想，如果你做的是別的決定，而非你曾做的決定，那事情又會如何演變呢？好比說，選擇不同的配偶，或在另外一個地方住下來的話。你可能猜測，如果你寄出了那封後來決定不寄的重要信，結果又如何？而只有在這種小小的臆測裡，你才曾質疑過可能性的本質。但在你和所有與你有過關係的人，以及在做重大的決定時所涉及的人之間，有很深的關聯存在。

（九點二十八分。）這些關聯並不是如星雲般模糊的，它們是把你們一個個綁在一起的極深奧心理上的交互聯繫，尤其是存在於一個心電感應式的架構裡，雖然這可能是在正常意識之下。可能發生卻未實現的實質聯繫在實相的其他層面完成了。

你心中的隱形環境並非如你以為的那麼寂寞，而你內在彷彿有的孤立感，是由自我的固執防衛而生。例如，它看不出有什麼理由要讓你知道，那些它認為與日復一日的日常活動無關的資訊。

（九點三十一分。）我不喜歡「求進步」這句話，然而以你們來說，作為一個意識，「進步」就是變得越來越知覺到你自己本體的那些其他的具體化。可能的自己就是要獲知其他可能的自己，而了悟到所有的都是「真正本體」之種種不同的顯現。

這些「可能的自己」並沒在某個超我中「迷失」、埋葬或被否定，沒有自由意志、自主性或個人性。反之，本體就是他們，有完全的自由去表達所有的可能行動與發展，不但在這實相裡，也在其他你所不知的實相裡。

當你在目前這一刻坐著讀這本書時，你正處於一個「可能性」的宇宙之網中央，而你最微細的精神或情感行動都會影響它。

（在九點三十六分停頓。）因此，你的思想與情感由你向所有的——不止是物質界的也包括看不見的——方向發射出去，而出現在你目前還不了解的次元裡。且說你同時也接收到由其他與你相連的可能性裡來的這種信號，但由你選擇在那些可能行動之中，你要使哪一個成真，或使它在你的系統裡實現，就如其他人在他們的系統裡也有選擇的自由。

那麼，你發出概念，也收到概念，但你並沒有被迫去實現那些由其他可能自己而來的未實現的可能行為。且說，在你自己與其他可能的自己之間，有種自然的吸引力，與能量同時推進有關的電磁性關聯。我這是指對你和在其他實相中可能的你同時出現的能量；在所有的「你」之間有一種心靈上的關係，彼此有一種統一的、交感的、情感上的反應，這種聯繫在夢境中非常明顯。

在那種狀況下，自我的機能較為靜止，在整個本體的各個不同部分之間，於是便有相當多的溝通。在夢中，你會對你本來也許會選擇的可能路子看到一眼。也許你以為這些只是幻想，其實你也許正在看，確實在另一可能系統裡發生了的那些事件之一個合理畫面。

現在你可以休息一下。

（九點四十五分。珍對只說了這麼「一丁點」資料感到驚訝，她說她以為她「滔滔不絕」地說出了些偉大的新資料呢！在十點繼續。）

然而，一件事可以被不止一個可能的自己所實現，而你會與某些可能的自己比另一些更相像。因為你涉身於像這樣複雜的一個「心理的完形」裡，又因先前我說過確實存在的心靈聯繫，你能借用一些你人格的這些可能部分的才能與知識。

那種聯繫造成了相當持續不斷的「滲漏」。不過，一旦你知覺到可能的系統，你也就學會對我在此稱之為「善意的侵入性衝動」有所警覺。這種衝動看似與你自己目前的興趣或活動不相連；「侵入性」是因為它們很快地進入意識，帶來一種陌生感，好像它們不是你自己的。這些事常能給我們各種線索，比如說，你可能對音樂一竅不通，而某個午後你正在處理俗務時，卻突然有去買一把小提琴的衝動。

（在十點六分停頓。）這樣一個衝動可能表示，本體另一個可能的部分對那種樂器有天賦。我並沒叫你跑出去買一把小提琴，但無論如何你卻可以在合理的可能範圍內，把這個衝動付諸行動——租一把小提琴，或只是讓你自己對小提琴協奏曲熟習一些等等。

要知道，如果這衝動是來自一個可能的自己，你會更快地學會這樂器。那麼不用說，可能的自己當然也存在於你的「將來」，如同存在於你的過去一樣。沉湎於你過去的不愉快裡是非常不智之事，因為可能自己的部分或許仍捲入在那個過去裡。對過去集中注意可能會有更多的「滲漏」與不利的認同，因為那個「過去」，是你和由那特定源頭躍出的任何可能自己的一個「共同背景」。

（十點十二分。）沉湎於可能會發生疾病或災禍的念頭裡也是同樣的不智，因為你布下了負面的可能性之網，那本來是不必發生的。理論上你可以改變你所知的「自己的過去」，因為與可能性一樣，時間也不是什麼與你分開的東西。

過去以多種方式存在著，而你只經驗到一個可能的過去。藉著在「現在」從你的心中改變這過去，你不只能改變它的性質，也還能改變不只是它對你的影響，還有它對別人的影響。

假設發生了某一特定事件令你非常困擾。那麼就在你心中想像，不僅它被抹去，並且以一件本質上更有益的事件來取代之。現在這個想像必須要非常的栩栩如生，在情感上有確實的感受，而且要反覆的觀想。這並非自欺。你所選擇去想像的事件會自動地是個可能事件，也確實發生了，雖然不是你在你「可能的過去」所選擇感知的那個事件。

（十點二十四分。）如果這過程做得正確，你的念頭也會心電感應地影響任何與原事件有關的人，雖然他們可選擇拒斥或接受你的這個新版本。

這不是一本談技術的書，因此我不去深入的談這個特定的方法，只在這兒提提。不過，要記住，以一種最合法的方式來說，許多沒有在物質層面上感知或經驗到的事件，與真正感知與經驗到的一樣有效而且有意義，在你自己看不見的心理環境裡也一樣的真實不虛。

於是，以你們的話來說，你現在就在為無限量的將來可能事件鋪路。源自於你的那些思想、情感的性質，以及你依照你的習慣或特徵而收到的那些思想與情感的性質會建立起一個模式，從而你會由那些可能的未來中選擇某些事件，而讓它們實際上變成你未來的經驗。（停頓。）

因為在各個「可能的自己」之間彼此有「滲漏」與交互關聯，調準到「未來的事件」對你而言是可能的。假設有一件不幸的事，如果你繼續現在的方向便會碰上。舉例來說，你可能做了一個關於那事的夢而嚇得要死，結果使你避過了那事而並沒經歷它。如果是如此的話，這樣的一個夢乃是由確實已經歷此事的一個可能自己那兒來的信息。

（十點三十分。）那麼，一個孩子因此可能在一個夢裡收到由可能的未來自己送來的訊息，這訊息具有這樣一種性質，以致完全改變了他的一生。整個的本體「當下」就存在，所有的劃分只是幻覺，因此一個可能的自己能對另一個伸出援手，而經由這些內在溝通，你們所謂各個可能的自己於是開始了解他們的本體本質是什麼。

現在這把我們引到了其他的探險，牽涉到整個的文明，就如個人有他們可能的命運，因此文明、國家或有居民的行星系統也一樣。你所知的你們歷史上的地球曾經有許多不同方面的發展，而有一個深深的無意識層面的聯繫來統合所有這種「示現」。

以它們自己的方式，即使原子和分子也對它們所曾經歷過的種種形式保留了記憶，因而組成任一個文明的個人，在他們自己的內心深處，也都保留了對這民族過去在實相的另一層面時所涉及的實驗與試煉、成功與失敗的內在知識。

（十點三十九分到十點五十五分。）

在某些可能的實相，如你們所知的基督教並沒有盛行。在有一些裡，男性並沒做過主。在另一些裡，物體的構成根本遵循著不同的路徑。其實所有這些可能性就在你們四周的空氣裡，可以這麼說，而我盡可能忠實地描寫它們，但我必須以你們多少熟習的觀念去談。那麼到某個程度，「真理」必須被濾過你自己觀念的模式，你才有希望了解它。

只這樣說就夠了：你是被其他的影響和事件所包圍的。在這些裡面，有某些是你在三次元的實相裡感知到的，你把它們當作是真的來接受，而沒了悟它們只是其他事件的一部分。在你的視野看不見的地方，你以為實相也終止了。因此，我再說一次，當你無事時，你必須訓練自己在事件與事件之間、物體與物體之間檢視，並且向內看看自己。特別要留心那看似沒道理的事，因為它們常常是你看不到的較大事件的線索。

口述結束。

（賽斯於是短暫地回答了兩個私人的問題。）

那麼，如果你沒有別的問題或評論……（我搖搖頭。）我想在星期三結束這章。我最衷心的祝福及一個美好的晚上，當我們弄好了，我們就會談談你的事。

（「好的，非常謝謝你。晚安賽斯。」十一點六分。）

第五六七節　一九七一年二月十七日　星期三　晚上九點十四分

晚安。

（「賽斯晚安。」）

我們繼續口述。

物質的性質還沒被了解。你們在某一「階段」感知到它。現在用你們的說法而盡量簡單地說，在你們所見的物質之外還有其他形式的物質，這些形式是相當真實而生動的。對於那些對那個特定的活動層面有反應的人來說，它們是相當「具體」的。

因此，就可能性來說，你選擇某些行為，無意識地把它轉變成具體的事件或物體，然後再去感知它。但那些沒被選擇的事件，也由你發出而投射成其他的形式。現在此地涉及了原子和分子的行為，因為再次的，這些原子、分子只在某特定的「階段」才在你們的物質宇宙內出現。它們的活動只在某特定的震動頻率範圍下才能被你們所感知。舉例來說，當你們的科學家檢驗它們時，他們並沒檢驗，好比說，一個原子的本質，他們只在探索一個原子在你們的系統裡活動或出現時的特徵。它更大的實相完全逃過了他們的注意。

（九點二十四分。）你們知道光有光譜。因此物質也有「譜」。與某些其他的比較，你們的物質實相系統不是很密實的。你給物體的長、寬、高的次元，其實才只開始暗示到一點可能有的各種不同次元。

有些系統比你們的重得多或輕得多，雖然這不一定涉及你所熟習的所謂「重量」。那麼，可能的行動就進入了和你自己的系統同樣確實、同樣一致的物質系統（matter-systems）裡。你慣於單線式的思考，因此你把你所知的事件想作是完整的東西或行動，沒想到你所感知的只是它們整個多次元存在的一小部分而已。

（九點三十分。）廣義地說：是不可能將一個實質事件與所有那些可能事件分開的，因為這些全是一個行動的各種面目。同理，基本上不可能把你所知的「你」和你不知的可能的你分開。不過，在各個可能事件之間，總是有內在的通道；既然它們全是一個行動在其成形中的表現，那麼在這些事件之間的次元就是個幻相。

光是實質的腦本身無法清楚察覺到這些關聯，而其內在的對等物——心——有時則能感知到任一事件深遠得多的次元，經由突發的頓悟，或無法適當用語言形容的領悟。

（在九點三十五分停頓。）如我常說的，你所認為的時間是不存在的，可是在你們來說，如果原子的基本性質一旦為你所知，你就能了解時間的真正本質。在一方面來說，一個原子可以比作一百萬分之一秒（microsecond）。

看起來，一個原子好像穩定地「存在」了一段時間。其實不然，可以說，它是逐漸出現又逐漸消失，如此返復不已。它以一種極可預期的模式和節奏在波動。在你們的系統裡，只有在這起伏的某些剎那，你們才能看到它，因此對科學家來說，原子似乎是穩定地存在著。他們不覺知原子有時候「不在」這兒。

（九點四十一分。）在它們沒投射到物質世界的那些時刻，波動之「不在」的一剎那，原子「出現」在另一個實相系統裡。在那個系統裡，原子在波動之「在」的一剎那被感知到，於是，在那系統裡原子也（似乎）看來很穩定。有許多這種波動的剎那，但自然你們的系統對它無所知，也不知存在於它們之內的最終行動、眾多的物質宇宙和系統。

現在，同類的行為也在一個深沉的、基本的、祕密的、未被探索的心理層面發生。以肉體為依歸的意識只對原子活動的一個相位（phase）反應，而對那個特定的存在「醒來」並反應了起來，但在其間還有別的波動，在這些波動中，意識貫注在全然不同的各個實相系統上，它們每一個都「醒來」並反應，而卻不覺察有什麼東西「不在」，並且只記得他們對之反應的那一特定的波動。

現在你可以休息。

（九點四十七到十點六分。）

繼續口述。所有這些波動其實是同時發生的。在你們看來似乎在「波動」之間應該存在著空隙，而我剛才的描述已經算是最好的一個了；但可能的系統全都同時存在，基本上，照這樣說，原子是「同時」在所有這些其他的系統裡。

現在我們所說的是絕快的脈動或波動，如此平順而「短暫」，以致你不會注意到它在波動，但由你們人間那端來看，也還有「較慢的」、「更廣的」、「較長的」一些波動。

（十點十四分。）這些波動影響到全然不同的存在系統，而非任何一個與你們自己系統密切相連的系統。這些種類意識的經歷對你而言極為陌生。舉例來說，一次這種波動可以用上你們的幾千年。這幾千年會被經歷為，好比說，你們時間的一秒，而其中發生的事件則只被感知為一個「當下片刻」。

那麼，這類「存有」的意識也包括了很多的可能自己與可能系統的意識，而這些可能的自己與可能的系統都十分生動、清楚的被體驗為「多重的現在」。這些「多重現在」能在無限個點的任一點被改變；所謂「無限」並非以一條無限的線那樣存在著，而是指由意識的每一動念生出來的無量的可能性及「可能的組合」。

（十點二十五分。）這些有「多重現在」的「存有」，對你們的特定系統也許會感知，也許不會感知。他們的「多重現在」也許包括了「人間」，也許沒有包括。也許你是他們「多重現在」的一部分而未曾知覺。以遠為狹義的說法，你的可能實相即「多重現在」。（停頓很久。）一個眼睛中有個眼睛，這眼睛中又有個眼睛，如此無限重複的影像也許差可比擬。此章結束。

（在十點二十九分停頓。珍講得很順溜輕鬆，似乎毫不費力。我告訴她資料棒極了。我發覺像「一方面來說，一個原子可以比作一百萬分之一秒」這種聲明特別的發人深省。

（在一個很短的休息之後，珍給了我們自己幾頁的資料。這節約在十一點二十五分結束。）

第17章

可能性、善惡的本質和宗教使用的象徵

第五六八節　一九七一年二月二十二日　星期一　晚上九點十九分

（到了要上課時珍覺得很輕鬆而瞌睡，但她卻不想錯過一課。她開始以較平常慢的速度說話。）

晚安。

（「賽斯晚安。」）

好，口述。

本章題目〈可能性、善惡的本質和宗教使用的象徵〉。

基督教教義說到「基督升天」（Ascension of Christ），自然是暗示向上直升到天堂，而靈魂的發展也常是以方向的說法來討論的。進步假定就是上升，同時宗教性懲罰的恐怖——地獄——是被看成在所有東西之「下」的。

因此，以基督教的說法，發展是被看作只在一個單線方向的。舉例來說，它很少被想成水平方向的。通俗的進化觀念把這理論傳開，說人是由猿猴循單線方向逐漸進化而來。（幽默地：）基督其實也可以沿水平方向消失呀！

（在九點二十六分停頓。）「發展」這信息的內在意義是以當時人能了解的方式說出的，與他的基本假定一致。「發展」向所有的方向展開。靈魂並不是沿一連串的梯子向上爬，每一道梯子代表發展的新而更高的一點。

相反的，靈魂是站在它自己的中心，在同一瞬間向所有的方向探索，擴展它的能力，涉入創造性的論題裡，每一個都是極合法的。可能的實相系統對你開示了靈魂的本質。它應當會相當地改變你們流行的宗教觀念。為此之故，善與惡的本質是個非常重要的要點。

（九點三十分。）在另一方面，十分簡單地，以一種你目前不能了解的方式，惡是不存在的。可是，你顯然面對著看似十分邪惡的事。人們且常說，既然有一個神，因此必然有一個魔——或如果有善，則必有惡。這就像是說因為一個蘋果有上一半，它就一定有下一半一樣——卻對兩者皆為蘋果之一部分這個事實毫不了解。（**停頓：許多停頓之一。**）

我們回到我們的基本理論：你經由你的情感、思想與精神活動而創造實相。這些中有些被具體地物質化了，其他的則在可能的系統裡實現了。似乎，在任一點，你都有一個無窮的選擇系統，有些選擇比另一些看來更好或更差。

你必須了解，每一個精神性行動都是你要負責的一個實相。那就是你在這個特定的實相系統裡的目的。舉例來說，只要你相信有魔鬼，你就真的為自己創造了一個魔鬼，並且那些相信他的人們也將繼續創造他。

（九點三十五分。）因為別人賦予他的能量，魔鬼會有他自己的某種意識，但這樣一個假想的魔鬼，對那些不相信他的存在的人和不因其信念而給他能量的人沒有力量或實相。換言之，他是個最高級的幻相。如前面說過，那些相信有地獄並透過他們的信念而把自己指派到地獄的人，的確會經歷它，但肯定不會以任何永久性的方式，因為沒有一個靈魂是永遠無知的。

那些有這種信仰的人，事實上對意識的本質、靈魂和「一切萬有」缺乏一種必要的深刻信任。他們沒有把心念貫注於他們認為是善的力量上，卻是害怕地貫注於他們認為是惡的力量上。

（九點四十分。）因此，這幻相是由恐懼與限制創造出來的。魔鬼這概念只是某種恐懼的集體投射——集體是因為它由許多人所投射，卻又是有限，因為總有些人不信邪。

有些非常古老的宗教了解「魔鬼觀念」的幻相性質，但甚至在古埃及時代，這種較簡單而更扭曲的概念變得流行起來，特別是流行於群眾之間。在某些方面來說，那時候的人沒有魔鬼的觀念就無法了解神的觀念。

例如，暴風雨是非常具創造性的自然事件，雖然它們也能造成破壞。早期的人只能看到那破壞。有些人卻直覺地了解到任何效果都是創造性的，不管它們表面看來如何，但很少人能說服他的同胞。

（九點四十七分停頓。）光與暗的對比帶給我們同一類的畫面。善被看作是光，因為人在白天感覺比較安全。因而邪惡便被派給了夜晚。可是，在大量的扭曲之內，隱藏在教條之下，永遠有對於「每個效果在基本上都是一種創造」的暗示。

那麼，並沒有魔鬼在等著把任何人奪走，除非你們自己創造了它們，若是如此，則力量存於你們內在而不在假想的魔鬼內。「釘十字架」與附帶的戲碼在當時你們的實相內是有意義的。它由內在實相升起進入具體確實的世界，你們最深的直覺與洞見也源自這內在實相。

（九點五十二分。）那麼，人類把這些事件帶出來，因為它最能將「靈魂不可滅」這個更深的無形知識傳達到物質世界。對其他具有不同基本假設的系統，這齣特定的戲劇是沒有意義的。

你可以休息一會兒。

（九點五十四分。珍的出神狀態很好。她的傳述也加快了不少，自然我也常常見到她對這種能量與活力的輸入反應，這能量與活力看來是由珍之外的來源注入的。不說別的，當她在上課前精神若不是最好，她的改變就越發明顯。……在十點七分繼續。）

上升或下降、光或暗的象徵，對那些具有不同感知機構的其他實相系統來說，將是無意義的。雖然你們的宗教是圍繞著一個顛撲不破的「真理種子」建造出來的，它所用的象徵卻是由「內我」很技巧地選擇出來，以配合這物質宇宙裡那些你們認為合理的基本假設。其他的資訊，例如在夢中的，一般來說也會以相同的象徵給你們。不過，這象徵本身只是為「內我」所用，它並非天生就屬於內在實相的。

（十點十三分。）許多可能系統的感知機制和你們的大不相同。事實上，有些是建立在你們完全陌生的知覺完形。舉例來說，你並沒有了解到你的「自我」是集體意識的結果；那個最直接面對外在世界的意識，是依賴著居住於你身體的每一個活細胞內的微細意識；而一般言之，你只覺知一個自我——至少在某一時刻。

在有些系統裡，以你們的話來說，一個「個人」頗為覺知他有不止一個「自我」。他整個的心理組織就某種意識來說，比你們自己的要豐富得多。你要知道，一個不明白這一點的「基督」，不會出現在這樣一個系統裡。的確有你們不熟悉的知覺，的確有些世界，你們對光的概念在那裡並不存在，在那兒，就知覺而言，「人們」感到幾乎無限層次的「熱」而非「光」。

（十點二十一分。）在任何這樣的世界裡，「基督」這場戲絕不能像它在你們自己的世界裡那樣演出。那麼同樣的，你們每一個偉大的宗教也莫不如此，都是因應你們而生的。雖然如我過去所說，一般說來，佛教的描述比較接近實相的本質。可是他們沒了解靈魂的永遠效力，就它絕妙的不可侵犯性質來說，他們也不能把握對靈魂獨特性的感受。但佛陀，像基督一樣，詮釋了他對你們自己的實相幾乎知道的一切。還不僅是對你們自己的物質實相，也是對你們自己可能的物質實相加以詮釋。

（十點二十八分。）那些法門，在所有宗教背後的祕密法門，其意義就在引導人進入一個存在於象徵和故事之外的了解境界，帶他到他所知的物質世界之內與之外的內在覺悟。在古老的修道院裡，特別是在西班牙，尚有許多未發現的文稿，說到在天主教的修會裡有地下團體，當其他的僧侶在抄寫古老的拉丁文稿時，他們則負責讓這些密法繼續下去。

從前在非洲和澳洲有些部落，他們從沒學會寫字，他們也知道這些密法，有叫做「說法者」（Speakers）的人，記住這些密法而向北傳播它們，在基督的時代之前，甚至遍及歐洲北部。

（「你能否口述一篇那些『說法者』的文稿？」）

那是可能的，但要花很多時間並且要有最佳的環境。

（「好吧，我自然希望有一天能看到它。」）

隨口說一句，有關的工作可能要花上五年，因為有好幾種說法，領袖也不止一位，每個教給他們的人民不同的方向。因為這些團體之故，世界對接受基督教義而言，比人們所假設的準備程度要成熟得多了。那些概念已經「埋藏」遍及歐陸了。

（在十點三十六分停頓。「埋藏」是賽斯在這兒要的字，我問過他以確定沒錯。

（註：賽斯以前只提到「說法者」一次。這是在一九七〇年十一月五日的第五五八節十分出乎意料地發生的。那一節是為幾個朋友解決某些問題而舉行的，其有關的部分放在附錄中。珍和我覺得「說法者」的概念非常有趣。我們想多知道一些，可能把它當作一個將來的計畫。）

不過，許多重要的觀念已失傳了。強調的是實用性的生活方法——很簡單地——能被了解的法則，但它們的理由被遺忘了。

德魯伊（Druid，譯註：在古代凱爾特社會中，德魯伊教的地位崇高，不旦掌管祭祀，也是預言家、歷史記錄者、詩人、法官、魔法家等）由「說法者」那兒獲得一些觀念。古埃及人也是。「說法者」比你所知的任何宗教都要早，「說法者」的宗教在許多分散的地區同時升起，然後由非洲和澳洲的心臟地帶像野火般傳過來。在後來阿茲特克人（Aztecs，譯註：墨西哥中部的土著，一五一九年為西班牙人征服）居住的那個地帶，當時有一個分開的團體，雖然在那時的大地陸塊與現在有些不同，有些較低的穴居處當時偶爾會沉在水面下。

（十點四十一分。）各種不同的「說法者」群世代相傳。因為他們被訓練得這麼好，使得信息保持了它們的真實性。可是，他們相信把說的話置於文字的形式中是不對的，因此沒有把它們記錄下來。他們也用到自然的土地象徵，但很清楚了解如此做的理由。「說法者」曾個別地存在於你們的石器時代裡，而且是領袖。他們的才能幫助穴居人得以倖存。可是，在那些時候在各個「說法者」之間很少有實際的通訊，有些並不知其他「說法者」的存在。

他們的信息盡可能地「純粹」而不扭曲。但就因這緣故，世代以來，許多聽到信息的人就把它轉譯成了寓言和故事。現在，大部分猶太經文仍帶有這些早期「說法者」信息的少許痕跡，但即使在此，扭曲也已隱蔽了信息。

休息一下。

（十點四十四分。珍說在我發問之後，當她談到「說法者」的時候，她覺得自己「向回再向回再向回走」。

（此地要提一件有意思的事：目前有一件聖經參考資料，在談到以色列極早期的歷史時，對「口述的傳統」（oral traditions）說了許多。「口傳」比文字記載要早了好幾世紀，也有助其形成。

在這漫長的口傳時期，為了各種理由而有許多的扭曲、佚失發生。近來的研究顯示早期對「傳統」的收集和記錄要回溯到差不多紀元前十二世紀。這些隨之導向聖經書籍的寫作。在十一點二分繼續。）

既然意識形成物質，而非其反面，那麼思想存在於腦子之前，而當腦子滅後，思想仍然存在。一個小孩在他學會生字之前已能連貫地思想——但他不能以無形的思想在物質宇宙裡留下他的記號。因此這內在知識是一直在那兒的，只是等著變成具體的示現——真正被賦予血肉。「說法者」是最先把這內在知識銘記在物質宇宙上的，使它在人間有形的顯現出來。有時在幾世紀裡只有一、兩個「說法者」活著，有時候則有很多。他們環顧四周就知道，世界是從他們的內在實相躍出的。他們把這告訴別人。他們知道（停頓），那在他們身邊看起來好像很堅實的自然物體，是由許多微小的意識組成的。

他們了悟到，由他們自己的創造性，他們將概念形成物質，而組成「物」的成分自身是有意識的、活的。因此，對存在於他們自己與環境之間自然的融洽，他們知之甚稔，因而知道他們能由自己的行為改變環境。

那我就在此結束今晚的課，下次再繼續講「說法者」。

（「魯柏或珍曾是個『說法者』嗎？」）

魯柏是的。

（「你呢？」）

我的確是。還有兩個你們認識的。其一在ESP班的資料裡（第五五八節中）提到過，另一個就是你自己。（這我確實沒想到。）至於在轉世過程裡的「說法者」，在任一生中，可以用也可以不用他們的能力，或也可以不覺知他們的能力。我祝你們晚安。

（「你也一樣，賽斯，非常感謝你。」）

（停頓。）你必須記住，當作一項附註，「說法者」有成千上萬個。

（「好的。」十一點十三分。珍說她記得賽斯說我倆都曾是「說法者」。她有個快速的、幾乎不予置信的反應：「哦，那是太恭維了吧。」然後她感覺到賽斯回來提到成千上萬作為回答，這使得我倆都曾是「說法者」，而現在製作「賽斯資料」這回事，就不再有任何特別獨特之處了。

（課後我在猜想，是否賽斯資料本身即為「說法者」信息的一個扭曲的說法。珍說有此可能。事實上，她感覺，「說法者」的資料「可能更富詩意」。）

第五六九節　一九七一年二月二十四日　星期三　晚上九點二十五分

現在——

（「賽斯晚安。」）

口述：一般說來（微笑），以你們的話來說，一旦是「說法者」便永遠是「說法者」。在某些生中，可能非常有力的用到這種能力，以致該人格的所有其他面都留在幕後隱而不顯了。在另一些時候，這些才能可能很膽小地被用到。「說法者」都擁有格外活躍的感覺及念力的投射。

他們能藉由溝通給人更深的印象。他們能輕易地由內在實相轉到外在實相。他們本能上就知道如何運用象徵。在無意識的層面上，他們極富創造性，不斷在正常意識之下形成心靈的架構，以供他們自己與他人在夢中或出神狀態中使用。他們常出現在他人的夢中，而幫助做夢者操縱內在實相。他們化身成做夢者可以與之發生關聯的形象，可被用為橋樑的形象，然後用它作為門戶，以助人進入與你們自己意識隔得更遠的那種意識。

（九點三十分。）神明的象徵意義，譬如說，在奧林帕斯山上的神明這個想法，在冥河（River Styx）上的渡頭——那類現象是由「說法者」創始的。因此，宗教的象徵和架構必須不只存在於物質世界，也還存在於無意識的世界。在你們自己的架構之外，是不需要像房子或居室之類的，但是在出神狀態或夢與其他實相相遇時，卻常會看到這種結構。它們是資料轉變成對你們有意義的方式。

舉例來說，在死後，一個人——一群人——也許還繼續造出這些，直到他們覺悟這架構已不再必要了。因此，「說法者」的活動不限於在醒時的意義。他們全天候的同時在醒時與做夢狀態中盡他們的責任。事實上，大部分最重要的資料是受訓者在做夢狀態中記住的，也照這樣傳遞下去。這些未被寫下來的資料，因此也可以說，是由進入他種實相的夢中旅行或實地考察旅行時，以畫面加以說明的。這種訓練仍在進行中。個別的心靈架構或故事架構可能有所不同。例如，「說法者」可能利用通俗基督教的「上帝」與聖者的形象出現，全都是非常栩栩如生的。那麼，做夢者有可能發現自己在一個極宏偉的後宮裡，或反之在一光華燦爛的田野或天空裡。有些「說法者」把他們的能力限制在夢境；而在清醒時多半不知道他們自己的能力與經驗。

（在九點四十分停頓。）

稱這種夢或夢中的所在為幻相是無意義的，因為它們是對你們尚無法看到其真面目的確切「客觀」實相的描述。古埃及的宗教大半是建立於「說法者」的努力上，而他們花了很大的功夫訓練「說法者」。可是，給予群眾的外在展現卻變成如此的扭曲，以致那宗教最初的統一性終於敗壞了。

可是，那時他們就在以之後從未再嘗試的方式，努力畫出內在實相的地圖。在夢境與接近人世的一些其他存在層面裡，在形象的創造及象徵符號的卓越應用上，是真的有極大的個人活動餘地。但在另一方面來說，所有這些都在一個「客觀的」確切環境裡發生，那個環境具有使這種現象成為可能的特性——那麼，那個活動場所有它自己的規則。「說法者」是熟習那些規則的，而常常當嚮導。有時他們在組織內工作，像在古埃及，他們透過廟宇工作而變得捲入了權力結構。不過，一般而言，他們是孤單得多的獨行俠。

因為時間的真正同時性，當然，他們是透過各種各樣的「示現」，而在同時對你們的世世代代說話。舉例來說，偶爾他們也作中介人，把一個人格的兩個不同轉世化身彼此介紹。

你們可以休息一下。

（九點五十一分到十點四分。）

物質實相內的法則說，物體看來是固定而永久的，可是其他實相的法則往往就大不相同了。在那兒，精神活動的本質將遵循不同的路線，而所謂時間的「連續性」將不存在，但是經由運用不同的心理組合，感知組織（perceptual organization）將會存在。（停頓。）

縱使你能感知它們，這種系統由外面來看，對你們似乎是無意義的。你將無法觀察到行動圍繞著它發生的那些軸心點，於是那些系統裡非常確切的法則，對你而言就會十分隱晦不明了。「說法者」對許多系統裡的法則都很熟悉。不過，廣義言之，大多數的這些系統仍舊是與你們自己這種實相有所關聯的。內在宇宙多得數不清，而只有最高級的、發展到極點的完形意識（gestalt consciousness）才能覺知全體。那麼，就這更大的範圍而言，「說法者」必須被稱為是「地方性」的。有種像是圖表的東西，畫出了許多附近的實相系統，我希望將來有一天能讓你們得到這個。為了這樣做，魯柏必須更加強訓練。有一些巧合點（points of coincidence），在某種機緣下，可由這些點從一個這種系統進入另一個裡。當然，這些個系統不需要在你所謂的空間裡分開地存在。

（十點十九分。）這些點叫作「交會點」（coordination points），在那兒，一個偽裝系統併入另一個。有一些「交會點」在你們的系統裡有地理上的位置，但在所有的情形裡，要進入「交會點」，必要的起步就是得「調準頻率」：而這種進入只能在「出體」的情況中做到。每一個人在他的夢中對「說法者」所擁有的資料都能通達。在睡眠模式裡發生的與正常意識鄰接的意識狀態，無法被你們的EEG收到——那個鄰接的「走道」，你的意識經由那兒旅行。

（EEG或腦波探測器能在曲線圖紙上繪出腦波模式。）

意識上以肉體為依歸的那部分留在身體內，同時較高的直覺中心則被激發起來。自己的那個「缺席」部分不能由腦波模式來追蹤，雖然在它離開與回來的那一點可能顯出一個特殊的模式。可是，「出體」的本身無法用任何方法偵查到，畫的線只顯示在離開前的那一刻所顯示的任何具特徵性的模式。

其實這在每晚的睡眠中都會發生，它涉及了兩個活動區域，一個非常被動，而一個則極端主動。在某個狀況下，意識的這部分是被動的，在接受資訊。而在下一階段，當它透過行動來參與時，它是主動的——那時它透過參與和實例，很鮮明的感知到所給予它的觀念。這是睡眠裡最受保護、最隱密的區域，在這裡也最具有恢復活力的特性，而「說法者」就是在這一個階段裡扮演教師與嚮導。

（停頓。）然後，這資料在回來的時候，常被自己的其他層面所詮釋，如身體意識與潛意識，把它變成對自己這些區域有意義的夢。例如，一般性的教導可能被轉譯成涉及某一特定事件的實用性忠告。

你可以休息一會兒。

（十點三十四分到十點四十五分。）

睡眠有幾個非常確定的階段，而它們全都給人格各種不同的服務。它們也代表了不同層面的意識、領悟和活動。它們有一些身體上的變化相隨，而有些變化是與年齡有關的。

在我們下一章裡，我再詳細地談這些。至於目前，你們只要覺悟到，在意識由外在實相轉移到內在實相時，會發生特定的步驟、確切的改變，而這些改變不是無目的的；並且知道，意識是由一條非常可預期的路離開而到達它的許多目的地，就已經夠了。世代以來，「說法者」一直在教做夢的人在這些其他的環境該怎麼做，也一直在教他們如何帶回能對現在人格有利的資訊。一個人按照他的意圖、當前目標和發展的不同，對這些旅行可以有不同程度的覺察。例如，有些人回想得非常清楚，卻常常因為有意識的概念而誤解了他們的經驗。

很可能一個「說法者」在做夢時，去給另一個做夢的人幫助，那人在夢境的一個內在實相裡有些困難。當然「守護神」的概念與此有極大的關聯。一個好的「說法者」在一個實相裡與在另一個實相裡同樣的有效率，他能在物質實相裡創造心靈架構就像在內心環境裡一樣。許多藝術家、詩人與音樂家都是「說法者」，他們精力旺盛地把一個世界轉譯為另一個世界，他們形成存在於兩個世界之間的心靈結構——而這個結構在同一剎那能被不止一個實相所感知。

(在十點五十七分停頓。)口述結束。現在你可以結束此節,如果你想問問題也可以。

(「你有沒有什麼要說的事?」)

沒什麼特別要說的。

(「好吧,那麼就結束好了。」)

給你倆我最衷心的祝福,晚安。

(「也祝你晚安,賽斯。非常感謝你。」)

魯柏應該做他知道他喜歡的食物。是的,並且對他的伙食多操點心。告訴他,要以創造的角度去想食物及準備食物。他對食物最不關心,他因必要才吃。叫他多以創造性的角度去準備他所喜愛的好吃食物,強調一種被人忘懷的老模式。當他那樣想時會比較喜歡烹飪。

讓他以美食來慫恿自己,那樣他才不會覺得他在強迫自己進食。他喜歡肉汁和洋芋,但為了你不喜歡所以沒做。他會喜歡奶油的。那麼,在此處有你們需要協調的地方。

一項小嗜好。在不同的情況下烹飪可以成為他的一個嗜好,因此就指望那個吧。這與我要他做的運動一樣,都是強調身體方面的。現在晚安。

(「賽斯晚安。十一點三分。」)

第五七〇節 一九七一年三月一日 星期一 晚上九點十分

（與上一節一樣，珍開始以一種不慌不忙卻十分認真的態度說話。）

晚安。

（「賽斯晚安。」）

口述：在醒時生活裡也有各種不同的意識狀態，你沒對它們集中焦點而通常對它們相當地不覺察。每種意識狀態都知道它自己的情況，而且各自熟習於一種不同的實相。

「你」目前有一種「曾經集中於一點」（once-centered）的意識，因為「你」把這些意識的其他階段關在你的經驗之外，但你全部本體的其他部分非常親密地涉入那些階段裡。這些意識的其他階段創造他們自己的實相，就如你創造你自己的。因此，實相是意識本身的副產品。如果你能變得知覺到這些實相，你可能把它們看成是人間的其他地方，而非完全不同類的活動所在的領域或場所。如果你深入探討這些領域，你會被迫以你自己系統的基本假設來感知它們，例如，把溫暖與舒適的感覺轉譯為溫暖的庇護所或房子的形象，或將恐懼感轉譯為惡魔的形象。

偶爾甚至在醒時，一個人格可能自動自發地換了檔，可以這樣說，突然發現它自己有一秒鐘或幾分鐘在另一個這種領域之內，而通常會發生迷失感。也有些人經過訓練而相當有意地這樣做，但他們卻常沒了悟到，他們是以他們「老家」意識的價值觀去詮釋其經驗。

（在九點二十三分停頓。）所有這些並不如它看起來那麼玄祕。幾乎每個人都有意識上的古怪經驗，而直覺地知道他們更大的經驗是不受限於物質實相範圍內的。大半的夢是像你從一個你大部分已遺忘了的旅程帶回來有生命的風景明信片。你的意識已經再次地定位於物質實相了，而那個夢是個把更深的經歷轉譯為可認識形式的企圖。夢中形象也是極度「密碼式」的，是潛藏在夢底下的事件的信號，這事件基本上是無法破解的。

「說法者」幫助你構成夢，它們的確可算是一種多次元的藝術產品——存在於不止一個實相的夢，其效果切開了意識的各個不同階段，以你們的話來說，那些階段對生者和死者都是真的，而在其中生者和死者都能參與。為此之故，靈感與啟示才會如此常是夢的一部分。

當你心念不以物質世界為焦點時，你才比較容易聽到「說法者」，去轉譯他們的教導，去練習創造形象，並且被教以維持身體健康的方法。在睡眠之最隱密最被保護的區域裡，在實相許多層面之間的明顯障礙消失了。比如說，你覺知到了一些可能的實相，於是你選擇你想在你的系統裡實現哪一項可能行動。在夢境你貫徹其他的可能行動以觀察其結果。你們自個兒這樣做，但你們也在全國性與全球性的層面集體這樣做。

你可以休息一會兒。

（九點三十四分。休息來得早了一點。珍感到驚訝，因為她以為已經過了多得多的時間。我告訴她那些資料極有意思。在九點四十分以同樣從容不迫的方式繼續。）

意識在不同的層面或階段感知到不同類的事件。為了要感知一些這種事件，你只需學會把你注意力的焦點從一個層面轉換到另一個層面。伴隨著這些意識的不同階段有微細的化學與電磁的改變，而在肉體本身也有在荷爾蒙製造與松果腺活動上的實質改變。

通常你由清醒狀態滑入睡眠，全然不覺你經過的各種意識的不同狀況，但其間是有幾種階段的。當然，首先，帶著不同程度的自發性，意識向內轉離開物質，離開了當時的憂慮與關注。然後在醒與睡之間有一個未分劃的層面，在那兒，你變作一個被動卻開放的「收受者」，這時你很容易收到心電感應與千里眼式的信息。

你的意識可能彷彿在飄浮。有各種不同的身體感受，有時是脹大，有時是下墜。兩種感覺都是某些「片刻」的特徵，在那些片刻你幾乎抓到你自己了，幾乎對這未分劃的地區有點覺知了，然後你又把自己在其間的一些體驗轉譯成具體的。例如，脹大的感覺是心靈擴展的一個實質詮釋。下墜的感覺是意識突然返回身體的一種詮釋。

（**在九點五十分停頓。**）這一段時間只能維持個幾分鐘、半小時，或可以再回去。它是意識的一個緩衝的、有支持作用的與擴展的階段，在這個時候所給的「暗示」是非常有效的。在這一段之後，可能發生一個做假夢（pseudodreaming）的活躍狀態。在「假夢」裡，心智本身忙著處理那些經過前兩個階段仍緊抓不放的世間關注。

如果這些夢過於劇烈，這個人可能會醒過來。這是一個鮮活、熱烈卻常很短的階段。另一個不分明的層面隨之而來，當意識更堅定地對準其他層次的通訊，這次很明確的會有聲音、談話或形象出現。也許這好幾種現象在爭取這個人的注意。在這一刻身體相當地安靜，而這人會跟著這種內在刺激之一進入意識的更深層面，而把它接到的訊息形成一些淺夢。

在這段時間中有某一刻，他會進入一個深深地被保護的睡眠區域，在那兒，他是處於到其他層面的實相或可能性的門檻處。在這一點，他的經驗將超出你們所知的時間範疇。雖然只有幾分鐘過去，他卻經歷了好幾年。然後他會回向人間，到一個你們科學家稱為REM睡眠的地帶（譯註：REM即Rapid Eye Movement，指眼球快速轉動，大做其夢的階段），他用所獲得的知識，在那兒創造出人世取向的夢。

（十點。）然後這週期會再重複下去。可是，即使在你醒時，也幾乎有同樣的波動和階段發生，雖然你對它們甚至更不知不覺，因為，那時自我性的自己十分有意的去遮蓋住這些其他經驗的區域。

可是，在清醒的知覺之下也有精確的階段在，並有同樣化學的、電磁的與荷爾蒙的波動。你根本沒察覺你的意識在做什麼，你自己連追蹤它五分鐘也做不到。只有那些有足夠決心去花費所需的時間與功夫，旅歷過他們自己主觀領域的人，才能感覺到意識的次元之廣。直覺上，每個人卻都知道他有一部分的經驗總是逃過了自己。當你突然想不起一個你應當知道的名字，在本質上你有同一種感覺：在潛意識上你是永遠覺察的。

「說法者」的目的是要助你了解這多次元的存在，並且與它發生關聯，而把它盡可能的帶到你有意識的注意層面上。只有靠學著去感覺、感受或直覺地感知你自己經驗的深度，你才能對「一切萬有」的本質略見一斑。當你更為覺察意識如何在日常生活中運作時，你便能學會觀察它，看它如何運作於這些其他較不熟悉的區域。可能的實相對你只是可能的，因為你對它們無所知覺。

（十點十一分。珍的出神狀態很好。她今晚的傳述沒有變聲的效果，只有短短的停頓與最少的手勢，是那種似乎可以無限繼續下去的傳述。在休息時我問賽斯，是否要給他的書的前八章命題，像他自第九章起所做的一樣。在十點二十分以同樣方式繼續。）

意識的這些階段全是你自己實相的一部分，對它們的認識用處非常大。你可以學習「換檔」，由你自己的經驗站開，而從清楚得多的角度去檢查它。你可以準備好問題或難題，自我建議在你的睡眠狀態裡解決它們。你可以建議自己與遠方的友人談話，或傳遞你也許無法用語言傳達的重要信息。例如，你可以在實相的另一層面達成和解，雖然你在這個實相做不到。

你可以主導你肉體的治癒，告訴你自己，在睡眠意識的一個其他層面裡你可以完成此事，而你也可以向一位「說法者」求援，請他給你維護健康所需的任何必要的心理指導。如果你有特定有意識的目標，而且你相當肯定它們是有益的，那麼你可以建議它們在夢中發生，因為夢本身會促進它們在人間實現。

其實你無意識地做許多這種事。可以說你常回溯到過往而「重新經歷」一件特定的事件，以使它有個不同的結局，或說出你希望你曾說的話。認識意識的一個階段，能在其他的階段裡對你有幫助。在輕度的出神狀態裡，如果你問，就會得到夢中象徵的意義，然後你可以用這些象徵做適合你個人的「自我提示」。好比如果你發現在一個夢裡，噴泉代表恢復活力，那麼當你疲乏或低潮時，想想噴泉。當然，在另一個實相層面，你將會創造出一個噴泉。

（**十點三十五分。**）在睡眠最被保護的區域裡，你正在處理純感性或知性的經驗，與文字或形象都分離了。如我說過的，這些經驗後來被轉譯為夢，必須回到意識裡較熟悉實質資料的區域。在此發生了一個偉大創造性的合成，與一個偉大創造性的多樣化，在其中造出的任何一個夢中形象，對「自己」的各個不同層面皆有意義——在某一層面，代表你曾實踐過的一個真理，而在另一層面，代表這個真理當它更特定地應用到各種不同的經驗或問題時。因此，會有一個蛻變，一個象徵轉成了許多象徵，而「意識心」可能只感知到形形色色的夢影紛紛，因為內在的組織與統一是局部地隱蔽於意識的其他區域內，而好推理的心智無從追隨過去。

可是，無意識和潛意識的區域，對這資料比自我要覺察得多得多，因一般而言，自我只收到夢中資料的微量殘渣。因此，「說法者」可以歷史人物、先知、所信賴的老友或任何能給這個人深刻印象的扮像出現。

（**停頓。**）不過，在那個原始的經驗裡，「說法者」的真正性質是顯而易見的。夢的製作與任一個人客觀生活的製作，都是一樣需要「成熟練達」的一件工作。

口述到此結束，本章雖然還沒完，也差不多快結束了。

（停頓。）別擔心前八章的命題——我們會開始著手的。我們將結束此節，或如果你想問問題也可以。

（「我想不用了，賽斯。」）

那麼給你倆我最衷心的祝福——告訴我們的朋友魯柏試試今晚資料裡所給的建議。

（「我也想到了。」）

連著做三個晚上。現在向你道晚安。

（「賽斯晚安。非常感謝你。」）

我很高興你欣賞我的書。

（「我的確欣賞。」在十點四十分結束。）

第五七一節　一九七一年三月三日　星期三　晚上九點十七分

（賽斯——珍今晚說話的速度，不久就逼得我以非常快的步調跟著寫，以便跟上去。）

晚安。

（「賽斯晚安。」）

我們繼續口述。

你也可由清醒狀態的直接經驗，來檢查意識的這些不同階段及心靈活動的波動。在下一章我們將讓你對自己實相這些永遠活躍的部分變得更有所覺。此章完畢。

（「好的。」）

（賽斯上次告訴我們他已接近此章結尾，但我們當然沒想到，他會在下一節中以一兩句話來結束。我們也不知道他為何要選擇這個方法，好像兩節之間的空檔對他不存在似的。

（今晚我本想問他這事，但很遺憾的一直沒問。既然珍不看這書，她是沒法在這種地方提醒我的，除非我剛巧跟她討論過，而我也忘了那樣做。）

第18章 意識的種種階段、象徵和多重焦點

下一章將叫作〈意識的種種階段、象徵和多重焦點〉。

不論你知道還是不知道，你意識的所有各面都聚合在你自己的人格內。

（停頓良久；在這一點步調還是很慢。）

顯然意識能被轉向許多方向，包括向內與向外的。你對你正常意識的波動有所知覺，更密切的注意會使這些波動中的有一些十分清晰。你不斷地擴大或收縮注意力的範圍。有時你也許會貫注於一件東西，幾乎到了對其他所有東西渾然不覺的地步，因而你真的對自己身坐其中的房間也不知道了。

你可能對一件記起來的事如此「有意識」，並且對它反應如此強烈，以致你相對地對眼前的事渾然不覺。你把所有這些意識的起伏視為當然，它們不會使你不安。如果你看書看得一時忘了你置身的環境，你不會害怕當你想把注意力轉回到現實時，它會不見了。在一個白日夢裡，你通常也不會擔憂能不能回到現前這一刻來。

到某個程度，所有這些都是你的意識流動性以及它能很容易被利用的小例子。以一種奇怪的方式，象徵可以被看成是你在意識各不同層面的「知覺方式」的實例。它們變換的扮相可以作為路標。例如，火是一個具體化了的象徵，因此一個真的火顯然告訴你，你是在以你調整到肉體的意識去感知實相。

（九點三十三分。）一個想像的火的畫面，自動地告訴你，這兒已涉及了另一種意識狀態。

一個在腦海裡看見的火，溫暖卻不會燒毀東西，則顯然表示另一些事。所有的象徵意在表達感受，那些永不能以文字來適當表達的感受。象徵代表感受的無窮變化，而在不同的意識階段，這些象徵會以不同的方式出現，但它們卻會永遠伴隨你。

不過，也有幾種例外，在其中涉及了純知識或純感受而無象徵的必要。意識的這些階段是很少有的，而且很少被轉譯為正常有意識的說法。

讓我們拿一種特定的感受為例，追蹤它，看它在意識的各不同階段可能以什麼樣子被表達出來。（停頓。）以一種喜悅的感覺開始。在正常意識，此人會以一種非常不同於他在低潮時的方式去感知切身的環境。喜悅之情改變了物體本身，在於感知者以光明得多的看法去看它們，以便以更清晰的方法創造出較鮮明的物體，於是環境之美以回饋的方式似乎更加強了他的喜悅。

（九點四十一分。）可是，他所見的仍是具體的、物質世界的物體。現在，假裝他開始做白日夢而落入一個幻想裡。物體、人物或事件的畫面或象徵來到他內心，也許是來自過去、或現在、或將來的想像，此時這喜悅在精神上以更大的自由表現，但那是以象徵來表現的。

可以說，這喜悅延伸到將來，光明也照耀到過去，可能涵蓋了比在那一刻能以具體方式表現的更大範圍。再來想像這個人由幻想落入一個出神狀態或一個深睡中。（停頓良久。）他可能看到對他非常具象徵性的喜悅或興致勃勃的影像。邏輯上說，它們之間可能沒多少關聯，但在直覺上這關聯是很清楚的。他現在比在幻想狀態進入了深得多的精神體驗，而可能有一連串的夢，在夢中他能表達他的喜悅而與他人分享。

不過，他還是在與物質取向的象徵打交道。現在，既然我們在用這個討論作為一個例子，我們就更進一步的繼續追蹤它吧。這個人可能形成非常快樂的夢中城市或人們，把快樂情緒的本身轉譯成對他而言很「恰當」的不管什麼象徵。洋洋喜氣可能被轉譯成在嬉戲的動物、飛翔的人或極美的動物或景色。再次的，仍然缺乏邏輯性的關聯，但整個插曲將被這情緒串連起來。

（九點五十一分。）這同時，肉體會得到極大的好處，因為那有益的感覺自動更新並加強身體的復健能力。喜悅的感覺可能會導出基督、佛陀或先知的形象。這些象徵是意識在各不同階段具特徵性的變換場景。這經驗應被當作是創造；意識在各不同階段天賦的創造行為。

在超越這一點之後的那些狀態裡，象徵本身開始漸漸消失，變得模糊而遙遠。在此處你開始縮回到那種意識的區域，在其中，象徵變得越來越不必要了，而它的確是個少有人煙的區域。象徵閃爍明滅，最後終於消失不見。意識離物質越來越遠。在意識的這個階段，靈魂發現它自己孤單地與自己的感受在一起，剝除了象徵與畫面，而開始感知只有它自知的龐大實相。

它感受到直接的體驗。如果我們用喜悅作例子，所有它精神性的象徵與形象最後都會消失。它們曾由「喜悅」浮現、也將離它而去，因為它們並非原始經驗而是副產品。靈魂於是開始以幾乎無法解釋的方式探索這喜悅的實相，而在如此做時，它將學會以前它絕對不能理解的感知、表現與實現的方法。

(十點一分。珍的步調一直很好。我告訴她我認為這節棒極了。)

(在休息時我們每人各提出一個問題。我要確定到現在為止，所給的關於「說法者」的資料是否對他們用什麼方法接觸在清醒時與做夢時的人，作了足夠的探討。我要知道更多關於訓練「說法者」的事，由誰來主持，以及他們的直覺與夢的經驗。

(珍的問題則來自第十四章第五六〇節的資料：她想知道賽斯主張組成基督本體的三個人中，第三個人格的名字〔在珍自己的書《靈界的訊息》第十八章，賽斯給了這基督本體的成員：當然，包括基督本人，還有施洗約翰〕，我現在告訴珍，我想賽斯預備在此書後面更透澈地討論這整個事情。

(在十點十九分以較快的步調繼續。)

現在：在你們的種種象徵中，物體是最明顯的一種，而就是為這緣故，你根本沒了悟它們竟是象徵。

在不同的層面，意識運用不同類的象徵。象徵是表達內在實相的一個方法。靈魂向一個方向工作時，它用它的意識，透過盡可能多的象徵，透過活的、變化不定的象徵意義來表達內在實相。於是，每個象徵本身多少自己都有意識、獨特性和知覺。

在如此做時，靈魂繼續創造出新的、可被探索的內在實相。而當靈魂向可說是相反的方向工作時，它自己剝除了所有的象徵、所有的代表，而以不同的方式，用它的意識學著探索自己直接的經驗。在它與經驗之間沒有夾著象徵，它在一種價值完成（value fulfillment）中完美它自己，那是你目前所無法了解的，除了象徵性地了解外。

不論你醒或睡，這些努力在繼續著。可是，一旦你知覺到這些活動，你就可能在意識的不同階段裡抓到自己，甚至有時候——尤其是通過夢境——追隨你自己的進展。在這一個時刻，你的身體是你最親密也是最明顯的象徵。

（十點二十三分。）在大多數的意識階段裡，你會用到你具有一個身體的概念。當你在任一種「出體」經驗裡離開了你的肉體時，你實際上只是離開它，進入另一個稍微不那麼具體的身體而已。接著這個身體「後來」也被捨棄而有個更不具體的身體，但「形體」的概念是個這麼重要的象徵，以至於你們所有的宗教文學與來世的故事都一直流傳著這個象徵。

在某一點，它會與其他的象徵一同消失。其實以你們的說法，在造作象徵之前曾有一個時期；這時期與你們對實相的概念離得那麼遠，以致只有在睡眠最受保護的區域裡，任何對於它的記憶才曾回來過。在你們看來，沒有象徵就只有「非存在」（nonbeing），但既然你們是如此的「著相」（symbol-oriented），這是一個最自然不過的推論。

（珍的傳遞自休息後就一直很快，而且繼續如此。）

那些發生於死後的意識階段，仍然全在與象徵打交道，雖然在它的運用上有大得多的自由，對它們的意義也有更多的了解。但在意識的較高階段就不再需要象徵了，而「創造」的發生完全不用「象徵」。

顯然你現在還無法覺知意識的那個階段，但你可以把在醒時生活與夢境中「象徵」對你出現的方式記下來，而學著把它們與它們所代表的感覺連起來。你會學到在意識的不同階段，某些象徵會個別的出現，而這些可在你自己的探索中作為「認知點」。例如，當魯柏在夢中將要離開他的身體時，他常發現自己在一個給他一些探索機會的奇怪房子或公寓裡。

永遠是不同的房子或公寓，可是這象徵永遠是個路標，指出你已達到意識的特定一點，並已準備好進入意識的另一個階段。你們每個人都有對你非常獨特而具同樣功用的某些象徵。可是，除非你努力去自我探索，否則你在意識層上不會了解這些象徵性的路標。

（十點三十六分。）有些這種象徵會跟著你一輩子。有些在大轉變時期也會改變它們的特性，當這些你無意識地與之熟悉的象徵歷經變形時，會導致某種迷失方向的感覺。類似的事也適用於你的日常生活。例如，也許狗對你而言是個自然的喜悅或自由的象徵，但在看到一隻狗遭橫死的意外後，狗對你可能代表一些完全不同的東西了。

當然這是個顯而易見的例子，但類似的「象徵的改變」也可能在夢中發生。就此而言，狗的意外可能是個夢裡經驗，然後，那事改變了你在醒時狀態對狗的「象徵意義」之有意識的感覺。一個人可能以惡魔、不友善的動物、甚或完全稀鬆平常的無害物體來象徵恐懼；但如果你知道自己的象徵意思何在，那麼你不僅可用這知識來解夢，同時也可以把它當作路標，指出你已進入了它們常在其中發生的那種意識狀態。

因此，在不同的意識階段，這些象徵會變，而且這些改變並沒有邏輯上的順序。但直覺性的創造會改變象徵，很相似於一個畫家改變色彩的方式。

你可以休息一會兒。

（十點四十四分。在十點五十八分以同樣快速的步調繼續。）

因此，所有的象徵都代表著內在實相，而當你像耍球藝人那樣把你的「象徵」換來換去時，你是在玩耍、變換內在實相。任何你表現於外的行動，都是在內在環境、在所有你涉及的內在環境裡造成的。

象徵是充溢著情感和意義的心靈粒子，那也包括了那些有很強的吸引與擴張特性的物體，它們代表未由直接知曉（此地我所謂直接知曉，是指未經「象徵化」的即刻認識與理解）所感知的內在實現與實相。

那麼，在意識的各個不同階段，即使象徵也會有不同的表現。有些尋求穩定和永久性，像你們的物體，遵循物質實相的原則或基本假設；而有些則變得快得多，像在夢境裡，這些是對感受更即刻的、更敏感的指示。再次的，就如物體出現在物理環境中，意識的各個階段似乎也有它們自己的環境，以供這些象徵出現。

表面上看來非屬穩定的「心理物體」，在某個層面的夢中環境出現。那麼，在物質世界和夢境的兩種情形裡，象徵都遵循法則。如我先前說過的；再說一次，夢的宇宙與物質宇宙是同樣的「客觀」，在其中的物體與象徵，是夢中生活同樣忠實的代表，就如物體之於醒時生活一樣。

因此，「象徵」的性質，不但可用來指示你所處的環境，也包括你在其中的意識狀態。當你在一個夢劇的普通範圍內正常的做夢時，夢中物體在你看來是恆常不變的，你視之為當然。你仍然是定向於肉體的。你把醒時的象徵投射到夢的形象上。

（十一點十分。）可是，在夢意識的其他狀態裡，房子可能突然消失，一幢現代的房子可能突然出現。在這個環境，「恆久不變」並非一個基本假設，邏輯性的順序也不適用。

以這種方式運作的象徵可以是你的線索，告訴你現在你在意識的另一個階段，在一個全然不同的內在環境之內。感覺與經驗不限於以「物體陷於順序的時刻裡」的呆板架構來表達。感覺自動地轉換而以一種新的、流動的、即刻的方式表現。以某種方式而言，意識的調子加快了。

「實現」並不需要等幾個小時或幾天，經驗也不受時間範疇的束縛。在意識的這個領域裡，一刹那之間，一整本的書可以寫好，或一個人一生的計畫也可以透澈地被仔細審察。這特定的意識階段是由許多次元組成的，而你們現在的時間即為其中之一。因而你的過去、現在與未來存在於它之內，但只是那內在環境的一部分而已。你必須學認路，因為意識的狀態與它們的環境以自己的方式向外延伸，就像你的世界在空間裡延伸。不過，經由在睡前給你自己適當的建議，並不難在這個階段覺察你自己。（停頓。）口述完畢。我們有個好的開始……

（「我認為它很好，非常的發人深省。」）

除非你有問題，否則我將結束此節。

（「我的有關『說法者』的問題怎麼樣？」）

我相信那已經談過了。

（「還有第三位基督的事？」）

那個「將會」談到。（半幽默地：）要是你有任何想討論的事，儘管發問。（較大聲而更強調地：）我最衷心的祝福，我很遺憾昨晚你沒在我們的ESP班上課。

（「我也覺得遺憾，賽斯，但你知道我很忙。謝謝你，晚安。」

（十一點二十四分。今晚步調又很快。我的手好瘦了。）

第五七二節　一九七一年三月八日　星期一　晚上九點四十分

（這節開始得晚，因為今晚飯後，我們去了國稅局。不過，珍喜歡出去走走並與人交往。她以很好的步調開始。）

晚安。

（「賽斯晚安。」）

好，我們將繼續口述，稍晚我有幾句話跟你說。

到某程度，這種「象徵的變化」也可以在醒時意識的不同階段觀察到。當你在休息，眼睛閉了但醒著的時候，你的「心眼」常會看到一些形象和畫面。有些會似是實質具體的東西，比如樹木、人或房屋的形象。其他則僅是瞬息萬變的，似乎由一個形狀流入另一個形狀。一般而言，甚至那些可辨認的形象也會很快地被其他的取代，像是個不斷改變形狀的萬花筒。

這些內在畫面，可能在你看來沒有什麼條理，而確乎在它們與你一瞬前甚至一小時前的思想之間沒什麼聯繫。到某個程度，它們看來與你無干而且非你所為。可是，它們常常代表了當意識多多少少由世間的刺激轉開時所顯示的特徵。當意識的狀態改變，象徵的形式就隨之改變。

（在九點四十八分停頓。）在這狀況下你看到影像，代表那些剛在你闔眼之前所經驗的，或稍早時你心中最重要的思想或感覺。你的眼睛一闔上，你的思想與感覺便由這種象徵方法來表達它們自己。因為這些影像看似與這些思想感覺在邏輯上沒有直接關係，你認不出它們是你自己的，你也無法把它們跟它們所代表的意思連在一起。

在此我只是十分簡單的講。（停頓。）透過想像，你能比實際上更自由的表達這感覺。在白天早先所感到的某個特定的恐懼，比如說，失掉工作的恐懼，當你闔上眼時可能就被轉譯為一串似乎不相干的象徵，卻無論如何全是與那一個恐懼相連的。

你可能在很快的一連串畫面裡看到地上的一個深洞。它可以被顯然很窮而且來自另一世界的一個街頭頑童代替。一具棺材也許會出現，或一個黑皮夾飛過空中。你可能看到一個酷寒、晦暗的冬天景色。久已忘懷的一本舊書中的一個人物可能出現又消失。在這些畫面之間可能有一堆相反的象徵，代表你的希望——一朵春花、一滿桌食物、一套新衣，任何對你意味著「豐盛」的徵兆。可能失掉工作的念頭根本沒有出現過，好像你已忘了它。

（九點五十七分。）可是，透過象徵的應用，你的情感得到了充分的發揮，每個影像隨著隱藏在意識之下，以致你毫不知覺的那些情感——情感之池——起落。無論如何，它們會自動引來這些影像。你由內省可以把這些影像與其來源連接起來，但它們常常會被你忽視，不為你所覺。

如果你讓自己更久的闔眼躺著，那象徵會繼續改變它的特性，也許失掉它的一些視覺特徵而在其他方向加強。例如，你可能以為你聞到一個特別的、你不喜歡的氣味（再跟著我們假設的情況）。相反的，你可能把恐懼轉譯為一種恐怖的身體上的感覺，而突然覺得你在跌落，或什麼討厭的東西觸及你。

任何這類特性不斷在改變的象徵，應使你警覺到你的意識狀態已改變了。如果在此處你讓自己漸漸進入睡眠，你極可能會製造兩三個象徵這種恐懼的夢，而你也在夢的範圍內考慮與嘗試可能的解決辦法。當然，「可能失業」這件事，可能永不會以它的本來面目出現在這任一個夢裡。

不過對你的無意識來說，這個問題已成立並交給了它，在隨後深深被保護的睡眠區域裡，「內我」那些更高的中心被許可發揮作用，而來協助人格三次元取向的那個部分。這個較解放的自己把情況看得清楚得多，建議某種行動方向（但並不下命令去做），而通知做夢的自己。做夢的自己於是製造出一群夢，在其中以一象徵性的夢中情況來說明這解決之道。

（十點十一分。）最後而更明確的詮釋是在夢快醒的時候做的，那時象徵變得越來越明確了。因此象徵作用有其遠較狹窄的一面：你越接近清醒的意識，象徵就變得越有限而狹窄。在某一特定的物質環境裡，「象徵」若越是唾手可得，在作為一個醒時生活一輩子都具有特性的象徵上，它就越沒有價值。

到某個程度，一個象徵越精確，它所能包含的意義就越少。在被保護的深睡時期做成的最重要夢裡，象徵是夠強卻又夠濃縮的，所以它們能被分解，用在一連串表面不相干的夢裡作為「連接物」，保持它們最初的力量而仍舊以不同的扮相出現，在接下去的每一個「夢的層面」裡變得越來越明確。

就當你在忙著過日子時，你的意識也在波動，如果你養成觀察你的心智狀態卻不加詮釋的習慣。你可捉住自己以這些不同的方式「製造象徵」。你所遭遇的每一實質事件，都在你的心靈內被分門別類地儲存起來，變成一組明確的象徵。這些「象徵」並不代表這經驗，它們包含了這經驗。以你目前的一生來說，這些代表你個人的「象徵銀行」。

（在十點二十分停頓。）在你白天的象徵與你做夢的象徵之間有很大的統一性。當然，許多象徵以一種神奇的「速記」方式負荷著遠比一個經驗更多的經驗，因此一個象徵會喚起不止一個特定經驗，也還包括了那些類似的經驗。因此，你個人的象徵銀行便牽涉到極多的個人聯想，而這個銀行在夢境的運作與在醒時一模一樣——但具有更大的自由。且以你們的話來說，不但向過去的事中「提款」，也向將來「提款」。

因此，在夢境，你用到更多「象徵」，因為你覺察過去與將來的象徵。這些象徵的強度不同；通常它們群集在一起。那麼這種多次元的象徵會以許多方式出現，而非僅是可見的影像。它們不僅會影響到你自己的物質實相，而且也影響到所有你所涉及的實相。以某種方式來說，你所知的象徵只不過是更大的象徵之末端而已。

你可以休息一下。

（十點二十八分。珍的出神狀態一直很深。她極端的放鬆。她偶爾提起，在出神狀態時她常不知自己的眼睛是睜是閉。我告訴她，她幾乎總是直視著賽斯說話的對象，並且她在某個範圍內，身體動作和聲音效果變化相當大。在十點四十三分繼續。）

現在：繼續口述。當我談到你個人的「象徵銀行」時，我是想指明這個銀行是你的，自你出生之後甚至出生之前。對你來說，它包含著你「過去世」的象徵（又對你來說，你今生再把象徵加存進去）。可是，這個「象徵銀行」必須被催動。例如，在你出生時你有視覺上的影像，那是內在的視覺影像，在你第一回睜眼的那一剎那被你催動的「象徵」。這些是你的學習機制。你一再嘗試正確地運用你的眼睛，一直到外在影像與內在模式一致為止。這是極重要的，而還沒被你們的科學家所了解的。

「睜眼」這動作催動了內在的機制。如果眼睛本身有點毛病，好比說，如果它們是瞎的，那麼，那特定的機制那時就沒被啟動。這人為他自己的理由也許選擇了要生而眼盲。如果那些理由改變了，或如發生了內在的心靈發展（停頓），那麼肉眼會被治癒而內在的機構也被啟動。像這一類的變化多得不勝枚舉。可是，內在的象徵銀行，就像是個提款戶頭一樣，除非你去「提款」，否則它不會發生作用。如我在這書裡早先提到過的，你在學會語文之前先會思想，但你在你「心靈的」指端，已有過去生生世世的經驗來指導你。

（在十點四十九分停頓。）那些好比說連續兩次生於同一國的人，第二回學說話要快得多。有些嬰兒在學會新的語文之前，會用前一生的語文來思想。所有這些都與象徵的應用有關。

「聲音」本身就是個象徵。你了解到，由某一「靜默點」，聲音開始而越來越響。你所不了解的是，由那同一個「靜默點」——那是你的「非感知點」——聲音也開始而越來越深入於「靜默」，卻仍然有意義，且具有與你所知的聲音同樣多的變化，而這些也都是「象徵」。沒說出的思想有個你聽不見的「聲音」，但在實相與感知的另一層面，它卻聽起來非常清晰真切。

（十一點整。）再說，站在那兒的樹木也是一個你感知不到的聲音。在你夢中，尤其是超過能追憶的夢，有些意識的區域，這些聲音在那兒自動被感知，而轉譯為視覺影像。它們的作用就像是一種「速記」。如果給你某些聲音，你就能重創你的宇宙如你無意識地知道的一樣，而任一多次元的象徵，都能包含你所知的所有實相。口述結束。（停頓。）現在我要說幾句話。

（接著有一、兩頁的個人資料，在十一點六分結束。）

第五七三節　一九七一年三月十日　星期三　晚上九點三十七分

（這課派蒂．密豆頓在場，她昨日由加拿大渥太華開車來艾爾默拉上珍的ＥＳＰ班。一九七〇年九月，當我們為珍自己的書《靈界的訊息》作宣傳旅行時，在賓州費城結識派蒂。

（今天派蒂詳細告訴珍關於她以一簡單的、似瑜珈的技巧，所做對「制約訓練」的研究。在一個「腦動電流描記器」（electroencephalograph，或稱腦波儀）的監督下，她學會了「打開」她的阿爾發腦波，使腦電面（ＥＥＧ）上顯出阿爾發波來。這使得她達成某種放鬆卻覺知的狀態，在其中感知與感覺維持著理想的平衡。

（這種「阿爾發技巧」被認為有許多醫學上的潛能，雖然並不確知這狀態是如何產生的。每個從業者都有他自己的解釋與對它的「感覺」。賽斯在本節開頭給了「阿爾發」一個短評。

（派蒂熱心地告訴我們，賽斯在第十七章的第五六九與五七〇節中談到「意識的種種不同階段」資料，與她近來的研究密切吻合。此外，她的評論與資訊與目前這一章如此配合，使我開始奇怪是否她現在來訪並非「純屬巧合」。我們並未與她通信。

（註：派蒂看了賽斯書的最近幾章，但珍沒有。不過她倆曾討論過那資料。）好。

（對派蒂打趣道：）我不認為你學我的聲音學得很像，我的聲音可沒那麼難聽吧……我有幾點要說。

「阿爾發狀態」是個門檻，是介於人格肉身取向的部分與內我之間的初步狀態。魯柏常把他自己推過這狀態而到達更深的狀態，而大致來說對它不甚熟悉。

照他的特性，當他離開身體時他也是這麼做，幾乎不在阿爾發的門檻處停頓而是由那兒起飛。

我想先作些口述，雖然後來我可能有些評論，所以請等一會兒。

（在九點四十二分停頓。）現在：就肉體而言，「色」、「聲」、「香」合起來給你主要的感官資料，而組成你的肉體官能。可是，在別的層面，這些是分開的，因而嗅味有一個視覺上的實相，如你所知，視覺資料也可以用別的感官知覺來感知。

象徵可以聚合或分飛，可以分開或統一的被感知。即因每件事對你而言有自己的象徵，所以你對它們有你獨特的組合方式。這些象徵可以用許多方式被轉譯或感知；例如，像一串音符、像幾種感覺的組合、像一連串的意象。在意識的種種不同階段，你會以不同的方式去感知象徵。於是，「整個多次元象徵」在那些別的意識狀態也有其實相，但在實相的其他層面也都是如此。

（九點四十五分。）你們好像以為你們的思想是祕密的一樣，雖然到現在你該知道並非如此。例如，不只你的思想透過心電感應的溝通而明顯易見，而且有時候在你不知不覺中，它們也形成了你可稱為「假象」（pseudo-images）的東西，就在你平常感知的物質範圍「之下」或「之上」。

因此，就好像你的思想以物體的樣子出現在其他實相之內——它們本身是活的，有活力的，在別的系統裡長出來，就如花或樹在物質系統裡好像無中生有地長出來一樣。可以說，這些「假象」然後在某些別的系統裡被用為「原料」，它們是在你幫忙播種卻不感知的實相裡既有的「自然現象」，創造的原料。

以這樣的方式來說的話，那麼，你的思想遵循著法則，它們的行為與活動也遵循法則，雖然你稱你的思想是你自己的，但你們並不了解這些法則。於是它們被其他類的意識操縱，如同一直變化不已的自然現象，不與你相干。在這種系統內的固有意識，對這現象的起源並不知道，也不知你自己的實相，它們把它們感官所接受的證據認作實相，就如你們大多數人一樣，他們不會想到這現象是源自它們自己的系統之外。

好比說，如果我對我的讀者作了同樣的聲明，我會被指控為是說：物質實相是宇宙的丟棄物所組成的。

我並沒有那樣說，在剛提到的案例裡也沒這樣暗示。在你們的系統裡，你們直接參與物質實相的形成。你們的自然現象，是個人、群眾與集體的思想、感覺與情感之具體化。在這方面來說，你的系統比剛才說的那個要較富創造性。在另一方面，在這些其他系統之內，有個強大而革新的「集體意識」正在發展。在其中個人的身分和本體感是保持了，但在個人之間容許有更大的內在活動，有一個大規模「象徵池」（symbol-pools）的創造性交流，更方便由其中提取精神與心靈上的象徵。即因如此，這些人更清楚地認知，創造性形象與他們對大自然所感知資料之間的關聯。他們故意改變與變化對自然所感知的資料，並且拿它來做實驗。

（**在十點停頓。**）所有這些都涉及了以一種最親密的方式來運用象徵。在你人格的某個層面，你知道所有不同的運用象徵的方式，不僅在你的系統也在別的系統裡。如前面提到過，沒有一個實相系統是關閉的。你的思想、形象與感覺，因此改變了在一些其他系統裡的自然現象。不過，在那些系統裡發展出來的革新模式，也可以在你自己的系統內多少被感知。系統與系統之間有經常不斷的滲漏。在你種種不同的意識階段，你經過了可以與許多這些系統相關聯的區域。有些你所經過的階段，對別種意識是天生固有的領域，而在你經過這些時，你會發現自己以屬於那個層面特性的方式來運用象徵。

現在你可以讓指頭休息一下。

（**對派蒂：**）如果你想一個美好的念頭，你可以令一朵花在那兒（**在客廳裡**）長出來。

（**十點三分。珍的出神狀態很好，她的步調很快，聲音安靜。在休息期間，當我們三人在嘗**

試「阿爾發狀態」的時候，珍猛然發現她自己已投射了出去。

（一株雄偉的西科梨樹〔sekel pear tree〕，比兩層樓還高，本來長在我們公寓西邊的那一片地上。我們常由客應的窗子欣賞它。去年那鄰屋的房東，一位專業人士，把樹砍掉了，騰出地方來作停車場。珍說她似乎利用阿爾發狀態作為投射基地，進入過去而進入該樹；她發現自己有那麼一會兒在它的一叢葉子裡，向外窺視……

（在十點二十四分繼續。）

現在：象徵在其形式上應該是流動而變化不已的。而有些可能被用作局限原創性經驗的窗子，因此成了欺瞞而非照亮、啟迪的方法。當這發生時總是涉及了「恐懼」。

「恐懼」被帶進意識的各個階段充當造成變形的鏡頭，隱蔽了所有象徵之自然的次元（深、廣等），充當對自由流動的一個阻擋與妨礙。具有爆炸性的象徵可用為釋放的原動力，把那些被關的東西放出來。若沒有自然界的暴風雨，你們全會發瘋。

很少有人了解象徵的侵略性本質，也不了解侵略性與創造性之間的關係。這些絕非相反的特性，而若沒有一種侵略的衝擊，象徵將缺乏其高度活動力。它們會存在於一種永久不變的環境。就是意識的創造性與侵略性這兩面，使它能利用象徵，能經過經驗的各個層面，而思想的侵略性把它自己推入——雖然為你所不知——你不了解的實相。

侵略性與被動性兩者都在「生育象徵」的背後，因為兩者都需要。它們兩者也都在「死亡象徵」之下，雖然這點沒被了解。當侵略性與創造性的比例不適當時，當意識太過偏向此方或彼方，當「象徵」對你所居的特定心理環境而言，不是流得太快就是太慢時，便產生了「慣性」（inertia，或稱惰性）。

（十點三十二分。）於是就發生了許多停頓。盡可能簡單地說，有一個幾乎不可思議的一刻，一個「空無」（no-reality）發生了，一個象徵被困於動與不動之間，一個「懸而未決」的時候。當然這以許多方式被轉譯與反映出來。在這種時期，就各方面來看，事實上某些象徵可能失去了意義，脫離了個人的經驗，只留下「慣性」的空隙。

這種空隙十分真實地存在於許多系統。你在許多層面碰到它們。例如，你可能發現自己在經歷一種意識狀態，在其中似乎無事發生，沒有心理的景致或可認識的象徵發生。這些不僅在心理或心靈上存在，而且以空間來說，也存在如「空白的區域」。這空間最後可能會有新的象徵填入。如果你感知夠敏銳，有時你能捉到自己正遭到這樣的實相狀態，在其中無物出現，而除了你自己的意識外也沒有明顯其他意識的蹤跡。

這種空白點可以被種下新的象徵，而常被用作通道，經過它插入新的創造性概念與發明。因此，這些空隙被別人認出，而被看作黑暗的空間。它們也代表了對那些探索內在實相的心靈旅行者（mind-travelers）的無阻力區域。它們代表不擁擠的區域，但也是開放的通路，自身不活動而被動地等待著。有些象徵也是這樣被動地等著被催動。

以你們的話來說，它們代表未來的經驗，目前還潛伏著。因此這些「慣性」的空白點到某個程度是具有創造性的，就在於這些其他的象徵可能游進它們之內而被看到。

現在你可以休息一下，我們會再回來。

（十點四十三分。大多數時間珍的步調又是一直很快。我寫得手快吃不消了。以同樣的樣子在十一點十二分繼續。）

我們即將結束口述，請等我們一會兒。（停頓。）阿爾發層面是未區分的。如果你要的話，你可用那兒的能量。它是源頭或水塘，在那兒能量的庫藏存以備用，存在於較內在的自己與外在的自己之間。從人格的較深層面，符號與預兆都進到這個區域裡來。

因為它處於這樣的境地，它在操縱人體上又有些特別的用處。當你們正在學的時候，自發性在此是極端重要的。你在進入阿爾發狀態之前的意識大半決定你將有那種經驗，它自動地把你的注意力集中於那些特殊區域。

心中沒有目的地在那些區域涉足一番也是很有益的，因為此處你可能無意中會得到任何必須的資訊。當你學著探索這地帶，你可用它作為其他活動的發射臺。在這樣做時，你把你的肉身托付得很安全。

當你的意識離開身體的時候，阿爾發狀態為你維護身體的良好狀況。當然不論怎樣它都會這樣做。可是，對前世的答案處於一個更深的層面，如果你想的話，可以從阿爾發狀態去「釣釣」看，看能不能釣到它。

（派蒂：「只是隨便地？就像丟一根線到水裡那樣？或者是否可能給它一些指引？」）

你可以給予指引到某個程度，但必須從阿爾發狀態中尋求指引，從那些較深的層面裡要求它。或者，經過更多的訓練，你也許可以親自進入那些區域。這就更直接了。

（派蒂：「我能否只靠嘗試這些不同的狀態而發現我自己？」）

（微笑：）你知道你能，否則你不會問我這問題。

（派蒂：「那個回答很好。」）

（接著有兩頁多的資料給派蒂。之後，因為我的右手真的麻了，我把筆記本放在一邊，參加派蒂和賽斯的即興討論。賽斯的能量與活力似無窮盡——他的步調甚至加快了。在十一點三十七分之後此節結束。我們全都累壞了。）

The Eternal Validity of the Soul

第19章

交替的「現在」與多重焦點

第五七四節　一九七一年三月十七日　星期三　晚上九點二十六分

（星期一沒上課，因為珍需要休息。今晚的課開始前她也非常想打瞌睡與放鬆，但她要上課。不過，一旦她開始為賽斯說話，她的態度就變得相當活潑了，她的聲音也變得非常清晰而精確，而稍微有點大聲。）

晚安。

（「賽斯晚安。」）

好，我們繼續口述，開始下一章，稱為〈交替的「現在」（Alternate Presents）與多重焦點〉。

讓我們以你所知的正常醒時意識開始。離這只一步之遙，就是你們全都曾不知不覺地滑進去過的一個意識層面，我們將稱之為「A—1」。它鄰接於你們的正常意識，與它微微地分開；但在其中卻可出現非常明確的效果，那在你的通常狀態是不存在的。

拿你已熟習的物質資料為基礎，許多能力在這層面可被利用，而且目前這一刻也可以用許多不同的方式體驗。在你的正常狀況你看見肉體。在「A—1」，你的意識能進入別人的肉體而治癒它。你也可以用同樣的方式感知你自己肉體形相的狀況。按照你的能力，你可以清澄而警醒地，有意識地由內部操縱外面的物質。

「A—1」可以被用為一個側臺，可以這麼說，由那兒你能由一較清明的立足點來看實際的事件。當你在用它時，你可以暫時免受身體上的壓力，而用那自由，你又可以再去減輕身體上的壓力。似乎不可解決的難題常常——卻非一定——能解決。在此時你給自己的建議有效得多。並且你較容易形成形相，而它們也有更強的活動性。因此，「A—1」只有一側步之遙，卻是重要的一步。

（在九點三十三分停頓。珍已發現她很能應用「A—1」作為一個「側臺」。對她這是個很自然的方法。如她所說：「在我臉頰右邊就有個小人形，我可以派這小小的我到各處去，也可以叫她做事。」當別人要求她時，她曾經以這小型的自己進入別人的身體，去檢查各種的疾病、它們的原因等等。當試我自己在這方面的技巧，我曾經可以進入譬如說珍的膝蓋裡去。

（在我為珍描述第十章第五七〇節之後——該記住是賽斯建議我如此做——珍對這些可能性的興趣開始增長。一週後派蒂來訪，帶了她關於阿爾發狀態的資訊，我的進展也因而加快了。）

你可以把「A—1」當作一連串導向意識「更深」狀態步驟的第一步，也可把它當作一連串鄰接步驟的第一步。意識的每一個更深層面也可用作導向其鄰接層面的第一步。「A—1」是很容易進入的，當你傾聽你喜歡的音樂，當你沉醉於一種令人愉快的安靜消遣，你就能感受到那不同的感覺。它也許由你自己身體上具有特徵的線索伴隨著，也許你以某種樣子輕拉手指，也許有一種特定的手勢，你可以瞪視或做夢般的向左或向右看。

這種身體上的線索的任何一個，都可以助你區分這種意識狀態與平常主宰性的那種意識狀態。你只需認知它，學著把握它，然後進一步實驗運用它。一般而言它仍是肉體取向的，因為其能力通常是導向於內在的感知（inner perception）以及操縱物質或物理環境。因此你可以由平常所沒有的各種獨特立足點來感知「現在這一刻」。

你可以感知你的腸子或你的手存在的此刻實相；經過練習，你也能體驗在你肉體內同時存在的當下片刻的內在寧靜與騷動。這使你生出無量讚賞與驚歎，並且與組成你身體活生生的肉體物質有一種統一和諧的感覺。經過練習，你能變得直覺地覺察你的內在肉體環境，就與覺察外在物質環境一樣。

（在九點四十三分停頓。）練習得更多，你自己心智的內容會變得唾手可得。你會看到你的思想像你的內臟一樣清楚。在這情況，你可以透過你會認知的象徵，而象徵性地感知你的思想，例如看見混亂的思想像一堆雜草，你於是就可以將之丟棄。

你能要求你心中思想的內容被轉譯為一個強烈的形象，象徵性地代表個人的思維與整個的精神景致，然後取出你不喜歡的而以更積極的形象取代。這並不表示內心景致必得永遠全是陽光普照，但確指它應是很平衡的。

一個黑暗而抑鬱的內心景致應使你警覺，使你立即著手改變它。以上這些成就都不是我的讀者所做不到的，雖則任一個人可能發現任一特定的偉績要比另一個更難些。你也必須了解我是以實際的方式說話。例如，以剛才所示的方法，你能改正一個身體上的情況。不過，如果事情如我所說，那麼藉著檢查思想的內在景致，你在此便可發現起先導致肉體疾病的來源。（停頓。）

情感和感受也可以同樣方式來審查。它們看起來不同，流動性要大許多。例如，思想可能以固定不動的結構，如花或樹、房子或風景出現，感受則會更常出現在水、風、氣候、天空等的流動變化和色彩的改變裡。那麼，藉由向內看進身體，任何肉體疾病在「A—1」這狀態裡會被感知而發現；然後藉由改變你所見，你可能發現自己進入你的或別人的身體，像一個很小的人，或像一點光，或根本沒有任何實體，卻知覺到內在的身體環境。

（九點五十四分。）那麼，以你想到的不論什麼方式去改變任何需要改變的地方——藉著把身體的能量導向那個方向，藉著進入那肉體而把需要調整的某些部分整頓一下，藉著推拿脊椎的某一段等等。然後由這「A—1」意識的鄰接臺，以你認為是你特性的不論什麼方式，感知你自己或他人的抽象思想模式。

也許你感知思想的模式，好像常在你或別人心中看到快速閃現的句子或文字，或像印成文字的黑色字母。或許你聽見那些字或思想被表達出來，或你看見先前提及的「景致」，在其中思想象徵性地形成了一個畫面。

這將顯示給你思想怎樣引起身體上的疾病，以及涉及了哪些思想。然後應該對「情感模式」做同樣的事。這可被感知為猝發的、在變動的暗色或明色，或僅只感覺到一特定的強烈情感。如果它很強烈，一種情感能以多種這樣的扮相被感受到。在思想與情感這兩個例子裡，你都以極大的信心摘除那些與疾病相連的。這樣子，你在思想、情感和肉體三個層面都做了調整。

「A—1」也可以被用作創造、貫注、研究、消遣、休息與冥想的一個偉大架構。你可以發展出你自己在這個狀態的一個影像來幫助你，把它想像作一個房間或一個令人愉快的景致或平臺。自然而然地，你就會為你的「A—1」狀態找到自己的象徵。

你可以休息一下。

（十點二分。珍的出神狀態很深，而我寫字的手可證實她講話的快速。她說，儘管她在課要開始前一直打瞌睡，她卻「澄明清澈地感覺到賽斯的存在」。她的確說得格外清楚，同時還知覺到賽斯正在說的話。通常並非如此。

（這資料是賽斯以一種原創性的方式發展一個概念的又一個例子。最初我奇怪他的「A—1」狀態是否只是重複派蒂給我們的阿爾發資料，但很快地顯示出他只是用阿爾發作一個起飛點。他已然大大的超越了它。

（在十點二十一分以同樣的快速方式繼續。）

好，這狀態也可用作跨向意識的下個狀態的一步，導向一個更深的出神狀態；無論如何，卻仍然與你了解的實相系統相關。

或者它可用作導向意識的一個鄰接層面的一步；因此，離同一層面上的正常實相兩步之遙。

在這情形中，它不把你導入對「現在這一刻」更深的審視與感知，反之卻進入一個我將稱之為

「交替的現在時刻」的覺察與認知。

你將離開你所知的現在。這導向了在本書之前提到過的探索，也就是進入了可能性。當你試想解決與將來的安排有關的問題、會影響到將來的決定，以及事實上在其中必須對將來做重要決定的任何事件，這種狀態是極為有利的。在這狀態，你能夠嘗試種種不同的決定與一些可能的結果，不是只去想像它，而是以相當實際的方式（停頓）。

這些可能性就是實相，不管你作哪個決定。例如，就說你有三個選擇而你必須選一個。你利用這個狀態選了第一個選擇。「交替的現在」是你作那選擇的時刻。做了選擇之後，這「現在」被改變了，而你十分清楚地感知到它改變的方式，以及由這改變，哪種行動與事件會流進屬於那特定「交替的現在」的將來裡。

（十點三十分。）對這選擇之外的其他每一個選擇，你也做了同樣的事，全都從那種意識狀態的架構。在每個案子中，方法是相同的。你作了決定，然後你變得覺察到不論是哪個選擇在你體內的實際效應。你以我先前談到的自療方式進入你的肉體。以相當程度的敏銳，你能看到這決定會有什麼樣肉體上的影響——肉體的情況是否維持一樣，在它之內是否有一種極健康的感覺，還是有些重大的毛病開始萌芽了。

以相似的方式，你探索精神與情感方面，於是你把注意力轉「向外」，朝向由這「交替的現在」所導致的環境。事件會出現在你腦海裡，你可能很強烈地經歷這些，或只是觀看它們。它們可能變得如此生動令你一時忘了自己，但如果你維持與這意識層面的接觸，這很少會發生。一般而言，你非常明白自己在做什麼。

按照當時的情況，你可用同樣方式做，以發現這決定對其他人的個別影響。然後你回到正常意識，經過你用作開端的「A—1」狀態。休息一會兒之後，回來作第二個決定，再作第三個。以此類推。當然，然後在你的正常意識狀況，由你收到的資訊與經驗再作你要的決定。

（十點三十六分。）名稱沒多少關係。為簡明起見且叫這意識層面為「A—1—a」。你明白嗎，與此相類還有一個「A—1—b」，仍然由一個可用在許多其他目的的「交替的現在」開始。

（停頓。）一般人不是那麼容易進入「A—1—b」，而它所處理的是「群體的現在」、集體的可能性、種族事件、文明的動向。它對從政者與政治家會是最為有利的，它也一樣可被用來探索可能的過去。此時它則對比如說獲悉古老的廢墟及消失了的文明有用，但只在這些資料存在於那特定的可能過去時才行得通。

下一相鄰的層面該是「A—1—c」了，這是剛才說的那個的延伸，在其中有更大的行動自由、機動與經驗。在此，你對所感知的事件多少有些參與，超過此點不必要再深談這些情況，因為一般而言你不會涉及它們，它們所導向的實相與你自己的甚少關聯。它們是離得太遠的意識狀態，而在平常的狀況下，這是你目前的意識在那特定方向所能走到最遠地方。

第一個狀態「A—1—a」，對你是最實際最容易的，但通常在你願意踏出鄰接的下一步以前，你必得對「A—1」有相當的了解和感受，不過，在它的限度之內，它容許很大的擴張。例如，利用它，你可發現如果「我做這個或那個」會發生何事。記著，這些全是鄰接的層面，水平地向外推出。

（十點四十七分。）現在，直接在「A—1」之下，你將有「A—2」，用到上下方的比喻，那是個稍微深一點的層面。它比「A—1」稍微不那麼肉體取向。你仍極度的清醒與覺察。以你們的話來說，這狀態可用以探索在你所知的可能系統之內的過去。

在此你會知道轉世的過去，如果某些個人的疾病不能由「A—1」解決，你也許必須進入「A—2」去發現它在過去世的來源。這狀態由一較緩的呼吸模式而明白的顯示出來，並且還有——除非給了別的指示——多少稍低的體溫與較長的阿爾發波；一種較慢的頻率。

不過，此時你與環境仍有關，並對它有知覺。為了更大的效率，這可以被擋掉，但不是必要的。例如，在許多案例裡眼睛可以睜開，雖然閉著也許容易些。此地感受性加速，不必一定得遵循「A—1」所給的方法，而「過去的你」的精神面、肉體面與情感面都會出現。

（十點五十五分。）依照在這狀況的此人特性，它們可以不同的方式被感知到。這可用來發現一個觀念過去的淵源，或找到遺落在那兒的任何東西，只要它是在你的可能系統之內。

直接位於其下的是「A—3」。你在這兒又有一個延伸，是與群體問題有關的——地殼的變動，你所知的你們行星的歷史，對居住其上種族的知識、動物的歷史、瓦斯與煤層，以及掃過這行星而改變了它的各個時代。

你可以休息一下。

（十點五十九分。珍的出神狀態又是非常好。她曾體驗到許多形象，但現在無法訴諸語言。我寫字的手癱了，因此之故我們沒繼續，縱使我極想繼續。

（珍說，賽斯心中已有了其他的「方向」，涉及到右與左；雖然他還沒藉比喻而大大深入這些地區，他卻已都計畫好了。她可以「看見」這些方向，它們是與可能性有關的。

（珍告訴我如果繼續下去的話，賽斯本要說到派蒂・密豆頓上週的來訪，是從一九七〇年九月我們在費城結識她時就已萌芽了。賽斯知道當他進行到有關意識的種種階段時，她極有可能會在此。這證實了我自己對她來訪時間的猜測；見第十八章第五七三節前面的註。

（這並不是說派蒂到這兒來是命定的。自由意志永遠在運作。她只是「收到」（picked up）這是一個見我們的好時候的念頭，而選擇要作那次旅行。賽斯接著用她的關於阿爾發的資訊作為他自己談「A—1」、「A—1—a」、「A—2」等資料的一個推動力。）

第五七五節　一九七一年三月二十四日　星期三　晚上九點五分

（與她近來幾節中的緊張方式相較，珍今晚的傳述有很長的部分是安靜而放鬆的。）

晚安。

（「賽斯晚安。」）

好，我們繼續口述。

「A—4」把你帶到一個層面，低於物質之形成，這是概念與觀念在其中可被感知的一個層面，雖然它們的表徵不會出現在你所知的現在物質實相之內。

許多最深的靈感來自這個層面。這些概念與觀念有它們自己的電磁性本體，不過在這個意識層面上卻出現為「象徵性的風景」。這很難解釋。例如，那思想不以假象出現或僭取任何假的具體化，他們卻被腦的一部分——那些看似沒有用到、科學無法解答的部分——活生生地感覺、感知和收到。

這些概念與觀念顯然是來自意識。可是，他們代表一些初期潛在的發展，可能會也可能不會在物質實相裡發生。所涉及的這個人特有的興趣和能力，與他認知這意識層面實相的程度有很大關係。

（在九點十六分停頓。珍，作為賽斯，停了好一會兒，因為一輛救火車高鳴警笛馳過這房子。）

不過，在這兒可得的資料代表了許多可能系統的建築材料。它是個開放的區域，許多其他的次元都可以進入。常常在睡眠狀態可以得到這些資料。完全的革新、震撼世界的發明——這些可謂全在這巨大的庫藏裡等著。強烈的個人「信仰改變」常是來自這層面的影響(停頓)。

其實任何一個人,都能經過這些層面而維持相當的不為所動及不知不覺,也能無所見地旅行過此地。個人全盤性的目的與特性會決定他感知與了解的品質。所提及的資料在所說的每一個意識層面都有,但它必須透過有意識的欲望或強烈的無意識欲望而被找出來。若非如此,那麼可得的禮物與潛能就依然沒被用到、沒被爭取。

(九點二十五分。)意識的種種狀態其實也是彼此相混的,很顯然的,我用「深度」的說法只為方便討論。這些狀態始自自我或醒時意識——即貫注於外在實相的外在自己,它們是寬廣的,更像是供探索的平原。因此,每一個意識狀態也向很大的鄰接區域開放,而按照你的興趣與欲望,你可採取許多的「通路」。

就如你日常的醒時狀態,感知到一整個全是物質資料的宇宙,因此,這意識的每個其他狀態所感知的實相,是同樣的複雜、多變而生動的。為此之故,才這麼難解釋在任一個意識層面中可能的經驗。(停頓良久。)

「A—5」打開了一個次元,在其中,至少在理論上來說,能接觸任一個人格的生命意識。這牽涉到不僅是與以你們的話來說已過去的「人」溝通,並且與將來的「人」溝通。這是個極少達到的意識層面。比如說,它不是大半的靈媒所用的層面。它是個會面的地方,在其中,由任何時、空或可能系統來的「人」，都能彼此以大家都清楚了解的方式溝通。

既然過去、現在與將來並不存在，這是個水晶般清明意識溝通的層面。當然，那些涉入其中的人，對他們自己的背景與歷史都有極佳的知識，但在這狀態，他們還擁有一個廣大得多的眼界，在其中，私人與歷史的背景被看作是一個更大可知全體的一部分。

（九點三十五分。）在這個層面上，訊息真的是閃過數世紀，由一個偉大的人傳到另一個「未來」對「過去」說話。偉大的藝術家一逕都能在這層面上溝通，而當他還活在世上時，他真的有許多時候是在這個層面運作。只有他們人格的最外層部分屈從於歷史時期的指揮。

對那些已達到了這狀態並善加利用之人，溝通是最清晰不過的。你們必須了解這種溝通是雙向的。舉例來說，里奧那多・達文西也知道畢卡索。有些偉大的男人和女人不為世人所知，他們同代的人忽略了他們，他們的成就也許被誤解或實質上失落了，但在意識的這個層面，他們分享這些交流、溝通，而在存在的另一個層面，他們的成就被承認了。

不過，我並不是在暗示只有偉人才能分享這種意識的溝通。（停頓。）到這境界來的人，必須具有一種相當的純真，因此，在這條件下，許多在人世說來最卑微的人也分享這些溝通。有一個沒完沒了又最有意義的對話在整個宇宙間進行。（停頓很久。）在你們的過去與未來的人，對你們現在的世界都有所參與，而過去曾遭到和未來會遭到的問題在這層面被討論。這是溝通之心臟。人們多半是在睡眠的一個被保護的深沉層面，或在一個突然自發的出神狀態中接觸到這層面。這種接觸的發生產生了巨大的能量。

現在你可以休息一下。

(九點四十七分。珍覺察到她的步調在大半的時間裡都相當慢。在十點五分以較快的方式繼續。)

好,如果想把在任何這些意識狀態裡所收到的資訊保持在你記憶裡的話,則必須先把它詮釋給正常的醒時意識。

在許多例子裡,就清醒的自己而言,這些記憶仍舊是無意識的,但這經驗本身卻能完全改變一個人生活的結構。而不論「自我」是否對它們有所覺察,透過這種內在的溝通和啟迪,本會招致災禍的航線能被避開。

在這些個不同層面的經驗可能以象徵來詮釋。它們可能以幻想、小說或藝術作品的方式出現,而有意識的自己並沒悟到它們的來源。且說在任何這些意識的不同階段,其他的現象也能被感知——例如,「心念形象」、能量的展現、來自個人潛意識的投射及來自集體無意識的投射。其中任一個或所有這些皆可能會採取象徵的形式,而依據當事人的態度以有益或威脅性的模樣出現。你們應該把它們看成十分自然的現象,其意圖常常是中立的。

通常它們是一種「雛形」(incipient forms),活動性是由接觸到它們的人賦予的。因此,它們活動的性質將是由這人格向外投射到那個相當被動的具體形象上。碰到這些形象的人,只需把他的注意力轉開就可以「撤銷」（deactivate）這現象。這並不表示這現象不是真實的，只不過它的性質是屬於另一類和另一程度。

它自己也有一些能量，但卻需要由感知者來的附加能量才能發生任何交互關係。如果這樣的一個具體化看起來有威脅性，那你就祝它平安而撤回你對它的注意力就好了。它是由你對它的貫注，並按照你貫注力的強度與性質，汲取其主要的動能。在你旅歷過這些意識層面時，你一定不可隨身攜帶著人間的基本假設。盡你可能地把它們捨棄，因為它們能令你誤解你的經驗。（停頓。）

在「A—5」之下，還有一些其他的覺察層面，但在此，有一個層面會併入另一個更大的傾向。例如，在下一個層面，以你的話來說，你可能與從未以肉體化身顯現的各種意識相溝通——在你們的現在或未來，這些人格都沒有一個物質的實相，但他們卻以「守護神」與「監護人」身分與你們的實相系統相連。

幾乎所有從這層面來的經驗都將以「象徵」來代表，因為若非如此，它們對你將毫無意義。這些經驗多少都與非物質性的生命、非肉身的意識與形式，以及獨立於物質之外的意識有關。這些經驗對你永遠有支持性。在這兒常常涉及了「出體」的經驗，在其中投射者發現自己在一個不同於塵俗或一個極美且壯觀的環境裡。

環境裡的「東西」都是源自投射者的心，都是他的概念——例如，他對死後生活的概念——

的象徵。一個或幾個「說法者」會以投射者最能接受的任何一種扮相出現，不論是「神明」、「天使」或「使徒」的扮相。這是由此層面而來的經驗的最大特徵。（停頓。）

不過，按照投射者的能力與了解，可給予他更徹底的訊息，可能他能相當明顯的看出來，「說法者」的確只是那些更偉大本體的象徵。有些人能更清楚地了解這訊息，那麼非實體「說法者」的真正本質就能讓他曉得。

於是他可能更深地投射到那環境裡。同時在這狀態，可看到歷史性的過去與未來的偉大景色。所有這些意識層面都充滿了各種各類通訊的交織網，而涉足其中的人能照他的目的去追尋其脈絡。

（十點三十三分。）分子結構散發出它們自己的訊息，但除非你對準了頻率去感知它，否則很可能把它們詮釋為靜電雜音或無意義的噪音。以上所說的這些意識層面的任一個，你都可以在一瞬間通過，而對它沒留意；或，至少理論上說，你也可以花掉一輩子的時間探索任一個層面。

例如，你可能對前面三層毫不知覺，卻在第四層有幾次十分確實的經驗。對那些知道它們是什麼及如何去用它們的人，那些階段是在那兒的。許多人十分自發地找到他們自己的路。至於在水平方向上的其他鄰接層面，使你涉入種種替代的實相，每個跟你自己的離得更遠。這些實相中所牽涉到的許多系統，在其中你所知的生與死根本不發生，你感受那兒「時間」像是重量一樣；這些系統中的基本假設與你自己的如此不同，以致你只能把任何經驗當作幻想來接受。

為此之故，你較不易向那些方向旅行。在某些層面裡有些天生固有的阻礙。舉例來說，由你的宇宙投射到一個反物質宇宙是最困難的。即使你思想的電磁結構也會受到反面的影響，但理論上，從一個這種意識的鄰接層面，你卻是可能投射過去的。

我建議你休息一下。

（十點四十二分。珍的出神狀態一直極佳，她的傳述還更快了。在十點五十五分繼續。）

通常你在夢境自動自發地落入而遊歷這樣的意識區域，早上只記起一個奇妙的夢。就如身體一樣，意識必須利用它所有的部分與活動。因此，當你在睡覺時，你的意識把自己轉向許多這種方向，不管它願意不願意，常常感知到它在各不同階段所能得到的實相之點點滴滴。這多少也在你正常的肉體焦點之下發生，甚至於當你在從事醒時活動時也一樣。我所說的交替的現在，並不只是感知一個客觀現在種種的方法。有許多交替的現在，而你的注意力只集中在它們之一。

不過，當你讓你的注意力動搖的時候，你可能常常落入一種狀態，在其中你暫時對另一個交替的現在看到幾眼。全我——靈魂——知道它在所有這些系統中的實相；而你，作為其一部分，正向著同樣的自我覺察與發展的狀態努力。

當你熟練了之後，睡眠時你不會不由自主的被捲進其他的意識階段，卻能了解與指揮這些活動。意識是靈魂的一種屬性，一個能被轉向許多方向的工具。你不是你的意識，它是某種屬於你和你靈魂的東西，你正在學著用它。依照你對意識各個層面的了解與利用到什麼程度，你也將學會了解你自己的實相，而「有意識的你」才會變得真正有意識。

那時你能感知物質實相，是因為你想要感知它，心知它是許多實相之一。你卻不因為無知而被迫只單單感知到它。

（十一點二分。）口述完畢。現在可以問我你有的任何問題，或是結束此節。

（「我希望你在書中談談珍和我今晚在晚餐桌上所討論的問題，關於當你在對一群人說話時——把我們每個人當作在這時空的個體而集中焦點時——你實際上看到什麼。」）

我會留意包括這點。我的感知在本書的先前幾章談到過，但不只是以那種方式……

（在一九七一年二月九日ESP班的賽斯課裡，賽斯給了關於他感知的特定面貌的極佳討論，就是我以下所說到的。自那以後，我一直想請他在他自己的書裡對這點多說一些。此地是那次賽斯課錄音的節錄：

（「好〔幽默地〕：沒人問我當我進入出神狀態是什麼樣子。進入一個出神狀態，只是強烈地把焦點集中在實相的一個非常明確的區域。因此，我把我之為我的一部分拋擲或投射到此，因為我能利用『我的人格』的範圍，遠大過你能利用的範圍。我能有意識地這樣做，但如我提到過的，當我在這兒時，我卻仍覺得很難對著你看而與你在這一刻裡認為的『你自己』建立關係；因為我看到的是『複合體』。因此我需要某種訓練，才能瞄準在你所熟知的時空裡的你。

（你們覺察到的是在某個暴風雪晚上坐在這房間裡的自己，而班上有些人在場，有些人缺席，還有些新人在此。可是我卻對你們自己的那些內在部分熟悉，你也知道它，但自我性的自己把它藏而不露，因此我必須經常的提醒自己：『哦，對了，我們的威尼斯女士〔賽斯對一學員的暱稱〕認為她在這特定的小時坐在這特定的房間裡，穿著一件藍衣裳。』

（「但你要知道，我卻覺察到在幾個不同存在裡的幾個不同樣子的威尼斯女士，全都在同時發生。我必須記住她並未知覺到這些，而當我對她說話時，我必須用在這特殊時刻對她說來合理的一個稱呼。

（「到某個程度，我就像是由你自己的一個層面到其他層面的一個溝通者，因為我提醒你，你是什麼。今晚你們花了很多時間沉溺在對『死亡』的思慮裡。說起來，我倒有好多次是個非常有生氣的屍體；然則，你們也都一樣。你自己的內在部分對這點知道得很清楚。你由墳墓走開的次數多得你都記不清——你們之中很多人還的確將由更多的墳墓走開。那麼，你為何還要在這個時刻去操心要將你自己的存在合理化？」

（賽斯的傳述現在快了不少，而我們熱烈地就剛才所引述的主題交換看法。我並沒試著記錄這段對話。）

我確信當你讀我的書時會喜歡它。

（「我現在就喜歡它。」在我們又交談了幾句之後：）

現在我要向你道晚安……

（「賽斯晚安。非常感謝你。」十一點五分。）

第五七六節 一九七一年三月二十九日 星期一 晚上九點十七分

（從三月二十六到二十八日，珍在《艾爾默拉星報》的人事欄內登了一則啟事，聲明她意欲開辦一個「創作班」，這是她想做很久的事。因此之故，今天她一直接到電話，而在九點我們坐等賽斯課開始時又接了一個。

（賽斯有所置評，雖然我們並沒請他賜教。）

（「賽斯晚安。」）

現在：晚安。

就幫助他人而論，魯柏在他的ＥＳＰ課能做得好得多，或再另增一堂ＥＳＰ課都有用得多。我並不是叫他不要開創作班。他可以隨他所喜歡的做。無論如何他都會用到相同的概念，只是方法不同。打電話來問創作班的人只是用它來作個藉口而已，他們感到一種向多方面發展的需要。

（夠奇怪的，關於寫作班的小啟招來不少問ＥＳＰ班的電話。人群為後者而雲集令珍很關切，因為在這公寓裡已經擠不下了。她告訴我，當她考慮這問題時，她感到「又驚又喜」。）

現在：請等我們一下。（停頓。）你關於降神會的建議及魯柏對其他實驗的建議——這兩者都是好的。

他的定期班不能再擴充了。有實際上的限制。可是，還有其他較不具體的限制，與所涉及的人們的交互反應有關。還有其他你們沒想到的可能性。

（在九點二十七分停頓很久。）好，請等我們一會兒，我們即將繼續口述。待會兒你可以對那資料發問。

在此討論意識的各個不同層面看來，可能與日常的醒時意識離得非常遠似的。這其間的分隔是十分武斷的。這些種種不同的階段，全都代表在你自己靈魂內與生俱來的不同屬性與方向；即使在你知道的意識裡，它們的線索和暗示也會現出影子和倒影。那麼，即使正常的醒時意識，對所有其他存在的痕跡既非毫無所知，也不是完全缺乏其他種類的知覺。只因你通常以有限的方式用你的醒時意識，以致你不是經常地接觸到這些線索。

它們永遠在場。你跟隨它們的話，就能給你對那些其他方向及我們曾說過的其他層面有一點概念。例如，常常看似不相關聯的象徵或影像會出現在你心中。通常你會忽略它們。如果你反過來接受並把注意力轉向它們，你們就能跟著它們到幾個其他的層面，比如說，至少很容易到達「A—1」與「A—2」。

（九點三十五分。）在你如此做時，那象徵或影像可能會變，好比說，因而你看不到在最初的印象與下一個之間有多少相似處。可是，它們之間也許有非常重要的直覺上、聯想上與創造上的聯繫。通常事後回想一下，會讓你看到為何一個影像會溶入另一個中。一個單一的影像可能突然開放成一幅全然抽象的風景，但如你不承認剛剛位於現在知覺之下那些最初的線索，你對這些就都不會知道了。只要你願意去看，就可看到那些最初的線索幾乎是透明的。

交替的焦點只是一種狀態，在其中，你將你的意識轉向其他非習慣性的方向，以便感知十分真實的、與你自己實相同時存在的實相。你必須改變你的知覺去感知任何實際上不是為了物質形式而設的實相。這多少像是由你的眼角或心角「餘光」看出去而非向前直看。（停頓。）

使用交替的焦點，經過練習以後，你可能感知在任一指定空間中已填滿，或以你的話說將填滿它的不同物質組成物。在某些夢境你可能探訪一個特定的地點，而後感知這地點，好比說在三個世紀以前與五年以後的樣子，卻從未明白那個夢的意思。對你而言，似乎空間在某一刻只能被一個特定項目填滿，而那一個必須挪開來才能讓位給另一個。

其實你只是以這種方式感知而已。當你用「交替的焦點」的時候，你就可以摒棄那些通常會防守、指揮和控制感知的基本假設，你可以自你所知的這一刻走開，又回到它而發現它還在那兒。意識只是假裝屈從於時間的概念，在其他層面它喜歡與這種觀念遊戲，而由發生於時間範疇之外的事件上感知到偉大的統一性——例如，它可以混合來自不同世紀的事件，把歷史和私人的環境摘出時間架構之外，然後藉由檢查它們而找出和諧與接觸點。

其實，你在睡眠時甚至也這樣做。如果你沒在醒時這樣做，那是因為你把你的意識控制得太緊了。現在你可以休息一下。

（九點四十八分。步調很快。在十點五分恢復。）

現在：如我在此書裡稍早曾提到過的，雖則你的「正常醒時意識」對你似乎是連續的，而你通常並沒覺察到「空白點」，無論如何它卻有很多的波動。到一個很大的程度，它只對自己及其感知有所記憶。於是，在正常的意識裡，似乎好像沒有真正其他類的自己，也沒有其他的區域或層面。當它碰到「空白點」而「回來」時，它擋掉了曾發生過「不作用的時候」（nonfunction）的覺察。

它忘掉了那個「踉蹌」。在它做為它自己時，它無法覺察另外不同種類的意識，除非用什麼方法使它從這「健忘症」中恢復。

（十點十三分。在課前我們忘了把我們的貓——威立——放到另一個房間，現在牠跳進珍的懷裡，因此我必須把我的筆記簿放下。當我抱牠回畫室時，牠打著呼嚕，珍在出神狀態中耐心地等。）

它在實相裡跳進跳出。有時它走了，你卻沒覺察到。在這種場合你的注意力集中於別處，在你可稱為「微夢」或「幻相」的境界裡，或在相當超過正常焦點之外的思想聯想和直覺的過程裡。

在這空隙裡，你的確以非正常醒時的意識感知到其他類的實相。當你回來時，卻斷了那根線。正常醒時意識假裝從來沒有任何間斷。這種情形相當有規律地發生，只是程度不一，而按照你的活動，由每小時十五次到五十次不等。

在種種不同的時候，許多人的確逮到了他們自己，因為那經驗是如此生動，以致它躍過了那空隙，可以說，那時候感受是如此強烈，甚至令正常醒時意識也覺察到它。這些偶爾發生的經驗對肉體的意識是相當必要的。它們被如此巧妙又緻密地織入了你的覺察之網，以致為你的心靈與感覺氛圍渲染了色彩。（停頓。）

正常醒時意識織出織入於這廣大無垠的支持網。你的內在體驗是如此複雜，幾乎無法以言語形容。正常的醒時意識，雖然它自身有記憶，顯然並不是所有時候都保有了所有的記憶。有人說過去事件的記憶掉回潛意識裡。它並沒有過去，而是非常活的，我說「活的」是指生活著而且活動著，雖然你不集中焦點於其上。

你人格的內在部分對你所有的夢也都有記憶。這些全同時存在，可以說懸掛著，像高懸在一個黑暗城市上的燈，照亮心靈的各個部分。這些記憶系統全都互相連接、交相輝映。其實以同樣方式，你對往世生活的記憶也都相當完整，全都在整個的記憶系統裡作用。

（在十點二十三分停頓。）在意識的「空白點」或某種起伏波動的時期，這些記憶系統常被感知。一般而言，帶有自己記憶系統的有意識心智不會接受它們。當一個人格了悟到這種其他實相存在，而意識的其他經驗是可能的，那時他便發動他自己內在的某些潛能。這些改變使心智內以及腦內的兩種電磁連接，甚至改變了感知的機構。它們把能量的庫藏合在一起而建立了活動的途徑，讓有意識的心智對這種資料增加它的敏感度。有意識的心智不再被它自己拘束。它經過了一個相當大的蛻變，負起更大的機能。它將漸次地感知到以前對它關閉的一些內容，不再需要害怕地感知那暫時的「空白點」，作為「不存在」的證據。

剛才提到過的意識起伏常是十分微小的，卻非常的重要。有意識的心智很明白它自己的起伏狀態。一旦它被引導去面對這個時，它並沒發現「混亂」，或者是更糟的「不存在」，卻是找到它自己能力與力量的泉源。這人格於是開始用它自己的潛能。

現在你可以休息一下。

（十點三十五分。雖然她的出神狀態很深，珍對她話說得較慢有所覺察，她說這是因為賽斯要她一定要用對字。她也有過許多的影像，但現在已說不出來了。她只能說像是「記憶形成的照明系統」等等。我告訴她我認為這資料很豐富且發人深省。在十點四十七分繼續。）

在幻想的時候與意識在創造的時刻，兩者都代表進入這些其他區域的極佳道路。在意識平常富創造性的狀態，日常的醒時意識突然為來自這些區域的能量所支持。光是醒時意識不能給你富創意的狀態。的確，正常醒時意識對富創意狀態可以說跟空白狀態一樣的懼怕，因為它能感到那個「我」被丟到一旁去了，感到能量的上衝，那是它無法了解的。

起伏的低點正就是這種經驗產生之處，因為正常意識暫時在衰弱狀態且正在休息期間。其實，整個肉體機構都經歷這種正常的、通常相當被忽略的起伏。這些期間也在起伏，隨著與特有人格有關的節奏而波動。在有些人，這種「波動」比較長而緩慢，其內的山谷是漸漸傾斜的；在另些人則相反。

有些人這種谷底狀況較為明顯，超乎標準之外。如果那情況沒被了解，那麼這人可能發覺他不容易與外界事件發生關聯。如果他在那狀況下能夠感知意識的其他區域，他也許會發覺自己在更大的困境——沒了解到兩個實相系統都是合理的。

（十點五十五分。）這起伏也有如季節變遷一般的改變。來自意識任一層面的事件全都反映在所有其他的區域裡，每一個按照那特定層面的特性而實現出來。就如一個夢，像是丟進夢的意識之池的一粒石子，它的漣漪遍及各個層面，因而任何出現在這池中的行為，也各有它自己的扮相。而交替的焦點容許你感知任一行為的眾多表現，感知某一思想的真正多次元實相。它豐富了正常意識。

不論你覺察與否，你在這些其他層面都是很活躍的。你不止在實際生活裡及夢境裡學習，也在這些你對之無記憶的「內在的存在」裡學習。特殊性質的創造能力或治療能力常以這種方式來訓練，只在這之後才浮出成為物質世界的確實性。

在這些次元裡，你未來的思想與行為就如它們已發生了一樣的真實，也一樣是你發展的一部分。你不僅是由你的過去，也是由你的未來及交替的存在所形成，這些偉大交互作用是你靈魂架構的一部分。因此，你能改變你由任何其他意識層面所了解的「現在」。

口述完畢，已很接近本章的結尾了。

（在十一點四分停頓。賽斯給了珍一些關於她的寫作班與其他事情的個人資料。在十一點十二分結束。）

第五七七節　一九七一年三月三十一日　星期三　晚上九點十三分

（今天下午珍開始她第一節的創作課。）

現在：晚安。

（「賽斯晚安。」）

我們開始口述。

這些意識種種層面中的任何一個，都能作為正常的代理意識，而由那特定立足點來看實相。因此，在其他系統裡的其他類「人格」，以他們自己獨特的觀點也瞥見物質實相。可以說，由這角度窺視它，你不會認出它是你自己的老家系統。從某些這一類觀點看去，你們的物質很少甚至沒有永恆性，而同時在另一些不是你們自己的其他觀察者眼中，你們自己的思想卻是有形有象的。

在旅遊過自己的各種狀態時，這些其他人格會嘗試獲得一些焦點而感知到你的環境，試著使他們大體上不熟悉的資料顯得有些道理。既然他們中有許多人對你們的時間概念並無所知，他們會發現很難了解當你們看事件時，在事件與事件之間是看到時間間隔的，他們也不會感知到你加於正常環境上的「內在組織」。對其他那些也觸及可能性的地區而言，你們的系統顯然是個可能的系統。

（**九點二十分。**）即因這些其他系統與你的鄰接，因此你的與他們的也是鄰接的；那麼交替的焦點容許其他實相的「人格」感知到你自己的實相，就如至少理論上說的，交替的焦點也容許你一瞥他們的存在。

此章結束。

現在我給你一項作業，並且也給你一個參與我的書的機會，你可以用此節剩下的時間來做一個極佳的——劃兩道線（**幽默地**）——問題清單，在下一章〈問題與答覆〉中提出來。

如果你已有人們想問的一些問題，當然一定要把它們包括進去。但這些問題，應該是你們想問的而非我提出的問題。這樣它們對讀者才會比較切題。

然後在下一節把這些問題給我，隨你喜歡一次提出一個或兩個，我會回答。你可以把問題按標題分組，但不必一定如此。如果好幾個問題恰屬一個大主題之下，這就會是個挺方便的處理方法。

（「魯柏可以問問題嗎？」）

你倆可一同開單子。你不一定得在下一節就列好全部的單子。一個答覆可能會費好些時間。

（「那正是我在想該怎麼辦的事。」）

那麼，我建議你倆開始工作。

（在我寫字時電話開始響。珍仍在出神狀態但似沒被打擾。我覺得有些不耐，讓它響到停止。）

我就在這兒不走，來給你們一點靈感。

（九點三十分。這是幾年來最短的一節。我還在驚奇於這麼快的結束；我甚至沒跟賽斯道晚安。我已開始在想，是否該問我們認為別人會感興趣的問題，或只是我們自己自動自發想起的問題。

（珍查了在一九七一年一月十九日第五一〇節裡，賽斯為此書給我們的大綱，他果真曾列出〈問題與答覆〉這一章。我已忘了。不知為了什麼原因我現在感到不安；也許我認為以這種方式干擾此書的流暢不是個好主意。

（珍自第四章第五二一節後沒讀過賽斯的書；儘管受到誘惑，她總覺得不去擔心它比較好。我們不認為她沒看它會妨礙她提出問題。除了她自己對本書口述內容不完美的記憶之外，當然她還曾接觸過它。我給過她兩小段唸給她的ESP班聽。最近她與派蒂・密豆頓討論了一下這本書；而有時我也談到過它，雖然並沒參考已打好字的資料。

（在課結束的一小時內，我們已列出了十五個問題。我們還要為四月五日星期一的課開列一張更長的單子。）

第20章 問題與答覆

第五七八節 一九七一年四月五日 星期一 晚上九點三十分

（如賽斯在上節指示的，我編好了為這章的一張問題單。它並不完全，但令人驚奇的，已經有了五頁打字紙與約五十二個問題。我提出了許多問題，但也與珍商議過。這單子包括了蘇・華京斯以前提出來的許多有趣問題中的一些，我也把這些存了下來，和我們自己及他人對有關各種老課程所提的問題放在一起。我們認為，所有的問題都有一種無時間性的特質。

（今天稍早我曾告訴珍，我怕這些問題對本書並不十分有代表性，而要編組一個真正恰當的問題清單需要對每一章有密切的研究。當然，我們並沒這樣做——部分由於時間限制；部分因為珍不想那麼有意識地涉入。我們只能希望，憑著直覺這會是個適當的清單。

（幾乎已成慣例，我們在九點坐下來等課開始，但賽斯不像平時那樣準時出現。當時間過去，珍說她想她是因為這些問題而有些緊張；在晚餐後她看過它們。為了較有私密性，這節在我的畫室舉行。終於，珍取下了她的眼鏡。）

現在：晚安。

（「賽斯晚安。」）

（幽默地：）就以你們精采的問題清單開始。

（「哦，首先讓我讀單子開頭的一段給你聽：這裡面有些問題也許與你預備在以後幾章中要談的主題相關。若是如此，請讓我們知道，我們就把它跳過去不在這章考慮。」）

一言為定。

（「好吧。這兒是第一個問題：你說過你會告訴我們有關第三位基督的事。還有，我們需不需要對屬於基督存有（entity）的其他兩人——基督自己與施洗約翰——知道得更多？」）

現在暫不談宗教的問題。

（「那包不包括『說法者』的資料？」我打算問幾個關於「說法者」的問題。）

不——只是有關世界宗教的問題及那些關於第三位基督和有關的題目。

（「好吧，第二個問題：珍在替你說話時，說有成千上萬『說法者』的聲明是正確的嗎？或是扭曲了的？」見第十七章，第五六八節。）

它沒被扭曲。「說法者」按照他們自己的個性而被賦予不同才華，有些比另一些能力要大得多，但他們全都在內在資料的傳播上扮演一角。因此，以你們的話來說，有些「說法者」會比另一些要有成就得多。舉例來說，真正重要的「說法者」數目比所給的數目要少得多。

偉大的「說法者」還不到三十個。請等我們一會兒。

（在九點三十五分停頓。珍的步調相當慢。）基督存有是一個，佛陀是另一個。這些「說法者」當他們沒有肉身時與有肉身時一樣活躍。基督存有在出現為所謂基督「人格」（personality）前有過許多次轉世；佛陀亦如是。

最偉大的「說法者」不只是轉譯與傳播內在資料，並且和你們物質系統相連的其他說法者比起來，他們還更深入這些實相的內在領域。於是他們增益了基本的內在資料。最偉大的「說法者」不需要大多數人所必須的密集訓練。他們獨特的特性組合使這成為不必要的。（停頓，許多次停頓之一。）

在另一層次上，愛默生（Emerson）也是個「說法者」。

一個名叫毛本都（我的拼音）的人……

（「你要不要把它拼出來？」）

M-A-U-B-U-N-D-U，在紀元前十四世紀的非洲。在所有各種的存在狀態中，「說法者」比大多數人都更活躍得多，不論這些存在狀態是物質或非物質的、醒或睡的、在兩世之間或在實相的其他層面。就像某些肉體資料是由遺傳因子的結構所傳遞，因此這內在資料，也是以密碼方式保存於那「說法者」所居住的不論哪種心理結構之內；但是遠比其他人格要容易取得。不過它常常需要「觸機」才能釋放出來。這種「觸機」可以在醒時或夢境中發生，而它們的用處是打開知識的庫藏，並使過去的訓練可以被用上。

我知道你有個關乎第一個「說法者」的問題。

（「是的。第四個問題：是否可以指出第一個『說法者』的名字，或形容他？」）

較廣義地說，並沒有第一個「說法者」。想像你在同一刻身在十個地方，而你真的把你自己的一部分派到這十個地方的每一處去。想像你可以把自己分身到那十個方向，而十個部分中的每一個都是有意識、警醒而有覺察的。

你——作為十個的你——在這十個地方的每處都會覺察到你的存在。不可能問十個中哪個最先到，除了說那決定拜訪十處的起始者開始了一切。「說法者」就是如此的，同樣他們也不是在他們可能出現的某時某地起始的。

你還有其他「說法者」問題嗎？

（「嗯，那帶來第三個問題，即你已開始談到的：『說法者』資料的原始來源是什麼？它由何處何時而來？」）

「說法者」資料的原始來源是每個人本自具足關於實相本質的內在知識。「說法者」就是要保持這些資訊活在世間，要負責不讓人把它埋在內而阻塞了它，要把它——這些「法」——帶到有意識自己的注意之下。

換言之，他們說出內在的祕密。實際地說，如此書稍早提到過的，在有些文明裡，他們扮演一個更為重要的角色。有時他們是一直有意識地、「自我中心地」覺知到這些資訊，就是在那時它被記住了。他們悟到它在一個無意識層面是永遠可以得到的。

可是，他們利用記憶把資訊印在肉體的大腦上。無論如何對他們而言，在內在與外在存在之間，一直都有很大的交互作用，就如今日也有的一樣。在夢境所獲的有意義資訊在早晨被記住了。一個「說法者」在夢境幫另一個複習「功課」。在另一方面，恰當的物質資料也在夢境由一個傳給另一個，兩種狀態都被高度利用。（停頓。）

你還有更多「說法者」的問題嗎？

（「第五：門徒中有『說法者』嗎？」）

我把這個保留給談宗教的那章。可以更簡單地處理它。

（「第六：『說法者』在兩世之間時可否與我們合作？」）

我相信那已回答過了。

（「是的。」看在九點三十五分的資料。我這麼忙著寫字，以致沒悟到這問題已被考慮過了。）

他們能，而且的確在這樣做。你倆都正在被兩世之間的其他「說法者」訓練，這發生在你們的夢境裡。那些「說法者」自己所達到各自的效率顯然程度各不相同。

（當然，以上的資料引起更多的問題：好比說誰在訓練我們？我們在前世認識他們嗎？等等。我不知該怎麼辦，就沒問問題……）

他們的工作大部分是在非實質狀態下完成的，塵世的生活有些像是很重要的實地考察旅行（field trips）。

（「第七：你在這書中會談到賽斯二嗎？」）

我的確會。我們現在暫且不談那個。

（在此賽斯與我有個對話，我不必把它記下來。賽斯說這章的目的是換換口味，不再長篇大論的口述。它也是設計來叫讀者想想他自己的問題。「那麼我猜你也要等會兒再管第八個問題：你是否為賽斯二的靈媒？」）

也等以後再談。

（「第十一：在第十七章裡你說，在珍能傳述一篇『說法者』的稿子之前，她需要更多的訓練。而即使在那時，所涉及的工作也可能要花上五年時間。是哪一種訓練？」）

我那時說的是特指你會稱之為一篇古老「說法者」稿件的東西，而我以為你指的是那個。

（「是的。」）

即使那原始的語言已經經過轉譯，魯柏對它所用的字句還是有很多不熟悉的。甚至在基本觀念上也有不同。欲維持翻譯的純粹，各種不同的內在感知訓練是必要的。這些語言有的是和圖畫而非文字打交道。在有些資料裡那些象徵符號有多重次元的意義。經過魯柏來傳遞這種資訊會是個極艱鉅的任務，但是是可能的。常常文字是隱藏在圖畫內，而圖畫又隱於文字內。我們談到稿子，但這些大半都沒寫下來。

有一些是寫下來了，但是在晚得多的時候，有部分存在地下和洞穴裡——在澳洲、非洲的一些部分，及庇里牛斯山的一區。

現在我建議你休息一會兒。

（十點十二分。珍的步調加快了不少，好像她已失掉了某種緊張。她說現在她對「問答」這種形式覺得自在多了。我也是的。畫室涼了不少。珍說她在出神狀態時不冷，但現在覺得冷了。

（我告訴她在單子上面下一個問題是第九個，是和賽斯在經過她說話時的感知有關，這是從一九七一年二月九日的ESP班得來的靈感；那一課的摘錄包括在第十九章的第五七五節裡。同時我想到另一個「說法者」的問題，我把它寫了下來。在十點四十分繼續。）

現在兩個問題你要我先答哪一個？

（「我們就叫這個第十一——a：那麼你是否同意這些賽斯課是對珍和我的『說法者』訓練，被提升到了一個有意識的層面？」）

它的確是的。以你們的話來說，當一個人到了他最後一次的肉體生活時，這內在資訊必須被有意識地認知（停頓），那麼此人格的所有部分在他死時就熟知它〔內在資訊〕了。如此，則此人格不再會不管他願不願意就被捲回另一次塵世生活裡去，不然的話，那種狀況是很可能發生的。

他自己那個有意識肉身取向的部分變得熟識了內在資訊。到某個程度，他有意識的感知到「思想的實相」是物質背後的創新者。於是這樣一個人在死亡那一刻便能了解種種幻覺的本質，而了了分明的進入下一個存在層面。而那些被帶到有意識層面的資訊於是便傳下去給他人，而能實際地被認知與應用。

現在，下一個問題。

(「第九：你告訴過我們，你將詳談當你經由珍對滿屋子的人說話時，你感知到什麼。在那節ESP課裡，你說到你自己進入了一個出神狀態，以及你為了要在我們的時空裡對準我們所需的努力。」)

我對一個房間裡人們的感知與他們對自己的感知非常不同；我可以知覺他們的各種前世與來生的人格，卻無法知覺他們的可能自己。

我「看見」他在轉世時所採取的各種面貌。在你們來說好像你在看一組迅速移動的畫面，全都代表一個人的各種姿態。在與房間裡的那些人溝通時，我必須記住限制我的評論而只貫注在這個特定轉世的「現在自己」身上。

我自己看到這個集錦影像，它並不顯現在珍的眼睛上(停頓)，她的眼睛沒有必要多次元深度的感知力。不管我是否透過珍的眼在看，我清楚地看到這集錦影像。我用她的眼睛，因為它們替我把焦點縮小到這個人所知覺的「現在自己」身上。

這樣子與你們的系統溝通，需要極大的努力與更大的辨識力，按照這通訊者與物質系統「距離」的遠近而異。好比說，我的基地就不在物質系統內。我必須在一個精準時間，在你貫注於其上的時空精確點進入你們的實相，這需要準確性，而這時就用得上「辨識力」了。

我可得知在屋裡那些人現在與未來的經驗，就與他們現在的經驗一樣的真。因此我必須記住什麼是他們認為已發生了的，或尚未發生的，因為對我兩者為一。可是，這些活動的模式也是一直在變的。例如，我說我知覺到他們過去與未來的行動與思想；實際上我知覺到的，卻是永遠在變易與變化的模式，包括在未來與在過去的。

（十一點。）有些我看到在未來與這些人明明有關的事情，可能不發生在你們的物質系統裡。它們存在為可能性、潛在的，已在思想裡實現卻未轉變成明確的具體形式。我告訴過你沒有事情是注定的，我必須對準一個在你們來說的將來日期，而探索它所有的細節分支，才能確定我早先在你之內看到的可能行動哪一個後來會實現。

溝通方法可能有很大程度的不同。一個以物質實相為基地的通訊者，好比說，在兩世之間的「人」，會發現在許多方面更容易與你們溝通。不過，他能夠給的資訊也會因他的經驗而受到限制。無論如何，我確有一個人間生活的記憶，在把你們的精神資料轉譯為物質形式時，這自動的對我有幫助，舉例來說，此地利用魯柏的感官也有很大的幫助。有時我看見這房間和這些人，就像他看見的一樣，或不如說像他的感知機制所見的一樣。

在這種情形我轉譯或讀那資料。而後像你用一個電腦資料一樣的利用它，那有沒回答你的問題？

（「棒極了。」）

你可以問下一個問題了。

（「第十：你會不會告訴我們在這些課開始前，你接觸珍的一些方法？」）

在較早的一章裡我已提到一些。作為珍，她大半的訓練在夢境裡發生。她常在「出體」的情形裡去上課，最初是由各種不同的「說法者」來教導。所獲的資訊常經由詩而被帶到有意識的層面（在十一點十五分停頓很久）。

密集的訓練讓她向內對準焦點；一個外在環境逼她向內找尋答案，以及一個很強的宗教背景，在其內最初的成長得以發生。那就夠了。

（在我大略察看下面第十二、十三、十四三個問題時，停頓了很久。）

如果這是轉世的資料，現在先不談。

（它是的。我跳到第十九個，一個我幾乎懶得寫下的問題：「當你不透過珍說話時，你有興趣感知我們的日常生活嗎？它是否可能？」）

我並沒養成觀察你們的習慣。可是，我們在我們的心理完形裡是相連的，因此我對你那方任何強烈的感覺，或任何一種強烈的反應都有所知。這並不是說我必然覺察你生活中所有的事，或我總是把從你那兒收到的感覺分解成明確的細節。

（在十一點二十五分停頓。）因此，我大體覺察你們的情形。如果任何事擾亂了魯柏，他會自動地發給我關於它的訊息。在我提到過的限制內，我對你們生活中的未來事件是知道的（停頓）。我對你整個靈魂的活力比對你早餐吃了什麼要關心多了。

我想那該答覆了你的問題。

（「好的，那很有意思。我不知是要求休息呢或是結束此節？」）

我大概要一起處理關於進化與片段體的問題，我建議它們等到下一次。你可以結束此節或休息，隨你的便。

（「那麼我猜我們還是結束了吧，抱歉這樣說。」）

今天問題很好，我就知道它們會不錯的。

（「我本來有點擔心。」）

我希望你現在放心了。

（「是的，我非常高興。」）

我最衷心的祝福，晚安。

（「賽斯，非常感謝你，晚安。」十一點三十分。）

第五八〇節　一九七一年四月十二日　星期一　晚上九點十三分

（星期三的第五七九節是為一對夫婦，他們有個孩子有嚴重的問題。這個家庭住在另一州，我們從未見過面。後來我們得知賽斯的資料對他們很有幫助。

（今晚的課開始前，我跟珍討論了兩個我希望賽斯會予以考慮的問題。我們同時也想要一些個人的資料。這課還是在我的畫室舉行。

（「賽斯晚安。」）

現在：你要開始問問題呢？或是要個人的資料？

（「先來個問題好嗎？」）

那就問吧。

（「第二十：如果每件事都存在於現在，怎能經由不斷的創造與擴展而予以增加？或換個方式說：如果我們是不斷地在創造，『一切萬有』現在怎能以完整的樣子存在？」）

「一切萬有」並沒完成與結束。

（停頓很久。珍的步調時快時慢。）

在你們三次元系統的一切都是同時地發生。每件行動創造了它自己的其他可能性，或其他的行動，由永不靜止的宇宙的無窮能量而來。答案是「全部」比其部分之總和為多（停頓）。

「一切萬有」同時地、無止境地創造祂自己。只有在你們特殊的參考架構之內，在「同時」而卻「無窮盡的」行動之間似乎有一個矛盾。這主要是與你們的時間觀念，以及「延續」的概念所造成的扭曲有關，因為「延續」（duration）對你們而言，是以在一個時間架構內繼續存在為先決條件——預設了有「開始」與「結束」。

存在於那參考架構之外的經驗，並不靠你們所說的「延續」才能存在。並沒有「完美的結局」，並沒有已完成的完美，凡超過了它的更進一步經驗就為不可能或是無意義的。（停頓很久。）「一切萬有」是無限與無窮盡的同時行動的源頭。每件事都是同時發生的，卻沒有你們所謂的「開始」也沒有「結尾」，因此，在任一既定點也沒有你們所謂「已完成」的東西。

（九點二十五分。）你們對發展與成長的概念，還是在暗示一個朝向完美的單線行進，因此對你們而言，你們會很難想像無所不在的這種秩序。一個完成了或結束了的「神」或「一切萬有」終究會悶死了祂的創造物。因為完美預設了一個點，超過了那點，發展是不可能的，而創造力也到了尾聲。

如果那樣就會有一種秩序，在其中只有命定論可以作主，每一個部分都照一個特殊的秩序配合起來，沒有自由去改變給它的模式。其實，秩序的確是有的，但在這種秩序內是有自由的——創造的自由，那即「一切萬有」的特性，保證祂無止境的變為。

在那無止境的變為裡，有些你會稱之為「已達完美」的情境，若非在其中潛伏創造性，則所有的經驗都會命定的嘎然而止。但這偉大的複雜性並不是很難處理的；事實上，它是與一粒種子一樣的簡單。

（九點三十二分。）「一切萬有」是無窮盡的。以一種你現在還不能了解的方式，無限性就藏在「同時的行動」之內。

請等我們一會兒。（停頓良久。）「一切萬有」在祂自己最卑微的部分之內也是「活的」，例如祂甚至在一個「分子」裡也有覺察。祂賜與祂所有的部分——或祂的「創造物」——祂自己的能力，於是那些能力又轉而變為靈感、推動力、指南與原則，然後這些部分再用它尋求更進一步地創造他們自己、他們自己的世界與系統。這是豪爽而慷慨地贈與的。

（在九點三十七分停頓很久。）這些「創造物」以種種不同的方式利用這些力量與能力。在你們自己的例子裡，人類是經由利用這些禮物而形成他的實相的。他在學著有效地、妥善地利用它們。他利用它們以存在，它們形成他的實相的基礎。在那架構內，人類個人以致全體也許看起來好像在犯錯，在給他自己帶來不健康、死亡或孤絕，但他仍在用那些能力來創造一個世界。

人類藉由觀察他的創造物而學到如何更善用這些能力。他藉由看見他工作的物質具體化來檢查他內在的進步。這工作、這實相仍是一項創造性的成就，雖則在任一既定時間，以你的話來說，它可能繪出一個悲劇或不可言說的恐怖。

（「嗯，那麼你正導入了下一個問題。第二十一：你對世上的痛苦與受苦怎麼解釋呢？」許多人問過我們這個問題。

（九點四十三分。）我的確正要解釋這一點。舉例來說，一幅關於一次戰役現場的偉大畫作會顯出畫家的能力，當他在它所有的可怖戲劇裡，把那不人道卻又太人性的戰爭情狀全都投射進去的時候，畫家是在用他的能力。同樣的，當人創造了一次真的戰爭時，他是在用他的能力，而它們是很明顯的。

畫這樣一幅景象的畫家，可能為了幾個理由而這樣做：因為他希望透過描寫這種「慘無人道」來喚醒人們看到其結果，使他們畏縮而改變他們的方式；因為他自己是在一種如此病態與混亂的狀態，以致他以那種特別方式運用他的能力；或是因他著迷於「毀滅」與「創造」的問題，以及用創造力去描繪毀滅的問題。

在你們的戰爭裡，你們是用創造力來創造毀滅，但你們卻無法不具創造性。

（九點四十八分。）疾病與痛苦並非由「神」或「一切萬有」或一個外在因素硬推到你身上的。它們是學習過程的一種副產品，由你所創造，它們本身是相當中立的。在另一方面來說，你自己存在的本身，你們地球的實相與本質，你在其中有這些經驗的整個存在，也都是你們所創造的，應用我剛說過的能力。

疾病與痛苦是創造性能量誤入歧途的結果。可是，它們是創造力的一部分，好比說，它們並非與健康和活力來自不同的來源。受苦對靈魂沒有好處，除非它教給你如何停止受苦。那才是它的目的。

在你們特定的活動層面裡，老實說，沒有一個人能充分或徹底地用他們可利用的全部能量，或完全具體化你內在感覺到的本體，那是多次元的。這內在本體正就是那藍圖，你終究會比照著它來判斷你的實際行動。你努力去盡可能地表現你內在的全部潛能。

（九點五十八分。）在那架構之內，是可能在健康的身體內有健全與健康的心智，有一個健全的星球。僅只為維持你們的星球與你們的存在，所釋出與用到的創造性能量是不可想像的。你們可用的能量其量之大，足以給你們在其利用上有極大的活動餘地。

我提到過，在你們系統裡的每個人，都在學著處理這創造性的能量；既然你們仍在這樣做的過程中，你們常會誤導它。那些活動所引起的糾結混亂自動把你帶回到內在的問題。

現在你可以休息一下。

（十點二分。這結束了賽斯書的資料。個人的資料用掉了餘下的時間。在十一點六分結束。）

第五八一節　一九七一年四月十四日　星期三　晚上九點十六分

（四月八日星期四的晚上，有三位來自紐約州羅徹斯特的女生到訪。她們很有興趣談論珍的書《靈界的訊息》。她們也給了我幾個問題請賽斯在他自己的書裡答覆，如果他願意的話。珍和我在課前很快地把它們看了看。）

晚安。

（「賽斯晚安。」）

現在：我們就以你們談到的第一個問題開始吧。

（由 M.H. 所問。她的問題是建立於一個理論，湊巧我也聽到過：有一群科學家假設有一類次原子的粒子叫速子〔tachyons 或 meta-particles〕，永遠是以比光速還快的速度在游動。（按照相對論的理論，沒有一個粒子可被加速到達光速，因為當它接近光的速度時，它的質量會變成無限大；但科學家繞過了這阻礙，只聲明這個假設的粒子有一個想像的適當質量——不是靜止質量〔not rest mass〕，它的速度從來沒有低於光速過。於是 M.H. 問：「這些超光速的粒子是否與賽斯在《靈界的訊息》附錄裡討論的電磁能量〔electromagnetic energy〕或 E E 單位相同或相似？」）

從前我告訴過你們，物質或形體有許多等級，那是你們沒感知到的。在你們說來，這種構造的粒子當中，有許多運動得比你們的光速還要快。

其實，你們的光只代表一個比你們所知光譜甚至更大的光譜之一部分而已；當你們的科學家研究其性質時，他們只能調查侵入三次元系統的光。當然這也同樣適用於對物質或形體結構的研究上。

的確有由這種超光速粒子組成的一些宇宙。以你們的話來說，這些之中有些與你們自己的宇宙分享同樣的空間。你們只是不會感知這種粒子為「質量」而已。當這些粒子慢下來到一個程度時，你們的確體驗它們為「物質」。

相，並且是因為你們狹窄的焦點。

在其他系統內，這種「物質」的持久性與相對的穩定性變化相當大，而以強度來決定所有這種顯現的力量。不可見的EE單位形成你們的物質，代表任何物質粒子由之出現的必要而基本的單位。

（九點五十二分。）它不會被具體地感知到，你們只見其結果。既然意識能旅行得比光還快，那麼當它沒被身體的較慢粒子所囚禁時，它能變得覺察某些這種其他的實相。不過，未經訓練，它不會知道如何詮釋它所見的。肉體的大腦自動把思想或情感形成肉體器官能用的適當範圍與強度的EE單位。）

現在你可以休息一會兒。

（九點五十六分。珍的傳述在較快與較慢情況之間交替，但她的出神狀態一直很深。當我告訴她這資料對這問題是個很棒的答覆時，她說：「我只知道我在好遠的地方……」

（關於超光速效應的一個註：在這節之後的星期日，紐約一家主要的報紙報導太空人曾觀察到，一個類星體（quasar）的兩部分顯然以十倍於光速的速度彼此分飛。這是個驚人的發現，一個按照物理定律不可能的發現。

（類星體或稱類星電波源〔quasarguasi-stellar radio sources〕——是光與無線電波特別強力的來源。大多數科學家相信它們存在於我們可觀察宇宙的邊緣。如果是這樣的話，它們是如此之遠遠以致它們的能量要費時兆億年才能達到我們。在十點二十分繼續。）

那麼，這些EE單位是物質的心靈建材。現在：你可以接下去問下一個問題。

（「第二十三：你有沒有與任何其他的人接觸或透過他說話，像你與珍這樣？」）

沒有。但如先前在此書提到過的，我的確可在其他的實相層面與某些人接觸。

（賽斯停下來。因為我問他由回M.H.來的第二個問題：「經驗到『內在振動性觸覺』是否類似看到一個靈光？」〔譯註：由構成萬物之EE單位發散出之「光」或「氣」，克里安照相可顯示。〕）

◎羅註：「內在振動性觸覺」是我們的「內在感官」之一。賽斯在《靈界的訊息》第十九章列出了這些感官。改寫於下：用這感官，一個站在一條典型的街上的觀察者會有這樣的經驗：他會「變成」在他注意力範圍內他所選擇的任何東西：人們、樹木、昆蟲、草葉。他會保留他自己的意識，而多少以我們現在感覺冷熱的方式去感知種種感覺。這感官像是「神入」（empathy）或稱「同理心」，但更生動得多。

不。「內在振動性觸覺」是個更為個人性的經驗，較像是「變成」你所感知東西的「一部分」，而非像看一個靈光（停頓）。

（「準備好我問下一個問題了嗎？」）

我在等著。

（「第二十四：當你要來的時候，珍從來沒有阻止你通過嗎？」）

有幾回在特殊的狀況下，我表達了我願意來的意思。我對那些狀況比魯柏知道得多。有些這種狀況發生在我們課相當早的時候，當魯柏對自發性的出神狀態有些擔心時，因此在使她明白我在場之後，我便順著她當時的決定去做。在有一些場合某些條件不大好，通常魯柏在他那方對這些有負面的反應──亦即，這干擾是那種會擾亂他而非我的情形。

（許多節以前，賽斯告訴我們，他有一個狗的人格片段體仍在地球上。然而他不肯告訴我牠在哪兒：「第二十五：你還有任何一種具體的片段體在地球上嗎？」）

現在沒有。我的狗已經走了。

（「第二十六：動物是人類的片段體嗎？」）

（微笑：）這是個好問題，你最好給我一點時間來解釋清楚。

（十點三十分。）以某一種方式來說，你是你的「存有」的片段體。你卻當自己十分的獨立，而非被拋出去的二手貨；因此狗與其他動物，不只是屬於人類這方面的迷路心靈能量的顯現而已。

動物有不同程度的自我意識（self-consciousness），的確就像人那樣。可是，牠們內在的意識與你們自己的一樣確實與永恆。並沒有什麼規定阻止一個人格把他自己能量的一部分投入一個動物的形體裡。這並不是靈魂的輪迴，它並不表示一個人能轉世為動物。它的確是指人格能把他們能量的一部分送進形形色色的形體裡。

（十點三十五分。）舉例來說，也許轉世輪迴對某一個人已結束了，但在他內心對他過去常常涉足的地球自然界有些許眷戀之情。因此，他可能用這種方式投射他意識的一個片段體到一個動物身上。這樣做之後，他便以一種對那動物來說很自然的方式去體驗地球。那麼，一個人並不是個動物，他也沒侵犯，好比說，一個動物的身體。

他僅僅把他的一些能量加進動物現在已有的能量，把這活力與該動物自己的相混。不過，這絕不指所有的動物都是這種片段體。如任何養寵物的人都知道，動物有牠們自己的個性與特徵，並且有感知牠們所能及的實相的獨特方式。有些動物急切吸收經驗，靠著與友善的人類接觸，牠們的意識能不可量度地加快，而對生命情感上的涉入得到了很大的發展。

意識的機制仍保持一樣。它們不因動物或人類而變。因此對任何一個個別意識的發展，或任何一個本體的成長並沒有設下任何限制，不管是在身體內或不具身體的兩種意識，都找到它自己的範圍、它自己的層面。那麼，一隻狗在其他的存在裡並不限定是隻狗。

再說一次，在一個本體能操縱一個複雜的具體有機物之前，意識的某種水平是必要的，要有某種知識，某種對能量組織的了解。

（十點四十五分。）如你所知，意識有一種很大的維持個別性（individuality）的傾向，但同時卻又要加入到完形裡去。一個動物意識在死後可能與其他這種意識形成這種完形，在其中能力被集合起來，而這共同的合作，使得譬如說一個「物種的改變」成為可能。

不過，在這些與其他的案例裡，天生的個別性並沒有失掉，卻保持著不可磨滅的印記。意識的天性就是必須改變，因此身分（identities）也必須改變──並不是一個身分把另一個遮住了，而是建於其上，同時每個接下去的一步都被保持而非被丟棄，你要知道。

在這種交互關係中，每一步，或每一個身分，都被所加進的其他人的感知不可丈量地豐富了。如先前提到過的，思想包含它們自己的電磁實相，不論你能否感知，它們都有形狀。那麼，隨著你的每一「念」，你由自己送出形狀與形象，對那些身在它們被推進的實相系統裡的生靈，這些形狀與形象可以是十分合法的實相。

以同樣的方式，其他系統裡的人格能送能量到你的系統裡。既然這種事件不是從你的系統裡發源的，你就不了解它們的重要性。

現在你可以休息一會兒。

（十點五十四分。珍的出神狀態又很好，她的傳述變化不定。今晚賽斯書的資料到此結束。餘下時間被牽涉到我們自己與他人的事用掉了。在十一點二十分結束。）

第五八二節　一九七一年四月十九日　星期一　晚上九點二十分

（在課前，我們把一封珍在一九七一年三月十六日由R太太處收到的信看完。她的兒子於一九七〇年六月二十八日失蹤了。珍在四月四日寫信給她，答應很快就給她一些消息。）

晚安。

（「賽斯晚安。」）

現在。開始你的節目，首先你為我準備了什麼？

（「可否先答覆R太太的信？」身為賽斯，珍伸手來拿信。）

把信遞給我。現在，請等我們一會兒。

（眼睛閉著，珍往後靠在搖椅裡，摺起來的信在她右手裡。）

這男孩到過好幾個地點，在醫院有一個短短的停留。他的肺似乎有問題。我相信他去過底特律，（停頓。）也去過佛羅里達州，靠近一個以P開頭但名字很長的小城。

他心裡也非常想念加州。三十六。（停頓。）他有個工作，似乎是在個工廠的地方，在一個相當暗的環境，有一列列我假定是機器的東西，還有處理過的大窗戶以使陽光不會很亮地照進去。

或是這樣或是那地方一半在地面以下。「喬治」之名與他有關。也許是個朋友。我相信他還發了個電報，或是給某人，或他將發電報給他母親。

與兩個年輕女人有關聯。（停頓很久。）不過，做母親的會聽到他的消息，那就是我到目前所知的一切。

（以上資料以很爽朗的步調傳述了。我們無從知道對像R太太這種問題，賽斯的答覆會有多長。不論是什麼長度——一、五或十頁——我們在我把此節打好字後立刻送一份副本給寫信的人。我們要求一封回信，來看是否可能核對這資料。在這案例裡，我們沒聽到R太太的消息。）

對你們關於「進化的本質」的問題，我們將試著給一個解釋。

（第二十七：一般所認為的「進化」是一件事實或是非常被扭曲了的事？

（關於這個問題，在八天後的ESP班，賽斯對達爾文及其進化論說了以下這些話：

（「他把餘年花在想證明『進化論』上，但它卻沒有真正的確實性。它只在一個非常狹窄的觀點裡有確實性；因為意識的確使形體進化（evolve），而形體並不使意識進化。所有的意識的確同時存在，因此它不是像那樣進化發展的。『進化論』是按照你何時進入這畫面，以及你選擇要觀察什麼，以及你決定要觀察哪部分的戲劇而立論。其實，反面才比較對，就是說已進化的意識把它自己化入許多不同的模式，而如雨般降落到實相裡。意識並不是來自偶然地被散布到全宇宙或散布到許多宇宙的原子與分子。意識的到來並不是因為無生命的物質突然躍升成活動與歌曲而『載欣載奔』起來。意識首先存在，而進化出形體，然後再由其中開始顯示它自己。

（「其實，如果你們全都對我一再說的『時間與存在的同時性』真的付出注意力的話，那麼你們該已知道，進化論就與《聖經》的創造理論〉一樣是個美麗的故事。兩者都相當方便，兩者都是說故事的方法，而兩者在它們自己的系統內也似言之成理。但是，從較大的方面來看，它們不可能是實相……不——任何形式的『物質』。不論它多強而有力，都不可能自我進化成為『意識』，不論再加進去其他什麼物質也無用。沒有『意識』，則不會有『物質』在宇宙裡四處浮遊，等著另一個成分來給它實相、意識、存在或生命之歌。」

（班上一位同學：「每一小點物質都已有了意識嗎？」

〔「的確，而且意識在先。你是相當對的。我謝謝你提出這個問題（matter）。〔微笑：〕有許多提出問題（bringing up matter）的方式。〔譯註：問題與物質為雙關語。〕」

（九點三十分。）冒著一再重複自己的危險，讓我聲明基本上如你們所知的時間並不存在，而所有的創造是同時的。（好笑地：）那應回答了你的問題。

（我說：「我早已想到了那個。」如我在第一次休息時告訴珍的，關於「時間事實上是同時的」這知識，當人問某一類問題時會令人混淆；這知識已回答了一半的問題，但我們要這問題的餘下一半也被考慮。）

我們將詳盡地說明。

（「好吧。」）

地球上的所有年代，在你們來說「過去的」與「現在的」兩者都存在，「將來的」年代也一樣的存在。**「現在」**，你可以把它寫成大寫的現在，在你想來是「現在」的時間，有些生命形式正在發展中，但他們不會實體地出現，直到你們到達了你們的「將來」。你了解嗎？

（「了解。」）

可是，他們現在存在，就與恐能現在存在一樣的肯定。你只選擇把你的注意力集中於一個極為特定的時、空座標場所，接受它們為「現在的實相」，而把你們自己關閉在所有其他實相之外。我特別要指明，複雜的生命形態並非先前較簡單的形態之結果。廣義來說，它們全部同時存在。

在另一方面來說，必須要比較複雜的「意識組織」，才能形成、進入比較複雜的「物質結構」而賦之以生命。所有結構皆由意識形成。以你們的說法來定義，一個片段體是一個不如你們自己那麼發展的意識。自然界有生命的部分都是你們自己創造力的結果，是你們自己能量的投射和片段；是從「一切萬有」到你這兒而又由你這兒出去的能量，像你形成自己的形象一樣，它也形成自己的形象。

（在九點四十二分停頓。）既然你不覺知未來，也不了解生命向所有的方向散布，那麼你必會假設現在的形式一定是建基於過去的形式。你們對那些不支持這學說的證據真是置之不理，

（微笑，誠懇地：）自然我不只是指你個人而言，約瑟。

換言之，沒有所謂單線的發展。被作為一個物類的你們，投向外的片段成分當然也增益了你的物質實相，因為，若沒維持這麼好的平衡，若沒這合作，你們這種特定的環境是不可能存在

的。

我常常告訴你們，你們對「自己」的觀念那麼侷促，實在是太對不起自己。你們的身分感、自由、權力與愛會不可限量地加強，如果你們能了解，「你們是什麼」（what you are）並不是以你們皮膚為界，卻是繼續向外，一直到那似乎不具人性或異己（not-self）的物質環境。

由生物學上你很容易了解，以肉體而言，你是地球與其中每樣東西的一部分。你們由同樣的元素造成，你們呼吸同樣的空氣。你不能留住你吸進的空氣，而後說：「這是我自己，充滿了這空氣，我不要讓它走。」不然你會很快的發現，你其實並沒那麼獨立。

你與你所知的地球在生物學與化學上是相連的；但既然它也是由你自己投射出的心靈能量自然而然形成的，既然你甚至與四季都有種心靈的交互作用，那麼這「自己」必得在一個遠為廣大的範疇被了解。這樣一個範疇會讓你分享許多其他形態的生活經驗，去追隨你只微微理解的能量與情感模式，去感受一個世界意識（world-consciousness），在其中你有自己獨立的部分。

你可以休息一下。

（九點五十四分。我告訴珍，她以一種快得相當多的步調傳述了對我的問題的這個極佳答覆。在十點四分繼續。）

我答完了上個問題，所以繼續吧。

（「第二十八：我畫過任何『說法者』的像嗎？」）

你的確畫過。一是卡爾與蘇・華京斯買去的一幅畫（我們曾半開玩笑地叫它「摩西」）；一張是我的畫像（停頓）；一張是你尚未畫完的——即教務長（賽斯對Tom. M，ESP班的一個成員的友善稱呼）最近問到過的一個女人的畫像。以及你的藍色男人（停頓）。那即是給你的答覆。

（在第十七章賽斯告訴過珍和我，我們倆都曾是「說法者」，既然我沒畫過任何自畫像，我無論如何是不會被包括在這名單裡的，但賽斯的確忘了提及我替珍畫的像。我沒抓住這省略，因此我也沒問這事……

（當賽斯告訴我，我畫了一張「說法者」的像時，我將之詮釋為在組成那位「說法者」存有的許多個人格裡，我對其中之一對準了頻率。

（在賽斯課開始後，我開始了一系列的人像畫，而在意識的層面我並不「認識」這些人。最先我不大了解畫他們的靈感由何而來；我只把想畫他們的衝動付諸行動。當我腦子裡想著別的事的時候，對這些畫像的念頭便自發地「來」到，我總是感到很驚奇。有時我就真看見一幅幻景，十分清楚地在我面前而且是綜藝十彩的。這幻景呈現的或者是已完成的畫，或是那個要被我畫的人。有幾回我「明知」那主角已死。顯然，畫像中「說法者」的像不多，而且我也沒有一次悟到我是在畫這樣一個人。

（我最近畫完了賽斯提到的藍色男人。我畫了一個現代衣著的男人，但事實上，賽斯很樂的告訴我，主角是個女性的「千里眼」，在十四世紀住在君士坦丁堡，我自己知覺在無意識上的扭曲使得我畫了個男人身形。賽斯給了她Ianodiala的名字。這幅油畫畫得很成功，是以藍色與綠色畫成的。

（在早年我全沒猜疑到靈感資料會有這種來源。現在我相信它們是時常存在於無意識層面之中的那些東西之一；但為了要把創造行為的潛能擴展到極致，我很想見到別人學會在一個故意的、有意識的基礎上培養這種幻相與感知。在我看來這會有很多好處，在這方面有許多可學的。

（「你現在要不要交代有關《死海經卷》（*Dead Sea Scrolls*）與耶和華的問題？」這是關於一封珍在四月十二日收到的信；與《靈界的訊息》裡賽斯的第三位基督資料有關。）

我們把它留到我們談宗教的那一章來講，在其中我們會回答你們其他相關的問題。

（「第五十二：在一九六八年八月十四日的第四九一節，你說：『分鐘與小時也有它們自己的意識。』你沒有詳細解釋。」

（微笑：）而現在你要我詳加解釋。

（「嗯，我也不知道。我在猜想是否這個問題太複雜了，你無法給我們一個簡潔的回答？」）

請等我們一會兒。（停頓。）你們所感知的「時間」，是侵入你們自己系統的其他事件的一部分，常被詮釋為「在空間裡的移動」，或為「分隔事件的東西」——如果不在空間裡，那麼不用時間的觀念就不可能加以定義。

其實分隔事件的不是「時間」，卻是你們的「感知力」。你們「一次一件」地感知事件。相反的，你所看到的「時間」是經驗的一種心靈組織（psychic organization）。一件事看起來的「開頭」與「結尾」；看起來的「誕生」與「死亡」，只是「經驗」的其他次元，就如高度、寬度、重量。相反的，當一個「終點」是一個特殊經驗——或若你喜歡寧稱之為「人—事」（person-event）——的一部分時，看起來你彷彿在朝著那個「終點」生長。

（**十點二十六分。**）那麼我們在談的是多次元的實相。全我或存有或靈魂永不能以三次元的形式完全地具體化，但它的一部分卻能被投射入那個次元，在時間上伸展到這麼多年，占據了這麼多空間等等。這「存有」把這整個事件，這整個的「人—事」與其時間因素，或你們所謂的「年紀」只看作另一個特性或次元。不過，這「人—事」並沒被切斷，只是它的更大實相不能在三次元內展現而已。反之，它是由你感知不到的、在物質的強度範圍之上或之下的原子與分子所組成——而所有這些以它們自己的方式都擁有意識。

以更廣義的說法，分與秒也並不存在，但在時間或你視為的時間之背後的那個實相，那「在時間外的」（outside time）事件是由那些也有某種它們自己意識的「單位」所組成。它們形成你們看來似為「時間」的東西，就如原子和分子形成你們看來是「空間」的東西。（停頓。）

這些是動得比光速還要快的「單位」，侵入、侵犯到物質卻從未具體化的極佳能源。它們在其他的系統會受到不同的詮釋。到此結束了（微笑）。

（十點三十五分。那只是書的口述結束。這實際上是一次休息。賽斯以有關其他事情的幾頁資料作結。在十一點十六分結束。）

第五八三節　一九七一年四月二十一日　星期三　晚上九點三十分

（昨晚，星期二，當珍在客廳上ＥＳＰ課時我去睡了。那時差不多是十一點三十分。在我躺著假寐時，我提示自己，在早晨我會記得我的夢而把它寫下來。夠奇怪的，我並沒有提及「實體投射」。

（我睡得相當不安穩，在ＥＳＰ班仍在進行時我醒了好幾次。最後，我模模糊糊地覺得聽到班上成員的車子開離房子隔壁停車場的聲音。然後我睡著了。珍後來說她是在十二點四十五分上床的。

（我知道的下一件事，就是我在我們黑暗的浴室裡飛翔。我是在一種無身體的狀態而一點都不煩心。

（浴室在我們公寓的中央；客廳在它的一邊，臥室與我的畫室在另一邊。為了不讓我們的貓威立晚上上床，我們把牠放在客廳而關上浴室靠那邊的門。現在我發現自己懸在那門的前面，無法穿透它。

（我沒感到驚惶或恐懼。我靈體的眼睛（astral eyes）看得見。在我右方一些微弱的光線由一扇開著的窄窗透進來。關著的門則在很深的暗影裡，但我知道我在它前面。雖然在我身「後」的臥室裡，我的身體仍躺在珍旁邊睡著，我沒為它操心。最先我沒悟到我是在投射──好比說我沒有想到命令自己穿過門進到客廳去。但慢慢地我才知道我是在自己身體外，在這非常舒服的無重量狀態。對我實際離開我的身體而移進浴室來這回事，我則完全不記得。

（在我頗不尋常的投射裡，這是第一次沒有恐懼的因素在場。然則我相信我認為門不能被穿透這個平常的有意識概念使我被擋住了。在遭到這關著的門所造成的「此路不通」後，我又睡著了一會兒。當我再變得有知覺，顯然在幾分鐘後，我發現自己剛剛浮在躺在床上的我自己肉體的上方。

（我恰巧是平躺著睡，兩臂擱在身側。我的靈體在差不多同樣的位置，也許在六吋之上。我的情況是出奇地穩定、舒服；我覺得很清醒，知道我在做什麼而十分自由且無重量。我聽見自己在打鼾，對此事沒十分注意──尚未。我知道自己不是在做夢。我甚至記起好幾次讀過當一個人投射時，他知道那情狀和做夢狀況的不同。這一點現在我可以直接體證。我非常高興。

（這次我有個不同類的幻相。我好像特別注意我的雙腿，懸在我肉體的腿之上。我與沖沖地擺動它們，抬上抬下，享受它們擁有的自由與輕快的美妙感覺。我知道我肉體的腿無法那麼自由地運動，雖然它們很健康。我靈體的腿感覺相當像橡皮，它們是如此地鬆弛而有彈性──不知怎的，從我面向下的位置，我可看見它們顏色很淡而從膝蓋以下是半透明的！

（既然我的投射狀態似乎是如此穩定，我開始想它給了我一個很大的機會。再次地，我不覺害怕，只是自信滿滿。我想這是一個做點什麼事的大好時光。這才是個很好的冒險時機，我告訴自己我願意試任何事——到某個別的實相去看看、撞穿門進入客廳、到屋前的街上逛逛……

（在這段時間珍一直躺在我身旁。她後來說當她上床時，我正鼾聲大作。我的注意力現在開始改變其焦點；我才第一次真的聽見自己的鼾聲。我對剛在「我」下面、我肉體的頭發出的聲音之大驚奇不已。當我醒時我不可能仿造出那聲音。

（我好幾次十分有意的、故意的企圖「開始行動」，由我的身體走開，卻不成功。我的努力並沒打破這投射；我只是仍暫在我本來的地方飛來飛去。然後我有了個主意：我要用我打鼾的聲音作為一個起動力，送我一飛沖天而進入別的實相，把我的肉體遠遠留在床上。

（我故意開始「更」大聲地打鼾——如果還可能更大聲的話。我要建立起一個龐大的「聲音起動力」，用它作推進力，雖然我不知道這該如何發生作用。奇怪的是，我滿喜歡躺在我肉體上方的感覺，以及我能用後者來發出聲音這兩件事。在此這暗示了一個雙重意識，因我對兩個身體都有知覺。

（要不是我聽見我的鼾聲聲量真的增加了，就是我對它更厲害地集中焦點。不管怎樣，我的主意卻不管用。我還是不知道到底我會不會成功地起飛，因為現在珍對我說：「親愛的，你在打鼾。翻個身。」就像當她聽我打鼾聽得不耐煩了時常做的。我清楚地聽見它。我立即停止打鼾，但沒動。我不記得重回到我的身體。最後我輕輕推她，費了些勁才告訴她發生過的一些事。她認為我聽來好像仍在出神狀態。

（我覺得好像可能會再投射，因此在珍安靜地躺在我身旁時，我一再嘗試。我並沒成功，雖然圍繞著整個插曲很舒服的靈光仍非常確切地留連不去。這投射雖然很小，卻似如此輕易、自然，使我奇怪為什麼它不是件經常發生的事。我一直都知道有比我能夠完成多得多的可能性——剛在我當時的能力之外有美妙的可能性，如果我能打破那……障礙。我完全沒感到任何恐慌，我完全沒看到或感覺那「靈體的銀帶」(astral silver cord)，最後我睡著了。

（這次經歷引起了一兩個問題。我將之加進第二十章的單子中：一、我自己的投射是如此的愉快，但更重要的是它包含了這麼多潛能，以致令我奇怪：為何西方人沒對這些能力知道得更多？二、為什麼西方人沒培育它們、利用它們？我希望賽斯今晚會加以評論。）

晚安。

（「賽斯晚安。」）

恭喜。

（「謝謝。」）

下面的話是對你說的：你選了那個時候試做那實驗，可以說你是有備無患的，因為一旦你被嚇著了，你很清楚魯柏就快要來睡覺。不過，你已準備好再試一次，選了個緩慢而容易的方法，安適的環境，也使得它容易做些，因此在你真的做出任何太冒險的事之前，你能對那感覺變得熟悉一些。

（「我在珍上床之前試過這樣做嗎？」）

沒有。你在她沒來前開始試，但直到她來睡時你才成功。人對時間的感覺，在身體外與在身體內可能相當不同。你知道有了一次成功的經驗你會自由得多，因此你選擇了最好的情況。

你的確有可能離開公寓。不過，打鼾也算是給魯柏的一個信號，你知道他會叫醒你，這是打鼾的原始動機。你明白，如果你不喜歡這實驗，它就會被中止。可是，同時你又覺得很高興而決定用那噪音作一個推動力，但接著就發生了魯柏對鼾聲的通常反應。

你現在應會發現，你自己記起來好幾次這種經驗。

（當我由我的筆記打好這一節的字時，是四月二十五日，星期日。自從四月二十一日起我就一直滿懷希望等著另一次的投射，卻落空了。在另一個不同的場合，我有一次相當小的「出體」，其後幾乎有兩週之久尾隨著一連串不完全的投射，或包括這種現象的扭曲成分的夢。這很奇怪，尾隨在地震後的餘震差可比擬。）

現在來回答你的問題：西方人選擇了他的精力向外貫注，而大大忽略了內心世界。社會與文化各方面，甚至連宗教方面自童年起都自動抑制了這種經驗。在你們的社會，會「出體」完全沒有任何社會利益，倒有許多反對它的禁忌。

（九點四十分。）當然，這是所有涉足於那文明的人的共同選擇。在大家都達到中庸與了解之前也有些平衡存在。有些人選擇轉世到外在取向的社會，以補償它過去活過的極為內省式的人生，那時他對物質的操縱很不在行。你明白嗎？人們學到內在實相與外在實相兩者都必得了解而予以建設性的利用。

當然不論你記不記得，在睡眠狀態都經常發生投射。當有某種理由要憶起它們時，當涉及到一些功績或明顯的成就時，好比在那些認為利用夢與投射是非常有利的社會裡，你就會記起那些投射。

舉例言之，如果你目前在經歷一種生活，在其中你選擇特別強調人體的旅行載運上面，那麼經由飛翔的夢，模糊的記憶，你可能被激勵而努力於好比說飛機或火箭的發明。但如果你確實了解自己的意識的確能神遊於體外這個事實，那麼朝向人體載運工具發展的推動力就不會那麼強烈了。那麼，你還有些什麼問題？

（「第五十三：在一九六八年八月十四日的第四二九節，你說有些人格可以同時是幾個『存有』的一部分。」）

我曾多次提到此事。「自己」並沒有界限，它的發展也沒有阻礙。一個人格可能「最初」是某個存有的一部分，而獨力發展出十分不同的興趣。它可以靠自己走一條孤獨路，或反之它可以把自己攀附於或被吸引到另一個志同道合的「存有」那兒去。原來的聯繫不會被切斷，但新的聯繫建立起來了。

（在九點四十七分停頓。「第四十六：在《靈界的訊息》的第十九章你給了一個『內在感官』的名單。還有沒有更多你還沒有告訴我們的『內在感官』？」）

的確還有。不過，它們是與那些潛在性、平常在你們這特定系統裡不會遇到的經驗有關（停頓）。

幾乎任何細胞都有能力長成為任何既定器官，或形成身體的任何部分。它有能力去發展成感覺器官，而實際地說，如果這細胞變成一個手肘或膝蓋，那這能力就不會被發展，但它是在那兒的。這不僅適用於你們自己的物類，在許多例子裡也適用於物類與物類之間。在所有的生物裡，有些基本單位有能力形成動物或植物的生命，有能力發展在任一這種生物中固有的感知機制。

因此，理論上你是可能由一隻青蛙、一隻鳥或一隻螞蟻的眼中看世界的。在此我們談的是肉體感官。在意識向一個特定的偽裝系統對準頻率時，「內我」通常所應用的感官之外，也有潛伏的「內在感官」。不過，有些內在感官是無法以具體方式來表達的，只有用比喻來暗示它們的性質。在本書中沒有必要討論它們。它們屬於一本特為討論內在感知方法的書。

（「第五十五：這問題是來自你對第十一個問題的答覆，當我問你關於珍為了要傳述古老的『說法者』手稿之一所需要的訓練。你說那些古老語言有些涉及了圖畫與象徵符號。當她在出神狀態裡，以你的幫助，她能否畫出一些圖畫——字或象徵？我只是好奇，想知道她能不能畫出一個近似『說法者』的語言？」）

這是可能的。

（「那會是非常有趣的。」賽斯停下來，所以我問：「她現在能不能試？」）

這不是時候。（停頓。）在這些圖形之間有許多被扭曲的內在關聯。「穆」（Mu）文明用了些象形文與符號。在你們查核你們的問題時，我建議休息一下。

（「好吧。」

（十點。珍和我看了看所剩的一些問題，但因為她似乎累了，我建議我們結束課的這個部分，餘下的課給了個人的資料。在十點五十八分結束。）

第五八四節　一九七一年五月三日　星期一　晚上九點三十五分

（除了ESP班外，珍上週沒作心靈方面的工作。）

晚安。

（「賽斯晚安。」）

我將回答與轉世或宗教無關的問題。

（我們剛在課前談到那些主題，雖然我沒計劃在今晚問及它們。「第五十八：除了你在一九六四年五月四日的第五十節裡所給『內在宇宙定律』之外，還有其他的嗎？」）

有的，但既然我不在這本書包含那些，我在另外一個時候會把它們給你。

（我問這問題是因為我認為在上節裡，賽斯對第四十六的答覆觸及了那些命題之一：「無限可變性與變化定律」（The Law of Infinite Changeability and Transmutation）。雖然，鑒於他現在的答覆，我沒再更進一步地追問這事。

（「第四十四：如果你以前沒能透過珍來說話，你會試著透過別人這樣做嗎——或不管怎麼樣你正在如此做？」）

我也曾透過他人說話。你明白嗎？「這次」的安排早已經做好了。的確魯柏不必非得接受這安排不可。如果那樣，這資料也會被給出，但以不同的方式。

那我就不會以這種方式說話，因為這工作需要某種特殊默契，而且涉及的人格也要有明確的特性。透過另一人，資料可能以一簡單得多的方式給予，但我要它盡可能不被扭曲並且面面俱到。如果魯柏不能參加，這資料會給一個以你們的話來說還活著的「說法者」，他也是涉及創造工作的。

目前還活在你們系統裡的人，除了你們自己之外，沒有一個在過去我與他有很大的融洽性的。這樣一個「說法者」會大半在夢境收到資料，而把它寫在一系列的論述與小說的敘述裡。

可是，若魯柏未曾接受這工作，極可能他會選在另一生中來完成這個任務，如果那樣的話，我就會等他。不過，決定權總在於他，而如果他根本不接受，也會有其他的安排。

（對我：）至於你則早已預見你在這些課及我們工作中的角色，多年前，你所畫的一幅畫清楚預示了你心靈努力之發展。這畫你賣掉了，它在現在我的畫像所掛的地方掛了一陣子。那是一幅約瑟的畫像；換言之，即你當時直覺地感知到你自己的內在身分。你沒在意識層面上覺察到這關聯，但你卻有意識地覺知這幅畫對你的強烈衝擊。

（自然我知道那幅畫。那是一九五四年在珍和我還未結婚前，我在佛羅里達畫的。我有它的照片，心想哪天再重畫一次。當然，這意指我只是畫一幅那舊畫的新版本，不可能真正地複製它。然而我並不後悔賣了那張畫。）

它也代表你那追尋的、在創造性上沒滿足的部分，在尋找更進一步的了解與知識。存在於你和魯柏之間的奇特關係也是一個先決條件，同時你的准許與接受也是必要的。

如果你一直不肯參與，這課程就不會開始。你們曾與同一個「存有」相連，雖然你已由它跳開了，但內在的關係加增了可用的能量。可以說，你有助於穩定那電路。你也發動了最初的能量與原動力，來幫助魯柏自己的能量與動力。

這種工作不只使得選擇一個個人成為必要，而且也是一個必須考慮到許多其他因素的努力。例如，我們知道魯柏需要你的支持，就如我們也知道這工作本身會有助於你自己的創造能力。

所有這些是在你們還沒開始這特定的一生之前，由你倆，也由我決定的。甚至魯柏理性上的質疑與常有很深的「勉強」感覺，也事先就知道了，而被改裝成有助於所涉及的工作。

這資料並不是要給「天生的信徒」，而是給聰明的人們，並且是給一個會質問它的「靈媒」，他不僅為他自己去質問，也為了所有那些與他有同樣疑問的人。因此，當魯柏漸漸有所了解，當他繼續發展，他不僅為自己，也為那些追隨他冒險的人贏得了勝利。但我們也需要一個平衡，因而你充當這樣一個人，直覺地認知內在資訊的價值及資料的重要性，雖然你對這類概念並不熟習。

（十點。）在深得多的層面，魯柏那方並沒有「勉強」，不然他的能力不會以這種方式發展。他在開始的批評，同時也可作為是在安撫有第一次經驗的「自我」，保證它不會被推到一邊或在任何方面受到損傷。

做為「靈媒」所需的特性，非常像任一個具有強烈創造性的人所需的一樣。一個堅強、肯予支持的「自我」是必要的，尤其是在開始的階段。在嚴重的人格困擾可能隨著偉大的創造力同時發生的時期，自我是被創造能力的力量嚇壞了，害怕自己可能被它壓碎。

在這種情形下，自我太僵化，而不隨著此人的整個創造性經驗一起擴展。當然這能發生在「通靈術」這種事上，就如能發生於任何其他的這種創造活動上一樣。不過，在此例中，魯柏的自我逐漸開始放鬆它的僵化，而在一個漸進的過程裡，容許整個的人格——包括它自己——擴展。

現在暫且結束口述，還有一個私人的註。你可以看出以上的資訊在何處與魯柏接上了關係。如你目前所讀的書裡說的話，把「肌肉鐵甲放鬆」這個主意很不錯。

你可以休息一下，然後我們將繼續此節。

（十點九分。珍的出神狀態很深，她的傳述很快。她說當賽斯說到一九五四年的畫時，她可以很清楚地看到它，包括它寬寬的、老式的金框。她告訴我，最先她已忘了框的樣子，但現在卻正確地描述出來。自然，在我們對它的重要性還未產生任何有意識的覺察前，這畫已賣掉了。這不僅是在課開始前，而且是在我們甚至還沒懷疑到有這種可能性之前。課的餘下部分從記錄中刪去了，在十點二十八分結束。）

第21章 宗教的意義

第五八五節　一九七一年五月十二日　星期三　晚上九點三十五分

（在課開始前，珍和我看了一遍為第二十章所列的單子上餘下的問題。她說：「我希望賽斯快點說論宗教和轉世，把它們弄完算了。」我們早已發現珍對那些主題很敏感，特別是宗教；她在年少時在那方面受過嚴格的訓練。不過，與那相連的，她自個兒發展了一股很強的、真正的宗教傾向。她很明自這種早年的環境留下了它的記號，雖然她在十九歲時就已離開了她的教會……

（多少令我驚訝地，賽斯今晚開始了第二十一章，但我不久便知道他並沒把我們的問題留在後面不管。此節又是在我的畫室裡舉行，因為地方相當小，珍決定不吸煙。今天下了一整天的雨，此時還在下。）

晚安。

（「賽斯晚安。」）

如我說過的，對宗教與轉世的問題在適當的時機會得到答覆。在本文進行中，我也會處理你們幾個其他的問題。因此我們開始下一章，叫做〈宗教的意義〉。

在「全我」之內永遠有內在的覺悟。每個人心內均理解「所有存在的意義」。對「多次元存在」的知識，不只是在你現在有意識活動的背後，而且每個人內心也知道，他有意識的生命是依賴著一個更大的確實次元。這更大的次元無法在一個三次元的系統裡具體化，但對這更大次元的知識由「存在」的最深心處氾濫流出，向外投射，改變它所觸及的一切。

這「氾濫流出」的知識以一種非比尋常的光輝與強度，浸染了物質世界的某些成分。以你們的話來說，那些被它觸及的東西，會被轉化成比原本更多的某個東西。這內在知識企圖在物質景觀之內為它自己找個安身之處，把它自己轉譯為具體的方式。那麼，每個人在他自身內都擁有這內在知識，並且以某種方式，他也尋求在世上證實它。

（在九點四十五分停頓。附帶地，以上的一段是對一九六三年九月，由珍自己心靈啟發所流出的結果一個絕佳的小小描述。她的超越經驗導致她的文稿——〈物質宇宙是意念建構而成〉，而隨之又導致這些課。見她給本書的序言。

（一個小記：現在我看見珍在出神狀態中點了根煙，覺得很好玩。）

外在世界是內在世界的反映，雖然絕非完美的反映。內在知識可比為關於家鄉故土的一本書，被一個旅行者隨身帶到一個陌生的國度。每個人天生就有一種渴望，希望自己能「體證」這些真理，雖然他看到在這些真理與他所生活的環境間有很大的不同。

每個個人都在進行一齣內在的戲劇，一齣「心靈劇」。在某方面來說，這劇的本身是個心理現象，因為每個物質取向的自己都感覺被孤單地推入一個陌生的環境，不知它的來源或目的地，甚或它自己存在的理由。

這是「自我」的兩難之局，尤其是在它的早期狀態。它向外找尋答案，因為這是它的天性：

在物質實相之內操縱。可是，它也感覺到，它與不在它轄治之內的自己其他部分有一種深刻而歷久不渝的聯繫，那是它所不了解的。它也覺知這「內我」擁有它自己的存在建立於其上的知識。

以你們的話來說，當它長大時，它向外求證這內在知識的存在。「內我」以它的支持來扶持「自我」。它將它的真理形成「自我」能處理的物質取向的資料，然後把這些向外投射進入物質實相的範圍。「自我」看到這些真理如此被具體化後，發現自己較易接受它們。

如此，你們常碰到一些事件，在其中人被偉大的啟迪所觸及，與人類的群體隔絕而被賦予極大的力量——一些歷史時代與其他的相比之下顯得幾乎燦爛得超乎自然；先知、天才與帝王，以比人類偉大的比例顯現出來。

（十點。）其實這些人被其他的人選了出來，以向外顯示所有人直覺知曉的內在真理。這兒有許多層次的重要性。在一方面來說，這種個人由同伴那兒收到他們的超自然能力與力量，容納它並在物質世界展示它給所有的人看。他們扮演那受祝福的「內我」角色。沒有肉體的「外衣」，那「內我」實際上無法在物質實相裡運作。不過，這能量是由「內我」而來的十分有效的投射。（**停頓良久。**）

於是被它這樣觸及的人，以某種說法，實際上的確變成了他似乎是的人物。他在外在的宗教劇裡以一個不朽的英雄身分出現，就如「內我」是內在宗教劇的不朽英雄。

（**十點八分。**）這種神秘的投射是個持續不斷的活動。當一個偉大宗教的力量開始減弱，而其實際的效果越來越少時，那時內在的戲劇再度加速，因此，人類最高的渴望又將投射到人間的歷史上。這些戲的本身會有所不同，因為你要記住，它們首先是內在建立起來的。

這些戲會被形成，以對任一既定時刻的世界情況產生影響，因此它們是以最能給民眾印象的象徵與事件來表達的。「內我」很巧妙地做到這個，因為它精確地知道什麼能給「自我」深刻的印象，以及哪種人格最能充當在任一既定時間的信息之化身。那麼，當這樣一個人出現在歷史上，他就被直覺地認出來，因為路早已鋪好了，而在許多例子裡，宣告這樣一個來臨的預言也早已給了人了。

這樣子被選的人並不是恰巧出現在你們中間，他們不是隨便被選的。他們是自願承擔起扮演這角色責任的人。在他們出生後，對他們的命運有或多或少的覺知，而某些觸發性的經驗有時可能會喚醒他們完全的記憶。

他們十分清楚地是在充當「一切萬有」的人類代表。既然每個個人是「一切萬有」的一部分，你們每個人也都多少充作那同樣的角色。但是在這樣一個宗教劇裡（停頓良久），那位主角對他的內在知識要有意識得多，對他的能力更為覺知、更能利用，並且極為喜悅地熟知他與所有生命的關係。

現在你可以休息一下。

（十點二十五分。在休息之後，賽斯——珍傳述了五頁極佳的資料，有關我的繪畫與相關的題目。此節在十一點三分結束。

（珍知道賽斯已開始了他談宗教的一章後，鬆了一口氣同時又非常好奇。我最後給了她這資料的一個副本，以回答她所有的問題。她這麼喜歡它以致把它唸給了ＥＳＰ班聽，她對此書的一些先前的段落也這樣做過。）

第五八六節　一九七一年七月二十四日　星期六　晚上九點一分

（這是自五月十二日以後的第一節定期課，在這長時間的後面有許多因素：珍對休息的絕對需要、我們想要加以處理卻擱置了很久的困難與問題、與其他人一起做的一些事、一次度假，以及又多租了我們公寓走廊對面的幾個房間。不過，在這期間珍有時上了ＥＳＰ班的課，並在那形式內賽斯也給了幾課。

（珍較喜歡賽斯就由他這章中斷的地方開始——我確信他有十足的能力做到。她笑道：「但我不在乎他做什麼，只要我們上課。」她因為口述的中斷多少有些緊張，雖經我的一再保證。雖然她還有大部分沒看過，她卻極希望看到賽斯完成他的書。

（此節在我們的老臥房裡舉行，這房間現在清乾淨後成了我畫室的附帶部分，我們非常喜歡所獲得的多餘空間。）

好，晚安。

（「賽斯晚安。」）

（微笑：）歡迎回來……現在等我一會兒，我們將以重拾我們論宗教的一章來開始。（停頓。）

善與惡、神與魔、拯救與咒詛的概念，只是更深的宗教價值的象徵；如果你願意，也可謂為宇宙價值（cosmic value），那是無法被轉譯為物質人間的說法的。

這些概念變成了我所說過的這些宗教劇極有活力的主題。演員可能一再地「回來」扮演不同的角色。因此，在任一既定的歷史性宗教劇裡，那些演員可能已經在你們過去的歷史場景中出現過，今日的先知即過去戲裡的叛徒。

可是，這些心靈的存有（psychic entities）是真的。說真的，他們的實相不僅包括了他們自己本體的核心，也還被俗世的觀眾所投射的思想與情感所加強，而這齣戲就是為那些俗世觀眾而演出的。

（**九點五分。**）心靈或心理上的認同（identification）在此極為重要，而且的確是所有這種戲的核心。在一方面，你可說人與他自己蓄意創造的神明認同。不過，人不了解他自己的發明才智與創造力量的卓越品質。那麼，若說神明與人彼此創造，就甚至更接近真理了；但只在你對你的定義很小心時才是如此──因為，到底神明與人的區別何在？

神明的屬性是人自己內在天生就有的那些，被放大而變成了強有力的活動。人相信神永生不死。人也永生不死，但他們已忘了這點，就只記得把這特性賦予他們的神明。那麼，顯然地，超乎這些俗世歷史的宗教劇——那似乎一再重現的神明與人的故事——之外，還有靈性的實相（spiritual reality）存在。

（九點十分。）劇中演員的背後，還有更有力量的「存有」，他們已頗超越了「角色扮演」這回事。那麼，這些戲本身，那橫掃過世世代代的各種宗教——其實只是影子，雖然是對人有幫助的影子。在善與惡的架構之後，是一個深遠得多的精神價值。因此，當所有的宗教在試圖抓住「真理」時，必會有相當大的程度害怕它會永遠逃過它們。

只有「內我」在休息時、在冥思中，可偶爾看到一眼這些無法具體表達的內在實相的一部分。這些價值、直覺或洞見是按照每個人的了解程度給他的，因此關於它們的故事常會有所不同。

例如，在一個宗教歷史劇裡的主角，意識層面上也許明白或不明白這種資訊是怎麼給他的。但是也許在他看來他的確知道，因為一項教條的來源，其意義會以這主角所能了解的說法解釋給他聽。歷史上的耶穌知道祂是誰，但祂也知道祂是組成一個「存有」的三個人格之一。到一個很大的程度，祂也分享其他二人的記憶。

我提過許多次的第三個人格，在你們來說還未出現，雖然他的存在曾被預言為「基督再臨」（Second Coming——馬太福音第二十四節）。這些預言是以那個時代的通行文化而言的，因此，雖然這預言已把舞臺準備好了，但它造成的曲解很可嘆，因為這基督不會像預言一直在說的，在你們世界末日時來到。

（九點二十分。）祂不會來獎賞正直的義人，而把作惡者扔到永遠的地獄裡去。不過，祂會開始一個新的宗教戲劇，維持住某些歷史的連續性。可是，就如以前那次一樣，「祂是誰」不會被普遍地知道，不會有全世界都信服的光榮宣告。在祂來臨時，基督教將是一團糟，祂將回來重整基督教，並建立一個新的思想體系，當世界迫切地需要一個的時候。

（九點二十五分。）到那時，所有的宗教都將在嚴重的危機裡。祂將顛覆宗教的組織——而非統合它們。祂的訊息將是關於個人與「一切萬有」的關係。祂將清楚地說出一些方法，使得每個個人與他自己的「存有」能達到一個親密接觸狀態；「存有」在某個程度是人與「一切萬有」的中間人。

到西元二〇七五年，所有這些都已完成。

你在此可作個註，預言家諾斯特拉達默斯（Nostradamus）把羅馬天主教會的解散看作世界末日。他不能想像沒有它還有文明，因而在看他後來的許多預言時，你們心裡應有這個準備。

基督的第三人格的確會以一位偉大的通靈者著稱，因為就是祂將要教導人類來用他們的內在感官，唯獨內在感官使得真正的靈性（spirituality）成為可能。當轉世的記憶浮升到意識的表面時，殺人者與受害者將互換角色。經由發展這些能力，人們將會對「所有生命的神聖性」有切身的認識與珍視。

有幾個在那個時代之前誕生的人，會以不同的方式重新喚起人們的期望。有一個這樣的人已經生在印度靠近加爾各答的一個小省份裡，但終其一生，他的傳教活動似乎都保持為比較地方性的。

另一位將生在非洲，一個黑人，他的主要工作將在印尼完成。以你們的話來說，期望早已設立，而將會被新的先知所加強，直到基督的第三個人格真的出現。

祂將把人們領到這麼多世紀以來宗教所依賴的象徵背後去探究其真意。神將強調個人的靈性經驗、靈魂的開展性，而教人們認識他自己實相的多次元面貌。

現在你可以休息一下。

（「謝謝。」）

（九點三十七分。賽斯幽默地談到休息，因為步調大半都很快，少有停頓。珍的出神狀態很好。我必須比平常更辛苦地作筆錄，因為我久未練習；我同時發現，我一時已忘了一些我自己速記方法所用的符號。

（在休息時，珍讀了一下《靈界的訊息》第十八章的一部分——原本來自一九六九年七月二日的第四九一節——然後宣稱她認為那裡談到的三位基督及今晚賽斯所給的資訊有個矛盾。此地是有問題的那段，從「神的觀念」那章的第三一六至三一七頁：

（「從前有三個人，他們的人生在歷史上變得混淆起來而被混在一起了，他們『組合起來的歷史』被認作是基督的一生……他們每一個在心靈方面都有極高的稟賦，都知道各自的角色，並且甘願接受它。這三個人是一個『存有』的一部分，在同一個時代獲得了『人身』。不過他們卻不是生在同一天。這『存有』為何沒以一個人的身分回來是有理由的。其一，一個存有的全部意識，對一個肉體的載具來說是太過強烈了。其二，這存有想要一個更多樣化的環境，而且唯有如此，才可能有這樣的環境。」

（「這存有一度生為施洗約翰，而後他又以另兩種身分降生。其中之一涵括了大多數有關基督的故事所論及的那人格……以後我再告訴你關於那另一位。在這一個存有的三部分之間經常有溝通，雖然他們生死異時。人類由它自己的心靈庫藏中，從可資應用的、已個人化的意識聯合庫藏中徵召這些人格。」

（我也開始覺得奇怪。我們一直以為造成基督存有的三個人格已經活過又死了，但現在賽斯卻在談到關於第三人格在下一世紀回來的事。該怎麼解釋呢？我們並不懊惱，但是我們的確感到不安，當課在九點五十七分繼續時。）

現在：我們繼續吧。

在歷史上的第三位人物，在你們說來已誕生了，而且是整個基督人格的一部分，自己承擔起一個「狂熱分子」的角色。

這人有卓越的能量、力量與偉大的組織能力，但是他的無心之過，使得一些危險的曲解永存下去。對那個歷史時期的記錄是分散而互相矛盾的。

那麼就歷史上而言，這人是保羅（Paul）或掃羅（Saul）。他的責任是來建立一個架構。但它應是一個意念上的架構，而非法規上的架構；是人的架構，而非團體的架構。在此處他跌倒了，而將來他將以剛才提及的第三位人格身分回來。

不過，照那方面來說，並沒有四個人格。

（**「我懂了。」**）

那麼，掃羅費了很大的勁把他自己建立成一個分開的本體。好比說，他的特性好像和歷史上的基督有相當的不同。他是在一個強烈的個人經驗中「皈依」的（converted）——這件事是為了要使他著重個人的角度，而非組織性的角度。但他早年生活裡——不是作為一個青年時，而是更早時——的一些功蹟被歸給了基督。

（**十點五分。**）所有的人格都有自由意志，並且也自行解決他們自己的挑戰。掃羅也不例外。不過，如我們現在對事件的了解來看，這種在組織方面的「扭曲」，在歷史的架構裡也是必要的。因此在另一個層面，掃羅的傾向是被了解的，它們也有其用處。不過，也就是為了這個理由他將再度出現，這一次是來毀掉那些扭曲。

其實他自己並沒創造這些扭曲，再把它們推到歷史的實相上。（珍停下來，一隻手舉到她眼上。）他根據他發現自己被迫承認的某些事實而創造了它們：在當時的那個世界裡，若想把基督教的概念，與無數的其他學說和宗教劃清界限，若想在互相敵對的派別中間維持住它，則必須要有俗世的權力。他的工作就是要形成一個有形的架構；而甚至在當時，他也很害怕這個架構會把概念扼殺，但別無他法。

（「為什麼有保羅與掃羅兩個名字？」）

人們叫他這兩個名字。（停頓。）可是，當第三個人格在歷史上重現，他不會被稱為老保羅，卻將在祂之內帶著所有那三個人格的特性。

（珍又停下。「我能問一個很蠢的問題嗎？」）

可以。

（隨後賽斯和我有一段短短的交談，因為說得太快沒記錄下來。我很想知道這基督存有的三個人格是否以人身相會以及相會的時間。看起來在他們之間應有卓越的心靈交動，而我想對這個多知道一些。珍作為賽斯，禮貌地傾聽我這些打破沙鍋問到底的問題。）

很容易看出你對聖經一無所知——

（「真的。」）

——因為對那些熟知聖經的人，這會是相當明顯的。

保羅試圖否認知道他自己是誰這回事，直到他的「皈依」經驗之後，以寓言的說法，他代表了「自己」天人交戰的一個部分，這個部分與他自己的「知識」作對，並且是極為專注於俗世生活的。他彷彿從一個極端走到另一個極端，先反對基督然後又贊同祂。但這內在的「激烈」總是在的，這內心的烈火以及他試著去隱藏了那麼久的對事實的認知。

他代表的那部分是為了要處理與操縱物質實相的，因而這些特質在他之內本就很強，而多少支配了他。當歷史性的基督「死了」之後，保羅就得把靈性的概念具體實踐出來，他得繼續下去。可是，在如此做時，他種下了一個「組織」的種子，而這個組織將會使那些概念窒息。他在基督之後逗留，〔恰〕如施洗約翰在基督之前來到。你要知道，這三個人在一起延展了有一段時期。

約翰與歷史上的基督各自演出了他們的角色，並且對自己所作所為感到滿意。唯有保羅在最後未感滿意，因此那將來的基督會圍繞著他的人格而形成。

這些人格為其一部分的那個「存有」，你們可稱為「基督存有」的那個「存有」，是覺察到這些問題的。俗世的人格則對它們無所覺知，雖然在出神與超越的「狂喜」（exaltation）時刻，他們得知了許多事。

保羅同時也代表了人的好戰天性，那必須與人類在當時的發展一同納入考慮。當下一位基督人格出現時，你們所知的人性裡那種好戰特質將全然改變其性質，並且將被揚棄，因此保羅的在場是很適當的。

（十點二十七分。）在下個世紀裡，人的內在本性隨著這些發展，將把它自己由過去的許多束縛中釋放出來。一個新紀元真的會開始——並非一個人間天堂，卻是一個更為健全與公正的世界，在其中人更加明白他與地球的關係，以及他在時間這範疇之內的自由。

現在你可以在時間之內休息一會兒。

（十點三十分。大部分的時候珍的步調又都很好，但她很輕易地脫離了出神狀態。她對賽斯已點明了基督存有的第三位人格鬆了一口氣。雖然她說她沒為這資料掛心，我卻知道她比平常更在乎想得到它。

（在休息時，我們討論的是我認為讀者也許會有興趣的幾點：其一是賽斯用在保羅身上的「狂熱分子」指稱。最初我以為他會說在保羅、掃羅與狂熱派（Zealots）——西元第一世紀時在猶地亞（Judaea）的猶太宗教一個分支——之間有了關聯。那時「聖地」被羅馬人占領，而保羅是個猶太人又是羅馬公民，近來我在一本談《死海經卷》的書中讀到這些支派，而我自己對這經卷與這支派的興趣，令我頗感困惑；但在今晚聽到賽斯所言之後，我假定他不會對這些題目說得太多。

（另一個問題是，關於下一世紀裡第三位基督出現的國家和祂的名字。同時，賽斯能否或肯否對已生在印度的宗教人物，及將生在非洲的那位黑人提供任何資料？

（當我們在休息期間繼續談天時，珍告訴我，她已知我所問問題的答案。這些答案「來到」她心裡，她說她並沒得到這資訊的確切字句，但感覺到它而必須加以轉譯：

（一、賽斯把「狂熱分子」用在保羅身上的意思，是對他的氣質的一個描寫——而非涉及「狂熱派」的。我後來加的一個註：然而，將會談到更多關於保羅與狂熱派的事。

（二、那個在下個世紀將眼見第三位基督出現的國家——其名字與日期——現在還不會給我們，但可能以後會給。她說，賽斯曾故意地抑制自己不要更加明確。這是為了防止大眾對生在某特定國家、似乎符合他所給的描寫與日期的人產生過度反應。那樣就會非常不公道而且令人誤入歧途。

（三、為了相同的理由，賽斯在這時對於印度的宗教人物，與未來將在印尼工作的非洲人也不再多說。

（在十點五十分繼續。）

現在，我們繼續吧。

魯柏剛才給你的答覆是對的。

我想澄清某些點。這隨著「基督再臨」而來的「新宗教」，將不是你們所謂的基督教，雖然基督的第三位人格將創始它。

這人格將提及歷史上的基督，將認知祂自己與那人格的關係；但在他之內，這三人組合將形成一個新的心靈「存有」，一個不同的「心理完形」。當這蛻變發生時，它在人類的層面啟動一個蛻變**（強調地）**，因為人的內在能力將被接受與開發。

其結果是一種不同的存在。你們現在的許多問題是來自靈性上的無知。當人們認識到自己的存在也包括了這種合眾關係（membership）**，沒有人會鄙視來自另一族的人。**

（十點五十五分。）當每個個人都知覺到他自己在社會許多層面與角色中的經驗，沒有一個性別會被認為優於另一個性別，在社會裡的任何角色也沒有優劣之分，一個無限制的（open-ended）意識將感覺到它與所有其他「有情」間的關聯。**（停頓。）**意識的連續性將變得很明顯。由於所有這些發展的必然結果，社會與政府的結構將會改變，因為它們是建立在你們目前的信念上的。

人類人格將獲得現在看來似不可能的好處。一個無限制的意識將暗示更多的自由。從出生開始，兒童將被教導「人的基本身分並不依賴身體」，以及「你所知的時間是個幻相」。孩子會覺察許多個過去世，也能認同在你們說來將會變成的老人或老婦。

（十一點二分。）那時青年人就可得到許多所謂「隨年歲而來」的教訓，但老人卻不會失去他們年輕時在靈性上的彈性。這點本身就很重要。但為了現實的理由，未來的轉世將仍會被隱蔽一段時間。

當這些改變發生的時候，在腦內新的區域會被發動，以便實際地處理它們。那麼，肉體上，繪製腦子的地圖將是可能的，在其間往世的記憶被喚起。所有這些改變是靈性上的，在其中宗教的意義將逃過組織的束縛，而變成個人生活中活生生的一部分，在那兒，心靈架構而非物質架構形成文明的基礎。（在十一點五分停頓，眼睛閉著。）

人的經驗將會如此擴展，以致在你們看來，人類種族似乎變作了另一種。這並不表示不再會有問題。但的確表示人將有更為博大的資源供其運用，而且也預設了一個更豐富與多變化的社會架構。不論男女都會發現「四海之內皆兄弟」，他們之間不僅以今生的關係相待，而且也包括了前世的關係。

家庭關係也許會出現最大的改變，在家庭內將容許現在所不可能有的情感互動。意識心將更覺察到無意識的資料。

我把這些資料包括在這談宗教的一章裡，因為你們必須了悟，許多問題的根源正在於精神上的無知，而你們唯一的限制的確是精神方面的限制。

（十一點十四分。）我先前提到在第三個人格方面的蛻變，將有如此的力量與威力，會從人類本身之內喚出這種同樣的特質，這些特質是一直都在的。它們終究會突破肉體感知力的重重面紗，以新的方式擴展那感知力。

現在，人類缺少這樣一種焦點，而第三位人格將代表那個焦點。附帶地說，在那場戲裡將沒有「釘十字架」這回事。那個人格將真的是多次元性的，明白祂自己所有的轉世，祂將不把自己限定一種性別、一種膚色、一個種族。

（十一點二十分。）因此，前所未有的，祂將突破對人格的俗世觀念，解放人格。祂將有能力隨意表現這些不同的效果。將會有很多人害怕接受他們自己實相的本質，或被示以真正本體的各個面向（dimensions）。

為了魯柏所提到的幾個理由，關於祂將用的名字或誕生的地方，我將不提供更多詳細的資訊。太多人也許會在時機未成熟時就被誘惑跳進那形象裡去。

所有的事情並不是預先注定的。不過，為了這個「顯現」所作的架構，已在你們的可能系統裡建立了。這第三位人格的顯現，將直接地影響現在所知原本的基督歷史劇。在這「顯現」和那歷史劇之間必然有相互的影響。

你可以休息一下，或結束此節，隨你的便。

（「我們就休息一下吧。」

（十一點二十五分。我選了休息是指望可能有更多的資訊會透過來。珍說她記不起自上次休息後的任何資料，在出神狀態中她沒有時間消逝的感覺。

（我倆都累了，也都餓了，所以我們考慮過結束此節，而在我們弄點東西吃時，一邊看看電視上的舊懸疑片或恐怖片。然後我想起賽斯尚未給他的書頭八章的標題。他在第十七章裡曾叫我們別擔心此事。他能否現在給那些標題，或珍必須先看一遍那些早期資料？雖然說起來似乎不可能，但從她早在第四章停止一節一節地看此書後，已經過去了一年多。在十一點三十九分繼續。）

在對你們的兩個問題回答一、兩句後，我就向你們道晚安了。再次的，魯柏今天下午已由我處收到了這個：當我偏離了最先所給你們的大綱時（在一九七〇年一月十九日的第五一〇節裡），我就會給章節的標題。不然的話，那些在大綱裡所作的聲明仍然適用。如果你想要的話，你就可以自己把標題加上去。我插入了許多本未提及的章節，所以從以後就用那些標題。

現在，你還有別的問題嗎？

（「有的，但我想我們以後再問吧。」

（幽默地，眼睛大睜而非常黑：）你不來上（ESP）課，因此你不可能很想念我。

（「我是常常想念你的。」）

我們也將有一節私人的課，並繼續我們的書。我想念我們的私人課。

（「我也是的。」）

為了你自己的自由，有些晚上你們還是可以錄音並與我談天，不必記錄。

（「那就是我拿錄音機去修理的原因。」）

那麼，我最衷心的祝福，晚安。

（「賽斯，非常謝謝你，和你談話很愉快。」）

那永遠是件樂事。

（我對這幽默的加重語氣發笑。「晚安。」在十一點四十五分結束。）

第五八七節 一九七一年七月二十八日 星期三 晚上九點十七分

晚安。

（「賽斯晚安。」）

我們繼續口述。

當然，這外在的宗教劇是不斷在開展的內在精神性實相之不完美代表。這些各種不同的人格，在宗教歷史裡的神明與先知——他們吸收了居住在某一段時間的人們所拋出的集體「內心投射」。

這種宗教劇貫注並指揮內在實相中必須以物質來代表的那些面，並且希望能澄清它們。（停頓很久，眼睛閉著。）這些戲不僅出現在你們自己的系統裡，也有很多投射到其他的實相系統裡去了。不過，宗教之本身永遠是內在實相的外在表象。其實只是原始的精神存在才賦予物質存在意義。以最真實的說法而言，宗教應包括人在尋求意義與真理的本質時所有的追求，靈性上的追求不可能只是某些孤立、專門的活動或特性。

外在宗教劇的重要性和價值，端賴它忠實地反映內在而私密精神生活本質的程度。只要一個人感覺他的宗教表達了這種內在的經驗，他才會覺得它是恰當的。可是，大多數的宗教就其本身而論，把某些類別的經驗設定為可容許的，而否定其他的。他們限制了自己，把「生命的神聖性」的原則只應用在自己的族類上，並且常是應用在其中非常有限的集團上。

（在九點三十分停頓。）從來沒有任何一個教會能表達所有「個人」的內心體驗。從來沒有任何教會發現它自己能有效地削減其成員的內心體驗——它只是在表面上看似做到了。被禁止的經驗只會被無意識地表達出來，積累力量與活力而上升，形成一個相反的投射，從而形成另一個更新的外在宗教劇。

這些戲本身的確表達了某些內在實相，而對那些不信任和內我直接接觸的人，它們被用作表面上的提醒者。他們會把象徵認作實相。當他們發現不是如此時，他們覺得被出賣了。基督以「父與子」的說法來講，因為以你們的說法，在那時候，這是所用的方法——祂說這個故事以解釋「內我」與這「活在肉身中的個人」之間的關係。沒有任何新的宗教真的會驚嚇任何人，因為其戲劇已然主觀地在人心中演過了。

當然，我所說的對佛陀與基督一樣地適用：他們兩個都接受了人們的「內心投射」，而後試著具體地代表這些。可是，他們比那些投射的總和還要多。這點你們也應當了解。回教則遠遠不及。在這例子裡，投射是以暴力為主的。他們的確近乎是經由「暴力與流血」來受洗及與神溝通，相比之下，愛與親情變成是次要的了。

在這些持續的外在宗教劇裡，希伯來人扮演了一個奇怪的角色。一神概念對他們而言並不是新的。許多古老的宗教相信超越所有其他之上的一神。不過，這個在所有其他之上的神卻遠比希伯來人所追隨的神要溫和。許多部落相信——相當正確的——充滿在每個生物之中的「內在靈性」。而他們常說到，好比說，在樹裡的神明，或花中的精靈。但他們也接受一個涵蓋整體的「靈」的真實性，這些較次要的精靈只是它的一部分，而全都和諧地一同工作。

希伯來人構想了一個督導神，一個憤怒、公正而有時殘酷的神；於是，許多支派否認除了人之外的其他生物還擁有內在靈性的概念。早先的信仰則為內在實相的一個更好的代表，在其中，人觀察自然，讓自然說話而透露它的祕密。

（九點四十五分。）然而，希伯來人的神代表了一個極為不同的「內心投射」。人越來越知覺到「自我」，及一種凌駕自然的力量之感，而許多後來的奇蹟是以這樣一種方式表達，以致「自然」被迫以不同於常態的方式來行動。神變成了人反抗自然的同盟。

早期希伯來人的神變成了人的「脫了韁的自我」之象徵。神的行為跟一個被激怒的孩子完全一樣——如果這孩子有那些力量——以雷霆閃電與火來對付他的敵人、毀滅他們。因此人正在露出的「自我」帶來了情緒與心理上的難題與挑戰，與「自然」的分離感更增長了。「自然」變成了對付別人的工具。

在希伯來人的神出現之前不久，這些傾向已很明顯。在許多古老的、現已被遺忘的部落宗教裡，也有向神祇求助，使「自然」與敵人作對的事。不過，在此時之前，人覺得是「自然」的一部分，而非自其分離。「大自然」被認作是他自己的一個延伸（extension），同時他又感覺自己是大自然的延伸。那樣說來，一個人不能把「自己」當作攻擊自己的武器。（停頓。）

在那個時候，人跟鳥、樹、蜘蛛的精靈說話談心，知道在其背後的內在實相裡，這些溝通的本質是被知道與了解的。在那個時候，人們不像你們現在這樣怕死，因為大家都了解意識的週而復始。

在一方面，人渴望走出自己之外，走出心理存在所居的架構之外，去嘗試新的挑戰，走出一種意識模式而走入另一種。他想要研究自己意識的過程。在一方面來說，這意指遠離那給他寧靜與安全的「內在自發性」（inner spontaneity）。另一方面，在他來說這提供給他一種新的創造性。

在我談那點之前，我建議你休息一下。

（十點一分。珍的步調在一個緩慢的起步後加快了相當多。我告訴她這資料極精采。今晚的課是在我們的客廳裡舉行，既然除了我們之外這房子是空的。在課開始前就開了冷氣，但在休息時珍卻覺得熱，她說，在出神狀態裡她沒感到任何身體上的不適。

（在休息時，我唸了一遍有關三位基督存有——施洗約翰、基督與保羅——之間關係的問題。在聽了一會兒之後，珍叫我現在不要追問這件事：她建議我，如果在那之前賽斯沒有自動回答它們的話，在本章結束時問這些問題。在十點十三分繼續。）

就在這個節骨眼上，內在的神變成了外在的神。人試著形成一個新的領域，想獲致一個不同類的焦點與覺察。他的意識轉了個彎，轉到它自己外面去了，為了要這樣做，他越來越不貫注於內在實相上，而因此開始一個過程，內在實相只被當作它向外投射到物質世界的樣子。

之前，人和所有其他生物明白他們內在的統一性，毫不費力地創出環境再去感知它。為了要開始這新的冒險，必須假裝這內在統一性並不存在，否則這種新的意識總是要跑回它的家以求安全與慰藉。因此似乎必得切斷所有的橋樑，當然那只是個遊戲而已，因為內在實相永遠在那兒。這種新的意識非得故意不去看它，才能開始維持一個獨立的焦點。

在此，我多少是以「歷史的說法」來說給你們聽的。不過，你們卻必須了悟，這過程與你們所知的時間完全無關。這種特別的意識的探險（微笑），以前曾發生過，以你們的話來說將會再發生。

（此地賽斯在開個小玩笑，因珍近來寫了些東西，她曾嘗試地名之為「意識的探險」。）

對外在宇宙的感知於是就改變了，在那感知者看來，它好像是陌生而與自己分離的東西。（十點二十四分。）因此，「神」變成一個投射出去的概念，與個人無干，與「大自然」也分了家。祂變成人正在浮現的「自我」之反映，帶著它所有的光輝、野蠻、力量與統御的企圖。縱然有其明顯的不利，這個探險卻是極富創造性的，代表意識的一個「進化」，豐富了人的主觀經驗，而的確增益了實相的幅度本身。

可是，為了要被有效地組織起來，內在與外在經驗就必須表現為分開的、不相關聯的事件。歷史上來說，「神」的特性隨著人的「自我」改變而變。不過，「自我」的這些特性是被強烈的內在改變所維持住的。

（珍，作為賽斯，說話時常常強調地做手勢。自她休息後步調一直很快。）

內在特性這種最初的向外推進而形成自我，可以比擬為無數星辰的誕生——一件起源於主觀層面與內在實相之內的事，而產生了不可測量的後果。

「自我」由內而生，因此必須一直誇耀其獨立性，同時又不得不維持對它內在根源的確信。

（在十點三十分停頓。仍在出神狀態中，不慌不忙地啜著啤酒並點了支煙。然後：）

我們會有很棒的一章。

（「太好了。」）

「自我」對它的處境感到害怕，恐怕它會溶回到它所來自的「內我」。但它的出現給了「內我」一種新的回饋，「內我」不只可以由一個不同角度看看它自己；而且經由這個新角度，「內我」可以瞥見，它以前所不知的種種發展的可能。以你們的話來說，到基督那時候，「自我」對它的地位已很篤定了，因此投射出的「神」的畫面也可以開始改變了。

「內我」是在一個不斷成長的情況，因此，每個人的內在部分把這知識向外投射。這種需要——人類心理與精神上的需要——要求內在與外在兩方面的重大改變。本來被埋沒的「慈悲」與「了解」特質現在能露面了。它們不只是私人性的，並且是整體性地湧起，增加了一個新的原動力，並帶來了一個自然的「新」方向——開始將它所知的自己所有部分召喚到一起來。

（十點三十八分。）因此當「自我」認知它對內在實相的依賴時，人對「神」的觀念開始改變，但這場戲必須在目前這架構裡解決。回教教義基本上是如此暴烈，就正因為基督教教義基本上是如此溫和。並非基督教義沒有混合了暴力，或回教教義完全缺乏愛，而是當心靈在其發展過程中與它自己鬥爭時，否認某些感覺與特性，而強調了其他的，因而歷史上宗教的外在戲劇代表並追隨這些內在的渴望、奮鬥與追尋。

（現在稍慢：）所有現在給的這些資料必須與以下的事實一同考慮，即在這些發展之下有一種力量，其永恆的面貌與創造的特性是不可否認且又切身的。換言之，「一切萬有」代表我們全體從之源出的實相。**（停頓。幾次中之一。）**「一切萬有」，按其天性來說就超越了行動、意識或實相的所有次元，同時卻又是它們每個的一部分。

（十點四十五分。）有一個面孔在所有面孔後面，這並不表示每個人的面孔不是他自己的。我曾經談到過再進一步的宗教劇，在你們說來還未發生，代表了內在與外在戲劇兩方面的另一個階段，在其中露出的「自我」對它的遺產變得覺察多了。在維持住它自己地位的同時，它將能與自己的其他部分有更多的交往，而且也提供「內我」覺察的機會，那是「內我」靠它自己所無法獲致的。

因此，「神明」（gods）的旅程代表人自己向外投射的意識之旅程。可是，「一切萬有」是在每一個這種探險裡的。祂的意識、祂的實相在每個人之內，也在人所創造的「神明」之內。最後那個詞用小寫，而「神明」永遠應該用小寫的。「一切萬有」才是大寫的。

自然，「神明」獲得了一種心靈的實相。我並不是說因此他們不是真的，我卻多少是在為實相的本質下定義。在某種範圍內，以下的說法是對的：「小心你們所選擇的神明，因為你們將彼此互相加強。」

休息一下。

（十點五十五分。步調一逕很快，我執筆的手感覺得到。如賽斯允諾的，這是很棒的一章。珍說她能感覺到，他有時暫停一下，以確定她在傳達時選擇了對的字。她說她那時仍在出神狀態，甚至還在說話，但賽斯會等著。在休息時她卻不記得任何資料。在十一點八分繼續，冷氣機仍開著。）

這樣一種神明和人的結盟建立了某些「引力場」。一個執著於某個神明的人必然大半是執著於他自己的投射。在你們來說，有些投射是創造性的，有些是破壞性的，雖然後者很少被人認知為如此。

可是，「一切萬有」的開放觀念，卻把你由你自己的投射中大大地解放出來，而讓你與你所知實相背後的靈性有一個更有效的接觸。

在這一章我還想提及其他貼切的幾點。

世代相傳下來一些古老故事，說是有各種神明和惡魔守衛著所謂到其他實相層面與意識階段的門戶。靈界被整齊地安置好，標上了數字並加以分類。

在進入之前要通過考驗，還有應當奉行的儀式。其實，這些全都是極為扭曲的說法。想要如此嚴密、精確地表達內在實相的任何企圖，注定是失敗的、極度誤導的，並且以你們的話來說有時還很危險；因為你們的確創造自己的實相，並按照內在信念活在其中。因此，也要小心你們接受的那些信念。

讓我利用這一刻再說一次，並沒有魔鬼和惡魔，除了你們由信念創造出來的那些以外。如前面提到過的，善與惡的效果基本上是幻覺。以你們的話來說，所有的行為，不管它們看起來是何種性質，全是更大的善的一部分。我並不是說，一個好的目的能使你認為的一件惡行成為合理。當你仍接受善與惡的效果時，那你最好還是選擇善。

（十一點二十五分。）我是在盡可能簡單地說明這個。可是我的話語背後有深奧的複雜性。只有在你們自己的實相系統裡，「對立性」才有意義。它們是你們基本假設的一部分，因此你們必須把它們當作基本假設來看待。

可是，它們卻代表了你們不了解的深奧統一性。你們對善、惡的觀念，大半是來自你目前所採用的這種意識。你感知不到全體，只感知「部分」。「意識心」以一迅速、狹隘卻強烈的光集中焦點，從一特定的實相界只感知到某些「刺激」。然後它把這些刺激放在一起，連結了所有相似的東西，而任何不被它接受為一部分實相的東西，它都感知不到。

於是，對立性效果是欠缺感知力的結果。既然你們必須在如你感知的世界裡運作，那麼對立性將會顯得是「存在」的條件。可是，這些因素是為了某些理由而被孤立出來的。你們在被教導的過程中，也正在教自己去處理能量，與「一切萬有」一起變成有意識的創造者，而「發展階段」或學習過程之一，就包括了將種種「對立」都當作實相來處理。

在你們來說，善與惡的概念幫助你認識存在的神聖及意識的責任。對發展中的「自我」而言，對立的概念也是必要的指導方針。「內我」對統一性的存在知道得很清楚。

口述完畢，這一章也快結束了，在本章結尾時，可以問那些你們心裡想的問題。

（「好的。」然而，在這章進行當中，賽斯自動地回答了許多我們對宗教的問題：我們本來把這些問題包括在第二十章的單子裡。）

我向你們道晚安；並且（微笑地強調）昨晚我們表現甚佳。

（「你的確是不錯。賽斯謝謝你，晚安。」

（十一點五十七分。賽斯說的是珍的ＥＳＰ班。如常常會發生的，我們錄了一長段賽斯課。

可以再補充一句：今晚賽斯也很棒。）

第五八八節 一九七一年八月二日 星期一 晚上九點一分

（在今晚的課之前，珍和我各自記下了想問的問題。

（在這章的前頭，第五八六節裡，賽斯說，到了紀元二〇七五年，第三位基督——保羅或掃羅——將會演出「基督再臨」，自然會對宗教與世界產生一個更深遠的影響。珍認為不到一個世紀的一段時間，卻包含了這麼多的戲劇性轉變，是太短促了些。她要我問賽斯，是否她在傳述時曲解了這資料。

（例如，這人格在何時出生才會有時間帶來這麼巨大的改變？我們假定有發生了一個扭曲的可能性。

（我的問題是關於基督存有的三個人格——施洗約翰、基督與保羅——之間的關係。在他們之間發生過何種心靈的相互作用？是否以強烈或特殊的方式發生？當他們一天一天地過活時，他們的夢與其他的心靈經驗——除了記錄下來的例子外——是否經常是不同凡響的？

（所有以下的歷史性日期都是相當概略的，但它們顯示了在三個組成基督存有者的人世生活之間互相重疊的模式。

（施洗約翰生於西元前八年到四年之間，而死於西元二十六年到二十七年。耶穌生於西元前八年到五年，而死於西元二十九到三十年。塔色斯（Tarsus）的保羅〔掃羅〕生於西元五到十年，而死於西元六十七到六十八年。

（施洗約翰的母親，伊莉莎白，是基督的母親瑪利亞的表姐。西元二十六到二十七年，約翰在基督開始其傳教工作時給祂施洗，祂時年約三十。當時約翰已很積極的從事他自己的傳教工作，常稱他自己為「一個更高貴更強的人之先鋒」。在他給基督施洗後不久，被黑洛德．安提帕斯囚禁在死海附近的馬加魯斯堡。

（基督與保羅是否曾碰過面還不能確定。在基督死後幾年保羅皈依了；在那之前他曾是一個狂熱的迫害基督徒的人。約翰與保羅也不像曾見過面。

（按照歷史記載，基督存有的三個人都遭到橫死。龐提阿斯．拉多下令在耶路撒冷附近把基督釘死在十字架上；希律下令砍了約翰的頭；而保羅則在尼祿治下的羅馬附近被砍頭。）

《靈界的訊息》的讀者曾請賽斯詳細說明在那本書第十八章〈神的觀念〉中所給的三位基督資料。有些人想知道是否三位基督中之一可能曾是「正義教師」（Teacher of Righteousness）；這個人物早在西元後一世紀，曾是猶地亞「狂熱派」的領袖。在基督教誕生時曾有四種知名的猶太教派在那兒盛行。

（其他的問題是基督關乎本人的各種不同名稱。珍和我保存了這些問題，現在我們在課前看了一遍。在課開始時，珍的步調比平時要慢很多。）

晚安。

（「賽斯晚安。」）

請等我們一會兒，我們就會繼續。

在任何一個特定的歷史時期，一個宗教劇可能終於浮露出來作為外在的代表，但也有許多次要的戲劇——「投射」——沒有全然被採用。自然，這些代表了可能的事件。它們之中的任何一個都可以取代那實際的外在戲劇。在基督的時代有很多這種演出，因為許多人感到內在實相的力量而對之反應。

換言之，有「可能的基督」以你們的說法在那時生活著。為了幾個我不欲在此深入的理由，這些投射沒能足夠忠實地反映內在事件。不過，在大致相同的地區裡，有二十來人對內在的心靈氣候反應，而親身感受到作「宗教英雄」的吸引力與責任。

（**在九點九分停頓。**）他們中有些太被那時期的痛苦與熱誠所感染、羈絆而未能超越它。那些文化利用了他們。他們無法利用各種文化作為新概念的發射臺，反而失落在那時的歷史裡。有些追隨著基督採用的模式，繼續表演靈異事蹟與療癒，也有一群群的信徒，但卻沒有能力像基督那樣，心靈焦點集中，威力強大。

所謂的「正義之主」（Lordof Righteousness），就是這樣的一個人，但他過分狂熱的天性妨礙了他。

（在我所讀過的有關這個主題書裡，「狂熱教派」的領袖總是被稱為「正義教師」。對包括了《死海經卷》稀少記錄的詮釋，引起了爭論，但看起來他或是在西元六十六年左右在耶路撒冷被殺的 Menahem ben Julah，或是倖存而繼承了他的一個姪子。）

他的僵化阻止了任何真正偉大的宗教性釋放所必須的自發性，反而跌入了鄉土主義的陷阱。如果他扮演好那個可能的角色，他可以有助於保羅。他是基督存有裡的保羅部分的一個可能人格。

（在九點十七分停頓良久。珍的步調仍相當慢。）

這些人天生就了解他們在這場戲中的角色，以及他們在「一切萬有」內的地位。他們全都極有千里眼與心電感應的能力，能看到幻相及聽到聲音。

他們在夢中有所接觸。保羅有意識地記得許多個這種夢，直到他感到被基督追逼為止。就因為一連串重複的夢，保羅才迫害基督徒。他覺得基督是在他睡覺時追逐他的一種魔鬼。可是，在一個無意識層面，他明白這些夢的意義。而他的「皈依」，當然只是一個追隨內在經驗的具體事件而已。

施洗約翰、基督與保羅都在夢境裡相連，在基督尚未出生之前，約翰早已覺知基督的存在。因為他特殊的責任，保羅需要最強的自我中心力量。為此之故，他對他的角色較少有意識上的覺察。自然，這內在知識在實際的「皈依」經驗裡爆發出來。

這資料是為了回答你們的問題。

（「很有意思。」

（在九點二十五分珍停了很久。仍在出神狀態裡，她點了支煙並喝了一點飲料。）

現在來回答魯柏的問題：那誕生將在我所給的時間發生；在所給的時間內（西元二〇七五年）發生。其他的改變大致發生在一個世紀的時間內，但其結果早在那時以前就顯示出來了。

因為你們所謂的「未來」可塑性，那個日期不能被認為是確定的。不過，所有的可能性都指向它的方向，因為內在的原動力已在形成這些事件。

除非你還有別的問題，本章就到此結束。

（「為了好奇之故，你能說出『正義教師』是如何死的嗎？」這是來信的人所問的一個問題。）

請等一會兒。

我所給的名字是正確的，雖然它本身是個譯名。在一次戰鬥裡，他把一個山洞當作避難所，他與一小群人在那兒，被另一派的人所殺。殺人者帶走了他們在那兒找到的某些文稿；但他們沒找到其他的，而這些尚未出土。

那最後的避難所靠近大馬士革。有一段時間「正義之主」試著隱藏在那城裡。可是他的身分被發現了，他和一隊人逃到大馬士革與小得多的一個鄰鎮之間的山洞裡，有一陣子那山洞曾被用作堡壘。他們在那兒被斬首。

現在你可以休息；然後我要開始下一章。

（九點三十五分。但珍並沒休息，只安靜地坐著，仍在出神狀態裡。）

為那些有興趣的人加一個小註。「狂熱派」也分成兩個主要團體，其一終於由另一主要團體中分裂出來。將來會找到的其他文件，將會澄清有關歷史時代幾件重要的事。（停頓。）保羅一生中有個短時期參加了一個「狂熱派」團體，這是人所不知的。它沒被記錄下來。

（珍坐在出神狀態這麼久，以致我又開始問一個問題；但是她舉起一隻手叫我等。）

事實上，有一個時期，作為「狂熱派」的一員，他過著雙重生活。不過，他轉而激烈地反對他們，就如他後來轉而反對羅馬人而加入基督徒。在他皈依之前，他知道自己有個目的與任務，而以生命的所有熱情，把自己投入他以為他找到了的不管什麼答案。

現在你休息一下。

（九點四十分。珍的步調開始時很慢，在她的傳述進行時增快了。她的出神狀態很深。她說：「在賽斯開始講聖經資料時，我真的出去了。」）

（我發現賽斯的資訊極為有意思。雖然在許多情形那是無法避免的，但珍說她情願不知道關於賽斯將要討論的歷史時期的任何事。例如，她沒讀過有關《死海經卷》的任何東西，雖然我在幾次不同的時候對她解釋過一點點。她對聖經也不熟。

（自然，我們以前並不知道，賽斯在談宗教的一章裡，將如何提出他對第三位基督及相關事情的資料。我倆聽到他宣稱保羅與「狂熱派」的關聯都很驚訝。我們心中自動湧現了許多問題；但我們必須告一段落才行，因此我們勉強決定不去問那些問題。

（珍對聖經歷史抱持了與她對自己一些其他能力一致的態度；她常告訴我，當她為一位素不相識的人解答一些疑難時，她感到自由得多。當她試著猜封起的信封裡的內容時也是這樣，她情願不知道是誰準備的，或它們的來源等等。）

第22章 辭別和引介：由我自己的經驗來看多次元人格的種種面貌

The Eternal Validity of the Soul

（在十點繼續，珍的聲音，作為賽斯，與通常略有不同。也許是更抑制的，不是那麼快活或那麼輕鬆。）

現在，我們要開始下一章，我們將名之為〈辭別和引介：由我自己的經驗來看多次元人格的種種面貌〉。

（「那些全在此章的標題裡嗎？」）

是的，用一個冒號分開這兩部分。請等我們一會兒。（停頓。）

在歷史上的基督時代，我在羅馬是個名叫米蘭尼鄂斯的男人。在那一生，我主要的職業是個商賈，但我是個非常好奇的紳士，而我的旅遊使我接觸到許多種不同的社交圈。

身體上我是圓而壯的，舉止上毫無貴族派頭，而衣著上則邋遢慣了。我們有一種由某種乾草做的鼻煙。我經常用它，常常濺了一些在我的袍子上。

我的房子在城西北部最熱鬧的地方，剛過了你們所謂的市中心。在我販賣的貨物裡有驢子用的鈴鐺。這聽起來可能不像是很偉大的產品，但在羅馬城外的農家卻發現它們極有用處。每個鈴都有一個特別的聲音，而一個農家可以根據鈴鐺的聲音，從無數相像的驢子中認出他們自己的。

（十點八分。）在羅馬城內，許多行業也用驢子來馱負重物，尤其在較低賤的行業裡。鈴鐺的數目，它們特殊的高低音調，甚至其色彩，全都有意義。因此，等著購物的窮人和奴隸，在城市的喧囂中能憑特定的鈴聲辨認要買的東西——常是來自堆滿了東西的驢車上不新鮮的食物。

我主要是做布匹和染料生意，鈴鐺只是我生意的一小部分，但它們令我著迷。由於我對它們的興趣，我在鄉間附近一帶旅行得比任何一個謹慎的人所該做的更多。鈴鐺變成了我的嗜好。我的好奇心驅使我去旅行以尋找不同類的鈴鐺，並且導致我與許多本來不會碰到的人接觸。

（十點十一分。）雖然我沒有學識，卻很精明，腦筋也靈活。我發現在羅馬城內或城外不同的猶太教派，都各用特殊的鈴鐺。雖然我是個羅馬人也是一個公民，但我的公民身分對我並沒什麼意義，除了在我忙著日常生活時給了我最起碼的安全。而在我的生意裡，我碰到的猶太人與羅馬人一樣多，我在社會地位上比他們高不了多少。（這是此章中賽斯第一次的幽默點滴。）

羅馬人對當時在羅馬城內猶太人的數目不太清楚。他們靠猜測。屬於「狂熱派」的驢子所掛的鈴鐺上有一個眼睛符號。（珍，身為賽斯，指著她的一隻眼。）他們偷偷進城，躲開其他猶太人就像躲羅馬人一樣。他們很擅長討價還價，常常使我虧得比我該虧的還多。

我從「正義之主」的一個叫雪拉巴的堂兄弟那兒知道有關他的事——

（「你能拼出那個字嗎？」賽斯拼了，結果與我所寫的相同。

（由以上幾段裡可看出，賽斯將其肉身的位置由羅馬移到了猶地亞，卻沒有說他如何或何時這樣做的。我想要知道他搬遷的辦法，但決定現在不再多插嘴。）

就我當時的猜測，雪拉巴是一個所謂「神聖的」（sacred）殺手。我在耶路撒冷外的一個臭驢廄裡和他說話的那晚，他喝醉了。就是他告訴我關於那眼睛的符號。他也告訴我那人，基督，被艾賽尼派（Essenes）的人綁架了。我不相信他。而在他告訴我的時候，我也不知道基督是誰。

（在十點二十八分停頓。珍的步調一直很慢。據知，盛行於第一世紀開始時的「聖地」的四個主要猶太教派是 Sadducees、Pharisees、Zealots 及 Essenes。）

比較說來，在基督活著時只有極少的人知道他的存在。坦白地（也是幽默地）說，我知道有個人是主角，但我不確知是誰。在夢裡，這情況終於被我和許多別人知道了。

一般而言，基督徒並不要羅馬籍的皈依者。後來我是其中之一，而因為我的國籍，我從來沒被信任過。我在那齣戲裡的角色只不過使我認識了它在世上的基礎；在那時代作了個參與者，不論是多麼微末的一個。在你們說來，許久之後，我會成為第三世紀裡一個不重要的教宗，又重逢了一些我的舊識——而且——如果你容我幽默一下——再次地熟悉鈴聲（譯註：天主教儀式中常用到）。

（賽斯首次在一九七一年五月十五日珍的ＥＳＰ班上，談到他作為一個次等教宗的那次轉生。那節約有十八個人在場，並錄下了音，因此以下是逐字引用的。賽斯是在一種亢奮的、卻有些不敬的情緒裡：

（「……因為我在西元三世紀時是個教宗。我並不是個很好的教宗。

（「我有兩名私生子〔同學們哄笑〕；一個潛入我私人書房的情婦；我養著一個魔術師，以備萬一我靠自己弄得不太好的時候：一個管家，在我『僱用』她的時候年年懷孕：還有三個女兒，在我不肯要她們時入了修女院——而只有三行微不足道的文字談到我，因為我的統治沒有維持多久。

（「我有一個大家庭——我是說，我來自一個大家庭，而我雄心勃勃，如那時所有聰明的年輕人一樣。我沒去從軍，因此沒別的可幹，只能參加教會。

（「有一陣子我不在羅馬而在別處從事宗教工作。我寫了兩條教會法。這些都顯示給你們看，每件事都會有一些好結果。因為我是個如此好吃的人，終致死於胃疾。我的名字不是克里門〔回答班上一個人的問題〕，雖然克里門是個可愛的名字。

（「我本來是叫作普羅東尼斯（Protonius）。現在等我一下。姓不怎麼清楚，而這不是我的教宗用名，而是我的——若你肯原諒這用語——賤名：Meglemanius 三世，來自一個小鄉村。

（除非我召來我在那時的自己，否則我對細節的記憶不是那麼清楚。但就我現在回想起來，在沒與我們的教宗朋友核對之下——你必須了解他已走了他的陽關道——我已經盡可能地接近事實了。我們在那時沒有這麼多衛士，但我們有許多價值連城的偷來的畫和珠寶。這些珠寶和錢有一些用在你們所不知的遠征上，那是與派到非洲的船和貿易有關的；而我這生的興趣與我後來涉及一種薄荷科香料 Oregano 的一生〔在一六〇〇年代作為丹麥的一名香料商〕有關。我喜歡嗅東西的習慣可回溯好幾個世紀。

（「在那時有兩兄弟強固地聯合起來以控制義大利。也許我該說是兩個男人，一個身分較高而另一個是他的大臣，我以教皇身分與他們論交；我也曾派軍隊到北方作戰。

〔「我們還沒開始對『贖罪券』大力堅持，因此我沒有『贖罪券』帶來的外快。我既相信又不相信，就如你〔對班上的一人〕先前既相信而又不相信一樣，而我很擅於瞞過自己我信什麼和不信什麼。一個人的權位越高，越不容易在這種事上自欺。

〔「我很喜歡我的第一個情婦，她叫瑪麗亞。當時沒有如你們現在所用的這種健全法規，也享受不到如你們現在所屬的如此安全可靠的政府。

〔「暗地裡，對我從小就被灌輸的宗教信仰及『上帝』，我的確是相信的。一直要到後來我才疑惑，這麼一位『上帝』怎會選我擔任這樣一個位子——就在那時我才開始起了疑惑。在那一生之後，我有四生處境非常惡劣，為的是使我了解奢侈與貧窮、驕傲與同情之間的不同。在其他世紀裡，我也有過機會走過做教宗時所走過的同樣街道。做教宗的我輕快地觸及這些街道；但身為農夫時，我背負重物踏著沉重的步子，直到學到了我必須學到的教訓，就如你們每個人也都要學你們自己的教訓一樣。」

〔在寫這些時，我們不知賽斯講的是哪個教宗。當我在打這節的字時，我猜想不知賽斯——珍說到第三世紀是否是個錯誤。〔如果是如此，我那時反應不夠快，沒抓到錯誤；我本可立即問他的。〕既然在去年五月的課中，賽斯說到西元三百年，我個人認為更可能他當教宗的轉世是在這日期之後，在第四世紀時發生。既然我們現代對時間的計算是建立於假設的基督誕辰日上，第四世紀包括了西元三〇一年到四〇〇年。《大英百科全書》在西元二九六到四〇一年間列出十一位教宗與兩位僭稱的教宗。有些統治期很短，有些任期的日期不太確定或者是估計出來的。（自然我們對討論中的這次轉世想知道得更多些。如賽斯已經指明的，此地有豐富的資訊等著被發掘。這引起了一個珍常常面對的兩難之局。在任一個時候，在可得的這麼多可能性中，到底該調查什麼；然後，作了選擇之後又如何找時間來做這研究。）

我的目的並不是要很詳細地討論我的往世，而是用它們來強調某些要點。首先，我曾經多次生做男人和女人，我也曾把自己浸淫在各種各類的職業裡，但總是抱著學習的念頭以便我能教別人。因此，我在人世生活裡有一個堅實的背景，以作為我目前「工作」的先修科目。

我並沒扮演任何崇高的歷史性人物，卻對日常生活家常的、親密的細節——正常的為成功而奮鬥、對愛的需要——變得很有經驗。我知道父親對兒子、兒子對父親、丈夫對妻子、妻子對丈夫的無法言宣的渴望，而一頭栽入親密的人際關係網中。在你們有所謂的歷史之前，我是個魯曼尼亞人，而後來生在亞特蘭提斯。

參照你們的歷史而言。我在穴居時代回來，做一個「說法者」。其實我一直都是個「說法者」，不管我實際上的職業為何。我曾在丹麥作香料商，在那兒我認識了魯柏與約瑟。我有幾世是黑人——一次在現在叫作衣索匹亞的地方，一次在土耳其。

我做僧侶的幾世是在我做教宗的經驗之後，其中一次，我曾是「西班牙宗教裁判」的一名受害者。我做女人的經驗變化多端：由一個平凡的荷蘭老小姐到聖經裡大衛時代的一名高級妓女，還有幾回是有著一堆孩子的卑微母親。

且說當我開始與魯柏和約瑟接觸時，我對他們隱瞞了我多次轉世的事實。（微笑：）魯柏尤其不接受轉世的事，而這種多重人生的經驗會令他極為反感。

時代、名字和日期遠不及那些經驗本身重要，而我的經驗是多到無法全列在此的。不過，我會留意，有一天把這些全都給你們。有些我在魯柏的班上給過，有些，雖然不多——曾出現在《靈界的訊息》那本書裡。

在一本專論轉世的書裡，我希望讓我每一個先前的人格現身說法，因為他們自己的故事該由他們自己來講。因此，你該明白，那些人格仍舊存在並且是獨立的。雖然「我現在是什麼」一度好像包含在那些人格內，我卻只是他們的種子。用你們的話來說，我能記得我曾是誰；可是廣義來說，那些人格應該替他們自己說話。

也許這裡你會看出一個相似之處，當你將這情形與在催眠下的「年齡回溯」（age regression）相比。不過，那些人格並沒有被「我現在是什麼」鎖住。他們照他們自己的方式向前進。他們並沒被否定。在我來說，他們與我同在，但卻是在實相的另一層面上。

休息一會兒。

（十點五十六分。珍說她真的出去了。如有時會發生的，在我們閒談時，與資料相連的記憶

與意象開始回到她心中。她體驗到一種擴張感，和一大群人的印象。然後她記起了一個有髒乾草的臭廄房，以及「三個人穿著很粗的布料做的骯髒棕色袍子」。

（珍在半出神狀態裡坐著，她「現在比在課間看到更多的東西」。就好像她的內在有一點光集中於一個小地區。她看到油脂或一點蠟掉在其中的一件袍子上而弄髒了它。在廄舍裡有長長的橢圓形乾草束，一捆堆在一捆上面「以保持其乾燥，一直堆到了屋頂。每一捆都是綁起來的卻沒蓋著」。

（現在她聞到很腐臭的東西，她不相信地說：「賽斯的貨物裡有某種肥皂——某種可怕的鹼水與玫瑰香水混合，」她的鼻子皺起來，「這是在某種編織好的袋子裡；兩個相連的就如你丟在馬背上的那種……我幾乎可以看見它在我眼前。我可以畫出它的形狀，雖然沒什麼大不了。」）

（她終於說：「好了——在你開始談起它後，所有那些都現出來了。我沒有任何大些的幻相，我不知道應順著它走多遠。當我看到那個『雙袋』，那是所有我看到的……」

（現在珍顯然比開始此章時輕鬆多了。她在深深地打呵欠，一次又一次，眼淚也流出來了。我建議結束此節，但她要繼續。在十一點十九分重新開始。）

有好幾世我都有意識地覺知我的「前世」。有一次在做僧侶的時候，我發現自己在抄寫我自己在另一世所寫的一篇稿子。

我常常耽溺於對重量的喜愛，並且真的很胖。有兩次我死於飢餓。我總是發現我的死亡具教育意義——以你們的話來說，是在事後。在兩世之間追蹤那「導致某次死亡」的想法與事件永遠是一個教訓。

我的死都沒令我驚奇過。在過程中間我感到那不可避免性，那認知，甚至一種熟悉感：「當然，這種特定的死法是我的，別的都不成。」於是，即使是最古怪的情形我也接受，幾乎感受到一種完美感。沒有此死，此生不能適當地結束。

當死亡發生時，「內我」感受到它的自由而有一種極大的謙卑感，卻又有一種極大的狂喜。我所有死亡補足了我的人生，因為對我而言似乎別無他途。

（在十一點二十九分長久的停頓。）如果我要的話，以你們的話來說，我可以重過那些人生的任何部分，但那些人格走了他們自己的陽關道。你了解我說什麼嗎？

（「是的。」）

在一個主觀層面上，在我每一生中我都充當教師與「說法者」。在幾個直覺性很強的人生裡，我是覺察這個事實的。你還不了解意識的背面有多重要。除了你在每生中的客觀角色外，你的轉世挑戰也涉及到你的夢境，那些在你所知的日常世界之下起落的創造性節奏。因此我在幾世中透過這種方式變成極熟練的「說法者」與教師，對比之下，這幾世的表面生活則很無趣。

在這種情形，我的影響、工作與關心的事比我平靜的客觀追求要廣博得多。我給你這資訊是希望幫你了解你自己實相的真實本質。可是，我的轉世人生並沒界定「我是什麼」，而你的也沒界定你。

現在，你可以休息或結束此節，隨你的便。

（「我們休息一下。」十一點三十五分。當我感覺珍也許想選擇繼續下去，就要求休息一下而非結束那節。這段說得很慢，珍知道她沒有出去很久。」

（在我們短短地談了一下之後她說：「我不知現在怎麼繼續，我知道賽斯計畫了什麼，但我不知道他打算怎麼去著手。」

（「怎麼了？我不懂——」

（「他將要讓『賽斯二』〔Seth Two〕透過來。」

（在珍的書《靈界的訊息》第十七章裡，對「賽斯二」講得很詳細。這人物偶爾會在ESP班上說話，但相當少在我們的私人課裡說話。在本書的口述開始前賽斯給的大綱裡，他告訴了我們將會解釋「賽斯二」。我們為第二十章所列的問題也有些是與「賽斯二」有關的。我一時忘了這兩點，才會感到驚訝。

（但現在，在十一點四十，珍不知是否要如我先前建議的結束此節，或是繼續。她終於決定「這樣安靜地坐一分鐘」，然後：「我不知要不要把它關閉——可能會再繼續一個小時——」我告訴她我有興致如果她也有的話。賽斯在十一點四十五分繼續。）

靈魂認識它自己，並不會為術語或定義所攪亂。我希望能藉由給你們看我自己的實相，而教你們你們自己實相的本質。

你們並沒被限制在存在的任一類別或角落。你們的實相與我的實相同樣無邊無際，無法量度。我希望藉著此書說明意識與人格的功能，而放大你們的觀念。

我一開始就說過，我由一個我相當喜歡的女士之口傳授這資料。現在且讓我告訴你們，還有別的實相也牽涉在內。下面幾段將由另一個人物來寫，他之於我差不多就像我之於我透過她說話的這女士一樣。

（在十一點五十一分停頓。我現在眼見在珍身上開始了一種變化，當我們熟悉的賽斯撤退而「賽斯二」開始變成中心人物，同時我知道珍正自經歷到一個「圓錐」或「金字塔」降到她頭頂上的感覺。珍過去常告訴我，雖然她感覺賽斯以一種非常溫暖有活力且友善的方法到來，她卻感到她的意識走出了她自己去與「賽斯二」會面——像一陣風升上煙囪似地升到隱形的金字塔去。她並不知道她到哪裡去了，也不知道怎麼回來的。她的身體似乎被留下，沒被帶走。

（珍端坐在她的甘迺迪搖椅裡，她的前臂放在椅子扶手上，她的腳平放在地毯上。這是個悶熱的晚上；我們客廳的窗子開著，現在我開始意識到交通的噪音，我聽見樓上公寓有人在走動。

（珍的眼睛是閉著的，但偶爾微睜。當她為「賽斯二」說話時臉上有淡淡的笑容。開始她發出非常高的聲音，非常遙遠而正式，音量不大也沒有什麼抑揚頓挫。每個字都是小心而慎重的，幾乎是文雅地說出。就好像是「賽斯二」對聲帶或語句不熟習，因而非常小心地以正確的方式用這些機制。兩位賽斯之間的對比是不能再徹底的了。）

我們就是沒有自己的舌頭而說話的聲音。我們就是你們所來自的那能量之源。我們是創造者，我們卻也曾被創造。我們播種了你們的宇宙，如同你們播種了其他的實相。

我們並不存在於你們的歷史裡，我們也從不知人間的生活。我們的快樂創造了你們世界所來自的狂喜。我們的存在狀況使得我們之間的溝通必須假手他人。

語言的符號對我們沒意義。我們的經驗是無法轉譯的。我希望我們的意圖可以。在意識廣大無垠的範圍裡，所有的事全是可能的。每個思想都有意義，你們的思想在我們看來就像「光」一樣。它們形成模式。（每個音節都是這麼小心地、分開地說出來。）

因為溝通上的困難，我們幾乎不可能向你們解釋我們的實相。你們只要知道我們存在就好。我們送出無量的活力給你們，並且支撐著所有那些你們熟知的意識結構。你們永不孤單。（停頓。）我們一直在派遣了解你們需要的密使給你們。雖然你們不認識我們，我們卻珍愛你們。

賽斯是我的參考架構，我們的參考架構裡的一個點。他是我們的一個古老的部分。（停頓。）我們是分開卻又聯合為一體的。（停頓良久。）永遠是精神形成肉體。

（凌晨十二點六分。此節到此結束。就如通常「賽斯二」說話時的情形，並不宣告結束，也沒有任何常涉及賽斯、珍和我的溫暖以及情感上的交流。

（珍眼皮沉重。有好幾分鐘她很難讓它們不閉上。在傳述期間她在搖椅中沒有改變位置，而她經歷到了通常的圓錐效應。當一股嘈雜車聲淹沒了一兩個字時，我必須請她重複一下。）

第五八九節 一九七一年八月四日 星期三 晚上九點四分

（今晚一反常例，我們早就準備好上課了。我告訴珍我希望賽斯會討論她昨晚的一個夢。它涉及我倆而且是非常樂觀的；我確信它是以象徵性的手法來談我們的工作。賽斯的確在此節結尾分析了這個夢，因此我把那資料由他寫書的口述中刪除了。

（在將近九點時，珍開始顯出一種典型的樣子，在坐著等時她變得安靜多了，開始由低垂的眼睛向兩旁側視；她似乎警覺地等著某個心裡的信號。然後她告訴我賽斯「就在旁邊」，馬上就要開課了。當她把眼鏡拿開，把它放在前面的咖啡桌上時，她就在出神狀態了。她的步調在開始時相當的慢。）

我們繼續。有些種類的意識無法以具體的用語釋明。那創始了你們剛才讀到的那一段話的「人物」，就是這樣的一位。

如我提到過的，在那人格與我之間和魯柏與我之間存在著同類的聯繫。但以你們的話來說，「賽斯二」離我的實相遠比我離魯柏的實相要遠。如果你喜歡，你可以把「賽斯二」想像為我的一個未來部分，但這裡面所涉及的遠比這要多。

我自己在此用簡單的說法，試著使這些概念清楚些。在出神狀態裡，魯柏能與我接觸。在一種某方面與出神狀態類似的狀態，我能接觸「賽斯二」。我們的關係很難解釋，在意識重重的網裡我們聯合在一起。那麼，我的實相不只包括我所有轉世的身分，還包括其他不一定與任何物質有關聯的存在完形。

對此書的每一位讀者而言，也都一樣。因此，靈魂是無止境的。它不是個閉鎖的靈性或心靈系統。我一直想辦法讓你們明白靈魂不是個分離的、與你分開的東西。它從沒與你分開過，就跟「神」——大寫——從沒與你分開過一樣。

沒有必要創造一個分離的神，存在於你們的宇宙之外，並與之分離，也沒有任何必要把靈魂當成是個遙遠的「存有」。「神」或「一切萬有」，是你最親密的一部分。「祂的」能量形成你的本體，而以同樣的方式，你的靈魂也就是你的一部分。

（九點十八分。）我自己轉世的人格、可能的自己，甚至「賽斯二」，現在都存在於我之內，而我存在於他們之內。以你們的話來說，「賽斯二」是更高深的，他也是更陌生的，他無法像我這樣與你們人間生活扯上關係，因為我在人世有深厚的背景。

但是，我的經驗仍然豐富了「賽斯二」，而他的經驗豐富了我到我能感知並轉譯它們為我自己所用的程度。以同樣的方式，魯柏的人格在與我的關係中得到了擴展，而我也由這經驗獲益，因為，就連最好的老師也透過每一種活動次元中學習。

廣義地說，我的靈魂包括我的轉世人格、「賽斯二」及可能的自己。附帶地說，我對我可能的自己與對我轉世的人生都一樣有知覺。你們對靈魂的觀念根本就太過狹隘。我並不是真的在談群體靈魂（group souls）的觀點，雖然也可以這樣詮釋。

靈魂的每一「部分」包含了全部——一個我確知會令你們吃驚的觀念。當你變得對你自己的主觀實相更有知覺時，你就會因而變得與你自己靈魂的更多部分熟悉。當你把靈魂想作是一個封閉的系統，你也就會那樣感知它，而你就再也不會認識它更大的創造性與特性了。

（**九點二十七分。**）「賽斯二」在你們來說，的確某個程度代表了我將要變成的樣子，但是當我變成他現在的樣子時，他又將是某種不同的東西。現在只有在相同的說法之下，魯柏可能變成我現在的樣子，但那時我將是很不同的另外什麼了。

不論你們自己知不知道，你們每個人也都涉足在這同類的關係裡。雖然對你們來說，轉世的人生彷彿牽涉了過去與未來的事件，它們卻是與你們自己目前的生活和意識平行或相鄰的。相對來說，你們更大本體的其他面也都存在於這些附近或四周。

（**珍做為賽斯很專注地說著，她的眼睛大睜而顏色很深。她在空中畫了一連串大圓圈。**）

對實相本質的答案，你們所尋求的對「一切萬有」的親密知識，就在你們目前的經驗之內，不假外求。要找到答案，必須透過一個進入你們自己內心的旅行，透過你們自己以及透過你們所知的世界。

請等我們片刻。（在九點三十二分停了一分鐘，眼睛閉著。）

我一度曾是十二個孩子的母親。就教育而言，我是無知的，我一點也不美，尤其是在晚年，脾氣狂暴，嗓音粗啞。這是在第六世紀的耶路撒冷一帶。孩子們有許多個父親。我盡可能地養活他們。

我的名字是瑪莎芭。我們隨處棲身，寄人籬下，最後全去乞食。但在那個存在裡，肉體生活有比我所有前生所知更大的一種對比、一種敏銳性。一些麵包皮對我比任何我前生嚐過的蛋糕還好吃得多，儘管那些蛋糕上覆有多好的糖飾。

當我的孩子們嘻笑時，我開心極了，而不管我們多貧困，每個早晨都是個勝利的驚喜，因為我們沒就此長眠，沒給餓死。我故意選擇了那一生，正如你們每個人也選擇了你們自己的，而我如此做是因為我前面的幾世享樂太多而令我太厭膩了。我太被保護了，使我再也不能清晰地把注意力集中在俗世能提供的真正了不得的肉體樂趣與經驗上。

雖然我對我的孩子們叫罵，有時也怒罵大自然的力量。我卻徹頭徹尾被存在的高貴莊嚴所震懾，而且對真正的靈性比我當僧侶時學到的還更多。這並不表示貧困會導向真理，或受苦有益於靈魂。許多與我共享那些情況的人並沒學到什麼。它的確是指你們在事前就知你的弱點與力量在哪裡，而每個人為了你們自己的目的，選擇了你們那一生的那種生活情況。

以你們的話來說，我後來活過較富有的生活，而在我人格的完形裡，那婦人仍活在我的內在

——舉例來說，孩子活在大人的內在——她把後來的境遇與先前的人生相比，而充滿了感激。她促使我更善用我的優勢。

因此在你之內，你的各個不同的轉世人生就更大的方式來說是同時發生的。再用成年的比喻，就好像你內在的兒童是你自己記憶與經驗的一部分，但在另一方面卻已離開了你，從你這兒走開了，好像你只是那個兒童「變成」的一個成人。因此我曾經做過的那些人，已走了他們的陽關道，卻仍是我的一部分，而我也是他們的一部分。

我仍活在「賽斯二」的記憶裡，就像一個他由其中跳出的「自己」。然而我現在這個「自己」卻非他從裡面跳出去的那個「自己」。只因你們對時間與意識的僵化概念，使得這些聲明對你們而言似乎很奇怪；我再說一次；在一個較大的範圍裡，我能記得「賽斯二」。因此，所有這些聯繫都是開放的。所有的心理事件也全都彼此影響。

你可以休息一下。

（對我，較大聲地：）如果你對某事沒能清楚了解，就請提出來——因為如果你不了解，那麼讀者也不了解。

（「好的。」九點五十五分。珍對賽斯曾討論的那女人沒看到什麼影像。她記起在早期的課裡，賽斯怎麼樣談到大半數的存有至少有三次轉世人生——以及當她後來開始了悟到賽斯已活過許多世後，她如何地感到「駭異」。現在，她覺得同時的「轉世」生活概念十分可以接受；這適合她情感上與理性上的脾性。當這些課開始時，珍特別被她所謂對轉世的陳腔濫調所困擾，因為它們與善、惡、罰等概念混淆在一起。

（現在她提到有一次賽斯在ＥＳＰ班所講的話，她說：「我全心同意賽斯的聲明：轉世是個迷思，就如它是個事實一樣。」以下是在那一九七一年五月四日的課程裡，賽斯講的一部分：「因此你們對『轉世』以及對所涉及的『時間』的了解，的確是個非常簡化了的故事……轉世就其本身而言，也是個寓言。好像對你們來說，你們很難了解你們活在許多實相裡——以及許多世紀裡——在同一個時間……」十點二十二分以緩慢的步調繼續。）

所有的存在與意識全是相互交織的。只有當你把靈魂想作是某個不同的、分離的、因而是封閉的東西時，你才會想到一位分離的神——一個好像與創造分開的人格。

「一切萬有」是創造的一部分，但比創造之為創造還要多。有種不可形容的「金字塔式的存在完形」（pyramid gestalts of being），它們的知覺包括的知識與經驗，在你們看來彷彿是很多其他實相。以你們所能了解的用語來解釋，則是：它們的「現在」可能把你們星球的生與死包括在**它們**『時間』的一剎那裡。「賽斯二」的存在是在一個這種「意識銀河」的外緣。

（在十點三十分停頓。）當「賽斯二」說話時，魯柏最初會有以下的知覺：他的意識隨著一個內在心靈的通道，一個變活了的漏斗而向上拉緊，直到它根本無法再前進時為止。那時，在他來說，彷彿他的意識經由一個無形的金字塔走出了他的身體，那金字塔的頂端是張開的，而且一直遠伸到太空裡去。

這裡他好像與一些不具人格的象徵接觸，它們的訊息可以說是自動轉譯成了文字。那一個點實際上代表次元裡的一個「曲速面」，一個介於系統之間的地方，它與能量及心理實相的關係遠比它與空間的關係更大，因為空間是沒有意義的。

在這種時候，我幾乎總在場當翻譯。為了這種通訊，我對他們兩個的實相都必須要有認識和理解。

（停頓良久。）「賽斯二」所熟悉的是全然不同的一套象徵及意義，因此，在這情形，要有兩次轉譯——一次由我，一次由魯柏。

我們希望，某些不能用其他方式傳遞的觀念，能以這方法來傳遞。這種樣子的實相與經驗的混合，這些由一系統傳到另一系統的訊息，不斷地以各種不同的方式產生，以種種不同的「扮相」在你們的世界裡出現——像是許多種不同的「靈感」。換言之，有人在冥冥中幫助你們。

不過，你們也在運用你們自己的能力，因為你們自己的個性大半決定了你們能接受多少幫助。當「賽斯二」說話時，魯柏所明顯感受到的象徵很合用，但向外也就是向內，因此意識也在向內旅行，就如他以為是向外旅行的一樣遠。

這種接觸與知識每個個人都可得。「一切萬有」對祂所有的部分說話，不是從外面用聲音、小喇叭和號角，而是經由每個意識活生生的「靈魂質」來傳遞祂的訊息。

現在：如果你要我談談珍的夢，我建議我們結束今晚的課。你可以休息，或我就開始夢的詮釋，隨你喜歡。

（十點四十五分：「你還是開始吧。」）

請等我們稍久一點（停頓）。

（賽斯於是對珍的夢傳遞了兩頁極佳的解釋。這節在十一點五分結束。）

第五九〇節　一九七一年八月九日　星期一　晚上十點五分

（今晚這節開始得晚，因為珍和我先去參加了為ESP班一個同學結婚二十五週年紀念所開的驚奇宴會，那是個很棒的宴會。

（今晚在晚餐桌上，我們在臆測賽斯給的關於他當教宗那生的時間問題，他同時在一九七一年五月十五日的ESP班上以及本章第五八八節裡談到過。當我在奇怪不知我猜賽斯當教宗的轉世可能在第四世紀裡發生是否正確時，珍說她「得到」西元三二五這一年。這看起來像是個認可。令我們更驚奇的是，賽斯在今晚的課裡又增加了有關那一世的資料。）

晚安。

（「賽斯晚安。」）

是在三百多年。

為了你們自己的「啟發」，我再提供幾個額外的小註。在那個時期以及之後的一段時間，記錄常常是非常不可靠的。它們被假造了。有時會以一個人的名字代表一個包含好些年的朝代。最初在位的那個人可能被暗殺了，另一人取代其位繼續下去，就老百姓來說，好像沒發生過變化的樣子。下毒是常用的手段，甚至那些略微覺察實情的人也不敢明言。

（「謝謝你。」）

記錄上會顯示是一個教宗的一個朝代，但一個、兩個甚或三個不同的人可能曾任其位。政策上的改變——搖擺不定——是這種情形的一個線索。

現在等我們一會兒。（在十點十一分停頓。）也有些被稱為「小教宗」（Little Popes）的人，那些人在受一種很具野心的訓練，而且被人巴結著。你懂嗎？如果他們認真地競選，擁戴他們的人會得到很大的報酬。附帶地說，這些人的行為跟其餘的老百姓比並不特別壞。只是他們的地位給了他們較大的活動餘地。

當我回憶我那時的生活時，就聯想起了三二五與三七五這兩個時間。再說一次，名字和日期對我現在並沒什麼意義。在那一輩子，我學會去了解人們與他們雄心之間的相互作用，那常存在於理想與實際行動之間的鴻溝。

你也必須了解在那些日子裡，宗教離不開政治，人人期望任神職者是個極佳的政客。我似乎曾在一個聽起來像是Caprina的地方待過一陣子，也是在那一世。

（在十點二十分停頓很久。）一個兄弟或堂兄弟對我很重要。他結果陷於嚴重的困境，在對西班牙的某些走私生意上被逮到。

在那時有個祕密團體叫做「神之母性的信徒」（Followers of the Motherhood of God）。他們被認為是異教徒，好幾次有人送上反對他們的陳情書。這與教會教條裡「童貞聖母」的地位有關。

現在我們已講完了這些註，你可以休息一下。

（十點二十五分。「我知道他在講那些事。」珍說，然後補充說她只是隨他去。她的步調一直相當的慢，但當她在十點三十二分繼續時快了起來。）

現在：我們繼續口述。

你們並沒有命定要溶解到「一切萬有」裡。如你目前所了解的，你人格的種種面貌將被保留。「一切萬有」是「個人性」的創造者，並非毀滅它的方法。

我自己「先前」的人格並沒有溶解到我裡面，正如你「過去」的人格也沒有溶解到你裡面一樣。全都活著而且充滿活力。全都走他們自己的路。你「將來的」人格與你過去的一樣真實。過一陣子之後，你們就不會再為這事操心了。在轉世的架構裡，你所想像的死是不存在的。

不過，我自己的參考架構已不再貫注於我的轉世人生上了。我已把注意力轉到了別的方向。既然所有的生生世世都是同時的，全都在同時發生，那麼任何的分離全都是心理上的分離。

我如我現在這樣子存在，同時轉世的人生——以你們的話來說——也仍然存在。但我現在並不關心它們，卻把我的注意力轉而集中在其他的活動區域裡了。

（十點四十一分。）不管人格是在一個身體之內或之外，它都會改變，因此你在死後會變，正如你在死前會變一樣。以那種方式來說，若在死後仍堅持要維持你現在這樣是很可笑的。就像一個孩子說「我會長大，但我永不會改變我現有的概念」一樣。心靈的多次元特質允許它經驗到無止境的次元。在一個次元裡的經驗不會否定在另一個次元中的生活。

你們一直試圖把靈魂擠進對存在本質之太窄的觀念裡，使它遵循你們狹窄的信念。豈知，通往靈魂之門是開放的，而它導向經驗的所有次元。

（十點五十分。）可是，如果你認為你所知的靈魂是你自己的結尾或結論，那麼你也想像你的靈魂是個有限的存有，單為它目前這一生的冒險所限，而在死後按照他在微不足道的幾年裡的表現而被蓋棺論定。

在許多方面這倒是個輕鬆而安逸的觀念，雖然對某些人來說，它所含的「永罰」寓意可能相當可怕。不過，要暗示在「神聖創造力」核心裡的豐富華美，它是一個太過乾淨的概念。靈魂同時站在你所知的肉體生命結構之內與之外。你並不會由於擁有一個永恆的內在意識而與動物和其他生命分了家。這樣的一個意識是在所有生物之內，也在所有不同的形象裡。

你可以休息一下。

（十點五十五分，結果此節就此結束。）

第五九一節　一九七一年八月十一日　星期三　晚上九點二分

（這又是一節短課，珍和我已變得非常習慣與賽斯書的製作一同生活；我們已變得期待著每一個發展。但現在……在我們等著到九點鐘時，珍說「我幾乎不想上這一課了，我真的覺得怪怪的——幾乎是依戀的。我能感覺到——我知道——賽斯現在很快就要結束他的書了，也許在今晚，我猜我不想讓它發生。」自賽斯開始最後兩章的工作後，她也曾偶爾提起這種感覺。

「賽斯晚安。」）

我們繼續口述。（現在珍的步調頗快，她的聲音很安靜。）

我稱這章為〈辭別和引介〉。辭別是我自己對你們說的，因我現在正在結束此書。「引介」則對每個讀者都適用，因我希望你們現在能夠懷有對「自己是誰」與「自己是什麼」的更大了解來面對你自己。

因此，我想把你們引介給你們自己。

你們無法藉由遍訪名師或博覽群書來找到自己。藉由追隨任何特定的專門化冥想方法，你們也不會見到你們自己。只有由安靜地內觀你所知的自己，你才能體驗到你自己的實相，以及那存在於這當下切身的自己，和那多次元的「內在本體」間的那些關聯。

一定要有一種意願、一種默許、一種欲望。如果你不花時間去檢查你自己的主觀狀態，那麼如果這麼多答案彷彿都躲著你，你也無法抱怨。你不能把「舉證責任」丟給別人，或期待一個人或老師對你證明你自己存在的合法性，這樣的一個過程必然會引你落入一個又一個的主觀陷阱。

當你坐著讀此書時，你內在的門戶是開放的。你只要盡可能完全地體驗你所知的這片刻——如它具體存在於這房中的樣子，或存在於外面你所住城市街道上的樣子。想像在這一刻時間裡臨在於全地球的經驗，然後試著欣賞，那存在於這一刻卻逃開了這一刻的，你自己的主觀經驗——把這個再乘以每一個活著的個人。

光是這個練習就會打開你的感知力，增加你的知覺而自動地擴展你對自己天性的欣賞。有這種擴展能力的「你」，必然是個遠比你先前想像的自己更有創造力與更具多次元的人格。我先前在這書裡所建議的許多小練習，也會助你認識自己的實相，會讓你直接體驗自己的靈魂或存有的本質，並將使你與「你自己活力所源出的你存在的那些部分」接觸。你也許會，也許不會與你過去轉世的自己或可能的自己碰面。你也許會也許不會當場捉住你自己正在改變你意識的層面。

不過，我大多數的讀者一定會做成一些我所建議的練習。它們並不難，而且它們是在所有人的能力之內的。

可是，每個讀者，應該多少以一種對他來說很新的方式感覺到了自己的活力，而發現擴展之路在內打開，那些路是他先前沒覺察到的。這本書的本質、其創造與傳述方法的本身，就應清楚地指出這個事實，即人類人格有遠比一般歸之於它多得多的能力。到現在你應了解，並不是所有人格都在肉體上具體化了。如這本書就是由一個不具肉體的人格所構思所寫，然後再具體化，因此，你們每個人都能通達比那些通常被接受的還要更大的能力與通訊方式。

我希望我這本書，多少給你們每個人引介了本來就是你們自己的「內在多次元本體」。

（較大聲地：）我親愛的朋友，那就是口述的結束，而此書已寫完了。

（「很精采，賽斯。」）

現在你可以休息一下。這是一個理所應得的休息。

（九點三十分。即使我們心有準備，這本書的結束彷彿還是突如其來。一旦脫離了出神狀態，珍再度對賽斯書的完成表達了她奇怪的遺憾，雖然這正是我們一向努力的目標。她問：「他現在要做什麼呢？你知道，我真不能相信事情已經結束了。」

（我答道：「我們只有等著瞧吧。」對「賽斯課」下一步會發生什麼事，我們說了種種開玩笑的話，但我可以看出珍並不真覺得滑稽。實際上，賽斯自己的書對未來課的發展包含了這麼多概念，我們的難題將是「首先去探索什麼」——而我們將很難得的有機會在閒暇時來完成這些研究。

（最後珍告訴我：「我現在只是試著放鬆……我想，他有些東西要給你，關於那些聖經時代『耶穌被釘十字架』的事……問題是，我知道賽斯將開始告訴你什麼，但我弄不太清楚，聽起來不對勁。」

（我說：「嗯，很高興知道你話還沒說完。」以下的資料包括在此，因為它補充了第二十一章裡的賽斯資料。當賽斯開始了那章後，珍和我發現我們可能會變得對聖經歷史相當有興趣，但我們沒有多少時間去學。在九點五十分以較慢的步調開始。）

好，為了你們的教化：

基督，歷史上的基督，並沒被釘十字架……現在你一定要給我一點時間。（停頓。）

他無意以那種方式去死；但其他人感到為了要在每一方面都實現那些預言，釘死於十字架是必要的。

基督並沒有參與其事。（停頓。）有一件猶大在其中扮演了一個角色的陰謀，一個欲將基督造成為一位殉教者的企圖。被選中的人被下了迷藥——因而有幫他扛十字架的必要（見《路加福音》第二十三章）——而人家告訴他，他就是基督。

他相信他是基督。他是頭腦不清的人之一，但他也相信是他，而非歷史上的基督，要來實現那些預言。

瑪利亞來了，因為她替這個相信自己是她兒子的人滿心憂傷，她出於同情而在場。負責此事的團體要它看來像是：某一特殊部分的猶太人釘死了基督，而絕沒夢想到整個的猶太民族會被「怪罪」。

（在十點停頓。）很難解釋這件事，即使是我也難以解開這謎……墳墓是空的，因為這同樣的團體將屍體運走了。不過，瑪利亞・瑪達蓮娜的確在事後立刻看到了基督**（見《馬太福音》第二十八章。停頓很久）**。基督是個偉大的通靈者。神於是使傷口出現在神自己身上，而且同時以肉身以及「出體」狀態出現在神的門徒前。不過，祂曾試著解釋所發生的事以及祂所處的地位，但那些未參與陰謀者不能了解，而誤解了祂的聲明。

彼得三次否認主**（《馬太福音》第二十六章）**，說他不認識祂，因為他認出那個人不是基督。「彼得，你為何捨棄了我？」這話，來自這個相信他自己是基督的人——被藥麻醉者。猶大指出那個人，因為他知道這個陰謀，害怕真的基督會被抓到。因此他把一個眾所週知自命為彌賽亞的人交給了當局——以援救而非毀滅歷史上的基督生命。

（十點五分。珍的步調現在快了不少。）

可是，象徵性地，「釘十字架」這概念本身表現出人類心靈的意義和深深的兩難之局，因此「釘十字架」本身變成比當時發生的實際事件還要有大得多的真實性。

你要知道，只有頭腦不清的人有危險或能夠作這種自我犧牲或認為有其必要。只有那些仍為「罪與罰」概念所困的人會被那種宗教劇吸引，而在其內發現他們自己主觀感受的深切回響。

無論如何，基督憑其「神通」能力知道這些事件多少會發生，以及它們會引起的可能戲劇。所涉及的那人的主觀決定不能被動搖。他將被犧牲以使古老的猶太預言實現，而沒人能勸止他。

（十點十分。）在「最後晚餐」之中，當基督說：「這是我的身體，這是我的血。」祂是想顯示在所有物質之內皆有「靈性」。「靈」與「物」彼此相連，卻又分開——而祂自己的靈是與祂的身體分開的，並且祂也在以自己的方式暗示不應再把神與祂的身體認同，因為祂知道那死屍將不是祂自己的。

這全被誤解了。於是基督改變了祂的行為方式，常常在「出體」的情況下顯現給祂的門徒（見《約翰福音》第二十、二十一章，《馬太福音》第二十八章，《路加福音》第二十四章）。以前祂較少這樣做。無論如何，祂是在試著告訴他們祂並沒有死，而他們選擇當祂是象徵性地這樣說。（停頓一分鐘。）

他不再必要以肉身出現，甚至在那情況下是令人尷尬的。他就以念力使祂自己離開身體。

現在你可以休息一下。

「謝謝你，真是太有意思了。」

（十點十七分。「噢！」珍說，當她脫離了出神狀態之後，「沒人會喜歡那種講法，但我試著放鬆讓它出來，因為我自己對那個時代有那麼多的問題……」

（我詢問珍，但她沒留下任何影像，對剛給的資料她也沒有可加的。以下短短的傳述回答了在休息時我們討論的某些點。在十點二十八分繼續。）

現在：祂知道沒有那些傷口他們不會相信祂就是祂本人，因為他們如此確信神帶著那些創傷死去（見《約翰福音》二十章）。那些創傷本是用來作為認明身分的一個方法，當神解釋了真正情況時就不用了。

舉例來說，祂吃東西以證明祂仍然活著（《約翰福音》第二十一章，《路加福音》第二十四章等），但他們以為這是表示靈魂也能享用食物。他們想要相信祂已被釘死而又復活了。

好，我要結束今晚的課了。我祝你們有一個美好的晚上。

（「好的，謝謝。」）

告訴魯柏還會有別的書。我謝謝你的幫助、合作與耐心。

（「我一直很高興做這件事。」）

下回我們將有次私人課。

（「好的。晚安，謝謝你。」在十點三十分結束。

（在最後兩章裡，賽斯差不多回答了我們本來為第二十章所準備的問題單上所剩下的問題。

（註：《馬太》、《馬克》、《路加》和《約翰福音》大致上頗為一致，但在細節上則有許多不同。例如，在《約翰》第十九章，說到基督揹祂自己的十字架；在《路加》第二十三章，指明古利奈人西門替基督揹十字架。在處理各種版本「福音」的種種不同觀點上，曾經有人提出許多複

雜的問題與理由：它們可能是建立在「口述傳統」（oral tradition）及較老的平民文學或文件來源的基礎上；「福音」是否來自對基督一生的一個目擊者的說法（例如最近有人曾聲稱《馬克福音》只是在祂死了幾年之後寫的），福音是否應被認作只是在表達一個傳統——基督的事實與祂周圍的氣氛，而不管所有其他的事等等。

（珍現在懷著很多預期與不少的緊張開始由第一頁讀賽斯的書，她為之驚奇不已。）

附錄

賽斯花上三堂整課及其他兩課的一部分寫這附錄。它包括了對書中本文已論及的幾個題目的補充資料，如交會點、聖經的時代與記錄、物體作為象徵、轉世和意識的擴展。第五九二與五九四節特別吸引人，因為在課中發生的事件說明了口述的資料，並使之更凸顯出來。

我們也加上了六節其他的課的部分內容。五次是ESP班上的課。其中之一是因為它與第九章對死後組織的討論有關而被加進去；另一個包括對真正靈性的精采描寫。在餘下的班上記錄的摘錄裡，賽斯回答了讀者心中可能有的問題。

這些課也顯示出賽斯在與別人有個人接觸時的樣子。他對一位工程師解釋「原子的脈動」，與一位護士討論精神健康，與一位牧師討論攻擊性——全是班上的學員。第六篇是來自為一個學生所舉行的一課中，在其中賽斯第一次提及「說法者」。

第五九二節　一九七一年八月二十三日　星期一　晚上九點三十五分

（因為我對基督的時代所知甚少，我花了好些時間來作必要的額外閱讀，以便我能為賽斯課寫適當的註，蘇．華京斯——珍的ESP班上的一員，並且是我們私人的朋友——很幫忙：她借給我許多談那段時候的書，使得我能對歷史性的參考有把握。

（珍和我被近來的活動弄得很累，差點想錯過這節，只是她不想打斷我們已建立起來的節奏。蘇在場做為證人。我們全都期待輕鬆的一節——可能觸及涉及了我們三個人目前的事，好比由一隻病得厲害的貓，到我們上週五晚上的即興「轉世劇」。但我們確乎沒預期賽斯繼續談他在書中開始有關聖經時代的資料。）

晚安。

（「賽斯晚安。」）

我該嚇你們一下，說：「第一章」，但我不會那樣做。我向我們這兒的朋友（蘇）道晚安。你不久就能讀我的書的完整版本了。（對我：）我有一些註可為你所用。

（「好的。」賽斯的步調頗快。）

請等我們一會兒。艾賽尼派在希臘的一些神祕宗教裡有很深的根，有一些艾賽尼派設立了學校，而這些學校並不是表面上看來的那樣。他們用了「掩飾」。在一個「入門者」能接近那內部的教義之前，必須先通過各種考驗。（停頓。）因此，除了通常所謂的那個艾賽尼派外，還有其他的艾賽尼團體。

（通常所知的艾賽尼團體應是第一世紀之初基督時代在聖地的猶太教的一派。歷史上他們被認為是一個和平的團體。）

如人們所知的艾賽尼派是一個更大更古老的同志會倖存團體，其中有一些存在於小亞細亞。他們努力滲透到國家性或團體性的文化裡，因此，有某些基本概念聯合著艾賽尼派，雖然他們常用不同的名字行於世。（停頓。）有三個基本團體：一般所想的那個，在非洲的一個分枝，以及先前提及的小亞細亞團體。不過，在這些團體之間少有接觸，內部的教義本身也逐漸顯出了重要的變調。

他們辦的學校常常假裝在其他領域授以教育。陌生人將被留在這外圍團體。有些上這種學校的人從不知那些內部的入門者，以及在偽裝之下所進行的更重要工作。

有些「狂熱派」的會員最初曾是艾賽尼派。艾賽尼派在狂熱派之前。施洗約翰在所有重要的方面都可說是艾賽尼派；但一個以這種方式踏向前的人，就自動踏出了他的團體，你們的朋友約翰就是如此。

（在此賽斯幽默地提到了我最近對施洗約翰的興趣。「狂熱派」是一個遠較激進而半政治性的猶太教派，也在第一世紀早期存在於聖地——如我從最近的閱讀中發現的。

（九點四十六分。）於是，某些艾賽尼派的人對約翰的進展有些嫉妒。有一個時候，約翰曾試圖將各個分歧的團體合為一個同志會，但他失敗了。這失敗沉重地壓在他心上。火很少是溫和的，而施洗約翰就與保羅一樣充滿了火。

他是個遠較溫和的人，卻以他自己的方式也與當時的任何其他主要人物一樣狂熱。他反對他所反對的事比他贊成他所贊成的事要強烈得多。你明白嗎？基督是要傳遞那訊息，而約翰是要為它預先鋪路。

約翰年輕時曾與一位表妹聯姻。因為他相信這是有罪的，終其一生他逃避此事，不予承認。

且說，這些人就像風帆似地被他們所扮角色的能量所充滿，但他們必得有他們那時代人的性格特色。在基督能宣稱他自己超越了自然的人類之前，他們必須在人前以凡人的樣子出現。

這些「糾葛」是在那宗教劇的範圍內必須要有的，它們是有創造性的，因為在它們之內，攜有對你們來說在當時當地所能生長的唯一種子。（較快活地：）喂，我們不必如此正式。書的口述結束了。

（「真的嗎？」）

真的。

（「好吧。」）

你們可以問我一個問題，或休息一下，隨你們的便。

（「那我們就休息一下。」）

（對蘇：）我常在夢中對此人說話，我不想占據你所有其餘清醒的時間。

（九點五十六到十點。）

記錄常常被竄改；完全地假造，常常故意安插錯誤的記錄。那時宗教即政治，它暗示對群眾的控制與權力。統治者的任務就是要知道宗教的「風向」。那時以及後來，都有對事實的故意竄改。有些教派故意保留錯誤的記錄作為掩飾，因此如果這些被偷了，那些強盜會以為他們得到了他們想要的東西。

在有些情形，偽造的記錄——虛偽的陳述——已被找到了，同時在它們後面的真正記錄卻尚未被發現。

（停頓。）你最好記住在哪一節裡給了你這個資訊。

（「我不大懂你的意思。」）

要不了多久你也許會有理由要查核我剛才說的，因為會有似乎與先前記錄矛盾——它們的確會如此——的記錄出現，並且正是因為剛才所說的理由。

艾賽尼派保留了幾套記錄來混淆那些「狂熱派」，另一套來混淆羅馬人，而他們十分小心地衛護著那「內圈」的一套真實記錄，從那兒造出所有的事實。他們並不像其他團體一樣狂暴，但卻是一樣的精明。

（十點六分。）可是，他們做下了記號來分辨種種不同的記錄，真的和假的。（珍作為賽斯，停了下來，一隻手拿到眼睛上。）現在，我不知道我們能否把這清楚地傳過來……給魯柏一張紙，我們一起來看看。

（這節是在我們的客廳裡舉行的，珍坐在她的搖椅裡，面對著坐在沙發上的蘇和我。我們的長咖啡桌在我們之間。在珍的左邊有盞燈，在我身旁也有一盞燈。蘇遞給珍一張紙和一支筆，我則在繼續記錄。

（這時珍第一回在出神狀態中寫東西。她真的在畫一些小的圖形或符號，相當慎重地移動筆，瞇著眼看紙。

（蘇坐在珍的正對面，當珍把筆放下而開始為賽斯描寫那些符號時，我用手勢請蘇為那些符號編號。珍差不多畫了一分鐘。描出來的符號如圖所示，以賽斯——珍畫出它們的次序編了號。

5

4

3

2

1

（第一個與最後一個符號，她試畫了兩次。）

1號是試想畫出2號的嘗試，2號只是一個「作了副本」的記號，作了一個扭曲或竄改了的副本。中央那個（3號）是「一個扭曲少得多的副本」的記號，而最後的記號（5號）是「一個未經竄改的記錄」。

這些是很差的版本。這個看來更像一條蛇，一條蟒蛇。

（當珍把紙舉起來給蘇和我看的時候，她指著最後一個符號，替賽斯加強語氣地說。

（關於符號……在一九四七年學者開始獲得現已出名的七個《死海經卷》。它們是在位於多半為乾燥的昆蘭谷或昆蘭河床之上的山洞中找到的。這河床導向約一哩之外的死海。在附近猶地亞沙漠的挖掘很快地露出一座修道院的遺跡，它在不同的時代，在西元前一八〇年與西元後六十八年間曾被不同的猶太團體所占據。這昆蘭居留地離耶路撒冷與伯利恆只有十五哩。有些權威人士把它與和平的艾賽尼派相連，同時另一些專家則同樣強烈地把它與更富攻擊性的「狂熱派」聯想在一起。

（在這節的幾個星期之後，珍和我很感興趣地讀到，從昆蘭發現聖馬可的《以賽亞書卷》（*Isaiah Scroll*）包括了些卷緣的符號，到一九六〇年代仍未被破解出來；這是按我們所查閱的參考資料最近的一版所說的。附圖畫出來的符號，有些與賽斯——珍畫的那些不止有一點相像——尤其是最後的一個。）

除了最內圈的人外，任何人幾乎都不可能分辨出現的某些版本。這些符號不會孤立地出現，而是以這樣一種方式，使得只有那些知道如何找它們的人才找得到。它們不會在首頁上閃著金光（幽默地）。也還有其他的線索，某些出現在原文中的其他記號得與這些一起研究才行。

（十點十七分。）現在，在某些這種記錄裡，舉例來說，日期記錯的程度剛好可使得唯有精通此道的人才能認出一個不符之處。有些則會包括一個明顯的錯誤，那些熟悉內幕的人會立即認出這記錄是假的。

有些扭曲了的記錄被認作是事實，當你了解到梵諦岡還保存著其中的一些，真是令人好笑。在當時，教會相信這些記錄可以傷害它。其實在這些特定的錯誤例子裡，這些記錄反而可能對神職人員有助，但他們沒有辨別真偽的見識。

現在你們可以休息一下。（對蘇打手勢：）她對我說得這麼慢不大習慣。

（十點二十分。蘇習於聽賽斯在ＥＳＰ班上更快的說話，在那兒是用錄音機錄音。我通常不給賽斯錄音，而是直接用我自己的這種速記法逐字筆記；這在我後來把資料打字時省了不少時間。往往在我們的課裡，賽斯仍說得快到使我一直得以最快的速度寫。

（無疑的，賽斯對梵諦岡保留了被竄改的記錄覺得好玩，是由於他自己在某一生中短短地擔任過教宗之職。

（現在當蘇和我開始討論珍在出神狀態中所畫的圖時，賽斯回來了。）

因為這些對魯柏是無意義的，所以就很難讓他清楚地了解這符號。例如，它們該畫得緊密得多，而非這樣稀鬆。在實際上這些符號應出現為緊密集中的符號，線條也較粗。

（十點二十四分。在休息時，珍告訴我們，她不能以她在出神狀態中所畫的為本，再來重畫那些符號的新版本。她說：「當我在畫它們時，我腦海裡相當清楚地看到它們。然而我現在卻什麼也看不到。」看著最一個圖，第５號，珍確實說了那蛇的尾巴應當是由較低的彎代表的。在十點四十五分繼續。）

請等我們一會兒。（停頓。）在許多情形，記錄被忠實地複製了，但名字被改掉以保護無辜者。

想想政府和外交人員目前所用的語言，想想你們政府所知與所告訴給人民的，中間的不同。常常當你在這種情況下聽見一項否認，你立刻跳到正確的結論——就是在一個月左右會給同樣的問題一個肯定的回答。

因此，文字除了用來透露也常用來掩飾。在文字的運用上，人們常常花了很大的力氣以使知識不為多數人所知，而只給少數人。在聖經時代這更是真的。文學性的設計本身已成為形式化了的方法，表面上好像放任某種資訊，同時實際上卻供給錯誤的資料。在那些日子從來沒有一個問題得到直接的回答（**強調地**）——只要是稍有學識的人都是如此。

直接回答一個問題表示你頭腦簡單，根本不會欣賞詢問者的聰明才智，因為他很少問一個他真的想要得到答覆的問題。這是極度儀式化的行為；不過，大家也彼此心照不宣。

換言之，你不了解如何適當的翻譯許多這種記錄，甚至當翻譯本身是正確的時候也不見得有用。

你會叫整頁整頁的〔死海〕經卷為驚人的「偽作」，說實在的，既然整頁整頁，全不是真的，但這些都是在給資訊之前為人所預期的誇張與潤色。

（**十點五十五分。**）各種行業或多或少也都有這種做法。這些記錄若在錯誤的時機被發現，那是生死攸關的事。常常有所竄改只是為了要把讀者導入歧途，如果這些書落在外人手裡的話。

至於那些知道內幕的人從來就不必擔憂，他們不會被誤導。在他們看來，資訊很清楚，而扭曲顯而易見。那麼「經卷」裡就充滿了這種保護性的扭曲。前面我所提及的符號只是所用線索中的一些而已。它們以許多扮像出現，有時還與簽字糾結在一起。

這些人頗為偏愛密碼；甚至字母在書頁上的安排，都有它們的意義。各種不同筆劃的輕重或濃淡就強調某些事上來說有其意義。甚至有某種方法處理一個在前面的字，因此那個字會是一個線索，指出下一個字是錯的。當然，只有那些知道內幕的人才會認出這個線索，而其他的人會快活地消化了錯誤的資訊。

對重要人物的描寫也被改了，以保證他們的安全，而為了同樣的理由，背景也常是假造的，這些都是生死攸關的鬥爭。有些假造過的記錄，文稿上有毒藥——的確是要命的讀物。

（雖然加了幽默，賽斯——珍在給這資料時是非常強調而嚴肅的。步調很快。在十一點停頓。）

那時許多牽涉在內的人的確過著雙重生活，在他們的村子裡用一個名字，而在同志會裡用另一個。在有些情形，他們比較世俗的身分從未被洩露，除了對少數幾個人之外。後來，當基督徒被迫害時，他們用了許多安全措施——尤其是那些相信他們有責任苟活到能眼見新的「使徒信條」找到沃土的時候。

舉例來說，保羅，或掃羅似乎常在他其實不在的地方。傳出了話說他將旅行到如此這般的一個地方，而在那兒又預植了他到達的故事，同時他反而旅行到一個全然不同的地方。

現在你可以休息一下或結束此節，隨你的便。

（「謝謝你，我們就休息一下吧。」

（十一點五分。珍的步調在傳述時一直很快。「好傢伙，他的確精力十足，」當她脫離了出神狀態時說。「我感覺好像我真的穿牆而過……」在十一點十五分以戲謔的方式繼續。）

現在，我不想耽擱了你們的美容覺。

（「謝謝。我需要它……不，我不需要。我已夠美了。」）

我猜你把這個放在課裡以備將來的歷史家之用。

（「不，我不會。」雖然，很顯然地，我出於習慣繼續在寫。）

你應該靠你自己再得到更多的轉世資料。

（「我覺得現在能夠得到它了。」）

它是很容易得到的。它也引發更多「出體」經驗的活動。

（「那該是很有趣的。」）

我會讓你們都去。（對蘇：）我很高興你參加了這節。

（蘇：「我也是的。」）

你應該準備好去經歷更多的「可能的實相」。（較大聲：）我必須留點嗓子，因為明晚我們可能有一個班上的課（幽默地，對我：）你真的想能聽到我在那邊開講，不是嗎？

（「當然，我通常都能聽到。」

（我們的公寓被一個長廊分隔。當ESP班在客廳舉行時，我通常在走廊另一邊的一間房裡打字。有時我能隔過關著的門聽見賽斯。）

（對蘇：）再說一次，我高興你來了，祝你們兩位都有一個美好的晚上。

（蘇：「謝謝你。」

（「賽斯晚安，非常感謝你。」

（十一點二十分。賽斯所提關於我自己的轉世資料，包括了珍、蘇、我自己及其他數人自己製作的「轉世劇」，通常是在我們週五的聚會上做。這對我們而言是個相當新的活動，既令人驚喜又很有益，是賽斯在ESP班上開創的一個實驗之副產品。）

第五九三節　一九七一年八月三十日　星期一　晚上九點六分

（八月二十五日週三的定期課沒有舉行。

（這份資料是在此節的第二次休息後來到。首先我們收到的幾頁是關乎珍的心靈能力的一個非常有趣的發展：她越來越能感知一位有益的「助手」——她喜歡這樣稱它——的能力……在此有許多可學的。

（本週之初珍收到她編輯的信，要她為賽斯書寫個序及一個附錄。她在想不知第五九二節是否合適，我告訴她，我認為賽斯正是那樣計畫的，她先是很驚訝，然後就同意了。我們決定完全讓賽斯來決定要為附錄製作什麼資料。

（當珍在十點三十分繼續這節時，她的步調相當快，活潑而加強語氣的。）

好，寫我們的附錄。

世界上所有偉大的宗教都誕生於主要的「交會點」附近（見第五章）。在這種位置，種種改變都有出現得很快的傾向，因為以很大的活力，概念和情感被推進成為具體的實現。概念像野火一樣地橫掃人群。心靈的氣氛豐饒如沃土。

創造力從這兒輕易地湧出，因而這種位置並不一定是平靜的，雖然它們應是「和平」可以成長的最好土地。然而，任何或善或惡的概念都這樣強力的變成具體化，以致靠近「交會點」的地方，人類的矛盾感受更是明顯。

有些尚未被你們的科學家所確定的效應，發生在這種地區；這些效應在亞特蘭提斯時期卻為人所已知了，也曾被魯曼尼亞人所利用。就你們的儀器而論，靠近這些交會點，「空間」以一種奇異的方式，皺縮到一個觀察不到的程度。

我曾有些讀者也許熟習你們的科學家最近發現太空中的「黑洞」與「白洞」。

（有些理論派的物理學家近來曾假定，當一個非常巨大星球的核心火焰終於熄滅時，它們巨大的地心引力會導致它們如此完全地崩塌，以致它們真能把自己擠出於存在之外。一個「黑洞」於是乎被留在太空裡，而周圍的物質也可能消失到它裡面去。

（科學家更進一步的提出，經由「白洞」，這些正在消失的物質能在別的地方出現，在我們的或在其他的宇宙裡。在我們的宇宙裡，並且宇宙和宇宙之間都有一種「物質的週轉」，以保持平衡。）

這些點的性質多少有點相似。思想與情感的電磁特性──其生氣──被吸過這可比之為迷你黑洞的交會點，而它們的能量暫時由你們的系統消失，然而，卻被無限地加速，而又由你可謂之為迷你白洞裡回來──現在是經過濃縮而非常準確的被導回到你們的實相系統裡。

這只是個比喻，但為了實用的目的是個不錯的比喻。再說一次，雖然對你們而言尚不可觀察到，在這些點周圍有一種皺縮的效應，在那兒，看起來好像空間本身渴望消失到這一點裡面。物理定律在這兒還有其他的扭曲。已有幾件被觀察到，但卻被視為貼切的訊號而忽略過去。（眼睛大睜，邊打手勢。）原子與分子在接近這些點時活動會加快，但在原子與分子之間的距離卻保持不變。那一點是很重要的。

（在十點四十五分停頓。）這些交會點也有給你們的系統額外能源的功用。因此，熵（entropy）不適用。那麼，交會點實際上是額外的能量來源。無論如何，只有當濃縮的能量在你們的系統裡累積起來時，它們才開放。我想把這概念弄得更清楚些。一個物質性的交通工具，好比說一艘太空船，絕對不能經過交會點進出於你們系統而倖存。

（在十點五十分停頓很久。珍的傳遞一直非常活潑。

（註：熱力學第二定律告訴我們，雖然在一個像我們宇宙這樣的封閉系統裡，能量的總和

維持不變，能用來做功的能量則經常在減少中。測量這不能用的能量有一個數學因子就叫作「熵」。賽斯從我們課的最開頭時就堅持熵定律並不適用，而且並沒有封閉的系統。）

在亞特蘭提斯時代，有人利用這知識，經由集中而把某些思想加速，強調某些情感，再把它們由這些交會點送出去。因此就道路、建築及這類東西來說，達成了很大的穩定性。這種計畫是在對它們在各交會點間的位置經過周詳考慮後才進行的。

在某些出神狀態中，可以感知這種「空間口袋效應」（pocketing-of-space effect）。

（「魯柏能做這個嗎？」

（我不認為賽斯聽到了我；正當我問這問題的時候，我們開著的客廳窗外突然透進一陣交通的噪音。然而，回答來得倒容易。）

這幾乎可以比作是空氣紙團（a wadding-up of air）。

現在閉上眼安靜地坐著，試著確定主要或次要交會點的最近似的方向。這兒有些對你有幫助的要領。

心中懷著這個目的，你會發現你的內在視覺會朝向室中某一特定方向，甚至於你的思想似乎也隨著那同樣的方向。一條想像的線會幫助你在任一特定位置，正確地認出最接近任一特定交會點的地方。想像從你的內在視覺點向外拉出一條線，它來自你似乎在用的內在心眼。讓這條線與隨著你的思想彷彿流向的方向而由你頭頂出來一條想像的線相交。

於是，在這情形，由這兒與這兒，你有一條想像的線。有一個角度，然後兩線相交。它們將無誤地指向最接近一個交會點的方向。

（珍為賽斯說話時，為了說明這個，她以一手觸眼，以另一手觸頭頂。她從這些點伸展她的手，直到它們在一臂之長的地方相會，略為偏向她的右方。當她面對我坐著時，我大致坐在她的南方，因此這指她指出我們客廳西邊的角落。）

次要的交會點則彌漫了空間。例如，魯柏將能告訴你在這屋裡最近的一個交會點，有時這角度會較長，但這兩條線將指向對的方向。因此，能量在那些區域最有效。

（停頓很久。）現在你可以休息一下，或結束此節，隨你的便。

（「我們休息一下。」）

（十一點二分。在由一深沉的出神狀態出來後，珍很安靜。我大聲的說不知最近的交會點是在哪裡。這才由她那兒引出滔滔不絕的資訊——她已忘了它，直到我說的話提醒了她剛才發生的事。

（珍說在為賽斯說話時，她知道她所指明的兩線在我們房間的西偏南角交會。她極斷然地走到那一點去。它剛巧在我們的兩個凸窗之間的牆內，在一個老式的、暴露的蒸氣管後面。很可惜它擠在一個暖氣設備與書架之間，不是個容易加以利用的地點。

（珍在屋內走來走去，說她覺得她的思想就只「偏向」那個方向。現在她已知交會點何在，她覺得不能想像她沒有一向都知道它的位置。她說她不可能在精神上偏向於任何其他的方向。她背對著那點，快活地宣稱她感覺那「兩條線」由她腦後向那點延伸出去。在十一點十分繼續。）

再用這黑洞與白洞的比喻：說得更清楚一點，白洞就在黑洞之內。你聽懂了嗎？

（「懂了。」）

電磁的特性被吸進黑洞，而加速到超乎想像的程度，在黑洞之內的加速與活動由其他系統吸進了不可置信比例（我跟賽斯核對過這個字）的額外能量。

這更大的加速就改變了所涉及單位的本質。同時，黑洞本身的特性也被這活動所改變。換言之，黑洞是個反過來的白洞。電磁的「物質」可以由同樣的「洞」或「點」——現在成了白洞——再出現。

可是，這再出現又再次地改變了它的特性。它又再度變得「餓」了，而又成了「黑洞」。同類的這種活動在所有的系統裡進行。因此，這些洞，或交會點，實際上是了不起的加速器，將能量本身重賦活力。

我們將結束今晚的這個資料。

（於是，在停頓了很久之後，突然就結束。但賽斯又回來了。）

在交會點的資料後面加一個註，指明是附錄。這不是我們的書（幽默地），這是我們書的附錄。

（「好的。」）

對你們最衷心的祝福，晚安。

（「賽斯，非常感謝你。」）

當你有時間錄音時，我也會騰出時間給你。

（「好的，現在晚安。」）

（十一點二十一分。在課後，珍再試賽斯找交會點的方法。她又再一次發現自己指向屋子的西偏南角。她說：「那次我得到一大堆東西。」意指她在出神狀態之後收到一些額外的資訊。「那些線形成三角形的或通氣管的形狀，裡面含有能量。那就是為什麼通靈者談到金字塔形狀——那些線使能量集中。」

（她喊道：「沒錯，那就是和賽斯二接觸時，我為何獲得三角形效應的理由。只不過當我在一個『賽斯二的出神狀態』裡的時候，交會點是在一個不同的方向，它由我的頭頂上出去，遠離了這房間與房子，進入一個不同的實相。」

（珍於是想到讓她的ESP班學員試賽斯的方法。她想看看他們是否會指出與她相同的點。）

第五九四節 一九七一年九月十三日 星期一 晚上九點四十分

（上週只舉行了一課，而那是個早已過了期的、答應給朋友的一課。

（蘇．華京斯目擊了今晚的課。她本想在課前離去，但在八點五十分的時候珍邀請她留下。蘇意外的出席是個很好的例子，說明了自發性事件如何以一種非常富創造性的方式影響一節課——如後面所引用蘇的筆記會顯示出來的。

（一如往常，珍不知今晚的課會包括些什麼。她說：「我希望是給附錄的東西。」她的情緒好極了，甚至可說是很高興的。這種特質也在此節中出現，表現在賽斯要求我用最正確的標點與分段時，他的滑稽的、過分囉嗦的態度。

（因我自己在畫室工作的耽擱，我們開始得晚了。珍與蘇在客廳裡有說有笑，等我帶著筆記本加入他們。珍的傳述相當輕快，偶爾有一個很短的停頓。）

好，我向你及我們的朋友（蘇）道晚安。對你們之間的關係我有些有趣的評論，但我們必須為我們的附錄工作，因此我們將繼續那件事，其他的資訊在它該來時就來了。

物體即為象徵。

你們通常只把它們認作是真的東西，你們有時把思想、意象與夢想成是其他事情的象徵，但事實卻是，具體的物體本身即為象徵。它們是代表內在經驗的外在象徵。

因此，有你們全都同意的集體物質象徵，也一樣有私自的、個人的象徵。

如你們所知的，物質生活的整個性質和結構，都是那些選擇運用物質性象徵的「存有群」所製作的一個象徵性聲明。因此，「身體」是「你是什麼」或「你認為你是什麼」——而這可能的確是兩件不同的東西——的象徵。

（**賽斯實際上為了最後一句的破折號提出一個囉嗦的幽默要求：珍的雙眼非常黑，由我們咖啡桌的那一邊傾身過來，輕柔地對我說話。**）

任何身體上的病痛都是一個內在實相或聲明的象徵。你全部的一生是以身體來作的一個聲明，寫在你所了解的「時間」上。

新的一段。（**非常安靜地：**）一旦你了解物質實相的象徵性本質，那你就不會再覺得是被它「陷」在裡面。你曾形成了這些象徵，因此你就能改變它們。當然，你必須學會在你自己生命裡種種象徵的意義，以及如何把它們的意義轉譯出來。

要做到這個，你首先必須時常提醒你自己，具體的狀況是象徵性的——並非一個永恆的狀況。然後你必須在自己內心尋找那象徵所代表的內心實況，不論問題是什麼，或你的挑戰的性質如何，都可按照這相同的過程去找。

（**九點五十分。**）因此，你切身的物質環境是一個內在情況的象徵性聲明。內在情況是不固定的，因為你永遠在一個變為的狀態。你獨自不受干擾時，你會自動把自由移動的、自發的「內在事件」轉譯為物質實相，因而改變了你的環境，也改變了那些象徵。

可是，如果你想像那環境或具體狀況即為真實，那麼你可能感覺被它所困，而花精力去打一隻紙老虎。環境總是由內在來改變的。在內在與外在的情況之間有即刻的回饋，但改變物質環境的機動性、必要性與方法總是由內而來的。

新的一段。（又是一個非常安靜的、帶笑的、有禮的要求。我說：「賽斯，這次我比你要早得多了。」）

在此書中所給的概念，有許多在解決個人問題上都非常有用。如果這些觀念被了解了，那麼這個人應當了悟，他在物質生活的結構內具有「有目的地運作」的自由。你們有許多人這麼慣於向外看——而接受物質世界為實相的標準——以致你們沒想到去向內看。其實，你們存在的整個架構是不斷的由內向外流，而被投射成那些物質的象徵，然後你又誤將這些物質象徵當作是真的東西。

（對蘇，她坐在沙發上，我的身邊。）我對細節也很在行呢。新的一段。

（賽斯大聲而加強語氣的幽了一默，因為在近幾週來珍和我在校對此書時所做的工作、查核所有包括在內的我的註記等等。）

因此，內心的戲劇永遠是那最重要的戲劇。「你一生的故事」是你所寫的，是此書的每一個讀者所寫的。你們就是那作者。因此，你沒有理由看了這戲而覺得被它所困。改變你自己情況的權力屬於你自己，你只要去運用它。

對某些其他類型的意識而言，你們的物質實相很清楚地以它的象徵性形式被了解了。物體，作為象徵，幫助構建了你們生存架構的本身。然後你們才能十分自由地操縱那些物件。

你可以休息一下。

「謝謝你。」

（十點。珍的步調相當的好。不過，她的眼睛常常閉著，那是頗不尋常的。

（當她脫離出神狀態後的第一件事，就是要知道這節是否包含有新的資料。我必須告訴她我不知道；我太忙著寫字了。我也不能把所有賽斯的書記在心裡，縱使我剛剛還在處理文稿。但是，珍說，她也不能夠——而她才剛看完那整本書。

（註：當此課舉行時，珍已完成了一半對賽斯書的序的最後草稿。

（蘇說這資料對她很有意義，而她現在了解她今晚的不約而至並非一件「意外」。她在此還有更多可說的，特別是關乎她對珍和賽斯的印象，以及在這些課裡所涉及的巨大能量。事情發展成：蘇開始在課開始前以及課進行中間體驗到並且形成了一些印象。

（蘇的評論是這麼的好，所以我請她把它寫下來。她就在餘下的休息期間寫了。然後偶爾在課的其餘時間加上一些。它們以稍經刪節的形式呈現於此：

（蘇寫道：「當我在課前坐在這兒的時候，我獲得了一個對賽斯前所未有的印象。在我們談話的時候，就像是珍、羅和我在某種熟習的速度旅行，雖然這與運動毫不相干。當剛在課前賽斯來到『附近』時，好似珍內部的什麼東西開始發動、旋轉或加速，越來越快直到達到某個不可置信的另一個速度——那叫作『賽斯』的珍之意識的一部分。

（「在那一點，那速度正對，而事情不知怎的就『成了』。珍拿掉她的眼鏡，就如她總那樣做的。我幾乎能**聽到**這動作：然後那賽斯人格開始講話。那『賽斯二』的經驗該是這速度的一個甚至更大的加速，在珍所描寫的『金字塔效應』那一點達成。

（「甚至就在休息中間當我告訴珍這件事時，我都可以感覺這加速又開始了，當珍的意識準備繼續這通訊時。那幾乎是個從內到外進入出神狀態的過程，而當我幾分鐘後看著『賽斯』時，似乎珍的意識由她睜著的眼裡衝出，超越了我對速度是什麼的理解。我現在不得不覺得奇怪這通訊怎麼可能退回成為**文字**的。

（「我這樣說並不表示說我認為賽斯與珍是同一個人格；我的感覺是這個加速連接同一意識的兩個部分，它們平常是如此的不同，以致實際而言是兩個分離的人格。當我自己寫作順暢時，甚至熱心地談話時，我能認出這同樣的加速感覺；但在賽斯的眼睛後面那廣大、不可理解的速度的感覺要遠超過那個。我能同時在珍和賽斯兩人內非常清晰地感覺速度這玩藝兒，而我覺得我部分地被它們帶著走。

（「當珍由出神狀態出來時，再一次的，對我它是個幾乎可以聽見的經驗——從一個高而輕飄的哀嘶慢下來到我們正常的『聲音』或速度的一種感覺。感覺有一種極大的變化。就像是這加速的一部分是與一個次元相接，在那兒聲音不止是一個『聽覺上的』東西，而是個極妙的、極重要的感覺。快接近每次休息的結尾時，我能感覺它又開始了。」

（珍在十點二十五分以較慢的步調繼續。）

我們的朋友蘇的觀察非常接近魯柏的主觀感覺——如他在休息期間告訴你的——的一個精采描寫。

我要讀者看看魯柏的〈序〉，在其中他將身為一個作家的他自己的創造經驗，與那些他在我們課裡的感覺相比。有幾點他還不了解的，因此在這兒，我願把它們弄清楚。（停頓了一下。）新的一段。

在我們自己的課裡，他並沒有意識地覺察正在做的創造性工作，正因為他已走出了意識心所能追隨的**範疇**。他已將自己的一部分投射到一個全然不同類的主觀實相裡，一個全然不同的活動次元裡。

再談談他的〈序〉，他說他想念在自己的創造性工作中所遇到的那種追逐之樂。你明白嗎？在我們的工作中那加速是如此的快而強，他不可能有意識地跟隨它。所謂的無意識與這現象並沒多大關係。不過，這現象卻與在每個意識之內與生俱有的那些特性極有關係。這種能力極少被利用到極致。這些特性這麼快地和他連了起來，以致大腦根本沒有覺察到它們。

（在十點三十分停頓，許多中之一。）魯柏的確一直擁有這能力到一個很強烈的程度。就轉世來說，為了各種不同的理由，在他此生的早期部分，他一直不讓自己知道利用這能力的那些方式。可是，在上課期間，這內在存有的所有特性都被加速；本知的、直覺的、創造的能力以遠超乎你們所謂的「標準」速度在作用。

不過，這卻是一個意識本來的「存在次元」，當它不是肉體取向的時候。魯柏有能力，而且也會更進一步地探索這次元，過去只是他的缺乏信心才使他未能前進。

這加速把他推進到一個狀態，在其中他能運作得相當好，同時超越了所有那些他個人會稱為他自己的正常心理實相。（停頓。）

在這樣一個狀態，他真的在用不可置信的力量，那是就「能量」；當他在學怎麼用這能量，而直到他學到可以把它用上的其他目的之前。在許多情形下……當然，這音量也可用作他所接觸到那種活力的精采示範。

現在你可以休息，做完你的筆記。

（「好的。」）

而我願讓「超人珍」休息一下。（停頓，指向蘇：）此人在等他回來，以便她能感受到那個不同。

（十點三十七分。蘇坐在沙發邊沿，密切地注視著珍由很深的出神狀態出來。她再一次談論珍的「速度」改變，她說：「有一種聲音伴隨著我所不能描寫的那些速度。就像是在一個音樂即其實相的次元裡——在那兒，聲音不止是聽到東西了。然後當你離開它時——」蘇吹著口哨，模倣火車汽笛消褪於遠方的「都卜勒」效應。

（當蘇與珍問我關於此事的時候，我必須告訴他們我並沒覺得任何不尋常的事，但另一方面來說，我在課中很少感到什麼不尋常的事。集中精神於寫字也幫助我把其他的效應關在外面了。好像我永遠在寫——正如我在這段休息時間裡也大半都在寫字。

（當我們在等賽斯回來時，蘇又有所期待地注視著珍。「哇，那加速是太妙了！」她驚歎道；剛在回到出神狀態之前，珍告訴我們，她感覺椅子在她身子下面振動……在十點五十七分繼續，時有停頓。）

在我們課裡魯柏有的許多經驗，她事後都想不起來。因為「物體」就是象徵，在某種頻率的範圍內存在好像實相一樣，因此，當然在那些不同頻率的範圍，也就有其他的實相；但在那兒「物體」就不是主要的象徵了。

當魯柏回來物質系統內時，在這樣一種次元裡的經驗是極難轉譯的。在我這一方，也有必須做的調整。舉例來說，我降下來好幾個層次以便達成接觸。

我然後再嘗試作一種的確可說是創造性的努力，而魯柏也參與其中——就是把這種內在資料轉譯成具體用語，並且把我能帶來的這些實相——你們是其一部分——的那些線索帶進你們的實相。

（在十一點停頓。現在賽斯以一種安靜而覺得好玩的態度，常常給有關標點等等的指示。珍的眼睛常常閉著。）

由我自然的視角來看，你們的「物體」並不存在。當然你們內在的實相是存在的。且說，魯柏在身體上也經過一些改變，雖然這些對他的體質來說大半是自然的。（幽默地：）在此生開始前他就注意到那個問題了。

他以一種不尋常的、並符合他目的的方式來利用神經的連接，他的脈搏正常。然而，「加速」在一個肉體的層面上開始，同時用到了荷爾蒙與化學素，然後從那兒躍過神經末梢。腦的兩半邊都開動了，現在就肉體來說，「加速」就是由那些神經的連接發起的，而它在身體上的效應被切斷了。

許多失蹤的個案可以多少以同樣的方式來解釋：當「加速」夠強，又夠突如其來的時候，就把這整個人格掃出了你們的系統。

現在為了我們朋友蘇的緣故，我正在加快這「加速」作用，看看她是否能感知它。這常常在夢境裡發生——當你似乎短暫地進入了一個令人驚愕的新次元時，那夢境本身就涉及了這樣的一個「加速」。

（我一邊寫字，一邊很快地看了一眼坐在我旁邊的蘇。她安靜地坐著，注視著珍。珍的眼睛現在是張開的，她的步調較快，她的聲音略為大了些。）

每個藝術性的創造多少都涉及了同樣的原則，雖然是以一個較少的程度。現在，我不能再維持這額外的加速度了，否則我會說得這麼快，使得我們的朋友沒法記他的筆記了——

（隨著最後一句話，珍的聲音突然變大了許多——一個蘇和我常常目擊的效應。不過，當她為賽斯說話時，這音量離她的潛能還遠得很呢。在有些場合她的聲音那麼大，使我的耳朵都嗡嗡作響。我曾聽過珍非常大的聲音效應，就帶有如此響亮的尖峰，不可置信的一直維持了幾小時之久，而在事後沒有任何聲嘶力竭的跡象。）

現在，不要記筆記……

（他又大又急速的聲音很快地安靜下來，賽斯向我解釋，他將在我們用錄音機的一節裡給一個「加速的好示範」。蘇也可以參加，而希望我也能像她一樣清楚地體驗到這加速。這個插曲在十一點十分的休息時結束。

（當珍脫離出神狀態時，蘇又一次「強烈地覺察到珍的速度遽減」。她也有一些難以描寫的視覺上的效應；為了把這些感覺抓住，她開始補充她自己的筆記，而這些在此節之尾被引用。

（「有時在ＥＳＰ班裡，我可以帶全班去作一次真正的『加速探險』，如果他們去得成的話。」珍說。她用森林中的樹木來作對照的例子，把它們的消極被動狀態和加速相比，還有和她有時得到的「真的能夠穿牆而過」的感覺相比。這兒有更多我沒記下的。

（在十一點二十分繼續。）

我很快就會結束此節。自然，我們的朋友今晚來此並非巧合，除了給你們為附錄所需之資訊，我所給的論物體與象徵的某些資訊毫無疑問也適用於蘇。

（對我：）我為你難過——

（「為什麼？」）

因為你一直不停的在寫。

（「我沒什麼。」）

在此我可以對基督和門徒的宗教劇作一點補充。

就像魯柏讀過此書的主要部分後說的，那內在的戲才是那「真的」戲。基督變成了「那被釘死的人」，猶大變成了那出賣者，雖然基督並沒被釘死而猶大也沒出賣他。因此，那真相就在那迷思裡，那真相即那迷思。在這種情形，那些內在事件總是占優勢的，不論實際發生的事實是什麼，都只是那些內在事件的象徵而已。

現在我向你們道晚安。

（「賽斯晚安。今晚聽講很愉快。」）

（對蘇：）我要讓我的朋友魯柏滑回來了。

（蘇：「好的，晚安。」

（十一點二十五分。一旦脫離出神狀態，珍沒什麼要說的。「我只坐在這兒，看你們這兩隻忙碌的蜜蜂。」她笑著看蘇和我分別忙我們的筆記。

（蘇寫道：「在十一點十分的休息之前，當賽斯告訴我，他正加快這『加速』看我能否覺察它時，我明確的感覺到更大速度並『看見』珍的身體改變了。它似乎變小了，好像我是經由望遠鏡倒過來的一端來看它。這又與『運動』連起來，好像那身體的『頻率』也變了，而珍的身體正很快地掠過了我，縱使當它停留在同一處的時候。

（「然後，當珍在上一次休息中由出神狀態出來時，我感覺好像在我面前的一個力量被放走了，因此如果我不小心的話就會摔倒。而現在在課完後，我又有同樣的感覺。」）

第五九五節 一九七一年九月二十日 星期一 晚上九點一分

（此節的第一部分是為幫助解決一位友人的個人難題，她將賽斯的資訊錄了音，然後在九點四十五分休息時離開了。

（在我們這部分的課，我有兩個問題，我們期待賽斯的回答會包括在他書的附錄裡。第一個問題：按照賽斯所說，他、珍和我在一六〇〇年代住在丹麥，我只是想弄清有關我活了多長的資料，如在第十一章第五四一節末尾的註裡所給的。

（第二個問題：賽斯是否想給他書的第一部與第二部訂標題，如他給每章訂標題一樣？在十點五分繼續。）

現在。

（「賽斯晚安。」）

你看吧，我必須說得慢一點。

在第十一章裡，你在丹麥那一生的資訊是正確的，除了有一處誤解之外。那是一輩子分成了分開的兩段——真的是被不同的興趣、能力的貫注與生活方式所分割開的一輩子。

除開在那一章所給的資訊外，在有關那輩子的某些過去資料有扭曲的地方。這些並不是被魯柏對轉世的感覺所引起，而只是把許多細節串成正確的特定模式時，所產生的結果。

舉例來說，我所說的有些名字，適用於你們的朋友而非你們自己。不過，整個的畫面，那一次人生的合法性，並沒受到那個曲解的影響。我的確是個香料商人。你原先是個畫家，卻相當戲劇性地變成了一位地主，而一反你年輕時的作風。

當魯柏還是個男孩時，他也曾涉獵畫藝，而你憎惡此點，那時你已長得腦滿腸肥。你要他進入更實際些的工作，你對自己早年做為巡迴畫家的流浪很感羞恥。

此地，分隔是建立於，你想擁有產業的想法，相對於你做一個畫家的身分。在此生那也一直令你相當的不安。

（十點十三分。這講得對極了。不論是為何理由，我在此生不顧所有的阻礙堅持做一個畫家。

（在一九六六年一月十六日的第二二三節，賽斯說我在丹麥那一生叫做 Larns Devonsdorf。我那時的太太名叫 Letti Cluse。我的兒子——他現在就是珍——叫 Graton。賽斯，一個有錢的商人、旅行家和世交，名為 Brons Martzens。）

在那節中魯柏所給的我大概的旅程表是正確的。可是，在那節的其他部分則有一些扭曲。

（在十點十五分停頓良久。）當然，現在令你們這麼關心的細節的確是重要的，但是以一個更大的角度來看，只有你們人生中深刻的情感經驗才在「後來」被記起來。基本上，名字和日期對「內我」是無意義的。因此在轉世資料裡，情感的重要性會較生動地透過來，扭曲要少得多。

你把你目前感到極重要的名字和日期看得很重，你堅持要得到那些資料，以增加前世敘述的確實性，但這些卻正是最先被遺忘，而且在心理上最沒價值的事。

（十點二十分。）因此，某些名字會立刻躍入眼前。你還堅持這些名字給整齊地排好，但是，「內我」在這方面常常感到很大的困難，因為名字根本就沒什麼關係。有意識的人和事，帶著強烈的情感分量，會更為清晰地透過來。與情感性事件相聯的日期也能被回想起。前生是（微笑）像個必須被拼攏起來的縱橫字謎，但在其中心卻是這字謎所緣起的情感實相。

（賽斯之所以微笑，是因為珍新近發展出對縱橫字謎頗為強烈的興趣，我也喜歡它們。我們一直在猜測我們的「迷上它」背後的象徵性理由。）

許多這種對轉世的敘述被自由的灑上許多人名和日期，只為了滿足那些堅持要這些資料的人，否則的話，那些資料的情感上與心理上的合法性就可能不被接受。這適用於任何種類的轉世資料，不論它是如何獲得的。

那麼，如果所說的一生在你們來說是最近的一生，細節也許比較容易回想，也更為精確。但甚至幾世紀前的前世在細節上也可以很完美，如果它包括，譬如說，戰役或非常重要的事件，在那種情形下因為在那時所發生的事，這個日期本身會在此人心裡留下深刻的印象。

（十點二十九分。）任何負荷著強烈情感的經驗都會伴隨著一大堆的細節，但平常的日期與平常的名字則很少有意義。它們在你們自己的實相也很少有意義。基本上來說，人際關係是更為重要的，而這些你不會忘記。

然而，這些生生世世全盤同時存在。這點你不該忘記。不過，無用的行頭則對那些種種的人格都不重要，不論是「現在」或「那時」。你懂嗎？

（「懂的。」）

轉世的結構是沿著你現在所知的人生這同一條線建立的，它們會有相似之處。有些人比其他人對細節更感興趣：你的某個特定「先前的人格」可能很喜愛細節，在那情形你就會發現很豐富的細節。任一人格的特殊好惡，也會與一個特定轉世插曲的描述有很大的關係。

對某個貧苦、無知、狹窄的人格探問有關他那時代歷史的深刻問題是沒用的，他根本不知道答案。因此對任一生的「畫面」，通常是透過活過那一生的那人經驗而來的。

（在十點三十五分停頓。）我再說一次：那些對他重要的細節會浮露出來。在我本身的例子裡，我這麼不貫注於我的轉世自己身上，而他們也已獨自走了這麼遠，以致我很少有直接的感受。但既然我們（賽斯、珍和我）曾有過如此深的緣分，那些關係仍然是重要的，在你們來說，我們目前的關係在那時就潛存著。對你而言，丹麥那一生就如這一生一樣地存在著，「你」只是集中焦點在這個現實的畫面裡罷了。

現在你可以休息一下。

（「謝謝你。」

（十點三十七分到十點五十分。）

現在：轉世的結構是個心理上的結構。你不能以任何其他觀點來了解它。圍繞著它建立的種種扭曲與誤解可以說是夠自然的，如果考慮到你對「時間本質」彷彿具有的「實際經驗」的話。

那些個人生的真實性、合法性和直接性的確與你目前這一生同時存在。在一生與另一生之間的距離只存在於心理上，而非以年或世紀的說法存在。不過，心理上的距離，可能還更廣大得多。有某些前生，就如在此生中有某些事件，是你不願去面對或與之打交道的。還有些情形，你的人格在某一生與另一生可能有很大氣質上的差異——因此，你現在的自己根本無法與那一生的經驗發生關聯。

你會較強烈地被在某方面加強你這一生的那些「前世」所吸引。你了悟到你早期的記憶是很貧乏的。你們多半對孩提時所過的日子鮮少有記憶。你利用到在那時所獲得的知識，而雖然它是你的一部分，你卻並沒有有意識地覺察到它；因此你也沒有有意識地覺察到其他的轉世生活。

（幽默地耳語：）新的一段。

在本書的前面，我在好幾回提到「交替的現在」，而轉世的生生世世的確就是「交替的現在」。在你與你的轉世自己之間有經常的互動。像你的朋友蘇所說的，有「全盤的一直不斷的活動」。

（十一點一分。）換言之，那些自己並沒有死。你對這個的了解一定很有限，因為你自動地以在一個時候只有一個生活經驗的觀點來看。並且以直線型的發展來看，以你們的話來說，一個「轉世的自己」能知覺到你的環境，有時還透過你自己的人際關係而與別人相互影響。

某些「現在發生的事」的確能引發這種交互作用。不過，以十分不同的方式來說，重新投胎了的人格，雖與你交互作用或透過你來交互作用，在其他層面上它仍能有其他的經驗。

（此處珍的傳述頗為有生氣又有把握，好像賽斯要她作手勢以強調這資料似的。）

因為時間是開放的，當你想到這一點的時候，你也能影響你認為是過去的轉世自己，而偶爾在他們的環境中反應或對他們的環境反應。你在夢境通常會做這事，但這通常是在緊接著「醒時意識」之下的層面完成，在你從事日常生活時被你抹掉了。

（十一點七分。）強烈的情感上的聯想常能激發這種反應。（停頓。）如一般解釋的轉世，以一生在另一生前面的說法，的確是個迷思；但這個迷思卻讓許多人能部分地了解他們不然便會摒棄的事實——當他們還如現在這樣堅持「時間的連續性」這個觀念時。

現在你可以休息一下，或結束此節。

（「我們休息一會兒，賽斯。」

（十一點。珍曾「走得老遠」，如她常說的。她只記得資料開頭的一兩句。她今晚所有的出神狀態都很深。離開這樣一個狀態要花較長的時間；她的雙眼偶爾還會上翻等等。

（在休息時，我重複我對賽斯書的第一部與第二部的標題問題。在十一點二十四以同樣方式繼續。）

我們不必分別命名這兩部分。我曾想到讓第一部特別處理內在與外在的直接環境，然後在第二部分導向賽斯與其感知力的較大實相。我就是這樣做的，但這資料是如此地交織在一起，使我覺得給過的分隔就已夠了，而不想再加強一個劃分的想法。

（微笑：）我雖還可以繼續好幾小時，但我建議你還是休息吧！

（「它會被珍惜的——我是指休息。」

（雖然我是有點累了，但顯然賽斯能輕易地轉移到一個狀態裡，那兒他的精力似乎不可窮盡。）

我祝你有一個最美好的晚上。

（「我認為今晚你給我們現場客人的資料〔在第一次休息之前〕很精采。」）的確不錯；那是為她特地裁製的。

當講完了附錄，而你對此書的工作也結束之後，我會給你盡你所要的那麼多節課——在合理的範圍內——為你自己。並且用錄音機。

（「好的。賽斯晚安，謝謝你。」

（十一點二十七分，她在休息幾分鐘後說：「滿奇怪的，最後那回我其實是出去了，但只有那麼短的時間，以致我真的感覺到了從『這兒』到『那兒』又回來的『轉移』。蘇用的那個字——『加速』——用得很好……」見第五九四節。）

第五九六節　一九七一年九月二十七日　星期一　晚上九點二十四分

（晚飯後，珍和我為賽斯書做了一小時左右的校對工作，然後出去散步。是個溫暖有雨的秋夜，天已黑了，非常的愜意。四處散布著潮濕的落葉。

（到八點半我們已回到家。我們坐在客廳裡沒開燈，因而我們可以很容易地看清外面。今天珍寫完了賽斯書的序。這又讓她想到她自己的手稿——「物質宇宙即意念結構」——她在序中談到的。她今天又讀了一遍那篇稿子，仍然覺得極有興趣，她再一次說，終有一天她自己會把它發揮一下的。

（在我們談話時不知不覺已過了九點。當我們終於準備開始上課時，我開了兩個燈。珍想為賽斯書的附錄要更多資料。她說今晚客廳看起來似乎「不同」，意味頗深長，但她又說是個「很好的不同」。她開始以一種非常安靜的聲音為賽斯說話。她的步調頗慢，她的雙眼常常閉著。）

晚安。

（「賽斯晚安。」）

魯柏在他的序裡所提到的**物質宇宙即意念結構**，的確代表了我們第一次正式的接觸，雖然魯柏在那時並不知道這回事。

那經驗發生在一個他能接受的架構裡——也就是高度加速了的靈感。只有當他在經歷對他而言彷彿幾乎不可忍受的那麼強的靈感之後，他的意識才離開了他的身體。如果反之他的習慣是把他導向，比如說，一般的祈禱的話，那麼那個架構也可能為他所用。在所有這種例子裡，有幾種特質是很明顯的：內省的能力、深度集中的能力、在沉思中以肉體為取向的自己失去了鋒利稜角的能力，以及一種強烈的學習欲望。這些必須伴以內在信念，相信能直接收到適切的知識。對那些相信所有的答案都已知的人，就沒有什麼探索的必要了。

這種資訊，這種由靈感觸發的寫作，通常是出現在已被固定成形的人格架構內。因此這種知識出現於其中的那個範疇常常會有所不同。在有些情形，這架構本身是最後一次被用到，而最初由靈感而得的知識——這知識本身——脫離了這架構，而超出了讓它出生的那範疇之外。

（在九點三十五分停頓，許多停頓之一。不過，珍的傳述到現在卻更有力了。）

最重要的是，在意識的擴展狀態收到這種資訊的那些個人，已經在他們自己內在感覺到他們不止與地球本身，並且還與更深的實相有深深的聯繫。在有意識的層面，他們常不覺察這個在他們自己內在的基本特質。但他們不接受別人所給的答案，卻堅持找他們自己的答案。

這些尋求也許顯得不穩定。有一種微妙的不耐，一種神聖的不滿，驅策他們向前，直到在他們自己人格內的邊疆終於被打開。所獲得的知識然後必須被這具肉身的人格所整合，但是，這種樣子的有效知識，天生就會放出它的光而開出它自己的路。

由某些這種經驗所發動的能量，足以在一瞬間改變自己的一生，並且還能影響其他人的了解和行為。這是一個活動次元的知識侵入了另一次元。它們是能量很高而易變的。收到這種資訊的人本身是它的一部分而不自知。他現在人格的整個「感覺基調」（feeling-tone），也直接地被他所收到的資訊改變了。

按他對自己的「願景」（vision）忠實到什麼程度，他能得到千載難逢的擴展可能性。可是，他得到的資訊常常是與他先前持有的概念相衝突的。否則的話，這種經驗有時具爆炸性、侵略性的特質就沒有必要了，因為就不會有阻礙了。

（在九點四十五分長長的停頓。）然後這種人格就常常必須學著融會他的直覺知識，學著改造知性的架構，使它強到能支持他的直覺知識。這種人格也常天生就有汲取不尋常的大量能量的能力，他們通常在一個相當年輕的時候就得學會不浪費精力。舉例來說，在學到了這教訓之前，他們可以看起來好像是同時向許多方向進行。

三十幾四十出頭的人常常會捲入這種事，只因在那時，這種人格「想知道的需要」常常到達了頂峰。所需的行為模式已充分建立，精力也被導向了一定的方向，而這個人已有足夠時間去了悟那些被普遍接受的架構與答案對他沒有多少意義。

這種經驗在它們最強的時候，能從私人的領域把直覺知識推出來以改變文明。那不可置信的能量永遠是在最初的經驗裡，在它內含有濃縮的能量，所有其他的發展都由之而來。

涉足其中的人能以許多方式反應。他必須經過很大的調整，還常常有行為上的改變。這人現在領悟到，他的確是一個活生生的各種實相交織成的網，而這變成了直接有意識的知識。

（這當然正是發生在珍身上的事。在九點五十八分停頓。）

這種知識不僅需要更敏於反應也更負責任的行為，並且還牽涉到先前可能缺乏的一種悲天憫人之心。這種悲憫帶來一種強烈、挑戰性與熱烈的敏銳性。許多人曾感覺經驗過不尋常而十分正當又強烈的意識擴展，但卻發現他們自己無法把新知與過去的信念連起來，以造成處理這敏感性所必須的改變。的確，他們不夠堅強來容納這經驗。在這種情形，他們試著把它關掉、否認、忘記它。

（十點五分。）另一些人則從不允許它逃出它所源自的範疇或架構，於是他們無法脫逃、無法釋放自己。舉例來說，如果這資訊最先由他們的「神」而來，他們就繼續以他們特定的方式來想「神」，即使這經驗與所給的資訊應早已把他們帶得遠遠超越了這樣的一點。

（在珍為賽斯說話時，她的聲音仍相當安靜，但她的傳遞現在更快更熱烈了，她用了許多手勢。）

舉例來說，魯柏也可能造成同樣的錯誤，要不是他的經驗已把他帶得超越了那促使它誕生的靈感架構的話。（停頓。）那麼，在他的情形，他被推進到新的觀念裡，因為他有排斥舊觀念的見識，以及向前進的勇氣。

這向前進使他涉入了（長久的停頓）我對「神的觀念」的想法。在我們開課之前，他是如此地幻滅，以致他甚至不願考慮任何有關「宗教事務」的問題。

（對我：）你累了嗎？

（我們一直都沒休息過，但我搖頭表示不累。現在雨下得很大。除了那聲音之外，我還聽見有人在我們上面的公寓走來走去。）

其實這種經驗或這種通到知識的門戶是每個人都可獲得的，而且每個個人都或多或少參與其間。它們以遠非如此明顯的方式出現，常是在似乎突然作成的直覺決定、有益的改變、直覺的預感裡。常常，在人生的中途，一個人好像突然以一種具體的方式清楚地看見事情的端倪，而把他的事整頓好。例如，看起來似乎朝著災難走的一生突然「反敗為勝」。這些全是同一經驗的變奏，雖然是以較不明顯的形式。

（在十點十五分停頓。）在正常生活與日復一日的經驗裡，你可得到所有你需要的知識。不過，你必須相信是如此，以「向內看」以及「對你的直覺開放」，把你自己放在一個能收到它的地位，而最要緊的還是想收到它的欲望。

在幾段以前我說起，像魯柏這種人，他們自身就是他們收到知識的一部分。這適用於每個人，每個讀者。（停頓很久。）有一個很大的錯誤在世上運作：人們相信只有一項偉大的真理，它將出現而他們就會知道它。但一朵花即一真理，一個燈泡也是，一個白癡及一個天才、一個茶杯及一隻螞蟻也是。可是，在外表他們卻少有相似之處。

（十點二十四分。）真理即所有這些看似獨特的、分開的、不同的實相。因此魯柏是他所感知真理的一部分，你們每個人是你們所感知真理的一部分。

「真理」經魯柏反映出來，而在某種方式變成了新的真理，因為它是被獨特地感知到的（就如對每個感知到它的人來說，它都是獨特的）。那樣說的話，它不是更差的真理或更真的真理，它變成了新的真理。

現在你可以休息一下。

（十點二十六分，珍花了幾分鐘才離開出神狀態。她的聲音在大半時候保持安靜，但已變成非常熱烈。她完全不知道她已說了超過一小時的話。她說：「哇，他這回真的讓我出去了。我也知道為什麼。樓上的噪音開始令我心煩，因此賽斯把我放得甚至更深些。

（「然而我知道我會為附錄得到一些談『意念結構』的東西。」她繼續道，「真是個愉快的晚上。」她對這節感到非常快樂。我認為她今晚對噪音很敏感，是因為她不想在獲得這特殊資料時受到干擾，現在樓上的公寓安靜了。

（深度出神狀態的效果仍留連著，珍一再地打哈欠。她在房裡走來走去，啜飲一罐啤酒並吸了一支煙。暖雨繼續下著。我問珍是否想結束此節，但她選擇繼續下去，儘管她哈欠連連。

（在十點四十五分以同樣方式繼續。）

這種「新真理」的確仍可以是非常古老的，但真理並不是一樣必須永遠有同樣外表、形狀、形式或大小的東西。因此，那些執著地保護他們真理不被質疑的人，反而冒了毀壞他們知識合法性的險。

再次的，那些對他們的答案如此確信無疑的人，將會缺乏那可引導他們進入更大了解次元的「想知道的需要」。當然，任何合法的意識擴展其本身即為訊息的一部分。這人格發現它本身接觸到活生生的真理，就明白真理只以那種方式存在。

我用了「意識擴展」這用語而非更常用的「宇宙意識」（停頓），因為後者暗示了在此時人類尚不可得的那麼大的經驗。（停頓。）與你們的正常狀態對比之下，強烈的意識擴展其本質上也許顯得是宇宙性的，但它們僅只略微暗示了你們現在可能達到的那些意識狀態而已，更別說能開始接近一個真正宇宙性的覺察了。

（十點五十五分。）在本書中所提出的概念，應該可容許很多讀者擴展他們的感知與意識到一個令他們不敢相信的地步。此書本身是以這樣一種方式寫的，以致凡有心學習的人都能受益。不止寫出的字本身有意義，並且存在於字裡行間看不見的聯繫也有意義，而且對人格的不同層面各有其意義。

（珍，在出神狀態裡，幾次試想點燃一盒火柴，但它顯然太潮濕了。她最後不得不放下她的新香煙。）

任何直覺性資訊的誠正端賴收受者的內在誠正。因此意識的擴展要求誠實的自我評價，對自己的信念及偏見的自覺。（在十一點一分停頓良久。）它帶來一件禮物及一項責任。因此每個希望反觀自心，希望找到他們自己的答案，希望赴他們自己「與宇宙的約會」的人，就應當對他們自己人格最隱密的作用方式變得非常熟悉。

結束了（做為賽斯，珍向前傾，她的雙眼睜得更大而相當的黑）。

（「好的。」）

那麼，屬於我們的附錄。你可以問問題、休息或結束此節，隨你的便。

（「那我們就休息一會兒。」十一點二分到十一點九分。）

這種自我認識本身就非常有益，在一方面來說也即為自己的酬報。不過，如果你不願改變你的態度、信念或行為，或檢查那些你認為是你獨特的個性的話，你就不可能清楚地向內看。

換言之，沒有檢查你自己，你就無法檢查實相。你不能離開你自己而與「一切萬有」接觸，你不能將你自己與你的經驗分離。（停頓。）你不能利用「真理」，它不能被操縱。不論是誰，凡是以為他在操縱真理的人其實是在操縱他自己。你就是真理。那麼就發現你自己吧！

而現在，我要說晚安了（做為賽斯，珍拍拍她的膝蓋，笑著）。

（「好的，賽斯。非常感謝你。」）

當環境許可時，我們仍將有我們自己的課。

（「沒問題。我猜是在這書完成之後。」）

最衷心的祝福。

（「也祝福你。謝謝，晚安。」

（十點十六分。當珍終於由另一個很深的出神狀態出來時，她說：「啊，我覺得真快樂，但我想我差不多只夠氣力爬上床了。」她又在打呵欠，而且非常的放鬆。可愛的小雨還在繼續下著。）

ESP班的課 一九七〇年六月二十三日 星期二

（當錄下此節時，有十六名珍的ESP班的學員在場。在這課裡——此處稍微節略了——眾多問題之中，賽斯討論了我們現在實相裡的組織。見第九章第五三七節有關死後組織的資料。）

在任何時候，如果你想要組織那就會有組織。你構造你自己的存在，而且任一特定時間，你都會選擇具有完全如你所需的那麼多組織的那些實相。

在這個實相裡，你非常「湊巧地」強調那將你們連結在一起的所有相似處；你把它們造成一個模式，而非常「湊巧地」忽略了所有的相異處。從一個廣大的感知領域裡，你選擇把你的注意力貫注於某些特定的區域，而忽略所有其他的。因此就這小小的區域來說，你們間有完全的協議。你無法感知的廣大區域則完全不困擾你，而你也不問關於它的問題。但它卻是存在的。

我以前曾說過：如果你能集中注意力於這些相異處，只是注意那些你能感知卻沒感知的相異處，那麼你會驚訝人類竟然能形成任何關於「一個有組織的實相」這種概念。（做為賽斯，珍看看瑪麗和阿爾特坐著的沙發。）我現在看著你們兩人之間的地方。當其他人看著這兒坐在講究藍沙發上的我們的朋友時，他們看到一個道地有組織的畫面。這兒有一個人（手指出去），那兒有一個人，中間留有空間。這畫面是滿平衡的。它顯得完美而有組織。

可是，在我們的兩位朋友之間的空間卻不是「空」的。你們認為它是「空」的，因為你們看不到那兒有什麼東西。畫面看來非常有組織。可是，只要你一旦了悟這畫面是不完整的，那你們必然會開始問新的問題，而關於「完美組織」的老概念就消失了。

如你所知，你們並不感知在這房裡到處游走的原子和分子，也看不到充滿了我們兩位朋友之間的空間的原子和分子，也不知那些力量——力場——的存在。既然他們坐在沙發上，那沙發的作用就是聯合他們。他們到底坐在什麼之上？即你們感知為實體的「虛空」。

其實，若沒有你們特有的肉體感官，你們不會感知沙發為實體。與你們有不同感知機制的意識，對我們現在已出了名的藍沙發並不知覺。你們造成這組織。你們的思想感知一個組織。你們執行這組織，而真的是創造了它。

（由一位同學來的問題：「我們全都創造相同的組織而看見相同的沙發嗎？」）

（對瑪麗和阿爾特：）我有把握你們兩個人都大致同意你們是坐在一張沙發上。你們並沒感知相同的沙發。你們只感知自己的「意念結構」，卻看不到別人的「意念結構」。心電感應地，你轉換你的意念以與你所知的別人想法合作。你們彼此同意沙發在這兒。一點不假的，確在你們的物質系統內——因我知道這是下一個問題——你們能丈量你們的沙發。我隨時準備有人會拿支尺來量它，然後對我說這沙發是這樣長：我怎麼能說它不是同一張沙發呢？

可是，在你們的物質系統內，儀器本身就是扭曲的，自然它們會同意所量的東西。沒有理由不如此。心電感應地你們全同意物體所放的地點，以及它們的尺寸。

你們以一種奇怪的方式來運用原子和分子，你們把你們的概念移置到它們上面。你們以某種特定方式感知它們。我並沒在怪你們，在我的時代，我也曾那樣做過，這裡面自有很好的理由。但事實是，物體並不是實質的，除非當你相信它是的時候，而「組織」是由你內心移置到外在之上，而非由外在移置到你身上的。你形成了你所知的實相，縱使這桌子支持住你的手臂，而你能靠在它上面寫字，我仍要告訴你桌子不是實體的。

只要你能在上面寫字，這並沒什麼差別，只要你能坐在你的藍沙發上，它也沒什麼差別。但當你離開你的實質系統，而肉體的感知不再是定規的時候，那時你就必須學習新的「基本假設」了。

「基本假設」即那些在任何實相系統裡，你們所同意的定律（laws）。舉例來說，你們「同意」什麼物體是實質的——它們到底是或不是並沒什麼區別，只要你們對這點同意。你們的意識應該在一個身體內，你們**死**也不願被發現你的意識在你的身體外面。那是個禁忌！其實，事實是你的意識並沒被囚禁在你的身體之內；但只要你相信它是的，再次的，你就死也不肯被人發現你的意識在身體外面。而當你真發現它在外面時，的確將會有些驚愕。

還有其他你當作是實相的基礎基本假設。在實相的其他層面，也有其他的基本假設。這些都是你用以轄治你的經驗彷彿成立的定律。想到紙不是實體，而筆也不是的話，那我們的記錄者還做得真不錯呢！你們能用「虛空」做出來的東西實在可驚！

(休息和討論。)

你們真的是多次元的人格，如我以前說過的。發展到某一點的時候，越來越覺察你們本來面目的真實本質。舉例來說，你的一部分對你們剛才討論的「脈動」就非常地覺察，它也覺察到「記憶」的脈動性質。當這脈動是在這物質實相之內時，那時你們，如你們所知的自己，有對「這個存在」的記憶。當這脈動是在另一次元中的時候，就有對「那個存在」的記憶。其實你們整個本體某個部分有這兩者的記憶。整個人格結構居住在許多次元裡，並且是同時的。

你們對任何心理學概念還處在最開端的地位。你們對你們現在是什麼根本就不了解；而就如我以前說過的，當你問我有關死後生活的問題時，你自動地轉移——如果你肯原諒我這麼說——這「無知」到下一個領域裡。因此，有時我不知如何回答你們的問題。你們正在學習認識你們自己，以你們現在進行的速度，那還得花你們相當的時間！

好，當你正確地了解如何用「心理時間」的時候，那麼你就多少能學著改變意識的本質與焦點。你能把它轉向許多方向，你也能把它自物質實相轉開而貫注在其他方面。這並不指你的肉身會孤獨無助地被留在此。它的真意是指你將開始探索自己的實相，以及你在其中存在的那些其他實相。

不過，你必須甘願承認有其他的次元而你存在於其中。你也必須對你的血肉之軀有信心——相信當你回來時它會在這兒，我向你保證它會的。別無他法——我再重複一遍——別無他法可以獲得關於其他實相的親身資訊，除了經由對你自己意識的探索與操縱之外。

當我跟你們說話時，我極少用像「愛」這種字眼。我沒告訴你有一位「神」在一扇黃金之門的另一邊等著你。我也不會為了使你安心而告訴你：當你死了，「神」會以所有祂的無上慈悲等著你，而你的責任就到此為止。因而就如我昨晚在最後一章裡所說的，我對懶惰者沒有提供希望，因他們不會找到永遠的安息。

可是，經由在你們自己內心的遊歷，你將會發現自己意識與其他意識的統一性。你將發現把「意識」賜給所有東西的那「多次元的愛與能量」。這不會令你想要躺在那眾所週知的慈懷裡安息，反而會激勵你在「創造」這件工作上做得很好；而你的確會發現並感受到那種「上帝臨在」的感覺，因為你將在分子之舞的背後，也在你自己之內與你的鄰居之內感覺到它。這麼多人所想要的是一位走過大街、對大家說「主日快樂。我就是我，追隨我吧！」的「神」。但「神」是巧妙地隱藏在神的創造物之內的，因此祂即一切，而一切即祂；在認識萬物的時候你就認識了祂。

（休息與討論。）

你們對「心理時間」討論了很多。我並不光是指我教的冥想方法。我的確是指你們主動去做的主觀活動與探索。你們懂嗎？我很高興！

實際上，你現在就與「神」同在。沒領悟到這點的，正是你自己。你明白嗎？你曾相信過許多故事，象徵性地說，它們是非常重要的。如我先前說過的，它們在你們的生活與你們的發展中有其地位，但有些時候你們必須把它們放下，而沒有它們，有一陣子你們也許會感到孤獨。

（問題：那麼我們是需要那些信念作為我們發展的一部分囉？縱使我們後來把它們捨棄？）

是的，縱使有些像我自己這樣的人將會到來而拿走了慰藉人的毛毯——因為雖然早先它們幫助你成長，過了一會兒它們卻會阻礙你的發展。不過，事實仍然是：要找到「神」，你並不是非死不可，「一切萬有」就是當下，而現在你就是「一切萬有」的一部分。如我常告訴你們的，你們現在就是一個「靈」。現在，發展的大道就是開放的。如果你想的話，現在你就能出發並探索非物質的環境，但我看不到任何學生衝進那隱形的門口！

現在我將結束我們的課。但我希望你們都仔細地讀我所說過的話的副本。偶爾，當你沒有其他事可做時——沒有更好的事可做時——那就試試，試著感覺你意識脈動裡的空檔，試著跳過那空隙！

我向你們全體道晚安。

（十一點二十五分。）

ESP班的課：一九七〇年六月二十三日之前

（這是珍的一個學生所保留的，是幾節不是遺失了就是沒完全錄下來的ＥＳＰ課之中，所剩的殘章斷簡，見第九章。）

真正的靈性（spirituality）是一件喜樂而且入世的事，與大人的假正經不相干，與冗長的話和充滿悲愁的面孔也不相干。它卻的確與你內在的意識之舞有關，以及在你心裡的心靈探險感覺有關。

那就是靈性的意義；而如我以前告訴過你的，如果我能的話，我願在屋裡跳一個快活的舞，好讓你明白你的活力並不倚賴一個肉身形象。它既不倚賴你的青春，也不倚賴你的身體。你的活力搖鈴且歌唱，響徹這宇宙，響徹你整個人格。使得所有的創造成為可能的是一種喜樂感。

因此，當你拉長了臉時不要以為你是富有靈性，當你為你的罪而貶低自己時不要以為你是靈性。在你們系統內的季節來而復往，不論你以為你是罪人或聖人，太陽仍照在你臉上。宇宙的活力就是創造性、喜樂和愛，而那即靈性，那就是我要告訴我的書的讀者們的。

現在，如我答應過你們的，休息一會兒……。

第五五八節　一九七〇年十一月五日　星期四　晚上九點五十分

（這段課的摘錄包括賽斯第一次提及「說法者」以及他們在轉世過程中的作用，補充了第十七章的「說法者」資料。

（這節的緣起是因朗．畢及他的太太葛莉絲——ＥＳＰ班的學員——要求賽斯幫忙解決一個涉及他們家庭的難題。在就那情況講了一些非常有趣的資料後，賽斯在十一點十五分左右熱心地談起「說法者」的資料。所有我們在場的人都很驚訝，如賽斯用到的「說法者」這術語，在當時對珍和我與對朗和他的家庭而言，都是沒聽說過的。）

我們已認識好幾個前世曾為僧侶的人。現在（對朗）：在早於基督時代的一生，西元前一二○○年時，在東方，你是一個屬於密教傳承團體裡的一員，你們是流浪者，足跡遍及小亞細亞。你們在腦袋裡帶著訊息和法律，那是在一個已幾近於被遺忘的時代給予你們這類人之一的。這些是「道德律」。它們源自亞特蘭提斯時代。在那以前，這些「則律」是來自另一星球的種族所給的。這種族與亞特蘭提斯的起源有關。這些訊息被演繹為文字和語言，而在亞特蘭提斯的時候被記載下來，但在那之後它們則是以口傳方式傳下來。

你們的人從他們的長者那兒學到那些「則律」，他們被稱為「說法者」。你是個「說法者」。這是為何你覺得這麼容易稱別人為你的兄弟的原因。現在：特別是在你管轄之下的三個人（在朗擔任監督的製造業工廠裡），是那最初一組人的一部分。你的太太、你的兒媳與你的兒子（這晚全在場），也是那組人的成員。不過，你的太太與你的兒媳那時是兄弟。現在請等我們一會兒。

（停頓。）

你在一個大動亂的時候旅行過小亞細亞，不論你到哪兒去，你都說法——那是指你說到倫理道德，你花了十二年的訓練來記住這些道德律。

且說後來艾賽尼派的人也牽涉了進來。我對那個字沒有把握。

（艾賽尼派是在基督時代活躍於聖地的猶太四支派之一。他們是一個和平、愛沉思默想的團體。聖經裡沒提到他們。如果賽斯指艾賽尼散播「說法者」的道德律在，好比說，西元一世紀，那麼這當然是比朗在西元前一二〇〇年晚許多世紀的時候。

（朗的太太，葛莉絲：「賽斯，我們在那時有沒完成我們的目的？」）

在那一生中，有的，你們必須給我一點時間。在那團體內有混亂、歧見。對回想到的字眼的意義有歧見。那團體變得分裂了。這團體的一部分旅行到我們現稱為巴勒斯坦的地方，另一些人在下個世紀裡移居了，而出現在南歐。

有關「B-A-E-L」（拼出來）有個主要的扭曲。有個團體聚集在一起，把BAEL當作他們心目中的「神」。你（朗）是和另一個團體在一起。在叢林中有一個城市——M-E-S-S-I-N-I（拼出來）是我所能作的最接近的翻譯。在小亞細亞，在那兒那時留有一個過去文明部分片段。一個新城市被建立起來而後來也消失了。可是，當老的訊息再一次以寫下來的符號來表示時，就在岩石上留下了字跡。但你的同胞已消失了。而你直到現在才又找到他們。

（十一點二十七分。珍的出神狀態曾非常好。她很難睜開眼睛，然後又很難保持它們睜開。

她說，當在給這資料時她看見了形象，但現在卻無法對我們描寫。

（在十節課之後，賽斯告訴珍和我，我們也曾是「說法者」，雖然他沒說到日期或國家，或是否珍、朗和我也許在重溫建立在另一個也許非常古老時候的友誼。在我看來，至少在這一生，朗和我以相當奇特的方式相連：我們幾乎同齡，許多年之前我們在靠近艾爾默拉的同一小城裡長大；我們知道彼此的家庭——我們卻沒見過面直到一九七〇年……

（可能是反映他早先的「說法者」習慣——那可能在一個主觀層面還在繼續——朗活躍於業餘的教會工作，並對聖經與有關主題所知甚多。他對賽斯的一些資料詳加解釋，我後來則由各種參考書上查核其中部分資料。珍由於實際上對所說的歷史時代毫無所知，對賽斯資料是如此發人深省非常高興。

（賽斯——珍拼出的神的名字 Bael。大多數來源拼為 Baal，可能發音如 Bael。Akkadian 形式的 Bel 則是用在古老的米索不達米亞。Baal——主——是古老閃族（Semitic people）的一些當地神明的名字或頭銜。在基督誕生的好多世紀之前——按照敘利亞的鍥形文字記載，早到西元前一四〇〇年——Baal 崇拜出現在敘利亞和以色列。就賽斯對朗提及西元前一二〇〇年，以及在他的團體內對 Baal 信仰的衝突來說，這日期非常有意思，Baal 最常是指生殖力之神，它用石頭做的形象可能是代表陽物的。按照正統以色列信仰，Baal 或自然崇拜是偶像崇拜，是對任何道德價值的否認。

（在我們談論我們都毫無所知的 Messini 城時，賽斯回來了一下：）

好，寫下 R-A-M-A（拼出來），這是另一個城，再等我們一會兒，然後我們將真的說晚安了……

（Ramah 是幾個巴勒斯坦城鎮通用的名字，在希伯來文的意思是「高」。聖經典故把這名字與有些崇拜儀式中的「高地」相聯。這些地點，以色列人排斥為不道德的，並且威脅到以色列的信仰，包括了不合法的崇拜對象——Baal 的聖柱為其中之一。我由課後的研究中發現所有這些資訊，在那時我們對這些一點都不知道。在十一點四十八分繼續。）

以你們的話來說，並且只有以你們的話來說，基督的來臨本就是基督再臨（Second Coming）。（停頓。）以那種說法——再次的，這很重要——只以那種說法，祂在亞特蘭提斯時代出現，但除了幾個倖存者還記得外，記錄被毀了，也被遺忘了。

現在，再次地以那種法，祂是個一再出現於你們物質實相之內的存有，但祂只在兩次被認出來。一次是在亞特蘭提斯，一次是在帶著所有那些扭曲世代相傳的基督故事裡面。因此祂出現又復出現，有時讓人認出祂有時則否。如我曾告訴你們的，祂並不是「一個」人格，卻是個高度發展的存有，有時以祂自己的一個片段體出現。

在你們來說，祂把祂自己永恆地織入了你們的時空結構中，一再地誕生入血肉的世界，為其一部分同時又獨立於其外，就如你們也全是它的一部分卻獨立於它之外。

好，既然我們這兒的小朋友（朗的媳婦雪莉）在擔心我吵擾了鄰居（非常大聲地），我將作個我希望是溫柔的微笑，並祝你們一個溫柔的晚安，連同我可以給的祝福。

（在十一點五十五分結束。珍的出神狀態又很深，她花了一些時間才從裡面出來。她說：「哇，我現在覺得那能量如此強烈，流過我，載著我走……」

（課後朗按照《聖經．馬太福音》解釋基督再臨。他也告訴我們，耶穌在《馬太》、《馬可》與《路加福音》中好幾次預言他自己的死亡與復活，以及導致門徒們的不安與誤解。甚至在他被釘十字架之後，復活了的耶穌在種種不同的場合也沒被認出。）

ESP班的課　一九七一年一月五日　星期二

（這節隨著班上討論轉世與可能性之後而來，賽斯的評論和學生們的問題顯示ESP班的課互相調適的特性，並表明了它們的範圍。）

現在：古老的羅馬還存在，同樣的，埃及與亞特蘭提斯亦然。你們不但形成你們所認為的未來，你們也形成過去。人家一直在告訴你們簡單的故事，而它們也是很動聽的故事；但如果你們沒準備好聽到更多的事，你們不會在這房間裡。

你與所有你轉世的自己，或人格，並沒被囚禁在時間裡。在你所認為的你現在的自己，以及你過去和未來的自己之間，有經常不斷的相互作用。若非如此，那我不會在此說話，因為我並不是魯柏過去的自己。每個人格都是自由的。時間在所有的方向都是開放的，否則像「可能性」這樣的事不會存在。因此，你現在所採取的行動，可以幫助一個所謂過去的人格；所謂未來的人格也可插足進來，而在你疲憊的路途上扶持你。

同時，你現在的行動可以影響未來的人格，就如影響到過去的人格一樣。你必須試著伸展你的想像力來感覺這些實相，因為光憑知性你無法理解，「心理時間」是你感知這些事實的最好方法。

你能感覺那些你未必能用語言形容的東西，因為你比你現有的大腦要多。我不是個詩人，但如魯柏的一首詩說的，將大腦想作你圍繞著「內我」所形成的一個網。這網幫助你在一個時空世界裡操縱，而且就如任何蛛網那樣的混沌、不穩又脆弱——也在一個同樣不穩的平衡中。你形成這個網，然後感知世界，但你的觀點非常小，而你感知到的花園則非常的親密。然而，你有更為廣大的感知能力。我要你了解你的「內我」或「靈魂」的本質，因為它是實相的一個焦點，由它湧出了別的實相。它並不是囚禁在日或週或月甚至世紀的小小盒子裡的。

現在我讓你們全都休息一會兒，我在一個「非片刻」（unmoment）之內就回來。

（在休息時，一個學生，Janice S.，想要知道賽斯是否為珍人格的一部分。）

魯柏沒法像我這麼容易地回答你。我們最初是同一存有的一部分。我沿著我自己的路而他沿著他自己的路演化。因此我們倆都是獨立的。

（J.S.：「換言之，一個存有的所有部分都在演化？他們是否如「一個整體」（One）那樣發展？」）

我演化以形成我自己的存有，魯柏也將如此，但在你們來說，他尚未到那階段。當然，在另一參考架構他已達到了。他也涵蓋了他自己那些較未發展的部分，因他們全如「一個整體」存在。他自己的所有部分對這通訊皆有所知，只在你們來說，我能被認作——我曾告訴過魯柏此事——是他將來的「第六個自己」；但這只是要讓你們明白這概念，因為他將不會變成現在的我。那是不可能的。我是我自己。

有某些答案是不能訴諸語言的，卻必須直覺地了解。但我存在並能通訊這個事實應該顯示給你，以簡單的說法，你人格的其他「較高面」有時候能予你幫助。

（J.S.：「你一直在教『轉世』這門課嗎？」）

教學是我的主要目的，但我並不一直都是老師。有一次我是個香料商，一個又肥又重的香料商。

（J.S.：「卻很英俊。」）

（微笑：）我真不知拿你怎麼辦。早在當今這一代迷上了大麻以前，我們已學到香料能做什麼。我們在大海上吸 oregano 薄荷而飄飄欲仙。（在一六〇〇年代）我們把香料帶到丹麥；我們的確有些愉快的旅遊。我們遠探非洲南岸。我是個相當講究美食的人。

所有你所謂的過去現在就存於你內在，你能重新捕捉到你的記憶而發現你的過去。你並沒被囚禁於時間裡，除非你相信你是，而世上沒有比「信念」更重要的東西。如果你相信你只存在於此生的範圍內，如果你相信你命中注定要死與滅絕，那你在此生就不會用你的自由。在你的「過去」顯出來時你否認它們的能力，但除你自己之外，沒人把這枷鎖強加於你。要了解你多次元的自己就是要去用它。

（J.S. 評論說賽斯不大給預言。）

我並不是謹慎，而只是很實在。當你了解實相的本質時，你就了悟對未來事件的預言基本上是無意義的。你可以預言一些事件而它們也可能發生，但事實上在每一刻你都在創造未來。

在你們來說，時間是可塑的。大部分的預言是以非常扭曲的方式作出來的；它們可能把公眾導入歧途。不僅如此，而且當這些預言者一敗塗地時，對「理想」一點幫助都沒有。實相並不是以那種方式存在的。你能調整頻率而感知某些可能性，從而預言「它們將會發生」，但自由意志永遠在運作中。沒有高踞在一座巨大象牙塔裡的神說：「這在二月十五日的八點五分將要發生。」而如果神都不預言了，那我看不出我自己有什麼道理要這麼做。

（Annie G.：「那麼對於預知夢你以為如何？」）

有些是全然合理的。不過，常常是一個夢所涉及的暗示性導致了那事件，因此當這夢成真時，看起來彷彿你曾經看入一個已然存在的未來。反之，是你形成了那事件，沒悟到在你睡眠的時候它才肇端。這問題無法回答只因有太多的枝節，但從這個實相的一剎那，你不僅形成且改變了未來，而且也形成並改變了過去。在「可能性」的運作裡這點非常重要，因它意指你改變並影響所有的事件，而且你們的書都是一種好看的小說，只告訴你，你對「過去」的目前概念。

（Sally W.：「**我要怎麼樣改變我的思想方式來使我的家人健康，而不是使他們生病？**」）

回到這兒，我們有個從聽眾來的問題。（微笑：）你必須了悟你並不是獨自形成事件，而是涉入一個合作性的冒險。那麼通常你不應獨自為一事件負責，因為他人也參與其創造——為了他們自己的理由。這問題不是在一個晚上就能回答得了的，但每個意識卻都有它自己的防衛系統與它自己的活力；你應當信賴你自己的。

經由你們所不知的方法，你們心靈感應地通力合作，以形成你們所知的物質實相。你們織出一張張心靈實相之網，它然後再結合成物質實相。你們並不一定是獨自在織這些網，而是共同的。你的思想與其他人的思想互相交織。你對你自己的思想負責。你需要學習思想與情感的威力，但這應使你充滿了創造的喜悅。你一旦覺悟到你的思想形成實相，那你就不再是事件的奴隸。你只需要學會那些方法就行了。

（S.W.：「**但我不知道怎樣學那些方法。**」）

你在這兒就學得到。你將由閱讀及傾聽你的「內我」來學習。這些方法千百年以來就已知；

不只是如你所想的千百年，卻是如你所知這地球的一輩子，甚至在那之前——當磁極是相反的時候，當天上還有其他的星星，當這些星球並非你所知星球的時候。

你們可以休息一下。

（Terry B.：「你從哪兒弄到oregano？你以什麼方式吸它？」）

是從西印度群島來的，它是乾的。

（在休息時討論到的問題之一，是關於人類肉體的「永恆」程度。）

在我們自己的課裡，我曾解釋了一些在班上未提過的事，以下就是：在這一個你似乎存在於這宇宙的片刻，你卻並不存在於其中。原子和分子有一種脈動性質是你不常感覺到的，因此在你看來好像是持續存在的原子或分子，反之卻是一連串你無法記住的脈動。

物質是非永恆的。你只是感知它為持續的，因為你的感知機制並沒有覺察那脈動的裝備。現在，我是對我們這兒的朋友（Art O.，一位工程師）說話。因為他的背景，他對我在設法解釋的東西也許能理解一些。

（Art O.：「這些脈動在我們來說是否極快？」）

它們的確是的。但在某種情況下，「內我」捨棄了它通常對肉體感官的倚仗，就會對這些在你看來似為空無（negations）的時刻有所覺察。

你的意識以同樣方式起伏，它一下在這兒一下又不在這兒，但物質的自己只貫注於那些在物質實相裡的片刻。可是，因為意識起伏，你自己的「其他部分」對那些當意識不是貫注於「物質實相」的時候有所記憶，而這也是你整個存在的一部分。

這遠不及它聽起來的那麼複雜。舉例來說，不管你記不記得你的夢，你的某一部分，在催眠之下能記起在你一生中所做過的每一個夢。因此你的某一部分也記得那些當你不貫注於物質實相裡的那些非片刻，當你的存在是全然在另一個真實的次元裡時，而你在感知我將稱之為——以你的參考術語來說——非間隔時間（nonintervals）的時候。我比較喜歡非間隔時間這名詞多過於「非片刻」。

它的確就在這一生裡；而同時這些「非間隔時間」在其他的時間次元裡是一段時間。

（Jim H.：「這可不可以與燈塔的旋轉燈光相比呢？」）

可以，如果你喜歡這比喻。

（Art O.：「我想到的比喻是有關電磁波的。一種整流過的載波，我們能覺察的『間隔時間』是正波而『非間隔時間』是負波。」）

這就是我為何針對你說的原因。

（Art O.：「脈動除了正負兩者外，還有沒有更多的？」）

有的，而全我對所有這些實相都有所知。你們全知道你們自己及你們的弱點與失敗，那為何假設你所知的自己是你唯一的自己呢？我這樣說並無不友善之意。的確，你一定想到過你還有沒用到的才能，與你最深存在相連的其他實相也還沒在你所知的存在中表現出來。

（對Art O.：）我要你想想我所說「非間隔時間」的暗示。

（J.H.：「一個『非間隔時間』對我們存在的另一面會是個『間隔時間』嗎？」）

正是，而他們不會感知你們在這兒的存在，因為對他們而言，它會是個「非間隔時間」。

（J.H.：「這會不會是對『我們所有人生都同時存在』的鑰匙？對非時間（nontime）的鑰匙？」）

的確如此。某個晚上我會告訴你，你該改變你對「人生」這字的觀念。這是我對一些相當重要的資料所給的第一個暗示，不論是在我們的私人課裡或是班上都是第一次。只要想想當你用「人生」這個字時你指的是什麼，就明白這用語是如何的狹窄了。

我將結束我們的課。但我有一個短評。我以前說過：你們將來再也不會比現在更「死」。現在如果你了解那短評而思考它，你就會了解今晚我所說的背後許多事。

（Art O.：「那麼我們過去也從不曾比現在更『活生生』？」）

那是正確的——只不過在你現在涉及的生活裡，你並沒有貫注於你活力的全部潛能上。

（J.S.：「曾有過「穆」〔Mu〕這個大陸嗎？」）

有的。現在，我告訴你們記住你們的夢。在你們的範疇裡，我再告訴你不只要記著你的夢，並且要學會在夢的中間醒過來，而了悟你能在它們之內操縱。它們是你的，並非什麼被推到你身上而你對之無能為力的東西。

（J.S.：「我們在用我們的存在像我們用夢一樣嗎？」）

我所說過的話適用於你剛才說的話。在某個範疇內你所稱為「物質實相」的是個夢，但在較廣義的範疇來說，它是個你創造出來的夢。當你了悟你形成了它時，你就進入你的「全我」的記憶裡。

而當你了悟你以同樣方式形成了你一生的事件時，你就將學會控制你全部的意識，不論它在此生以何面目顯示它自己。透過所有這些，你必然會了悟你並不是無能為力的。你還要記住，這一生是個經驗的次元和真實的次元，即使相比之下，它只是在一個較高層實相裡的一個夢，在那層面你有較廣大的意識。

ESP班的課　一九七一年一月十二日　星期二

（此節的第一部分，有關班上的一位同學和她不願更深入內觀她自己的態度。）

她非常適當地在班上代表了你們每個人在某種程度都有的感覺，涉及了你們的「內我」……她以一種誇張的方式讓你們看到她的感覺，因此當她說話時，她不只在替她自己說話，也在替這房中的每個人說話，連魯柏在內。

（對那人：）你的確替班上做了一項有用的服務，但我期待你態度的改變。因為當你開始向內看自己，你將為別人立下一個好榜樣，而你也一定會那樣做。

（在休息時，珍唸了有關諾斯提學說（Gnosticism）的一些資料摘錄。隨之有對上週課裡賽斯介紹的資料——關於原子與分子的脈動本質——的討論。這接著又導致大家去思考所謂飛碟現象之可能來源。）

一個小註：在某些方面，這些脈動代表了在你們某些飛碟事件裡所發生的事，因為你們並沒有像你們認為你們看到的那種交通工具。我現在說的只是某些案例，也就是當你們有來自其他實相的拜訪者時。

事實的真相是：你們有一個想要彼此交換偽裝實相的企圖。進入你們星球的生物無法以他們的原形出現在其中。既然他們的原子構造與你們不一樣，為了使接觸成為可能，就必然得發生扭曲。因此你們就碰上了某一套的感官資料，然後你們便試想理解發生了什麼事，但你要知道，這感官資料表示這事件已經被扭曲到某個程度了。你們常看到的具體交通工具，乃是你們對實際上在發生的事件的詮釋。

你明白嗎？我們在這兒的朋友（Paul W.），很可以用「不明飛行物」（UFO）的樣子出現於實相的另一面而嚇著那兒的居民。你們忘了意識才是唯一真正的交通工具。你的意識也沒有任何一部分是囚禁於你內在的，它以一種面貌或另一種面貌具體化。我用「具體化」這個字是為了使你能了解，但它是扭曲性的，既然它會使你們以為是一種物質性的顯現。但如你們所知，所有的實相卻都不是實質的。

舉例來說，理論上，你們任何一個人都可能擴散你的意識而變成屋中任何物體的一部分——或飛開去，把你自己擴散到太空裡——但你對「本體身分」的感覺依舊在。這在你們來說是不實際的，但你們許多人卻在睡眠中這樣做以恢復精力。意識就其天性而言，本就背負著感知的重任。這是你們習於想到的那種意識。在你們來說，你不能想像它沒有感知；但意識仍能是有生命與活生生的，卻無你們所謂的「感知」。那一句的最後部分很重要。

（對Art O.：）現在，我坐在那邊親愛的科學家朋友，原子與分子對你可能顯得很微小，卻也背負著它們的意識與責任的重擔。然而卻有一部分的意識能快活地以一種沒被它們本性所限的方式去感知；它能遊戲似的感知，將感知當作它自身創造性的一面，而沒有責任。以某種方式來說，甚至那在你周圍的空氣也以它自己快活的意識歌唱。它從不知道常常壓迫你的那種意識的重擔。（對大家說：）在你們來說，你們這麼怕死，以致連一秒鐘也不敢關掉你的意識，因為你們怕如果你們真把它關了，說真的，誰又會在那兒把它再打開呢？

（Art O.：「在這意識的擴散上是否涉及『整個存有』？或只是我們現在所知的部分？」）

這就是銀河形成的方式。也就是宇宙擴展的方式，就是「存有」形成的方式。現在，那就是你的答案。仔細玩味一下這幾句話吧！

我很高興今晚你們在思考，你們全體——那就是我要你們去做的。意念並沒有真實性，除非你將它們化為己有。把意念當作朋友或敵人都行，跟它們爭執或愛它們也好，但一定要運用並體驗它們，並且不只是以你的知性，也以你的感受。

（Bett C. 問到與自己建立關係及與他人建立聯繫的問題。）

除非你能對自己誠實，而變得有意識地覺察你自己，否則無法誠實地與別人建立關係；因為你將會把自己的恐懼與偏見投射在他們身上。你無力幫助他們，因為你在自己心內有太多不安全感。現在，個人的與群體的，你們形成你們所知的物質實相。要改變你的世界，必須改變你的思想。在每一天的每一刻，你都必須有意識地覺知你對自己說的是實話，因為那就是你投射出去的實相。

（Bett C.：「聽起來光是完成那件事的頭一半就像是一輩子的任務了，在你能開始與他人建立關係之前。」）

的確是的。不過，心電感應真的存在。那麼，別人對你的所思所感大部分也都有所知覺。

（Bett C.：「知道我真正的感受而不管我可能有意識地投射出什麼？」）

真正的感受並不一定暗示暴力或攻擊性的感覺。它們也暗示埋藏在你自己的恐懼之下愛與接受的感覺，和那些你不敢在物質實相中表達的感覺。

（Bett C.：「那我想我了解了，即我意識的所有不同層面都在和人溝通——不只是被我有意識地表達出來，也還心電感應式地和人溝通。）

的確如此。當你向外投射你的意念時，你常表現出好像它們不是你的，卻屬於別人的樣子。因此你理應了解你的意念和感受是什麼，而不被它們驚嚇。

（J. H. 說起發現一個人在工作時睡著了。Jim 解釋他對於這件事的意念與感受，想知道他怎麼才能改變它們。）

你的確可以改變它們，但不要否定你自己想扭那人脖子的那部分。你這麼害怕這想法以致你立刻把它抑制了。讓我們來想想看，你怕「惡比善更有威力」這個概念，你也很怕你的一個偶然飄過的暴力念頭，卻比善的活力更重要而有力。至少你還覺察到那想法。假設發生了以下的事，即在你來說，你已進步到你不再覺察到那種感覺的地步——

（J. H.：「我是不會自動想到這傢伙有什麼好的，我也不會壓抑負面的想法而不覺察我所感受的。」）

當然，因而你的肌肉緊張起來，腎上腺素的產量也增加了。你想扭他的脖子，但你說：「我的好小子，上帝保佑你。希望你快樂又長壽。」

心電感應地，我們的好小子完全清楚你的感覺，你卻與你的感覺分了家。在你現在的靈性進度來說，你只是在想像你祝他好運，肌肉卻已在你的身體裡收縮起來，因為你不承認你真正的感覺。

假設三週之後我們又有另一次邂逅，我們可憐的無知工人又在他工作時睡著了。我們的好牧師經過，他看見那懶鬼躺在地板上小睡，他想：「我真想踢你，讓你知道你在哪裡。」但又想：「哦，不，我不能有這種違反基督徒精神的想法。暴力是錯的。」因此甚至在他對自己承認他的感覺之前，他已隱藏起了任何對自己攻擊性的承認，而彎下腰說：「我的好漢，希望你長壽而快樂。上帝祝福你的人生。」他沾沾自喜的想著：「我一天天地更有靈性了。」

同時，他的肌肉收縮了十倍，因為在它們背後的思緒被否定了，肌肉乃不可能有活動的機會。我們可憐的工人再次潛意識地覺察這個企圖，但只到某個程度而已。

三個月之後，你經歷了一個真正倒霉的日子。你對什麼事都看不順眼，而現在你發現我們的朋友又在地上躺著；也許這次他在你要他完成的一個比較重要的工作上睡著了。（幽默地：）即使是在一個幻想中，我也不敢指控你做了這樣一件舉動，但這次你真的是瘋了。再次的，為了要有靈性——那並不是真的有靈性——你理應否認你的真感受，而再次說：「上帝保祐你，你平安地去吧。」

這次，那心靈的安全活瓣受不了了。現在最好的是你突然冒起火來踢他一腳。最壞的則是你又一次抑制了對那鬱積的、完全自然的、現已準備要爆炸的攻擊性的承認——因而你放出了一個與所有曾發生事件完全不成比例的「心念形相」。這「心念形相」給你的朋友帶來嚴重的傷害；而所有這些，全是因為你害怕自己一次偶然的攻擊性思想，比住在你們每個人之內的生命力還要更有威力。

（Jim H.：「在一開始，在我們還沒加重挫敗感與附帶的情緒負荷時，你會不會建議我們採取一個行動？好比這樣跟他說：『喂，快醒醒，這樣是不對的。雖然我自己可能也做過這種事，但這真的讓我不高興。我們必須起來動手做事了。』在那個層面上，對他說實話會不會阻止了這些精神負荷呢？」）

會的。不過，最重要的事是承認這種感受為合法的，有它自己的存在領域，承認它是你自己的一部分，然後選擇你想怎麼對付它的方式。你不能把別人當作你的出氣筒；生氣只是一種溝通方法。

（Jim H.：「我不想把我的憤怒針對著他或我。一來，我不想踢他。二來，我也不想在某些方面傷到我自己。」）

最開始你並沒有氣到要踢他。這個念頭存在，但還沒強烈到會帶來身體反應的地步，即使你已完全地承認了。你懂嗎？

（Jim H.：「懂。我想學會如何處理這種感情，而不去試圖壓抑它們。」）

首先你應該承認這感受存在為你自己的一部分，在自我的層面。不論何時，當你把你的感受對你自己關閉掉的時候，在你來說，你的活力就減少了。那麼，盡你所能的，以你選擇的不論什麼方式用語言溝通這些感受吧。利用憤怒作為溝通的一種方法，往往它會導向你沒想到的結果，而且是有利的結果。

你必然了解，我對你的例子作了我對別的例子同樣的處理，所以請不要被觸怒。你明白，我不要你們任何一個人把這概念用作撫慰你「滴血的心」的表面化繃帶……因此你不如我故意說的那麼壞。你也許有所指出的那種傾向，但在場的每個人也都如此，包括魯柏在內。

（Jim H.：「在那情況裡你如何對『壞』下定義？」）

我不對「壞」下定義。當我用那個字時是照你們自己的定義。你們有個想法：「好」是溫和的，而「壞」是暴烈的。這是因為在你心中，暴力與破壞是同一回事。用這個比喻的話，那麼柔和的聲音便是神聖的，大的聲音便是惡毒的；一個強烈的欲望就是壞的欲望，一個淡淡的欲望就是個好的欲望。你變得害怕把想法或欲望投射出去、因為在你心底，你認為有威力的東西就是邪惡的。

反之，我要告訴你，這宇宙是個好宇宙。它知道自己的活力，而那活力也在你之內，你可以自由地鼓勵它。你自己的天性是個好天性，你能信賴它。只因某事很難並不表示它是好的。

（Jim H.：「我在這兒的第一晚，你說：『我們還會常常見到你。』好像頗為肯定的樣子。我常常奇怪你為何這樣確定？」）

因為我知道你為何到這兒來，而且我知道你的太太也會來。我並不是說沒有自由意志的存在。我只是對這個可能性的領域作了一個簡單聲明而已。

（J.H.：「對我而言，那暗示了一個對我們生活的預知。」）

在你們來說的確如此，但那種知識你們也能得到。我不在單單一個晚上連一個題目也無法清楚地討論完，更別說一百零一個題目了。不過，關於你早先所作的一個短評：你在幾乎你所有的生生世世裡，都曾很強烈地捲入你所謂宗教性的努力裡。而你其餘的前世也一樣以宗教性的熱誠捲入相反的努力裡，以你們的話來說，但我們稍後再談那個。神聖的靈魂翻了個面成了耽於肉欲的，讓我們這樣說。

你總是捲入有關「善」與「惡」的問題，你在埃及的兩個文明裡活過兩次。在其中之一，你在這兒的朋友（Bert C.）也在內。今晚要詳談那一生是太晚了，此外，你倆都還未到能由它獲益的時候。那也不是個只為叫你聽得愉快的迷人故事，而是當你們能了解它時，會對你有幫助的故事。

我反而更關心你們大家對今晚魯柏所唸的資料（談諾斯提主義）的反應。至於說如果在你們看起來好像是一個學員在獨占一節課的話，那就記住我以前說過的：一個人所說出的問題即許多人未說出的問題。

對你們許多人來說，好像你們一生下來就已沾染了罪惡。（對Jim H.：）在你有一次前世裡，你不但衷心相信這點，並且還以此教人。

如魯柏會這樣說的，你在這兒的「賤內」（Jim的太太Jean）在那一生完全不贊同你的想法。不過，在那時她是個男人，而你是個女人，一個女祭司。你的朋友也是（Bert C.）。在那生，做為一個男人，Jean 對你的人格有一種擴展的影響，但你非常偏愛儀式和對法術的信仰，也執著於存在本身即為邪惡與錯誤的概念。你的確是現在被稱為諾斯提教派的一員。

（諾斯提主義是一種精選的宗教與哲學系統，統合柏拉圖主義、東方學、基督教義與二元論的特色。它包括了基督教以前的時期與後來，而採取了好幾種形式。但在所有的派別裡，它的中心教條都是說：知識——靈知（gnosis）——才是由物質的桎梏獲得解脫的方法，更勝於哲學或信仰。

（Jim H.：「我現在如此強烈地反對諾斯提主義就是為那原因嗎？因為我已越過了那一點？」）

還不止此，卻也因為你在自己內心感覺到對那信仰仍有一些同情。你一面在放你自己自由，也一面認出在你心靈內還有一個偏向那方的傾向，因此不論何時，你聽到這種概念就大肆撻伐攻擊，沒悟到你卻是在猛攻你自己。

（Kathy B.：「我對這諾斯提的文獻有相似反應，是否也是這個原因？」）

你在那時是個男人，而且是他的一個朋友。其實幾乎所有到這班上來的人，在某一個時候都從事過這種努力。你們全曾在其他班級同過班，雖然不一定是同我在一起。因為你們長久以來的興趣，某些觀點將對你們許多人造成很強烈的震撼。聯想不僅在一世中運作，而且在你們來說，也在兩世之間運作。現在說出的字和辭將啟動了你們的記憶，如果你們允許它的話，那些記憶會變得活起來的。

（對Art O.：）即使坐在那邊的我們的「非洲之神」也能憶起他的前世，只要他肯允許自己那樣做。

（Art O.：「那一生是否是我現在喜愛非洲音樂的原因？」）

它是原因之一。另外的理由與你有音樂傾向的另一生有關。

現在我就要祝你們大家晚安了。

（對Mart M.：）不過，對我們這邊的朋友，我有一個訊息，很簡單的幾句話。當你不知道做什麼好時，放鬆，告訴自己你的其他部分的確知道；他們會接管。讓你自己休息一下。提醒自己，現在的你在許多方面就是個非常成功的人。成功不必一定要牽涉到偉大的才智或崇高的地位或龐大的財富；它乃是與內在的完整有關。記住那一點。

現在，我祝你們全體晚安。

ESP班的課　一九七一年二月九日　星期二

（這節課也包含了賽斯所給的，已摘錄在第十九章第五七五節裡非常有趣的資料，關於當他在對一群人說話時，他自己的知覺狀態。）

現在我的確有些話要對這個人（Sue W.）和那個人（Jim H.）說，並且也多少是對你們所有的人說。你們並不需要為你們的存在辯護（justify）。好比說，你們並不需要用寫作或傳教來為你們自己辯護。存在就是它自己的最佳理由，根本不需要辯護。只有當你了悟此點，你才能開始去利用你的自由，否則你會太過賣力的去試。

這也適用於我們的朋友魯柏。如果你變得過於堅決的想為你的存在辯護的話，那麼你就將開始關閉你生命的一些區域。對你而言，只有那些代表安全的存在理由才有意義，而其他的區域將開始消失。你不必以任何方式辯護。

如果你們每個人，每天花上十分鐘，對你自己的實相開放自己，就不會再有「自我辯護」的問題，因為你將了悟你自己本體奇蹟似的性質。我以前在班上說過：你永遠也不會比現在更「死」，也不會更「活」。在生活裡，你可以和你認為的任何死屍一樣的死——甚至，對照之下，還要更死得透些。

當我到這兒來說話的時候，我集中我的能量，但卻不是朝著這房間，把它當作一個目的地，因為以你們的話來說，這房間對我並不存在。以你們的話來說，這房間甚至對你們也不存在。你們假裝同意它存在；我們並不在時間或空間的任何地點相會。發生於此地的真正相會，和這個房間或你們以為自己是的人並不相干。你們知道你們幻覺出這房間，在這裡，你們與當你們在心理時間（psychological time）裡一樣，都是在出神狀態中。我只是要你們了悟，如果此生是個出神狀態，那麼你就可以把你意識的方向轉去感知現在就存在的那些更大實相。你們能覺察你們自己更大的本體，就像我一樣。你就坐在你自己的奇蹟內，卻還在要求一個奇蹟。我要打開的就是你的「心眼」。

如你們自己也知道的，你們只接受那些在此時適合你目的的建議、想法與成見。因此，你並不在你前世的任何一種神經病的掌握中，也沒有來自此生的任何你不能克服的恐懼。我沒說你必然會克服它們，但那卻是在你能力之內的。

按照你的了解，你作自己的決定。你不可能被一個你不了解的恐懼，由實相的一個層面追逐到另一個層面。你在此生也不能被來自你早年或所謂前世的恐懼所威脅，除非你如此徹底相信恐懼的本質而允許自己被它征服。你的每一個人格都可以從實相奇蹟似的庫存中，自由的接受與發展那些你想要的經驗與感情，而摒棄那些你不要的。

讓我給你們一個更具體的例子，你們每個人可以自己的方式去用它。假設一種最壞的情況，即你在此生有以下的背景：你很窮，你是個少數民族的一份子，你不是知識分子，你是個女人，你身體有一項嚴重的殘障，你一點也不美。雖然你在一個所謂的前世中，為你自己設下這些挑戰，並不表示你不能用所有的勇氣與決心去解決這些問題。你設下它們是預期你會解決它們。你設下它們，並不是把它們像磨石般綁在你頸項上，而在事先希望你會淹死。

你所需要做的只是覺悟到你自己的自由。你形成你所知的實相，不是奧秘性的、不是象徵性的、也不是哲學性的那樣做，也沒有哪個超靈（oversoul）替你形成它——你也不能把那重任放在那兒。在過去，你們曾集體的及個人的，為了你個人實相的本質——那些你的確不喜歡的方面——而怪罪一位上帝或命運。

人格被賦予了最偉大的禮物；你得到的正就是你所想要的東西。你由「虛空」中創造了屬於你自己所有的經驗。如果你不喜歡你的經驗，那就觀照你內心而改變那經驗。但也要明白你要為你的喜樂和勝利負責，而創造任何這些實相的能量是來自「內我」。你怎麼樣用它就看你個人的個性。

（在休息時，班上的人討論命運與宿命的問題。）

哪天晚上我希望我們坐在這邊的女士跟我談談宿命論。

（Bernise M.：「我希望你講給我聽。」）

你並非「已被編好程式的」。沒有一件事是因為它必得發生而發生。你現在有的每一個想法都改變了實相。還不只是你所知的實相，而是所有的實相。沒有一個你的行動會使一個將來的你必然以某個特定方式行動。有好些活動的「庫藏」，你可從任何活動中汲取或選擇不汲取。

（B. M.：「我們是否作『即刻的』決定？好比說，我今天在想洛杉磯地震的事。一個人走出去在街上被一塊落下的磚塊打死了。整棟樓裡就這一個人走出來，這是什麼造成的？」）

這個特定的人在一個你們會稱為「無意識的基礎」上，對將發生的事是相當清楚的，他並不是注定要死。在你們來說，他為了自己的理由，選擇了死的「時間」與「方法」兩者。

(B. M.：「不管是誰在選擇，他命定了要死。」)

不是命定的。是他選的。沒人替他選擇。

(B. M.：「但他在事前作了這個決定。」)

在什麼事以前？

(B. M.：「在他被殺死以前。」)

他知道他已準備好到其他的活動層面去了。他無意識地四處尋找方法而選擇那些馬上就可以用的。這個特定的人，三天前已做好了計劃。並沒有涉及「宿命」。只因一枝樹枝掉下來，並不表示它命定要以那特定的「方式」或「時機」掉下來。在「自由選擇」與「宿命」之間有很大的不同。

(Jim H.：「提到那生為少數民族的女人時，你先前不是說，在我們來說，這兒由一個先前的人格設下了挑戰。」)

由那個「全我」。

(Jim H.：「是當那先前人格回到『全我』那裡作一段時間的重新評估時作的決定嗎？」)

再次的，你們必須了悟，我們為方便之故才說到「區分」，其實沒有「區分」存在。可以說，在同「時」，這個人轉世入一少數民族，而在一完全不同的時代，這人也許生下來就富有、安全而貴族化。它正在找出經驗與擴展的不同方法。你懂嗎？

（J. H.：「我了解。我以為你也許是指那挑戰是由『全我』所設。」）

的確。要記住，我們在談的是你「整個的本體」。那個目前只覺察它的一部分的只是你自己；而你又堅稱這一部分為「你自己」。你即那個作這些決定的自己。

（Bert C.：「這個生來具有這麼多似乎不可克服障礙的可憐人，如果她在自我層面有意識地說：『我不幹了，早知道我就情願生為貴族。』她有什麼辦法可想嗎？」）

可是，「內我」了悟有些潛能在那兒，那是在其他環境之下不一定會在的——那些才能不只能幫助現在這人格，還能幫助其他的人，甚至一般的社會。

你們爭論的重點是被情緒上的障礙帶來的，而那是由用語的不同而引起的。就好像你選擇了在貧民窟工作？一天，如果你選擇這樣做而後對你自己說：「我為什麼要選擇在貧民窟工作？我情願在第五街工作。」就會很可笑。你明白你選擇的理由，你整個的本體明白那個理由。你瞞住目前的自己，以保證這目前的實相不是個假裝的實相。

一個試著窮上一天以學習貧窮是怎麼回事的有錢人學不到多少，因為他無法忘懷他可以使用的財富。雖然這一天——或一年或五年——他與窮人吃得同樣糟、住得同樣破，他知道他有他的大廈可回。因此你瞞住自己這些事，以便你能與當前的境況建立關係。你忘記你的「家」，以便能帶著豐富的經驗回到它那裡去。

「意識」不常由「平衡」造成，反而是由精妙的「不平衡」造成，而在某程度，覺察所以能集中，正是這種不平衡所引起的興奮狀態的結果。在這種狀態永遠不可能知道所有的元素，因為新的元素永遠在被創造出來。我說的並不是物質元素，而是「意識的心理特性」，因為即使是那些特性也是在繼續出現與改變。

你現在就不是十分鐘之前的你。無論是生理上、心理上、精神上或心靈上，你都不是同一個存在，而十分鐘後你又會不同了。如果否認這點，就是試圖把意識強擠入它永遠脫身不得的某個僵固形式，也就是對意識運用規則，來造就一個非常整齊的心理景觀。

（現在賽斯的聲音真的開始隆隆而出。）

現在我希望你們再次了悟你們可得到的能量。如果魯柏能用，你們每個人也都可以自己的方式來用它。我要你們打開在自己心靈內所樹立的障礙；這聲音只用來作一個象徵，代表了當你們利用那些天賦的能力時，你們每個人都可得的能量與力量。

你們應該聽到你們自己對我聲音的回音，那是你們自己能量與喜悅的一個象徵。忘掉你那個偶爾會畏縮的自己，相反的，記著你自己這存在的神奇本質，它即使在當下這一刻也正經由你的指尖唱歌。那才是你們在尋找的實相。充分的體驗它吧！你們需要像我這樣的一個死老頭來告訴你們生命是什麼嗎？我真該替你們慚愧呢！

現在，我祝你們晚安，我給你們一切我能給的祝福。祝你們在體內和體外旅遊時，都很寧靜、喜樂且平安。

愛的推廣辦法

看完這本書，是否激盪出您內心世界的漣漪？

如果您喜歡我們的出版品，願意贊助給更多朋友們閱讀，下列方式建議給您：

1. 訂購出版品：如果您願意訂購一千本（印刷的最低印量）以上，我們將很樂意以商品「愛的推廣價」（原售價之65折）回饋給您。

2. 贊助行銷推廣費用：如果您認同賽斯文化的理念，願意贊助行銷推廣費用支持我們經營事業，金額達萬元以上者，我們將在下一本新書另闢專頁，標上您的大名以示感謝（每達一萬元以一名稱為限）。

請連絡賽斯文化或財團法人新時代賽斯教育基金會各地分處，我們將盡快為您處理。

●愛的連絡處

如果您認同本書的觀念及內容，想要接受我們的協助；如果您十分認同本書的理念，想依循本書的觀念成為一位助人者的角色；如果您樂見本書理念的推廣，而願意提供精神及實質的協助；請與財團法人新時代賽斯教育基金會各地分處連繫：

●總管理處　電話：02-89789260
E-mail: ho.ad@seth.org.tw
新北市新店區中央五街四十六號二樓

●新店辦事處　電話：02-22197211
E-mail: xindian@seth.org.tw
新北市新店區中央五街四十六號一樓

●台中教育中心　電話：04-22364612　傳真：04-22366503
E-mail: edu10731@seth.org.tw
台中市北區崇德路一段六三一號A棟十樓之一

●台北辦事處　電話：02-25420855
E-mail: taipei@seth.org.tw
台北市中山區長安東路二段四十九號六樓

●新北辦事處　電話：02-26791780
E-mail: xinpei@seth.org.tw
新北市樹林區柑園里學成路四九五號

●新竹辦事處　電話：03-659-0339
E-mail: hsinchu@seth.org.tw
新竹縣竹北市光明六路東二段二一八號

●嘉義辦事處　電話：05-2754886
E-mail: Chiayi@seth.org.tw
嘉義市吳鳳北路三八一號四樓

●台南辦事處　電話：06-2134563
E-mail: tainan@seth.org.tw
台南市中西區開山路二四五號十樓

- 高雄辦事處　電話：07-5509312　傳真：07-5509313
  E-mail: kaohsiung@seth.org.tw
  高雄市左營區明華一路二二一號四樓
- 屏東辦事處　電話：08-7212028　傳真：08-7214703
  E-mail: pintong@seth.org.tw
  屏東市廣東路一二〇巷二號
- 賽斯村　電話：03-8764797　傳真：03-8764317
  E-mail: sethvillage@seth.org.tw
  花蓮縣鳳林鎮鳳凰路三〇〇號
- 賽斯ＴＶ　電話：02-28559060
  E-mail: sethtv@seth.org.tw
  新北市新店區北新路一段二九三號七樓之三
- 香港聯絡處　電話：009-852-2398-9810
  E-mail: info@seth.hk
  香港九龍旺角花園街一二一號利興大樓5字樓D室
- 深圳市麥田心靈文化產業有限公司　許添盛微信訂閱號：SETH-CN　微信：chinaseth　電話：86-15712153855
- 新加坡　新加坡賽斯基金會籌備處　電話：869-957-652　E-mail: andelynoh@gmail.com
- 馬來西亞　賽斯學苑　電話：012-250-7384　E-mail: sethlgm@gmail.com
- 澳洲　澳洲賽斯身心靈協會　電話：006-432192377　E-mail: ausethassociation@gmail.com
- 台灣身心靈全人健康醫學學會　電話：02-22193379　傳真：02-22197106
  E-mail: tshm2075@gmail.com
  新北市新店區中央七街二六號四樓

賽斯文化 特約點

台北	佛化人生	台北市羅斯福路3段325號6樓之4	02-23632489
	政大書城台大店	台北市羅斯福路三段301號B1	02-33653118
	水準書局	台北市浦城街1號	02-23645726
中壢	墊腳石中壢店	桃園縣中壢市中正路89號	03-4228851
台中	唯讀書局	台中市北區館前路5號	04-23282380
斗六	新世紀書局	雲林縣斗六市慶生路91號	05-5326207
嘉義	鴻圖書店	嘉義市中山路370號	05-2232080
台南	金典書局	台南市前鋒路143號	06-2742711 ext13
高雄	明儀圖書	高雄市三民區明福街2號	07-3435387
	鳳山大書城	高雄縣鳳山市中山路138號B1	07-7432143
	青年書局	高雄市青年一路141號	07-3324910

依爾達 特約點

台北	SMOR GAFE	台北市中山區吉林路299巷6號1樓	02-2586-0080
	食在自在Spaco Café	台北市大安區羅斯福路二段101巷10號	02-2363-2178
桃園	大湳鴻安藥局	桃園縣八德市介壽路二段368號	03-3669908
	彭春櫻讀書會	桃園縣楊梅市金山街131號7樓	0919-191494
新竹	新竹曼君的店	新竹市東南街96巷46號	035-255003
台中	賽斯興大讀書會	台中市永南街81號	0932-966251
彰化	欣蓮欣香香鍋	彰化縣大村鄉福興村學府路32號	0912-541881
高雄	天然園	高雄市林園區林園北路264號	07-6450406
花蓮	海蒂斯民宿	花蓮縣吉安鄉東海15街80巷19弄40號	0981-855-566
美國	北加州賽斯人	sethbayareagroup@gmail.com	
馬來西亞	賽斯學苑	sethlgm@gmail.com	009-60122507384
	沙登賽斯推廣中心	pc.choo8@yahoo.com	009-0122292686
	檳城賽斯推廣中心	SethPenang@gmail.com	009-60194722938

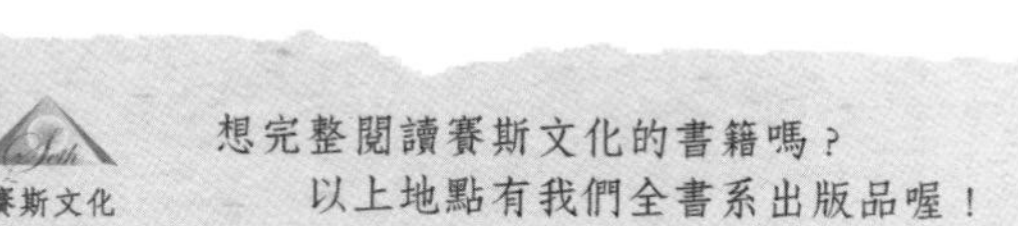

回到心靈的故鄉——賽斯村工作坊

許醫師工作坊

在賽斯村，每月第三個星期六、日，由許醫師帶領的工作坊及公益講座，所有學員不斷的向內探索自己，找到內在的力量，面對及穿越生命的恐懼、困難與疾病，重新邁向喜悅、幸福、健康的生命旅程。

療癒靜心營

賽斯村精心安排的療癒靜心營，主要目的是將賽斯資料落實在生活裡，由痊癒的癌友分享他們療癒的經驗，並藉由心靈探索、團體分享等各種課程，以及不同的生活體驗，來協助每位學員或癌友成長、轉化及療癒。

賽斯村是一個靜心的好地方，尚有其他許多老師的課程可提供大家學習。歡迎大家前來出差、旅遊、學習、考察兼玩耍，一起回到心靈的故鄉。

地址：花蓮縣鳳林鎮鳳凰路300號
電話：03-8764797
所有課程詳見賽斯村網站：www.seth.org.tw/sethvillage

財團法人新時代賽斯教育基金會

www.seth.org.tw

宗旨

基金會以公益社會服務為主，於民國九十七年三月正式成立。本著董事長許添盛醫師多年來推廣身心靈理念：肯定生命、珍惜環境、促進社會邁向心靈普遍開啟與提昇的新時代精神，協助大眾認知心靈力量對於健康的重要性，引導社會大眾提升自癒力，改善生命品質，增益家庭與人際關係，進而創造快樂、有活力的社會。

理念

身心靈的平衡，是創造健康喜悅的關鍵；思想的力量，決定人生的方向。所以基金會推展理念，在健康上強調三大定律，啟發大眾信任身體自我療癒的力量；在教育方面，側重新時代生命教育觀念的建立，激發生命潛力，尊重每個人的獨特性，發現自我價值，創造喜悅健康的人生。更進一步建設賽斯身心靈療癒社區，一個落實人間的心靈故鄉。

服務項目

身心靈整體健康公益講座、賽斯資料課程及讀書會、全球視訊課程連線及電子媒體公益閱聽、個別心靈對話及心靈專線、心靈成長團體及工作坊、癌友/精神疾患與家屬等支持團體、企業團體教育訓練規劃及社會服務

1. 若您願意提供我們實質的贊助，歡迎捐款至基金會：
捐款帳號：006-03-500490-2　國泰世華銀行——台中分行
郵政劃撥帳號：22661624
2. 加入「賽斯家族會員」：凡捐款達三千元或以上，即贈「賽斯家族卡」一張，持卡享有課程及出版品…等優惠，歡迎洽詢總分會。

基金會據點

總管理處：新北市新店區中央五街46號2樓 (02)8978-9260
新店辦事處：新北市新店區中央五街46號1樓 (02)2219-7211
台中教育中心：台中市北區崇德路一段631號A棟10樓之1 (04)2236-4612
台北辦事處：台北市中山區長安東路二段49號6樓 (02)2542-0855
新北辦事處：新北市樹林區柑園里學成路495號 (02)2679-1780
新竹辦事處：新竹縣竹北市光明六路東二段218號 (03)659-0339
嘉義辦事處：嘉義市吳鳳北路381號4樓 (05)2754-886
台南辦事處：台南市中西區開山路245號10樓 (06)2134-563
高雄辦事處：高雄市左營區明華1路221號4樓 (07)5509-312
屏東辦事處：屏東市廣東路120巷2號 (08)7212-028
賽斯村：花蓮縣鳳林鎮鳳凰路300號 (03)8764-797

心靈魔法學校 -賽斯教育中心啟建計劃

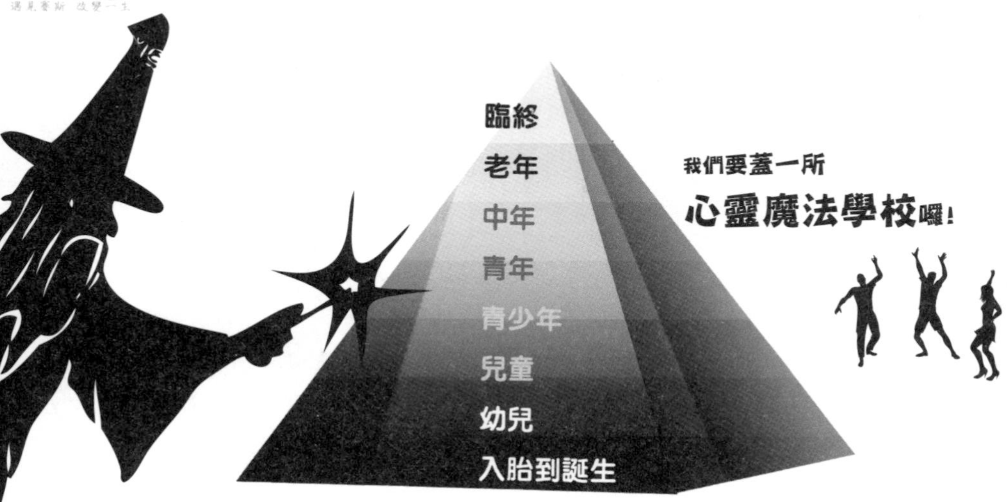

每個人都有不可思議的心靈力量，無分性別與年紀。啟動心靈力量，可以幫助人們自幼及長，發揮潛能，實現個人價值，提升生命品質，明白我們都是來地球出差、旅遊、學習、考察間玩耍的實習神明！

理想

賽斯心靈魔法學校，是基金會實踐心靈教育的具體呈現，整合十幾年來推廣賽斯心法的經驗，精心設計一套完整的人生學習計畫，從入胎、誕生至臨終，象徵人類意識提升的過程。讓賽斯引領每一個人回到心靈的故鄉。

現址

只要每個人一點點的心力，就能共同創造培育『心靈』與『物質』同時豐盛的魔法學校。

第一期建設經費預估四千萬，懇請支持贊助。

賽斯教育中心預定地，設置在台中潭子區，佔地167坪

弘文中學旁邊(中山路三段275巷)

共同創造

賽斯教育中心啟建計畫　贊助專戶

戶名：財團法人新時代賽斯教育基金會

銀行：國泰世華銀行-台中分行(013)

帳號：006-03-500490-2

台灣身心靈全人健康醫學學會*Taiwan Society Of Holistic Medicine*

秉持著推廣身心靈三者合一的新時代賽斯思想健康觀念
培訓具身心靈全人健康思維之醫療人員與全人健康管理師
提升國人身心靈整體醫療照護，創造健康富足的新人生

期望您加入TSHM會員給予實質支持

一、醫護會員：年滿二十歲以上贊同本會宗旨之醫事人員或相關學術研究人員。
二、團體會員：贊同本會宗旨之公私立醫療機構或團體。
三、贊助會員：贊同本會宗旨之個人。
四、學生會員：贊同本會宗旨之大專以上相關科系所之在學學生。
五、認同會員：認同本會宗旨之個人。

感謝您的贊助，讓TSHM推廣得更深更遠
本會捐款專戶：
銀　行：玉山銀行（北新分行）ATM代號：808
帳　號：0901-940-008053
戶　名：社團法人台灣身心靈全人健康醫學學會

服務電話：(02)2219-3379
上班時間：每週一至週五上午10:00至下午6:00
地　　址：231新北市新店區中央七街26號四樓

心情。Note 筆記

心
情。
Note 筆
記

心情。筆記

心
情。
Note 筆
記

心情。筆記
Note

心情。Note 筆記

心情。筆記

Note

心情。筆記

Note

心情。筆記
Note

心
情。
Note 筆
記

心情。筆記

Note